# 예수님
# 성경 바깥의
# 기억

예수님, 성경 바깥의 기억



교회인가 2021년 10월 26일 (천주교 의정부교구장 이기헌 베드로 주교)
초판 1쇄 2021년 11월 15일

지은이 송혜경
펴낸이 조병우
펴낸곳 한님성서연구소
등록 제85호
주소 경기도 의정부시 평화로 604
전화 031)846-3467
팩스 031)846-3595
카페 cafe.naver.com/biblicum

ISBN 978-89-94359-35-9 93230
책값은 뒤표지에 있습니다.

**역사 문헌**

플라비우스 요세푸스

타키투스

소 플리니우스

수에토니우스

**신약 외경**

야고보 원복음

토마 유년기 복음

토마 복음

니코데모 복음

베드로 복음

영지주의 작품들

**탈무드**

*b. Sanhedrin*

*b. Shabbat*

*b. Avodah Zarah*

*b. Gittin*

**쿠란**

쿠란 3장

쿠란 4장

쿠란 5장

쿠란 19장

# 예수님 성경 바깥의 기억

송혜경

# 펴내며

처음부터 '성경 바깥의 예수님'에 대해 쓰려고 작정한 것은 아니었다. 그저 역사의 예수님을 언급한 고대 문헌들을 찾아 읽어보려던 것이었다. '역사의 예수'에 대한 논문 의뢰를 받은 것이 그 시작이었다. '역사의 예수' 연구 현황을 살피던 중, 인터넷 세계에 예수님의 실존을 부정하는 글들이 많음을 확인하였다. 특히 그리스도 신화론자라 불리는 이들의 글들이 쉽게 검색되었다. 그런 글들 가운데 역사학자가 쓴, 논리적으로 탄탄해 보이는 글들도 있었다.

그들 주장의 핵심은 그리스도는 신적·신화적 존재라는 것이다. 그리고 예수는 실존하지 않았으며 실존했다 하더라도 그리스도와 상관없는 사람이었다는 것이다. 그러면서 그들은 연구자들이 예수의 실존에 대한 검증도 없이 역사의 예수라는 허상을 좇고 있다고 비판했다. 이들이 교회가 만들어낸 복음서 내용을 사실로 받아들이면서 존재한 적도 없는 인물을 실존 인물인양 찾고 있다는 것이다.

신화론자들은 신약성경뿐 아니라, 예수가 언급된 고대 역사 문헌들의 가치도 부정한다. 해당 내용은 관련 문헌의 역사가가 직접 쓴 내용이 아니라 후대 그리스도인들이 가필 또는 변경한 내용이라는 것이다. 설령 역사가 본인이 쓴 글이라 하더라도 그 안에 언급된 예수가 교회가 믿는 예수 그리스도와 같은 인물이라는 증거가 없다고 한다.

이런 주장을 접하면서 예수님의 실존 문제를 꼼꼼히 살펴야 할 필요성을 느꼈다. 사실 예수님의 실존을 증명한다는 것이 '신 존재 증명'만큼이나 부질없는 일 또는 불가능한 일임을 인정할 수밖에 없다. 그렇다고 마냥 손 놓고 있을 수도 없는 노릇이다. 적어도 그리스도 신화론자의 주장이 정말로 합리적이고 논리적인 것인지 따져보는 일 정도는 할 수 있다.

이런 연유로 '예수님의 역사성' 문제를 살피는 일이 이 책 앞부분을 차지하게 되었다. 이 작업은 신화론자들의 주장을 반박하는 일이라고 보면 크게 틀리지 않는다. 곧 역사문헌에 담긴 '예수 본문'들이 그리스도인들의 위조물이라는 입장에 의혹을 제기하고 그 주장을 뒤집는 일에 집중한다. 그들의 주장이 논거가 취약함을 밝힘으로써 역으로 예수님의 실존 가능성을 드러내려는 것이다. 의심에는 의심으로, 부정否定에는 부정으로 답하는 것, 일종의 '부정否定의 길'을 택한 셈이다.

그런데 이 책에서는 예수님의 역사적 실존 가능성만 살펴볼 따름, '역사의 예수님'이 구체적으로 어떤 분이셨는지 찾는 작업은 하지 않는다. 곧 '역사의 예수'가 누구였는지, 무슨 일을 하셨고 무슨 말씀을 하셨는지, 그분을 둘러싸고 실제로 무슨 일이 일어났는지 알아내는 일은 하지 않는다. 여기서 '역사의 예수' 탐구에 직접 뛰어들지 않는 이유는 간단하다. 역사의 예수 탐구는 필자의 역량을 넘어서는 일이기 때문이다. 현재까지 역사의 예수 연구를 위해 제안된 방법론들을 모두 동원한다고 해도 필자가 실제 역사의 예수님을 찾을 수 있다는 확신이 들지 않는다. 네 복음서를 통해 드러나는, 실로 다양하고 입체적인 예수님의 모습, 그 크신 모습을 필자의 취향과 이상에 맞는 작고 평면적인 예수님으로 축소해 버리리라는 자각이다. 거꾸로 예수님의 이 모습 저 모습을 다 담아내려다 이도 저도 아닌 조각보 이불patchwork 같은 개성 없는 인물로 만들어 버릴 지도 모를 일이다.

'역사의 예수님'이 궁금하다면 신약성경 특히 네 복음서를 있는 그대로 읽기를 권한다. 여러 기준과 잣대에 따라 이 모습 저 모습을 추출해 내기보다는, 네 복음서를 차이가 나면 차이가 나는 대로, 비슷하면 비슷한 대로, 있는 그대로 읽는 편이 나을 것 같아서다. 현재로서는 이 길이 역사의 예수님에게 다가갈 수 있는 최선의 방법인 것 같다.

그 대신 '역사성' 문제와 상관없이 성경 이외의 문헌들에서 예수님이 어떻게 그려지는지 살펴본다. 신약 외경과 탈무드 및 쿠란이 그 대상이다. 신약성경 바깥에서 그려지는 예수님의 여러 모습들을 모아 각각의 시선을 비교·대조해보려는 의도다.

신약 외경을 택한 것은 외경 안에 담긴 예수님의 모습 또한 실제 예수님의 일부일 수 있다는 가능성을 믿어서다.

탈무드와 쿠란에 그려지는 예수님을 찾아보게 된 것은 무엇보다 호기심 때문이다. 예수님을 바라보는 타자의 시선이 궁금했다. 처음엔 그저 관련된 본문들을 정리해보자는 가벼운 마음이었는데, 하다 보니 일이 커졌다. 무엇보다 먼저 탈무드와 쿠란 자체에 대해 개관해야 했다. 게다가 두 문헌에 '예수님 본문'들이 예상보다 많았고 그저 정리만 하기에는, 문학적·역사적 또는 신학적으로 따져보아야 할 사항들이 많고 복잡했다. 결국 이와 관련된 공부의 결과물이 꽤나 쌓이게 되었다.

그래서 결국 앞의 '역사의 예수'와 '신약 외경·탈무드·쿠란의 예수'를 모아 책 한 권으로 묶었다. 사용된 자료가 '성경 바깥의 자료'라는 공통점이 있어서다. 전자와 후자를 1부와 2부로 나누었지만, 결과적으로 책 전체가 성경 바깥의 예수님에 관한 내용이 되었다. 그래서 책 제목을 '예수님, 성경 바깥의 기억'으로 정했다.

사실 이 글은 책으로 낼 작정으로 쓴 게 아니고 공부하면서 자료를 모으고 엮다 보니 책의 두께가 되었을 따름이다. 그리고 '예수님'에 대한 어떤 결론을 내린다기보다는, 입수 가능한 자료로 예수님을 어떻게 공부할 것인가? 하는 하나의 길 혹은 방법을 제시하는 글이다. 그래서 역사가들의 책과 신약 외경 등 관련 자료의 출처를 찾는 법, 탈무드와 쿠란을 읽을 수 있는 경로와 방법들, 특히 탈무드 및 쿠란 공부에 유용한 웹사이트들을 소개하는 데 신경을 썼다. 성경 바깥의 예수가 궁금한 이들에게, 필자가 도움 받은 수단·방법·자료를 공유하려는 것이다. 성경의 예수님과 더불어 성경 바깥의 예수를 읽으면서, 성경의 예수님을 더 깊이 이해하는 계기가 되기를 희망한다.

『예수님, 성경 바깥의 기억』은 많은 분들의 도움으로 만들어졌다. 먼저 원고를 처음부터 끝까지 '깊이' 읽고 조언해주신 정태현 소장 신부님, 오랜 시간 한결같은 믿음과 지지로 책 쓰는 일을 가능케 해주시는 조병우 이사장님과 후원자님들께 감사드린다. 덕분에 멋지게 꾸며진 연구소에서 신부님과 함께 미사를 드리면서 하루를 시작하고, 좋은 개인 연구실에서 자유롭게 공부하는 복을 누리게 되었다.

또한 관련 강의에서 만난 열정 가득한 여러 선배·후배님들, 늘 고개를 끄덕이게 만드는 번뜩이는 아이디어의 소유자 이효임 편집자님과 강재준 사무국장님께 감사한다. 이분들 덕분에 책이 초고 때보다 한층 업그레이드되었다. 그리고 함께 공부하는 연구소 동료들과 공부에 집중하도록 여러 모로 신경써주시는 차동성 관리장님께도 감사한다.

하늘로 올라가신 고마운 내 아버지와 엄마, 늘 나를 다시 일어서게 만드는 수양이와 의양이와 다른 가족들, 그리고 오랜 시간 한결 같이 무턱대고 나를 믿어주는 모든 분들께 감사한다. 이 모든 것을 허락하신 하느님, 머리 숙여 감사드립니다.

2021년 11월
송혜경

**일러두기**

1. 『성경』은 한국천주교중앙협의회에서 발간한 우리말 성경을 가리킨다.
2. 원문 번역의 ( )는 매끄러운 우리말 표현을 위해 첨가한 부분이다. 본문 크기보다 작은 ( )은 필자의 설명이다.
3. 성경에 나오는 인명이나 지명은 『성경』을 따르는 것을 원칙으로 하였다.
4. 교부 인명이나 지명은 『교부학 인명·지명 용례집』, 하성수 엮음 (분도출판사 2008)을 따랐다.

## 차례

# 제2부 외경 · 탈무드 · 쿠란의 기억

## III. 예수님, 신약 외경의 기억

# IV. 예수, 탈무드의 기억

## V. 예수, 쿠란의 기억

## 예수님은 누구신가? — 성경 바깥의 기록

초대 교회는 예수님을 약속된 메시아/그리스도, 인류의 구원자로 선포한다. 예수 그리스도를 향한 초대 교회의 신앙은 신약성경을 통해 오늘날 우리에게까지 전해진다. 신약성경이 예수님에 대한 가장 충실한 기록을 담고 있다고 해도 지나치지 않다. 신약성경이 없었다면 예수님에 대해 우리가 가질 수 있는 지식이 지금보다 훨씬 적었을 것이다. 그러나 신약성경만 예수님에 대해 말한 것은 아니다. 기원후 100년을 전후하여 교회 안팎에서 만들어진 문서들 가운데 예수님이나 그리스도를 언급한 경우가 적지 않다. 그분의 추종자들을 거론함으로써 그분에 대해 간접 증언한 경우도 있다.

더 후대에 교회 바깥에서 만들어진 문서들 가운데서도 예수님을 언급한 예들이 발견된다. 이 시점에서 이들 성경 바깥의 문서들에 담긴 예수님, 특히 교회 바깥의 사람들 눈에 비친 예수님은 어떠했을지 궁금해질 법하다. 그들이 그린 예수님의 초상은 어떠했을까 하는 호기심이다. 이런 방향의 접근은 교회가 전해준 '신앙의 그리스도'에 대한 고찰과 다소 거리가 있다. 초대 교회가 신앙의 눈으로 바라본 예수 그리스도가 아니라 제3자의 눈으로 바라본 예수, 곧 1세기 팔레스티나라는 특정 시공간 속에서 살다간 역사상의 한 인물에 대한 탐구이기 때문이다. 이 책이 다루려는 내용이 바로 '제3자의 시선으로 바라본 예수님' 혹은 '제3자가 기억하는 예수님'이다. 여기서 제3자란, 그리스도교 신앙과 무관한 또는 적어도 거리를 둔 교회 바깥의 고대 역사가들, 신약 외경, 유다교 탈무드, 이슬람교 쿠란 등을 일컫는다.

이 책은 1부와 2부로 구성된다. 제1부는 '역사의 기억'으로, '역사의 예수 연구'와[1] '예수의 역사성' 문제, 두 부분으로 나뉜다. 전자는 인간 예수의 실제 모습을 찾으려는 시도들의 역사와 그 변천과정을 다룬다. 이를 통해 예수 연구의 큰 그림을 그려볼 수 있을 것이다. 후자는 나자렛 예수가 실제로 존재했는지 여부를 다룬다. 예수의 실존을 추적하는 문제로서, 인간 예수가 어떤 인물이었는지 탐구하기에 앞서 과연 예수가 역사적으로 실존한 인물이었는지 물어야 한다는 성찰에서 비롯된 연구다. 나자렛 예수가 실존했다는 증거가 있는지, 적어도 간접적인 기록 증거라도 있는지에 대해, 역사적 가치가 인정되는 문서들을 중심으로 살펴볼 것이다. 곧 1세기 후반에서 2세기 초반에 만들어진 교회 바깥의 역사서나 공문서에서 예수 또는 그리스도에 대해 언급한 사례가 있는지, 있다면 거기 언급된 인물이 신약성경의 나자렛 예수와 동일인물이라고 말할 수 있는지 검토해 볼 것이다. 이런 식으로 제1부는 고대 역사서에 담긴 예수님의 자취를 추적하는 일에 집중한다.

제2부에서는 1부와 분위기를 바꾸어 역사서나 공문서 이외의 자료에서 예수님을 어떻게 이야기하는지 살펴볼 것이다. 2부에서 다룰 자료는 '역사성'과는 거리가 있으며 저작 시기도 2세기에서 7세기까지, 상대적으로 후대에 해당한다. 신약 외경, 유다교 탈무드, 이슬람교 쿠란이 그것이다. 1부와 2부를 잇는 연결고리는, 1·2부에서 자료로 삼은 문서들이 모두 예수님을 직·간접으로 언급하고 있다는 사실이다. 차이점도 있다. 1부가 역사성 문제에 중점을 두었다면 2부는 역사성 여부와 무관하게 그저 그 문서들이 예수님을 어떤 식으로 묘사하는지에 중점을 둔다. 굳이 풀어쓰

1 '역사의 예수' 탐구는 역사·비평적 방법을 동원하여 실제의 예수에 도달하려는 모든 시도와 연구를 통칭하는 용어다.

자면 1부는 역사적 접근, 2부는 문학적(또는 신학적) 접근이 될 것이다. 2부의 목적은 신약성경 바깥의 다른 문서들이 예수님에 대해 어떤 시각을 담고 있는지 알아보는 것이다. 먼저 신약성경과 '다른 의견'을 가진, 교회 내부자가 그린 예수님을 살펴보고(신약 외경), 이어서 교회와 무관한 외부인들이 그린 예수님을 살펴볼 것이다(탈무드와 쿠란). 예수님을 언급한 (또는 언급한 것으로 추정되는) 본문들을 소개한 뒤 해당 본문을 어떻게 해석해야 하는지 살펴보는 순서로 진행할 것이다.

특히 유다교 탈무드나 이슬람 경전에서 예수님(으로 추정되는 인물)에 대해 어떻게 이야기하는지 알아보려는 시도는 특별한 의미가 있다. 지금은 서로 멀기만 한 듯한 세 종교가, 긍정적으로든 부정적으로든, 모두 예수님을 이야기한다는 사실은 한 번쯤 깊이 생각해 볼 문제다. 유다교와 그리스도교와 이슬람교 사이에 '예수 그리스도'에 대한 시각차는 분명 존재하지만 세 종교가 서로 그리 멀지 않은 종교임을, 결국 하나의 뿌리에서 나온 종교임을 확인하는 자리가 되리라 기대한다.

# 제1부

# 역사의 기억

역사가와 역사비평학자의 관점으로 예수를 탐구하는 접근법은 '역사의 예수 탐구' 또는 '역사적 예수 탐구'Historical Jesus Research, 더 간단히 '예수 탐구'Jesus Research라 불린다. 여기서는 '역사의 예수 탐구'나 '예수 탐구'라는 용어를 쓰겠다. 탐구 대신 연구라고 해도 된다.

'역사의 예수 탐구'는 기원전 4년에서 기원후 30년까지 팔레스티나 땅에 살았다고 전해지는 나자렛 예수의 신원을 밝히려는 다양한 학문적 노력을 아우르는 표현이다. 나자렛 예수에 대한 물음은 신약성경 연구자들의 주요 주제 가운데 하나로도 자리 잡았다. 예수 연구의 토대가 되는 가정은, '역사의 예수'는 '신앙의 그리스도'와 다르며 전자가 신학적 작업을 거쳐 후자가 되었다는 것이다. 예수 탐구자들은 이 전제를 바탕으로, 그리스도에 관한 초대 교회 자료(특히 정경 복음서)를 역사비평 방법으로 면밀히 분석함으로써 자료들 이면에 있는, 혹은 그 너머에 있는 역사의 예수에 도달할 수 있으리라 기대한다.

그러나 모든 학자가 '역사의 예수' 연구에 같은 기대를 품고 있지는 않으며 모두가 이 연구에 의미를 부여하지도 않는다. 사실 역사상의 예수는 실제로 이러이러한 사람이었다고 확언하기에는 그를 뒷받침할 객관적·실증적 증거가 전무에 가까운 실정이다. 어쩌면 역사의 예수 탐구는 '예견된 실패'일지 모른다. 그럼에도 '역사의 예수'에 닿으려는 시도는 중단 없이 이어지고 있다. 지금 다루려 하는 것이 바로 '실패가 예견된' 역사의 예수 연구다.

# I. 역사의 예수 연구

1세대

2세대

3세대

4세대

❖ 예수 연구의 역사는 역사의 예수를 다룬 거의 모든 논문, 거의 모든 책에 실려 있다. 그럼에도 여기서 또 연구의 역사를 다루는 것은 예수 연구의 과거와 현재를 파악하자는 의미에서다. 예수 연구의 현주소를 통해 그 미래도 짐작할 수 있을 것이다. '역사의 예수'를 보다 넓은 시각으로 바라보자는 의미이기도 하다. 연구의 역사를 여러 책에서 쉽게 찾을 수 있으므로 여기서는 대략적 줄거리만 소개하겠다. 예수 연구의 전반적 상황에 대해서는 Holmen/Porter (eds.), *Handbook for the Study of the Historical Jesus Vol.1-2*을 참조하라. 여기서 예수 연구와 관련한 폭넓은 서지 정보도 얻을 수 있다. 예수 연구 방법론과 자료에 대해서는 Bock, *Studying the Historical Jesus: A Guide to Sources and Methods*을 보라. 비교적 오래된 책이지만 역사의 예수 연구에 사용되는 자료와 방법론에 대한 귀중한 정보를 제공하고 있다.

사람들이 '역사의 예수'에 관심을 갖게 된 것은 그리 오래되지 않은 일로 18세기 계몽주의 이후부터였다. 교회는 시작부터 줄곧, 예수님은 인간이시자 하느님, 육화하신 하느님의 아들, 그리스도시라고 고백했다. 역사의 예수를 신앙의 그리스도와 구분하려는 시도는 당연히 없었다(가현주의적 해석은 예외다). 그런데 계몽주의 이후 교회에 의구심을 갖게 된 사람들이 예수님에 대해서도 새로운 시각으로 접근하기 시작했다. 그들은, 예수님의 정보를 담은 복음서가 사실적 연대기나 역사서가 아니라 '신앙의 책'이라는 사실에 집중하였다. 복음서가, 예수님 사건을 사건 발생 순서에 따라 정확히 기록한 역사적 연대기가 아니라 그 사건을 신앙의 렌즈로 바라보고 신학의 틀 안에서 재조명한 책 곧 신앙과 신학의 결과물이라는 것이다. 이러한 통찰을 바탕으로 학자들은 '신앙의 그리스도'와 '역사의 예수'를 구분하기 시작했다. 예수는 신이 아니라 인간이며 추종자들이 나중에 그리스도로 신격화했다는 입장이다. 그리고 역사·비평적 방법론을 적용하여 복음서에서 신앙의 그리스도를 걷어내고 나면 역사의 예수에 도달할 수 있으리라 기대했다. 이렇게 시작된 역사의 예수 탐구는 2세대와 3세대를 거쳐 오늘날 4세대에 이르렀다. 세대별로 자료의 역사성authenticity

을 판단하는 기준과[1] 방법론에서 차이를 보이지만 세대를 정확히 나누는 일이 쉽지는 않다. 같은 시기라도 학자마다 적용하는 방법론이나 판단기준이 다르기도 하고, 반대로 앞 세대와 뒤 세대 사이에 차이와 함께 공통점과 연속성도 존재하기 때문이다. 하지만 세대에 따라 큰 흐름이 달라지기에 편의상 네 세대로 나누어 살펴보기로 한다.

## 1세대

역사의 예수 탐구는 독일의 헤르만 라이마루스(Hermann Reimarus, 1694-1768)에게서 시작되었다. 라이마루스는 공관복음서에서 신앙과 신학적 재해석을 걷어내면 역사의 예수에 도달할 수 있다고 본 최초의 성서학자다.[2] 라이마루스의 주장에 공감한 1세대First Quest 탐구자들은 공관복음서를 주 사료로 삼아 역사비평을 통해 그 안에서 예수님의 참모습을 찾아내려 하였다. 그런데 같은 사료, 같은 방법론에서 나온 결과물이 학자마다 큰 차이를 보였다. 학자들이 그려낸 예수의 초상은 지혜의 스승, 견유학파 유형의 유랑 설교가, 종말적·묵시적 유다교 예언자, 사회 변혁가, 정치적 혁명가 등, 동일한 인물의 초상이라고 보기 어려울 정도로 서로 판이하게 달랐다.

같은 자료에서 도출된 예수의 초상이 제각각인 현상을 두고 알버트

1 역사적 진정성 또는 역사성 기준(criteria of authenticity)은 특정한 인물이나 사건이 역사적 사실에 부합하는지 여부를 판단하는 원칙이나 기준을 일컫는 말이다. 예수 탐구에서는, 복음서에 담긴 예수님의 말씀과 행적의 역사성을 결정하는 기준을 말한다.

2 Lessing/Reimarus, *Fragments from Reimarus: Brief Critical Remarks on the Object of Jesus and His Disciples as Seen in the New Testament*, 9-28.

슈바이처Albert Schweitzer는 예수 연구에 객관성이 없음을 꼬집었다(1906년).[3] 학자들이 실제 예수님을 찾은 것이 아니라 자신들의 이상형을 예수라는 인물에 투영시킨 데 불과하다는 것이다. 그에 앞서 마틴 켈러Martin Kähler는 역사의 예수와 신앙의 그리스도를 따로 분리할 수도 없을 뿐더러 성경 분석의 목표가 나자렛 예수를 찾는 일이 아니라 신앙의 그리스도를 제대로 이해하는 일에 있다고 하였다.[4] 그 뒤 역사의 예수 탐구에 대한 회의론이 우세해지고 이 분야의 연구는 일종의 소강기 또는 공백기에 접어들었다. 역사의 예수에 대한 '무 탐구'No Quest 시대가 도래한 것이다.

무 탐구 시대를 대표하는 학자는 독일 신학자 루돌프 불트만Rudolf Bultmann이었다. 그에 따르면, 예수님이 실존했다는 사실 곧 예수님이 살아서 복음을 선포하시다 십자가상에서 돌아가셨다는 사실 자체가 중요하지, 그 당시에 언제 어디서 구체적으로 무슨 일이 일어났는가는 중요하지 않다. 예수님이 실제로 무엇을 말하고 무엇을 행했는가보다는 예수님의 십자가와 부활을 통해 하느님께서 무엇을 말씀하시고자 하셨는가가 더 중요하다는 의미다. 역사의 예수가 아니라 케리그마의 그리스도에 포커스를 맞춰야 한다는 불트만의 표명은 역사의 예수 연구를 사실상 무의미한 일로 만들었다.[5]

## 2세대

예수 탐구의 공백기를 깬 사람은 아이러니하게도 불트만의 제자들 가운

3 Schweitzer, *Von Reimarus Zu Wrede. Eine Geschichte Der Leben-Jesu-Forschung.*

4 Kähler, *The So-Called Historical Jesus and the Historic Biblical Christ.*

5 Bultmann, "Jesus and the Eschatological Kingdom", 91-102 특히 94-95.

데서 나왔다. 1950년대에 등장한 케제만Ernst Käsemann이 그 사람이다. 케제만의 박사학위 지도교수가 불트만이다. 불트만의 '좌파' 제자들 가운데 하나였던 케제만은 나중에 스승 못지않게 영향력 있는 학자로 성장했다. 케제만은 역사의 예수와 신앙의 그리스도 사이에 연속성이 있음을 확신하면서 예수 탐구에 다시 불을 지폈다. 그리고 역사의 예수 연구 2세대(Second Quest = New Quest)가 시작되었다.[6]

2세대 탐구자들은 복음서가 예수님의 말씀과 행적을 신앙의 눈으로 재해석한 결과물임을 인정하면서도 그 안에 역사적으로 믿을 만한 전승이 담겨 있다고 보았다. 그리고 복음서에서 예수님의 실제 말씀과 행적을 골라내기 위한 새로운 기준과 기법을 개발하였다.

2세대 연구에서 역사성 판단의 주요 기준으로 작용한 것은 '불일치성 기준'criterion of dissimilarity이었다. 이는 복음서에 나오는 예수님의 말씀과 행적 가운데 당대 유다교 배경에 의해 설명 가능한 요소들은 제외해야 한다는 원칙이다. 어떤 말씀이 예수님 시대의 아무라도 말할 법한 내용이라면 예수님의 진정한 말씀으로 판단하기 어렵다는 것이다. 반대로 당대 유다인이 했다고는 상상하기 어려운 말은 예수님의 것으로 추정한다.[7] 가령 복음서에서 예수님은 종종 자신을 '사람의 아들'이라 일컬은 것으로 그려지는데, 이를 2세대는 역사적 사실로 여긴다. 유다교 전승에 '사람의 아들' 개념은 있었지만[8] 유다인 가운데 어느 누구도 자기 자신을 가리켜 '사

6 Käsemann, "The Problem of the Historical Jesus", 15-16. 이 논문은 본디 케제만이 1953년 불트만의 옛 제자들 앞에서 강의한 내용이다. 케제만이 역사의 예수에 대해 스승인 불트만과 완전히 다른 노선을 걸었다는 점이 흥미롭다.

7 Perrin, *The New Testament: An Introduction: Proclamation and Parenesis, Myth and History*, 281.

8 1에녹 46,2; 48,2-5; 52,4; 62,5-9; 69,28-29; 4에즈라 13,3-4.

람의 아들'이라 일컬은 사례가 없다는 이유에서다.[9]

2세대 연구자들은 '불일치성' 말고도 '당혹성 기준'criterion of embarrassment도 계발하였다. 이 기준은 초대 교회가 자신들에게 불리하거나 설명하기 곤란한 '당혹스런' 내용을 일부러 지어내지는 않았으리라는 논리에서 나왔다.[10] 이를테면 예수님이 요한의 세례를 받은 일은 역사적 사실로 간주된다. 세례 사건은 요한이 예수님의 스승이거나 적어도 예수님보다 높은 인물임을 함축하기에 이 사건을 초대 교회가 일부러 지어내지는 않았으리라는 추정에서다. 그 밖에 제자들끼리 서로 하느님 나라에서 높은 자리를 차지하겠다고 다툰 일(마르 10,35-45), 예수님 체포 당시 제자들이 도망친 사건(마르 14,50), 베드로의 부인(마르 14,66-72), 게세마니 동산에서 보인 예수님의 고뇌(마르 14,32-42), 십자가상 절규(마르 15,34) 등도 당혹성 기준에 의해 역사적 사실로 판단된다.

불일치성과 당혹성 기준을 합하여 '이중 불일치'criterion of double dissimilarity 또는 '이중 차이'criterion of double difference 기준이라 부르기도 한다. '이중 차이' 기준은, 복음서에 담긴 예수님의 말씀과 행적 가운데 당대 유다교 및 초대 교회의 가르침이나 관습에 부합하는 것 양자兩者를 다 배제한다. 유다교와 초대 교회에서 유래했을 법한 요소들을 제거하고 나면 예수님의 실제 말씀과 행적만 남으리라는 추론에서다.[11] 이 기준은 예수님과 당대 유다교를 대립 관계로 바라볼 뿐 아니라 예수님을 초대 그리스도교와도 분리한다는 맹점을 안고 있다. 실제로 이러한 접근법은 역사의 예수를 알맹이 없는 허깨비로 만드는 결과를 낳았다. 역사 속에 살다간 한 인물에게서 그가 나고 자란 배경을 제거하고 나면 무엇이 남는가! 제자들

9 Grant, *Jesus: An Historian's Review of the Gospels*, 202.

10 Meier, *A Marginal Jew: Rethinking the Historical Jesus Vol. I*, 168.

11 Gregg, *The Historical Jesus and the Final Judgment Sayings in Q*, 29.

에게 남겨진 스승의 기억과 흔적을 지우고 나면 그 스승에 대해 유의미한 무엇이 남는가! 하는 것이다.[12] 이러한 성찰을 바탕으로 역사의 예수 탐구는 자연스레 3세대로 넘어갔다. 1980년대 초반의 일이었다.

## 3세대

1980년대에 접어들면서 시작된 3세대 연구Third Quest는 1990년대 말까지 이어졌다. 3세대의 시작을 알린 사람은 톰 라이트였다.[13] 3세대 연구의 가장 뚜렷한 특징은 예수님을 당대 유다교의 틀 안에서 조망한다는 점이다. 이들은 예수님이 1세기 팔레스티나 유다인이었다는 사실에 방점을 둔다. 그리고 당대 유다인 사회의 신앙, 역사·사상적 배경, 문화·현실

---

12 Dunn, *Christianity in the Making, Volume 1: Jesus Remembered*, 882 참조. 2세대 연구자들은 '다중 증거'(criterion of multiple attestation) 기준과 '일관성'(criterion of coherence) 기준의 사용도 시도하였다. 1911년 버킷(F.C. Burkitt)이 착안한 다중 증거 기준은, 복수(複數)의 원천이 공통적으로 증언하는 내용일수록 역사적 정확도가 높으리라는 것이다. 곧 어떤 사건이나 말씀이 여러 원천에서 발견될수록 그 말씀이나 사건이 역사적 사실일 가능성이 높다는 원칙이다. 이 기준은 전부터 학자들에게 사료의 역사성을 판단하는 주요 기준으로 채택되었다: Sanders/Davies, *Studying the Synoptic Gospels*, 323-330. 일관성 기준은 특정 말씀이나 행적을, 다른 기준에 의거하여 이미 역사성이 인정된 것과 비교하여 둘이 일치할 경우에만 그 역사성을 인정한다: Carlston, "A Positive Criterion of Authenticity", 33-44. 예를 들어 죽은 이들의 부활에 관한 말씀(마르 12,24-27)은 진정한 예수님의 말씀으로 판단된다. 이 말씀이 비슷한 주제의 마태 8,11-12; 루카 13,28-29과 잘 부합하는데 후자가 예수님의 진정한 말씀으로 인정되기 때문이다: Grant, *Jesus: An Historian's Review of the Gospels*, 69-72. 이 기준은 자칫 순환오류에 빠지기 쉬운 약점을 안고 있다.

13 Wright, "Towards a Third 'Quest'? Jesus Then and Now", 20-27.

적 배경을 제대로 이해할 때 예수라는 역사적 인물에 더 깊이 다가설 수 있다고 보았다. 그리하여 이들은 고고·지리학적 발굴 성과에 주목하면서 1세기 팔레스티나의 현실 이해에 주력하였다. 그리고 1세기 유다교나 초대 그리스도교와 차이나는 요소만 역사의 예수님께 소급할 수 있다는 2세대 학자들의 '이중 차이' 기준의 문제점을 지적하고 이를 대체할 새 기준을 마련하였다. 이들은 진정성을 판단할 때 '차이'가 아니라 '역사적 개연성'historical plausibility에 무게를 두었다. 복음서에 담긴 예수님 말씀이나 사건이 당대 사회의 역사·종교적 맥락에서 충분히 일어났을 법하다면 그 역사성이 인정된다는 입장이다.[14] 이에 비례해서 예수님 시대 팔레스티나의 상황을 보여줄 고고학과 지리학의 역할과 비중이 그 어느 시대보다 커졌다. 사실 오늘날 예수 연구자 가운데 고고·지리학적 성과를 무시할 사람은 없을 것이다. 예수님 사건을 사회·역사적 맥락과 분리해서 바라보는 '이중 차이' 기준보다, 그 반대인 '역사적 개연성' 기준이 더 설득력 있어 보인다. 어떻든 3세대는 예수님을 유다교 안에 편입시켰다는 점에서 2세대와 확연한 차이를 보인다. 3세대가 발간한 책들이 '유다인 예수' 또는 '예수님과 유다교', '바리사이 예수님'과 같은 제목을 단 것도 우연이 아니다.[15] 예를 들어 브래드 영은 예수님이 전형적인 유다교 라삐였으며 그분 가르침이나 행동이 모두 유다교의 틀 안에서 이루어졌다고 본다.[16] 어떤 이들은 예수님을 1세기 '유다교 개혁가'들 가운데 한 명으로 본다.[17] 유다 민족의 재건을 꿈꾸며 '회복'의 종말론을 설파한 개혁가였다는 것이다. 이들에 따르면 예수님은 유다교 율법과 성전 제도의 개혁을 주창했지 혁명을 원

---

14 Theissen/Merz, *The Historical Jesus: A Comprehensive Guide*, 116.

15 Vermes, *Jesus the Jew: A Historian's Reading of the Gospels*; Sanders, *Jesus and Judaism*이 3세대 연구의 대표적 결과물들이다.

16 Young, *Jesus: The Jewish Theologian*.

17 Mack, "On Redescribing Christian Origins", 249 참조.

하지는 않았다. 지나친 형식주의를 문제 삼았을 따름, 그것들을 폐지하려는 의도가 아니었다는 입장이다.

3세대 학자들은 유다교와 역사의 예수뿐 아니라 유다교와 초대 그리스도교 사이의 연속성에도 관심을 둔다. 이들은 초대 그리스도교가 예수님께 적용한 그리스도론적 칭호들의 기원을 유다교에서 찾을 수 있음에 주목한다. 그리고 그 칭호들에 내포된 의미를 유다교 전통에 비추어 충분히 해석 가능하다고 여긴다. 신앙의 그리스도를 유다교 전통 안에서 이해할 수 있다는 입장이다. 이 관점에 따르면 역사의 예수님이 1세기 유다교와 초대 그리스도교 신앙을 잇는 접점이 된다. 유다교와 역사의 예수님 그리고 신앙의 그리스도가 상호 불연속적인 것이 아니라 한 선으로 자연스럽게 연결된다는 것이다. 이로써 유다교는 예수를 자기네 역사의 일부로 인식하고, 그리스도교는 자신의 뿌리가 유다교에 있음을 확인하게 된 셈이다.

비슷한 시기에 이들과는 별개로 정경 이외의 자료를 고려하는 학자들이 등장했다. 사실 그전까지는 예수 탐구자들이 주로 정경 복음서, 특히 공관복음서만을 주 사료로 사용하였다. 그런데 연구 자료의 범위를 가상의 '말씀 모음'(로기아 자료)이나 토마 복음까지 확장한 이들이 출현했다. 초대 그리스도교에 나타나는 예수님 이미지의 다양성을 정경이라는 좁은 테두리 안에서 설명하기가 쉽지 않다는 성찰(쾨스터Köster, 로빈슨Robinson)에서 나온 현상이다.[18]

심지어 크로산은 네 정경 복음서를 예수 연구의 1차 자료로 인정하지 않는다. 그 대신 토마 복음, 에게르톤 복음, 히브리인들의 복음, 로기

18 Robinson/Köster, *Trajectories through Early Christianity.*

아 자료, 베드로 복음과 같은 비 정경 자료를 선호하였다.[19] 정경보다 정경 외 자료를 우선시하는 태도는 논란의 여지가 있지만 자료의 범위를 확대했다는 점은 높이 살 만하다.

이 시류와 관련하여 눈여겨보아야 할 학회가 1985년에 결성된 예수 세미나Jesus Seminar다.[20] 예수 세미나는 북미 학자들을 중심으로 구성된 학술 모임으로 예수 전승의 진정성을 투표로 결정한 사실로 유명하다. 이들은 세미나 참석자를 대상으로 네 정경 복음서와 토마 복음서에 나오는 약 500개의 말씀과 비유를 두고 진정성 여부를 묻는 투표를 실시하였다. 그리고 그 결과를 반영하고 앞의 네 복음서와 토마 복음서를 하나로 묶어 The Five Gospels라는 제목으로 발간하였다.[21]

이 책에는 본문에 담긴 예수님의 말씀과 비유가 진정성 정도에 따라 각기 다른 색으로 표시되어 있다. 붉은 색으로 인쇄된 것은 예수님의 진정한 말씀인 경우, 분홍색은 예수님이 그와 비슷한 말씀을 하셨을 가능성이 큰 경우, 회색은 그분의 말씀은 아니지만 예수님의 생각과 비슷한 생각을 담은 경우, 마지막으로 검은색은 절대 그분의 말씀일 리가 없으며 후대 또는 다른 전승의 관점이나 내용을 반영한 경우라고 한다. 정경 복음서 말씀 가운데 20% 정도만 붉은 색으로 표시되었다. 정경 말씀의 20%만 예수님 말씀으로 인정한 셈이다. 주로 하느님 나라와 관련된 말씀이나 비유들이 이에 해당한다.[22]

---

19 Crossan, *The Historical Jesus: The Life of a Mediterranean Jewish Peasant.*

20 Allison, "The Historical Jesus", 183-184.

21 Funk/Hoover/Jesus Seminar, *The Five Gospels: The Search for the Authentic Words of Jesus.*

22 예수 세미나가 예수님의 진정한 말씀으로 꼽은 것(붉은 색)들 가운데 몇 가지 예를 들면 이렇다. 루카 6,20: "행복하여라, 가난한 사람들! 하느님의 나라가 너희 것이다."; 토마 54: "행복하여라, 가난한 사람들! 하늘 나라가 너희 것이다.";

로버트 펑크Robert Funk를 필두로 한 예수 세미나는 역사의 예수와 신앙의 그리스도를 확실히 구분하면서 과학적 성서 비평을 통해 역사의 예수를 발견한다는 목적을 표방하였다. 펑크는 초대 교회가 예수라는 역사적 인물에다 전설과 신화, 형이상학적 사유들을 덧입혀놓았다고 주장한다. 역사의 예수는 복음서가 제시하고 교회가 추종하는 그리스도와 전혀 무관하다는 것이다. 그래서 예수 세미나를 통해 교회가 예수에게 덧입힌 층들을 제거함으로써, 실제로 이 땅에서 살고 가르친 진짜 예수를 발견하겠다고 한다. 그리스도라는 신화적 존재를 걷어내고 역사 속에 살다간 실제 예수Real Jesus의 민낯을 보겠다는 의도였다.[23] 그러면서 이들은 외경 복음서, 특히 토마 복음서를 예수 연구의 주 자료로 택했다. 토마 복음서가 비교적 이른 시기에 만들어졌으며 역사의 예수에게까지 소급되는 말씀들을 간직하고 있다는 이유에서다.

이들이 그려놓은 역사적 예수는 견유철학자와 비슷한 유랑 설교가

---

마태 13,33: "하늘 나라는 누룩과 같다. 어떤 여자가 그것을 가져다가 밀가루 서 말 속에 집어넣었더니, 마침내 온통 부풀어 올랐다."; 토마 96: "아버지의 나라는 한 여자와 같다. 그 여자는 누룩을 조금 가져다가 반죽 속에 집어넣어 큰 빵으로 만들었다."; 마르 12,17: "황제의 것은 황제에게 돌려주고, 하느님의 것은 하느님께 돌려 드려라"; 토마 100: "황제의 것은 황제에게 주고 하느님의 것은 하느님께 드려라. 그리고 내 것은 내게 달라."; 루카 6,27=마태 5,44: "너희는 원수를 사랑하여라."; 루카 6,21: "행복하여라. 지금 굶주리는 사람들! 너희는 배부르게 될 것이다."; 토마 69.2: "행복하여라, 지금 굶주리는 사람들! 갈구하는 이의 배가 채워질 것이다."; 마르 3,35: "하느님의 뜻을 실행하는 사람이 바로 내 형제요 누이요 어머니다."; 토마 99.2: "내 아버지의 뜻을 실행하는 이들이 내 형제들이고 내 어머니다."; 토마 98: "아버지의 나라는 힘 있는 사람을 죽이고 싶어 하는 사람과 같다. 그는 자기 집에서 칼을 꺼내어 벽에 던져서 자기 손이 강한지 알아보았다. 그런 다음 그 힘 있는 사람을 죽였다"(병행구 없음).

23 예수 세미나는 역사의 예수와 신앙의 그리스도를 확실히 구분하고 둘을 전혀 상관없는 존재로 여긴다는 점에서 1세대 연구자들과 닮았다.

의 모습을 하고 있다.[24] 예수는 전통과 관습에 저항하며 사회를 비판하고 무소유의 원칙에 따라 정착 대신 방랑을 택한 사람, 이리 저리 옮겨 다니며 가르침을 펼친 '지혜의 스승'이라는 것이다. 그리고 역사의 예수는 실제로 자신이 하느님의 아들이라고 한 적도, 죄를 용서한다고 말한 적도, 하느님과 인류 사이에 새 계약을 맺는다고 한 적도 없다고 한다. 또한 그가 십자가형을 당한 것은 역사적 사실이었으며 죽은 다른 사람들과 마찬가지로 그의 시체도 무덤에서 썩었으리라 주장한다. 이 결론에 따르면 오늘날 그리스도인들은 모두 착각과 환상의 희생자들이다. 예수를 숭배하는 것은 우상 숭배 아니면 신화에 지나지 않을 것이다. 한갓 인간에 지나지 않는 역사의 인물을 숭배한다는 점에서 우상 숭배요, 교회의 상상이 만들어낸 허구적 존재를 숭배한다는 점에서 신화일 터다.

예수 세미나는 과학적 방법론을 표방하지만 다른 성서학자들의 비판을 피하기 어려운 심각한 문제들을 안고 있다. 무엇보다 예수님 말씀의 역사성 여부를 세미나 참석자의 합의나 다수결(또는 통계)로 결정한다는 것이 말이 되는가? 게다가 정경 복음서 대신 외경인 토마 복음서에 무게를 더 둔다는 점도 문제의 소지가 크다. 토마 복음서에 담긴 토막 말씀들 가운데 1세기 전으로 거슬러 올라가는 것도 있지만 대부분 정경 복음서보다 늦은 시기인 2세기 초에 만들어졌을 법하기 때문이다. 예수님 시대에서 멀어지는 자료일수록 사료로서의 가치는 떨어진다.

*

3세대 탐구자들은 다양한 지류로 분화되었지만 크게 두 흐름을 탔다. 한 흐름은 예수님을 종말론의 틀 안에서 바라보고 유다교의 한복판

---

24 Mack, *Lost Gospel: The Book of Q & Christian Origins*.

에 위치시킨다. 예수님이 유다교의 재건을 꿈꾼 변혁가라는 입장이다. 또 다른 흐름은 '비-종말론적 예수 이미지'로의 전환이다. 여기서는 예수님이 견유학파의 영향을 받아 역설적인 삶의 지혜를 가르친 스승, 특히 헬레니즘의 혜택을 입고 유다교 주변부에 파고든 '유다인 견유학자'로 간주된다.

정경 외 자료에 대해 열린 자세를 취한 학자들이 등장했다는 것은 2세대와 비교해 확실히 달라진 점이다. 이들은 헬레니즘의 영향을 고려 사항에 포함시킨다. 당시 유다교 사회가 헬레니즘 세계권 안에 있었다는 통찰에서 나온 태도다. 어떤 흐름에 속하든 3세대 연구자들은, 2세대 연구의 방법론적 전제인 '차이'의 기준과 확실히 결별하고 역사적 개연성에 집중한다는 점에서 비슷하다. 사회·역사적 맥락에서 타당성 있으며, 초대 그리스도교의 출현을 설명할 수 있는 부분을 역사적 사실로서 받아들인다는 입장이다. 2세대 탐구자들이 거의 유럽에 한정되었다면 3세대부터는 유다인 학자들과 북미의 학자들도 합세했으며 성서학 외에 다양한 분야의 전공자들이 참여했다는 점도 눈길을 끈다.

## 4세대

21세기로 전환되면서 예수 연구는 4세대Fourth Quest에 접어들었다. 4세대의 핵심은, 역사의 예수는 현재의 시각으로 바라볼 것이 아니라 당대의 눈으로 바라보고 당대의 귀로 들어야 한다는 것이다. 이에 따라 그 무엇보다 역사적 맥락과 개연성을 중시한다. 사실 이 점은 3세대와 비슷하다. 특히 예수님을 토라 교사이자 해석자로 보는 3세대 연구 기조를 계승하고 있다. 이를테면 포크H. Falk의 경우 예수님을, 힐렐 학파의 라삐들과 비슷한 생각을 공유한 초창기 라삐로 소개한다. 예수님이 겨냥한 세력은 바리사이 전체가 아니라 자신과 다른 관점의 바리사이들 곧 샴마이 학파

의 라삐들이라는 것이다.[25]

이처럼 4세대도 예수님이 유다인이었으며 그분의 가르침에 유다교 전통의 묵시·종말적 차원이 있다는 사실을 놓치지 않는다. 따라서 '차이'의 원칙이 역사적 개연성의 원칙으로 대체되고 교정되어야 한다는 3세대 입장을 그대로 유지한다. 그리고 3세대와 마찬가지로 예수님과 유다교, 그리고 예수님과 초대 교회 사이에도 분명히 연속성이 존재한다고 본다.[26] 유다교→예수님→초대 교회로 이어지는 종교·사상적 연속성을 인정하면서 동시에 예수님의 가르침과 행적에 담긴 독창성과 고유성을 발견하는 일도 소홀히 하지 않은 것이다.

사실 3세대와 4세대를 명확히 구분하기는 쉽지 않다. 시기적으로도 겹치고 연구자들도 겹친다. 같은 학자가 3세대로도, 4세대로도 분류된다. 하지만 근자들어 역사의 예수 연구에 조금씩 방향전환이 이루어지고 있으므로 4세대를 3세대와 구분하는 것도 충분히 일리 있다.[27]

---

25 Falk, *Jesus the Pharisee: A New Look at the Jewishness of Jesus*. Schäfer, *The Jewish Jesus: How Judaism and Christianity Shaped Each Other*도 참조하라. 참고로 힐렐 학파와 샴마이 학파는 라삐 유다교 탄나임 시대(0-200년)를 연 대표적 두 학파다. 특히 힐렐과 그 학파에 대해서는 Shanks (ed.), *Christianity and Rabbinic Judaism: A Parallel History of Their Origins and Early Development*, 14를 보라. 힐렐은 이방인 개종자들을 포용하는 보편주의 입장이었으며 향후 몇 세기 동안 유다교 사회에 큰 영향력을 행사했다고 한다. 바오로 사도의 스승으로 알려진(사도 22,3) 가말리엘이 힐렐의 손자다.

26 이 사실은 성서학자이자 역사의 예수 탐구자인 보크(D.L. Bock)의 책 제목에서도 드러난다: *Who Is Jesus?: Linking the Historical Jesus with the Christ of Faith*.

27 바르트 에어만(Bart Ehrman), 데일 앨리슨(Dale Allison), 파울라 프레드릭슨(Paula Fredriksen), 레빈(A.J. Levine), 지미 던(Jimmy Dunn, *Jesus Remembered*), 게르트 타이쎈(Gerd Theissen, *The Quest for the Plausible Jesus*), 폴 앤더슨(Paul Anderson), 버미스(Vermes, 3세대부터 시작) 등이 대표적 4세대 주자들

3세대와 구분되는 4세대 고유의 특징은 요한 복음서를 사료로 채택한다는 점이다. 3세대까지는 요한 복음서가 사료로서 주목받지 못했다. 공관복음서와 관점이 다르고 신학적 성향이 한층 짙어진 요한 복음서가 사료로서 가치를 인정받기는 쉽지 않았을 터다. 그러나 4세대부터 요한 복음서가 독자적인 사료로서 재조명되고 있다. 요한 복음서가 공관복음서와는 구별되는 독자적 예수 전승을 간직하고 있으며 그만큼 별개의 독립된 자료로서 유효하다는 것이다. 더욱이 공관복음서와 다른 관점에서 예수님을 서술하면서 그와 다른 예수 상을 제시한다는 점에서 요한 복음서만의 가치가 있다고 한다.[28] 특히 요즘은 예수님의 공생활 기간을, 요한 복음서에 의거하여 3년으로 잡는 추세다. 예수님이 공생활 기간 동안 파스카 축제를 지내러 단 한 차례 예루살렘을 방문하신 것으로 그리는 공관복음서보다 세 차례 이상 성전을 방문하신 것으로 그리는 요한 복음서의 진술이 더 신빙성이 있다는 것이다.[29]

4세대 학자들 가운데 기록 전승뿐 아니라 구전 전승을 재구성해 내는 작업에 관심을 기울이는 이들도 있다. 제자들의 '기억'에 주목하여 역사의 예수와 신앙의 그리스도 사이의 접점과 연속성을 찾는 이들도 있다. 제자들이 간직한 기억을 통해 역사의 예수님을 추적하려는 시도다.[30]

---

이다.

28 Anderson, *The Fourth Gospel and the Quest for Jesus: Modern Foundations Reconsidered*, 154-174.

29 Anderson, *The Fourth Gospel and the Quest for Jesus: Modern Foundations Reconsidered*, 159-161. 요한 복음과 공관복음의 연대기적 차이에 대해서는 Blomberg, *The Historical Reliability of the Gospels*, 169-180을 참조하라. 블롬버그는 연대기 특히 예수님의 공생활 기간과 수난 사건에 대해서 요한 복음서가 더 정확한 정보를 담고 있다고 한다: 같은 책 179-180.

30 Keith, "Memory and authenticity: Jesus tradition and what really happened", 155-177; Rodriguez, *Structuring Early Christian Memory: Jesus in Tra-*

4세대 연구자들은 1-3세대에 이르는 예수 연구의 단점을 보완하여 역사의 예수에 보다 가까이 다가가고자 여러 방면에서 노력을 아끼지 않는다. 특히 보다 객관적인 방법론과 보다 과학적인 기준을 마련하는 일에 매진한다. 4세대 탐구자인 폴 앤더슨은 역사성 판단 원칙을 다음과 같이 제안한다.[31]

**첫째, 이중 차이**double difference **대신 원시성**primitivity 1세기 유다교와 초창기 그리스도교에서 유래했을 법한 요소를 모두 배제하는 '이중 차이' 기준은 재고가 필요하다. 예수님이 유다교에서 배운 전통적 가르침을 선포하고 몸소 실천했을 가능성을 부인할 수 없을 뿐더러 제자들이 그분의 가르침을 그리스도교 교리로 정착시켰을 가능성도 배제할 수 없다. 예수님도 그 제자들도 시대의 아들이었음을 잊어서는 안 된다. 예수 탐구자들이 할 일은 예수 운동에서 후대의 흔적을 걷어내어 최초의 모습을 복원해 내는 작업이다. 원시성primitivity 원칙은 예수님과 예수님 운동의 본연의 모습을 찾는다는 의미다. 이 원칙은 공관복음서 못지않게 요한 복음서도 중시한다. 후자도 원시적 자료를 많이 담고 있음이 틀림없기 때문이다. 요한 복음서에 담긴 예수님 시대 팔레스티나의 요소들, 당시 유다교 관습과 사상 체계, 예수 운동의 원초적 형태들, 아람어의 영향들 등이 이를 증명한다. 요한 복음서에서 후대 신학과 편집의 손길을 걷어내면 예수님과 예수 운동의 원초적 형태에 한층 가까이 다가갈 수 있으리라 기대할 수 있다. 복음서에서 후대 신학과 편집 작업의 흔적을 걷어내기 위해 편집 비평이 주요 방법론으로 대두된다.

---

*dition, Performance and Text* 참조.

31 Anderson, *A Fourth Quest for Jesus: So What, and How So?*; *The Fourth Gospel and the Quest for Jesus: Modern Foundations Reconsidered* 참조. Porter, *Criteria for Authenticity in Historical-Jesus Research*도 참조하라.

**둘째, 다중 증거**multiple attestation **대신 보강 증거**corroborative impression 다중 증거 기준이란 특정 말씀이나 행적이 상호독립적인 이중, 삼중의 증거를 갖고 있을 때 역사성을 높게 평가한다는 원칙이다. 가상 어록집Q,[32] 마르코, 마태오 특수 자료M, 루카 특수 자료L, 요한, 토마 등 다양한 독자 전승에서 다중적으로 발견되는 모티프나 내용은 역사의 예수님에게서 유래했을 가능성이 높다는 것이다. 특히 초대 교회의 신학적 작업의 결과물로 판단되지 않는 내용일 경우 그것이 역사적 사실에 바탕을 두었을 가능성은 더 커진다고 한다. 하느님 나라에 관한 가르침이 이 경우에 해당한다.

하느님 나라 개념은 거의 모든 전승 자료에 나타난다. 예를 들면 "내가 진실로 너희에게 말한다. 어린이와 같이 하느님의 나라를 받아들이지 않는 자는 결코 그곳에 들어가지 못한다"는 말씀은(마르 10,15), 마태오와 루카(각각 18,3; 18,17)뿐 아니라 요한(3,3-5) 및 토마 복음(말씀 22)에도 나타난다. 마태오와 루카는 마르코와 비슷하게 하느님 나라를 어린이와 같은 사람의 몫으로 제시한다. 토마 복음도 하느님 나라를 아기와 연결하여 설명한다.[33] 하느님 나라가 물과 성령으로 나시 태어난 사림의 깃이라

---

32 Q('원천'을 뜻하는 독일어 Quelle의 약자)는 예수님의 말씀들로 이루어졌으리라 추정되는 가상의 어록집을 가리킨다. 성서학자들은 예수님의 말씀 모음집이 있었을 터이며 예수님 이후 그분을 모방한 방랑 설교가(카리스마적 지도자)들이 널리 퍼뜨렸을 것이라 추측한다. 지혜의 말씀, 예언 및 묵시의 말씀, 율법에 관한 말씀, 공동체의 규칙, 비유의 말씀 등을 담았을 것으로 여겨진다.

33 토마 22: 예수님께서 젖을 빨고 있는 아기들을 보시고 제자들에게 말씀하셨다. "젖을 빨고 있는 이 아기들은 하늘 나라에 들어가는 사람들과 같다." 그들이 그분께 말하였다. "그렇다면 우리는 아기가 되어야 하늘 나라에 들어가겠습니까?" 예수님께서 그들에게 말씀하셨다. "너희가 둘을 하나로 만들고 안을 바깥처럼 만들고 바깥을 안처럼 만들고 … 모상 대신 모상을 만든다면, 그때 너희는 하늘 나라에 들어갈 것이다."

말하는 요한 복음은 토마 복음과 비슷한 의미로 읽을 수 있다. 이처럼 하느님 나라에 관한 말씀, 특히 하느님 나라를 '어린이' 또는 '어린이와 같은 사람'과 연결짓는 말씀은 복수의 독자 전승에서 두루 발견된다. 어떻든 하느님 나라 전승이 비유, 권고, 축복, 기도, 토론, 수난 사화 등 다양한 장르에서 발견된다는 점도 의미 있다. 다중 증거 원칙에 비추어 하느님 나라 전승을 판단한다면 그것이 역사의 예수님에게서 유래했으리라는 결론이 가능하다.

다중 증거 기준은 지금도 유효하다. 그러나 이 원칙이 절대적 기준이 되어서는 곤란하다. 어떤 말씀이나 사건이 여러 전승에서 다중으로 확인되어야 한다면 요한 복음서는 논외로 머물기 십상이다. 요한 복음서 상당 부분이 공관복음서와 다르기 때문이다. 요한 복음에만 나오는 특수 자료가 요한 저자의 창작물일 가능성이 없지는 않다. 그러나 요한 단독의 특수 자료가 사실에 근거했을 가능성도 인정해야 한다.

다름이 곧 틀림이라는 공식은 성립하지 않는다. 역사성 판단에 공관복음서와 '다른' 정보도 포함시켜야 한다. 이 '다른' 정보가 공관복음서 전승을 보완할 수 있다. 그래서 '다중 증거 기준' 대신 '보강 증거 기준'이 제안된다. 토마 복음에 대해서도 이 기준을 적용할 수 있다. 정경 복음서에 나오지 않는 말씀이라고 무조건 후대의 창작이라고 여겨서는 곤란하다. 특히 1세기 이전으로 거슬러 올라가는 말씀이라면 역사의 예수님에게서 유래했을 가능성을 부인하기 어렵다. '보강 증거' 기준에 의해 요한이나 토마 등 공관복음서에 의존하지 않는 독자적 전승의 가치가 재조명되는 셈이다.

**셋째, 닫힌 묘사 대신 열린 일관성** 정경과 외경, 그리스도교와 비 그리스도교를 망라한 초세기 문헌에서 예수님에 대한 다양한 시각이 발견된다. 예수님은 메시아, 하느님의 아들, 훌륭한 인간, 지혜의 스승, 실패한 변혁가, 사람을 현혹하고 기만하는 마술사, 율법을 교란시킨 인물, 깨달음을 주는 계시자 등 다양한 모습을 하고 있다.[34] 이 초상들 가운데 어느 하나만 옳고 나머지는 다 틀렸다는 생각은 버려야 한다. 예수님은 카리스마적 치유자이면서 묵시주의적 예언가이기도 했고 동시에 견유학파와 비슷한 떠돌이 설교가기도 했다. 예수님의 모습을 그리면서 이것은 옳고 저것은 틀리다는 이분법적 사고는 지양해야 한다. 예수님이 당대의 다른 사람들과 똑같았다는 말도, 당대 사람들과 구분되는 완전히 독창적인 인물이었다는 말도 옳지 않다. 같음 속에 독창성이, 다름 속에 공통성이 있었다. 예수님을 담은 사료에 접근할 때 한 면만 고집할 것이 아니라 여러 가능성을 열어두어야 한다. 상호 모순되어 보이는 내용이라 하더라도 어느 하나를 택하기 위해 다른 하나를 무조건 배격해서는 안 된다.

모든 인간은 여러 모습을 지니고 있다. 어느 하나만 본모습이고 다른 것은 가면이라고 할 수 없다. 역사의 예수님도 마찬가지일 것이다. 나자렛 예수에게서 발견되는 여러 모습을 있는 그대로 받아들여야 한다. 특정 복음사가 또는 특정 공동체에 예수님의 어느 한 면이 뚜렷이 각인되었을 수는 있다. 그래서 각 복음서마다, 서로 다른 모습의 예수님을 보여주고 있는지 모른다.

이 시점에서 이런 질문이 가능하다. 다양한 전승에서 발견되는 예수님의 모습들 사이에 '일관된' 무언가가 있느냐 하는 물음이다. 만약 있다면 그 일관된 무언가가, 지위고하 남녀노소 빈부격차 신분 민족을 불문한 다양한 사람들이 공통으로 기억하는 예수님의 진면목일 가능성이 있지 않을까? 예수님을 (직·간접적으로) 만난 모든 이의 기억 속에 공통으로 각인된 그 모습, 그 공통된 기억을 찾는 것만으로도 의미 있을 듯하다.

---

34 Thompson/Verenna, *Is This Not the Carpenter?: The Question of the Historicity of the Figure of Jesus*, 9-10.

오늘날 역사의 예수님을 찾는 사람들은 대부분, 그분을 역사·사회·문화적 맥락 안에서 바라보려 애쓴다. 특히 예수님의 유다교 배경에 깊은 관심을 기울인다. 쿰란 문헌이나[35] 초창기 라삐 문헌을 통해 예수님 사건의 종교·역사적 배경을 짐작하려는 시도들이 이런 경우에 속한다. 나아가 오늘날 학자들은 예수님 사건의 배경을 1세기 좁은 팔레스티나 땅에 국한시키지 않는다. 이들은 시공간을 확대하여 예수님 사건을 드넓은 헬레니즘 세계 안에서 조망한다. 그리고 그 사건을 '헬레니즘 유다교'와 그리스-로마 제국이라는 보다 큰 그림 안에 위치시킨다. 그 결과 예수님은, 헬레니즘 시대 한복판에 서서 그리스-로마 문화에 대응해 나가던 유다인 사회의 일부로서 그려진다. 예수님이, 그리스-로마 문화에 저항하는 한편 그를 통해 배우며 새로운 변신을 모색하던 유다 백성의 한가운데에 서 계셨다는 것이다.

이처럼 예수 탐구자들은 역사의 예수를 바라보는 관점과 전망을 확장했을 뿐 아니라 방법적인 면에서도 새로운 길을 찾고 있다. 저마다 앞 세대 연구의 미흡함을 보완하려 새 기준과 방법론을 고안하면서 객관성 확보를 위해 노력하고 있다. 모두의 공감을 얻을 수 있는 예수님의 초상이 나올 때까지, 역사의 예수 연구는 중단 없이 이루어져야 할 것이다.

과거 불트만이 그랬던 것처럼 오늘날 학자들 가운데도 예수 탐구의 무용론을 주장하는 이들이 있다. 예수 탐구의 한계점은 수용해야 하지만 연구의 무용론에는 반기를 들어야 한다. 역사의 예수 탐구는 화석화된 인물의 발자취나 더듬어 보자는 것이 아니다. 1세기 유다인들이 어떻게 살

35 쿰란 문헌 또는 사해 두루마리 전반에 대해서는 Penner, "Dead Sea Scrolls", 173-192을 참조하라.

았는지 그 습속을 들여다보는 것이 주목적도 아니다. 역사의 예수 탐구는 예수님이 누구신가라는 물음에 과학적 답변을 제시하려는 시도로서, 그분을 세상과 역사 안에서 바라보려 노력한다. 예수님을 세상과 동떨어진 영적 실체로서가 아니라 세상 안에 발붙인 역사 속 실존으로서 바라보려는 것이다. 곧 예수님을 추상화된, 손에 잡히지 않는 영적 존재로서가 아니라 땅에 발붙인 실체적 존재로서 만나려 한다. 예수님께서 이천여 년 전 팔레스티나 땅에서 보내신 삼십여 년의 짧은 시간은 역사의 한 점으로 머물지 않는다. 찰나와 같은 그 짧은 시간의 파동은 과거와 현재와 미래, 세상 곳곳, 인류 전체에게 끊임없이 전달되고 있다. 예수님 사건은 사라져 간 과거의 사건이 아니라 지금 살아 있는 현재의 사건이기도 하다. 파동의 진원지를 찾아가려는 노력, 예수님이 누구신가를 묻는 물음은 앞으로도 계속되어야 할 것이다.

# II. 역사 문헌의 기억: 예수의 역사성

유다인 역사가 플라비우스 요세푸스

로마인 역사가 타키투스

로마인 관리 소 플리니우스

로마 역사가 수에토니우스

# 예수님의 역사성 연구

❖ 예수님의 역사성 문제는 Song, "The Historicity of Jesus and the Potential Resource of the Apocryphal Gospels", 107-150을 보라. Van Voorst, *Jesus Outside the New Testament: An Introduction to the Ancient Evidence*, 6-16; Thompson/Verenna, *Is This Not The Carpenter?: The Question of the Historicity of the Figure of Jesus*, 7-11,57-69 참조.

예수님의 '역사성'Historicity 문제는 예수님과 예수님 사건이 역사적으로 실재했는지를 탐구하는 영역이다. 예수님이 실존 인물인지 그리고 신약성경이 전하는 그분 사건이 사실인지 묻는 이 연구 분야는 '역사의 예수 연구'에 대한 성찰과 함께 본격화되었다. 예수 연구에서 드러난 한계점을 숙고하는 과정에서 특히 그분의 실존 문제가 주요 이슈로 부상했다. 역사의 예수를 탐구하기 전에 그 탐구 대상이 실존 인물인지부터 확인해야 하는데 그런 절차를 생략한 채 그분의 실존을 기정사실화했다는 것이다. 예수 연구가 시작부터 혹은 그 전제부터 잘못되었다는 지적이다. 이것 말고도 역사의 예수 연구가 가진 한계점들은 더 있다. 한계를 말하려면 예수 연구의 현주소를 파악해야 한다.

## 1. 문제 제기: 예수 연구의 현주소와 그 한계

앞에서 살펴 본 대로, '역사의 예수 연구'는 18세기 계몽주의 이후 교회의 가르침에 의혹의 시선을 보내게 된 사람들에 의해 시작되었다. 예수 탐구자들은 예수님에 대한 정보를 가장 많이 담은 복음서가 정확한 사실과 순서에 근거한 역사서가 아니라 '신앙의 책'이라는 사실에 집중하였다. 복음서는 예수님 사건을 신앙의 렌즈로 바라보고 신학의 틀 안에서 재조명한 결과물이라는 통찰을 바탕으로, 인간일 따름인 예수가 추종자들에 의해 나중에 그리스도로 신격화되었다는 결론을 내렸다. 그리고 역사비평을 통해 복음서에서 신앙의 그리스도를 걷어내고 나면 역사의 예수를 만날 수 있으리라고 여겼다. 이렇게 시작된 역사의 예수 탐구는 현재 4세대에 이르렀는데 각 세대마다 혹은 학자마다 방법론과 역사성의 판단 기준에서 크고 작은 차이를 보였다. 예수님의 초상도 지혜의 스승, 바리사이, 견유학파와 비슷한 유랑 설교가, 종말론적·묵시적 예언자, 사회 변혁가, 정치 혁명가 등 매우 다양한 모습으로 제시되었다. 학자들이 실제 예수를 찾은 것이 아니라 예수라는 인물에 자신의 이상형을 투영시킨 것이라는 슈바이처의 비판은 현재까지 유효하다.[1] 역사의 예수 탐구 자체가 무의미하다는 회의론도 건재하다. 회의론자들은 학자들이 집중해야 할 것은 역사의 예수가 아니라 신앙의 그리스도라는 데 입을 모은다.

반대로 복음서는 예수님 사건을 초대 교회가 재해석한 결과물임을 인정하는 한편 역사의 예수와 신앙의 그리스도 사이에 연속성이 있음을 확신하면서 예수 연구를 이어가는 이들도 많다. 3세대까지 사료로 주목받지 못한 요한 복음서가 독자적 자료로서 재조명되는 분위기이기도 하다.[2] 특히 예수님이 유다인이라는 사실에 방점을 두고 당대 유다교 사회의 신앙과 역사, 사상적·현실적 배경을 파악하려는 시도들이 다각도로 이루어지고 있다. 예수님을 역사·사회·문화적 맥락 안에서 바라본다는 의도에서다. 같은 이유로 고고학적 발굴 결과와 1-2세기 유다교 자료, 초대 그리스도교 자료, 그리스-로마 시대 역사서나 문학서 및 사상서는 물론 당대 종교와 문화 전반을 대조·비교하면서 예수님을 그 어느 때보다 넓고

---

1 Köstenberger/Kellum, *The Cradle, the Cross, and the Crown: An Introduction to the New Testament*, 112.

2 요한 복음의 역사적 신뢰도에 긍정적인 입장은, Blomberg, *The Historical Reliability of the Gospels*, 153-189; *Historical Reliability of John's Gospel*을 참조하라.

깊은 맥락에서 바라보려는 노력들이 시도되고 있다.

그런데 이러한 시도들이 아직까지는 성공했다고 보기 어려우며 크고 작은 한계점들을 노출시켜왔다. 앞에서 밝힌 대로 무엇보다 다수가 공감하는 방법론이나 역사성 기준이 마련되지 않았으며 설득력 있는 예수님의 초상도 나오지 않았다. 일반 역사가들은, 역사의 예수 탐구자들이 객관적인 역사 연구 방법이라면서 사용한 방법론부터 문제가 있음을 지적한다. 일반적 역사 연구의 기준에 미치지 못한다는 것이다.

다른 측면에서도 역사의 예수 연구에 비판이 가해진다. 바로 앞서 언급한 '예수님의 역사성' 문제다. 예수 연구자들이 '역사'를 표방하면서도 예수님의 '실존' 문제를 별 비판 없이 받아들였다고 비판한다. 복음서가 역사서가 아니라 신학서임을 인정한다면 복음서가 전제하는 예수의 실존을 무비판적으로 수용해서는 안 된다는 지적이다. 그러면서 비판자들은 예수가 역사적으로 실존하지 않았으며 초대 교회가 지어낸 가상의 인물이라고 주장한다. 적어도 예수의 실존을 입증할 유력한 증거가 없다는 것이다. 1세기 팔레스티나에 예수라는 유다인이 살았다고 해도 그 사람과 초대 교회가 선포한 예수 그리스도는 아무 상관이 없다고 주장하기도 한다. 예수의 실존을 부정하는 이론 가운데 그리스도 신화론Christ myth theory이 선두에 서 있다. 그리스도는 실존 인물이 아니라 교회의 믿음이 낳은 '신화'라는 주장이다.[3] 교회가 자신들의 이상향을 투사하여 만든 그리스도라는 신화적 인물을 나자렛 예수님의 이야기로 꾸미고 역사화했다는 것

---

3 그리스도 신화론과 그 주장에 대해서는 Price, *The Christ Myth And Its Problems*을 보라. 그리스도 신화론자들 중에는 예수 그리스도를 일반 성서학자들과 정반대로 해석하는 사람들도 있다. 그리스도는 신(神), 적어도 천사와 같은 존재였는데 교회가 이 신적 존재를 인간 예수로 역사화했다는 주장이다. 인간 예수를 교회가 그리스도로 신격화했다는 학자들의 의견과 정반대인 이 주장은 현대판 가현주의라고 말할 수 있을 듯하다.

이다. 결국 그리스도는 신화일 따름 역사적 예수는 존재하지 않았다고 한다. 예수의 실존을 부정하는 자들이 내세우는 논리는 이렇다.[4]

첫째, 예수님의 실존을 입증할 고고학적·물리적 증거가 없다.

어떤 인물의 역사적 실존을 증명하는 데 필요한 세 종류의 증거 곧 물리적, 고고학적, 문헌상의 증거 가운데 가장 중요한 앞의 두 가지가 없다는 것이다.

예수님과 그 제자들의 주 활동 무대였던 팔레스티나 및 그 주변 지역에서 진행되는 고고학적 탐사는 이 시대를 연구하는 학자들에게 갈수록 많은 정보를 제공해 주고 있다. 그러나 예수님의 실존 자체를 증명할 증거가 적어도 현재로서는 발견되지 않았다. 그러므로 고고학의 입장에서는 예수님이 실존했다고 단언할 수 없다는 것이 사실이다.

그러나 예수님에 대한 물리적·고고학적 증거가 없는 이유를 설명할 수 있다. 사실 예수님의 유해가 남겨졌더라면 좋겠지만 그럴 수가 없다. 예수님에 대한 기억을 간직한 사람들, 그분에 대한 기억을 남겨주고 싶어 한 사람들은 그분의 부활을 체험한(적어도 주장한) 이들이었다. 그들이 예수님의 유해를 찾고 후손에게 물려 줄 노력을 하지 않은 것이 전혀 이상한 일이 아니다. 그분이 존재했다는 증거를 남기려 노력할 필요도 당연히 없었을 터다. 신앙 체험이 그분의 존재 흔적을 남기려는 생각을 압도한 셈이다. 생전의 예수님, 곧 인간으로서 체험한 예수님과 관련하여 제자들에게 중요한 사안은 그분의 말씀과 행적이었다. 따라서 그분에 대한 기억을 보존하는 일은 그분의 실존 증거가 아니라 그분의 말씀과 행적에 집중되었을 것이다. 게다가 곧 종말이 다가오리라 믿었던 초대 교회가 이천 년 뒤에 자기네 후손들이 예수님의 실존을 의심하게 되리라고는 상상치 못했

4 Hoffmann, "Controversy, Mythicism, and the Historical Jesus" 참조.

을 것이다. 그분의 실존을 입증할 고고학적·물리적 증거가 없다는 사실은 어쩌면 지극히 당연한 일일지 모른다.

둘째 논리는 문헌상의 증거와 관련 있다.

곧 예수님 사건 당시에 만들어진 저작물 가운데 그 사건을 객관적으로 언급한 사례가 발견되지 않는다. 예수님과 같은 세대가 그분에 대해 가감 없이 객관적으로 기록한 일차 자료primary source가 없다는 것이다. 사실 예수님이 직접 저술했다는 문서도 없으며 관련 자료는 그분 사후에 만들어진 이차 자료secondary source들뿐이다.[5] 신화론자들은 특히 1세기 유다인 필론(기원전 20년-기원후 50년경, 알렉산드리아)이 당대 유다교에 대해 방대한 저서를 남겼음에도 예수님에 대해 전혀 언급하지 않았다는 점을 문제 삼는다. 이는 필론이 에세네파, 테라페우테파[6] 등 당대 주요 분파들에 대해 상세히 소개하고 있는 것과 대조를 이룬다. 이 사실만으로도 예수님의 실존을 의심하기에 충분해 보일 법하다.

이 점에 대해서도 설명 가능하다. 필론의 활동기인 1세기 초중반에는 유다인들에게 예수님의 존재감이 생각보다 크지 않았을 것이다. 예수님의 추종자들에게야 그분이 하느님의 아들 메시아로 여겨졌겠지만 다른 유다인들에게는 예수님이 관심 끌 만한 인물이 아니었을 것이다. 필론이 예수님에 대해서 들은 바가 없었다 해도 이상하지 않다. 들었더라도 자기 눈에 이단아로 비쳤을 예수님을 굳이 입에 올릴 필요가 없었을 것이다. 사실 필론은 자기와 동시대를 살았던 두 거장 라삐 힐렐과 샴마이에 대해서도 언급하지 않는다. 다른 라삐들에 대해서 언급하지 않은 것

---

5 복음서를 일차 사료로 간주하는 학자들도 있지만 이 책들은 예수님 사후에 기록되었으므로 이차 사료로 보는 편이 맞다.

6 에세네파에 대해서는 『권고』 11.1-18, 테라페우테파에 대해서는 『관상 생활』 21-90에서 다룬다. 셍크, 『필론 입문』, 110과 157 참조.

도 물론이다.[7] 예수님이 실존 인물이라면 당연히 필론의 기록에 남았으리라는 추론은 그분의 존재감을 과대평가한 결과다. 1세기 중반의 유다인, 특히 그리스 철학과 문학에 심취했던 유다인에게는 그분의 존재감이 크지 않았으며 그 존재감이 커진 것은 추종자들이 늘어난 1세기 후반부터였을 것이다.

셋째 논리도 문헌상의 증거와 관련 있다.

기원후 100년경에 저술된 역사서에 예수 또는 그리스도가 언급된 경우가 있지만 이 진술들을 객관적 사료로 삼기 어렵다는 논리다. 예수님이나 그리스도 또는 그리스도인들이 언급된 구절은 역사가歷史家 자신의 진술이 아니라 후대 그리스도인이 삽입 또는 변경한 내용들이며, 역사가가 직접 쓴 내용이라 하더라도 그 진술을 사실로 받아들이기 어렵다는 시각이다. 그것을 예수에 대한 이차 자료로 인정할 수 없다는 뜻이다. 역사가가 언급한 인물을 신약의 예수 그리스도와 동일시할 근거가 없다는 주장도 제기된다.

뒤에서 살펴보겠지만 기원후 100년 전후의 유다인 역사가와 로마인 역사가들이 예수/그리스도를 언급한 것 자체는 사실로 판단된다. 관련 대목이 후대 가필이 아니라는 뜻이다. 초세기 역사서에 예수/그리스도가 언급되어 있다는 사실은 그 자체로 의미가 크다. 이는 한편으로는 교회 바깥 역사가들의 눈길을 끌 정도로 예수님 추종자들의 규모나 영향력이 커졌음을 암시한다. 더 중요한 포인트는, 예수님을 언급한 역사가들이 그분의 실존 여부에 대해 전혀 의심하고 있지 않다는 사실이다. 특히 이 역사가들이 예수님과 그 추종자들에 대해 대체로 호의적이지 않다는 점을 감

7 Shanks (ed.), *Christianity and Rabbinic Judaism: A Parallel History of Their Origins and Early Development*, 40 참조.

안할 때, 그 의미는 더 커진다. 적어도 100년경의 일반 역사가들이 예수님의 존재 자체는 사실로 받아들였다는 뜻이기 때문이다. 그런데도 예수님의 실존을 부정하는 이들은 자신들의 주장을 바꾸려하지 않는다. 이것이 예수님의 역사성 문제를 반드시 짚고 넘어가야 하는 이유다.

사실 그리스도교가 주님으로 믿는 예수님이 이천 년 전에 인간으로서 존재했는지 과학적으로 입증할 방법이 지금으로서는 없다. 실존 증명 자체는 불가능하다고 해도 지나치지 않다. 그러나 예수님의 실존을 부정하는 사람들이 내놓는 근거가 타당한지, 그들의 논리에 취약점이나 결함이 없는지는 살필 수 있고 또 살펴야 한다. 이에 주안점을 두고 예수님의 역사성 문제를 탐색할 것이다. 곧 예수님의 실존을 긍정하는 증거가 있는지, 있다면 그 증거가 믿을 만한지, 그 증거에 담긴 내용이 교회가 전하는 예수님과 부합하는지 꼼꼼히 살펴볼 것이다.

## 2. 자료

예수님 실존을 입증할 고고학적 증거나 1차 문헌 증거가 부재하다는 점은 이미 밝혔다. 이를 보완하려면 이차 자료 확보에 기댈 수밖에 없다. 다행히 그분과 관련된 초세기의 기록들이 전해져 온다. 우선 예수님 사후에 직·간접 제자들이 편찬했다는 복음서와 서간들이 존재한다. 제자 공동체와 전혀 관련 없는 교회 바깥의 사람들도 그분에 관한 기록을 남겼다. 이 이차 자료들 가운데 복음서와 서간은 예수님의 역사성 탐구 사료로 삼지 않겠다. '우리들만의 리그'가 되지 않기 위해서다.[8] 대신 성경 바깥,

---

8 교회의 신앙 대상인 예수님이 실존했음을 증명하려면 교회의 말이 아니라 교회 바깥의 말을 들어봐야 한다. '복음서는 예수님을 믿은 제자들이 기록했다. 그 책에서 예수님이 존재했음을 알린다. 그러므로 예수님이 실존했음이 분명하

그리스도교 신앙을 받아들이지 않은 외부 역사가들의 문서를 주 자료로 사용하겠다. 역사자료들 가운데서도 기원후 130년을 기점으로 그 이전에 만들어진 작품만 다루기로 한다. 예수님의 처형 시기로 추정되는 30년으로부터 100년 이내가 기준 시점이다. 인간의 수명 상 예수님의 직접 목격자가 살아 있을 최대 기간이다. 이 기준에 부합하는 자료들, 곧 예수님 사후 백 년이 지나기 전 교회 바깥의 저자가 그분 혹은 그분의 추종자들에 대해 언급한 사례들 가운데 유다인 역사가 요세푸스와 로마인 역사가 타키투스의 저작이 가장 중요하다. 로마 역사가 수에토니우스와 로마 관리 소小 플리니우스의 편지도 도움이 된다. 이들 교회 바깥 사람들이 예수님에 대해 기록한 내용을 살필 것이다.

이 기록들을 대하면서 염두에 두어야 할 사항은, 이것들이 정확한 사실 관계를 확인하기 어려운 시대의 기록물이라는 점이다. 게다가 그 기록에 후대 저술가들의 관점이 개입되었다는 사실을 감안해야 한다. 후대 저술가들이 객관적 사실을 있는 그대로 기록한 것이 아니라(어쩌면 이는 불가능한 일일지 모른다) 저마다 나름의 기준과 잣대로 평가하고 재해석한 내용을 기록했다는 의미다. 후대 저술가의 판단을 걷어내고 '가능한 한' 사실과 부합하는 내용만 추려내는 임무가 우리에게 주어진 셈이다(이 또한 쉬운 일은 아니다. 그 누구도 '객관성'을 자신할 수 없기 때문이다. 그래서 '가능한 한'이라는 조건을 붙였다). 『기원 전후 천년사』를 쓴 역사학자의 말은 예수님 연구에도 해당한다.

> 우리가 이 중요한 시기를 이해하기 위해 의존하는 모든 기록이 사건으로부터 한참 지난 후에 저술되었기에, 필연적으로 정확도에 대한 의문이 제기될 수밖에 없다. 그뿐만 아니라 우리는 기록이 얼마나 편집·가공된 것인지도 고려

---

다'는 말은 사실 명백한 순환오류다.

해야 한다. 역사가가 선별하고 강조한 사건을 통해 서술되는 고대사는 역사가 자신과 그들이 속한 사회가 과거를 어떻게 기억하기로 결정했는지를 드러낸다.[9]

예수님의 역사성 문제를 검토할 때 반드시 기억해야 할 사항이다.

## 3. 방법론

역사성 탐구를 위해 여기서 사용할 방법론은 이렇다.

먼저 예수 그리스도를 언급한 대목의 친저성(또는 진정성authenticity) 여부부터 점검할 것이다authentication. 그 대목이 후대 그리스도인의 손에 첨가 또는 변경된 내용이 아닌지 살피는 일이다. 친저성은 관련 진술이 역사적 사실에 부합하는지 여부와는 상관없다. 이를테면 타키투스가 직접 쓴 글에서 예수 또는 그리스도에 대해 언급했다고 해서 그분의 실존이 자동으로 입증된다는 뜻은 아니다. 친저성을 따지는 일은 자료 자체의 신뢰도를 점검하는 일이다. 신뢰도 낮은 자료를 증거로 채택할 수는 없기 때문이다.

자료의 신뢰성이 확보된 다음에는 그 자료에서 언급한 예수 그리스도가 누구인지identity, 곧 그가 성경의 예수 그리스도와 동일 인물인지 확인할 것이다identification. 검토 결과를 바탕으로, 해당 자료를 예수님의 실존 증거로 받아들일 수 있을지 여부를 가릴 것이다. 긍정의 결과를 얻었을 때 우리는 예수님을 실존 인물로 제시하는 1세기 외부 자료를 손에 넣었다고 말할 수 있을 터다.

---

9 마이클 스콧, 『기원 전후 천년사, 인간 문명의 방향을 설계하다』, 50-51.

*

위에 제시한 자료와 방법론을 토대로 예수님의 역사성 문제를 본격적으로 탐구하려 한다. 먼저 유다인 역사가 요세푸스의 저작물과 로마 관리 겸 역사가 타키투스의 저서를 살펴볼 것이다. 이어서 로마인 수에토니우스와 소小 플리니우스의 저작물을 보충자료로서 검토할 것이다. 네 자료를 선택한 기준은 무엇보다 앞서 말했듯이 저술 시점이 예수님 사후 100년을 넘지 않는다는 점이다. 네 저자 모두 기원후 100년 전후에 활동한 사람들이다. 네 자료가 공적 의미를 띤 문서라는 점도 사료로 선택되는 데 한몫 했다. 앞의 세 자료는 역사서, 넷째 자료는 로마 속주 관리가 황제에게 보낸 공문서격의 편지다. 저자의 출신이 유다인과 로마인으로 서로 다르다는 점도 의미가 있다. 유다인의 관점에서 바라본 예수님과 로마인의 관점에서 바라본 예수님을 비교해 볼 수 있다.

## 유다인 역사가 플라비우스 요세푸스

요세푸스의 저작부터 살피기로 한다. 요세푸스가 시간으로나 출신으로나 예수님과 가장 가까운 이웃이기도 하고 일반적으로 그의 저작이 예수님에 관한 중요한 정보원으로 평가되기도 해서다.[1]

1세기 중반부터 후반까지 이어지는 요세푸스의 생애(37-100년)는 그리스도교 탄생 시기와 겹친다. 제1차 유다교 항쟁 반란군 지도자이기도 했던 요세푸스는 베스파시아누스 장군에게 투항한 뒤 로마로 가서 『유다 전쟁사』, 『유다 고대사』 등을 집필한 것으로 알려져 있다. 예수님의 첫 추종자들과 근접한 시기를 보낸 요세푸스의 저작물들은 당대를 이해하는 데 없어서는 안 될 귀중한 자료다. 사실 1세기 팔레스티나 역사에 대한 요세푸스의 지식은 일관되지 않은 편이다. 이를테면 그가 저술한 『유다 고대사』가 6-26년 사이의 역사는 대충 훑고 지나가서 이 시기와 관련한 특별한 정보를 얻을 수 없다. 다행히 26년 이후부터는 유다 및 주변 지역 상황에 대한 유용한 정보들을 제법 많이 담고 있다. 때로는 신약성경보다 더 신뢰도 높은 정보를 제공하기도 한다. 특히 당대 유다교 내 여러 분파와 운동에 대해 비교적 상세한 정보를 담고 있어 예수님과 그 추종자들을 이해하는 데 큰 도움을 준다.[2]

93-94년 로마에서 저술된 요세푸스의 『유다 고대사』에 예수 또는 그리스도가 언급되어 있다. 해당 구절은 각각 책 18권과 20권에 들어 있

---

1 예수님과 관련한 요세푸스의 본문들은 Paget, "Some Observations on Josephus and Christianity", 539-624에 일목요연하게 소개되어 있다.

2 요세푸스 연구와 관련한 최신 정보는 http://www.josephus.org(= G.J. Goldberg's "Flavius Josephus Home Page"); https://abdn.pure.elsevier.com/en/datasets/project-on-ancient-cultural-engagement-pace(= Project on Ancient Cultural Engagement at York University hosted by Steve Mason)을 참조하라.

다. 하나는 '플라비우스의 증언', 다른 하나는 '야고보 대목'이라 불린다.[3]

## 플라비우스의 증언

요세푸스는 『유다 고대사』 18.3.3에서 예수님이 로마 당국에 의해 십자가형에 처해진 사건을 언급한다. '플라비우스의 증언'testimonium flavianum이라 불리는 이 증언은, 본시오 빌라도Pontius Pilatus가 유다 속주 관리로 있던 시절을(26-36년) 다룬 대목에 들어 있다. 내용은 다음과 같다. 후대 그리스도인의 가필로 추정되는 구절은 명조체로 표시했다.

> 『유다 고대사』 18.3.3 그 무렵 예수가 살았다. 그는 지혜로운 사람이었다—그를 사람이라 불러야 한다면 말이다. 그는 놀라운 일을 행하는 사람이자, 진리를 즐겨 받아들이는 사람들의 스승이었다. 그는 많은 유다인과 그리스인들을 사로잡았다. 그는 그리스도였다. 빌라도가, 우리들 가운데 높은 자리에 있는 사람들이 그를 고발한 내용을 듣고 그를 십자가형에 처하라는 판결을 내렸을 때에도, 처음 그를 사랑한 사람들은 그에 대한 애정을 포기하지 않았다. 사흘째 되던 날 그가 되살아난 모습으로 그들에게 나타났기 때문이다. 하느님의 예언자들이 이 사건과 그에 관한 다른 수많은 놀라운 사건을 두고 예언했다. 그의 이름을 따서 그리스도인들이라 불리는 그리스도인 지파는 오늘날까지도 사라지지 않고 있다.

먼저 이 대목의 진정성authenticity 여부를 살펴보자. 이 문제에 대한

3 인용에 사용한 그리스어 본문은, http://www.perseus.tufts.edu/hopper/searchresults?q=josephus(= Flavius Josephus. *Flavii Iosephi opera*, B. Niese 〈ed.〉 〈Berlin 1892〉)에서 찾아 읽을 수 있다.

학자들의 의견은 여러 가지로 나뉜다. 예수님이나 그리스도인들에 대한 호의적 태도 때문에 대목 전체를 그리스도인의 가필로 여기는 이들도 있다. 그러나 명조체로 표시한 부분을 빼면 특별히 그리스도교에 호의적이라고 판단할 이유가 없다. 이를테면 예수님을 놀라운 일을 행하는 사람으로 표현한 사실을 두고 그리스도교 친화적이라고 볼 필요는 없다. 요세푸스는 당시에 다른 '기적 행사자들'도 있었음을 전하는데 이들은 사기꾼이나 마술사 등 부정적 인물들로 묘사되는 편이다(『유다 고대사』 20.8.6). 요세푸스가 기적 행사자를 긍정적으로 묘사한 사례는 오니아스가 거의 유일하다. 1세기 말 가뭄이 들었을 때 오니아스가 기도로 비를 내리게 했다는 것이다. 공교롭게도 오니아스는 분노한 유다인들에 의해 투석형을 당한다(『유다 고대사』 14.2.1). 어떻든 플라비우스의 증언에서 예수님이 기적 행사자로 그려진 것을 그리스도인들에 의한 '신격화' 작업의 결과물로 보는 것은 섣부른 판단이다. 그리스도인에 의한 가필이 아니라는 의미다. 예수님의 제자들을 일컬어 "진리를 즐겨 받아들이는 사람들"이라 표현한 것도 그리스도교 친화적 태도로 간주할 필요는 없다. 제자들이 전통과 다른 새 가르침에 개방적인 사람이었음을 묘사한 것으로 이해하면 된다. 유다교 전통의 관점에서 다소 파격적이었을 예수의 가르침을 그 제자들은 기꺼이 수용했다는 것이다. 그런 개방성을 요세푸스가 긍정 평가했다고 판단할 근거는 없다.

'플라비우스의 증언'과 관련된 내용이 70년대에 저술된 전작 『유다 전쟁사』에 나오지 않는다는 이유를 들어 이 증언이 후대 가필이라고 주장하는 경우도 있다. 이것도 설명 가능하다. 먼저 두 책의 방향성이 다르다. 『유다 전쟁사』의 경우 제1차 유다 항쟁(66-70년)에 초점을 맞추고, 『유다 고대사』는 아담부터 1차 유다 항쟁 때까지 이스라엘 백성의 역사 전반을 다룬다. 유다 항쟁과 직접 관련이 없는 예수님과 그 추종자들이 『유다 고대사』에만 언급되고 『유다 전쟁사』에는 언급되지 않은 것이 전혀 이상하지 않다.

게다가 『유다 전쟁사』가 저술되던 70년대에만 해도 예수님 추종자들이 큰 세력을 형성하지 않았다. 20년 사이에 수가 늘어 『유다 고대사』가 집필된 93-94년에는 요세푸스의 눈길을 끌 정도가 되었다. 요세푸스가 전작에는 싣지 않은 그리스도인들과 관련된 내용을 후속작에서 짧게나마 짚고 넘어가게 된 이유다. 실제로 사회학자 스타크R. Stark는 초대 교회에서 유다인들이 차지한 비율이 생각보다 높았을 것이라고 주장한다. 제1차 항쟁 이후 교회 내 유다인 수가 급감했다는 일반적 추정이 틀렸다는 것이다. 스타크는 사회학자의 관점에서, 적어도 4세기 콘스탄티누스 황제 시대까지 유다계 그리스도인들이 교회의 성장에 큰 부분을 차지했다고 주장한다.[4] 특히 그리스 문화와 유다교를 조화시켜야 할 숙제를 떠안은 디아스포라의 유다인들이 그리스도교를 새로운 대안으로 받아들였을 수 있다고 제안한다. 유일신 신앙을 유지하면서도 율법에서 자유로운 그리스도교가, 헬라계 유다인들에게는 유다교 신앙을 지키면서 이방 세계에 순응하며 살아갈 수 있는 좋은 방안으로 여겨졌으리라는 것이다. 이방인 출신에게 유다교 율법의 준수 의무를 면제한 예루살렘 사도회의 결과를 가장 반겼을 사람들이 다름 아닌 헬라계 유다인들이었다고 한다. 그래서 스타크는, 4세기까지는 디아스포라 유다인들 가운데 그리스도교 신앙을 받

4 Stark, *Rise of Christianity: A Sociologist Reconsiders History*, 49-71 참조. 사도행전에 따르면 예수님 승천 이후 유다를 대신할 사도를 뽑을 무렵의 신도 수는 백스무 명가량이었으며(사도 1,15), 성령강림 후 베드로와 요한이 최고 의회에서 증언한 다음에는 장정만도 오천 명 가량이 되었다고 한다(사도 4,4). 그리고 60년경 바오로 일행이 예루살렘을 방문했을 때는 "유다인들 가운데에서 신자가 된 이들이 수만 명"이나 되었다고 한다(사도 21,20). 스타크는 당시 예루살렘 전체 인구수가 20,000명가량밖에 안 되었다면서 성경의 표현이 지나친 과장임을 지적한다. 그러면서도 그리스도교 내 유다인들의 비율은 4세기까지 상당했을 것이라고 한다: 같은 책 57-59.

아들인 이들이 많았으리라고 추정한다.[5] 적어도 제2차 유다 항쟁(132-135년)이 일어나기 전까지는 유다인 출신 신자가 적지 않았을 듯하다. 게다가 초대 선교사들이 주로 유다교 회당이나 기도처를 이용한 사실을 감안하면 유다인들이 체감한 유다계 그리스도인의 비율은 실제보다 훨씬 높았을 법하다. 요세푸스가 『유다 고대사』를 집필한 1세기 말의 로마교회 상황도 비슷했을 것이다. 요세푸스의 전작에는 실리지 않은 그리스도인들과 관련된 내용이 후속작에서 다뤄진 이유다.

4세기 전까지는 초대 교부들 가운데 '플라비우스의 증언' 대목을 인용한 사람이 없다는 것도 이 대목의 진정성을 의심케 하는 문제점으로 꼽힌다. 그리스도와 관련하여 이토록 중대한 증언이 초대 교부들 저서에 실리지 않은 게 의외이기는 하다. 사실 이 대목이 처음 인용된 것은 4세기 작품인 에우세비우스의 『교회사』에서다.[6] '플라비우스의 증언'이 『교회사』

---

5 Stark, *Rise of Christianity: A Sociologist Reconsiders History*, 57-59.62-63 참조. 2세기까지도 그리스도교 선교사들이 (디아스포라) 유다교 회당을 사용했으며 초대 교회 공동체가 세워진 곳이 대부분 유다인 지역이었다. 그러다가 2세기 이후에는 (디아스포라의) 유다계 그리스도인들이 이방계 그리스도교에 흡수되었다고 하는 견해가 일반적이다. 스타크는 2세기 이후에도 교회 내 유다인들의 수가 상당했으리라고 본다. 무엇보다 제1차 및 2차 유다 항쟁이 디아스포라 유다인들에게는 별로 영향을 미치지 않았다고 한다. 성전이 파괴되고 유다인들이 예루살렘에서 쫓겨난 사건이 팔레스티나 본토의 유다인들에게는 대단한 파장을 일으켰고 또 이 두 항쟁을 계기로 그곳의 전통적 유다인들과 그리스도교 유다인들의 관계가 결정적으로 벌어졌지만 디아스포라 유다인들의 상황은 그렇지 않았다는 것이다. 적어도 디아스포라에서는 그리스도교 유다인들의 수가 급감할 정도는 아니었다고 한다. 그리스도교 신앙을 받아들인 유다인들의 수가 이방인들과 비교해서 적은 것이지 절대적으로 적다거나, 크게 감소하지 않았다는 것이다: 이에 대해서는 같은 책 63-71을 보라.

6 에우세비우스가 교회사 저술에 요세푸스의 책을 활용한 일은 잘 알려져 있다. 히에로니무스도 400년경에 쓴 책에서 요세푸스를 소개하면서 플라비우스의 증언을 인용한다. 예수님의 추종자들이 그분을 그리스도라고 믿었다는 내용이

1.1에 거의 그대로 나오기에[7] 이 증언 자체를 에우세비우스가 지어낸 것으로 여겨지기도 한다. 에우세비우스가 유다인 역사가의 권위를 빌려 그리스도의 생애를 증언하려 했다는 의견이다. 그러나 이미 3세기에 오리게네스(185-254년)가 '플라비우스의 증언'을 알고 있었던 것으로 보인다. 오리게네스는 자신의 책에서, 요세푸스가 예수님을 언급하면서도 그분을 메시아로 인정하지 않은 데 대해 불만을 표하고 있다. "요세푸스는 우리 예수님이 그리스도임을 받아들이지 않았다"(『마태오 복음 주해』 10.17).[8] 또는 "요세푸스는 예수님을 그리스도로 믿지 않았다"(『켈수스 논박』 1.47; 참조: 2.13).[9] 오리게네스의 이 말은 '예수는 그리스도'라는 표현이 포함된 현존 '플라비우스의 증언'이 아니라 그 표현이 없는 '본래 버전'을 두고 한 말일 것이다. 증언 대목이 처음에는 예수 사건에 대한 간결한 진술이었는데 나중에 그리스도교 친화적인 내용들이 가필되었으리라는 추정이 가능하다.

실제로 '플라비우스의 증언'에서 가필이 의심되는 부분들, 가령 '그를 사람이라 불러야 한다면', '그는 그리스도였다', '사흘째 되던 날 그가 되살아난 모습으로 그들에게 나타났다' 등을 빼고 나면 예수 사건에 대한 중립적 진술로 읽힌다. 곧 지혜로운 사람으로서 기적을 행사하던 한 스승에 관한 이야기다. 그 사람은 많은 유다인들과 그리스인들을 매료시켰으며, 유다교 지도자들의 고발로 십자가형에 처해졌다. 그리고 스승의 이름

---

다: "그분(예수님)께서 그리스도시라고 믿어졌다"(credebatur esse Christus: 『위인들』 13).

7 플라비우스의 증언과 에우세비우스의 진술 내용을 대조해보고 싶다면, Grabbe, "Jesus Who Is Called Christ", 64-65을 보라. 『유다 고대사』 18.3.3과 시리아어 『교회사』 1.11.7-8을 비교하고 있다.

8 *Ante-Nicene Fathers Vol. 9*, "Origen's Commentary on Matthew, Book X" 참조.

9 *Ante-Nicene Fathers Vol. 4*, "Origen Against Celsus, Book I" 참조.

을 따서 그리스도인들이라 불리던 추종자들이 요세푸스 시대에도 남아 있었다는 것이다. 이 핵심 진술은 1세기 후반의 유다인 역사가가 충분히 썼을 법한 내용이다.

그렇다면 이 증언에 나오는 예수와 신약성경의 예수님이 같은 인물일까identity? 대답은 '그렇다'다. 이 증언 속 예수가 제자들을 둔 스승이었으며 기적을 행사했다는 것, 빌라도 치하에서 십자가형을 당했다는 것, 사후에도 그 제자들이 추종을 포기하지 않았다는 것은 신약성경에 나오는 예수님과 그 제자들의 이야기 그대로 읽힌다. 1세기 팔레스티나 유다인으로서 신약의 예수님만큼 '플라비우스 증언'의 주인공을 연상시키는 인물은 없다. '플라비우스의 증언', 적어도 그 핵심은 예수님의 실존을 암시하는 자료로 채택하기에 모자람이 없어 보인다.

## 야고보 대목

야고보 대목은 '예수의 형제 야고보'가 예루살렘에서 투석형에 처해진 사건을 전하고 있다. 이 대목은 유다교 대사제 아나누스가 산헤드린을 소집한 일로 시작된다. 때는 사망한 전임 유다 총독 페스투스의 후임으로 알비누스가 부임해 오기 직전이었다(기원후 62년). 로마 관리의 공백을 틈타 대사제 아나누스가 산헤드린을 소집하여 야고보 사건을 몰래 처리한 것이다. 해당 구절은 다음과 같다.

> 『유다 고대사』 20.9.1 (아나누스)는 산헤드린 의원들을 소집하여 그들 앞에 이름이 야고보인, 그리스도라 불리는 예수의 형제를 다른 사람들과 함께 데려다 놓았다. 아나누스는 율법을 어겼다는 죄목으로 그들을 넘기고 투석형에 처하게 하였다.

요세푸스는, 야고보가 산헤드린의 결정에 따라 투석형에 처해졌다는 소식에 이어 아나누스가 대사제직에서 해임된 사실을 전한다. 유다 총독에게 알리지 않은 채 대사제가 단독으로 산헤드린을 소집한 일이 불법이었다는 것이다. 아나누스의 뒤를 이어 '담네우스의 아들 예수'가 후임이 되었다고 한다(『유다 고대사』 20.9.1). 후임 대사제의 이름도 예수라는 사실을 기억해 두어야 한다. 야고보의 형제 예수를 이자와 동일시하는 이들이 있기 때문이다.

먼저 야고보 대목의 진정성authenticity 여부부터 살펴보자. 이 대목을 그리스도인의 가필로 보는 학자들은, 예수님에게 '그리스도' 칭호가 쓰인 사실을 근거로 든다. 요세푸스가 예수님을 그리스도라고 불렀을 리 없다는 것이다. 그러나 여기서 '예수 그리스도'가 아니라 '그리스도라 불리는 예수' Ἰησοῦς ὁ λεγόμενος Χριστός라고 한 점을 주목해야 한다. 예수가 그리스도라는 것과 예수가 그리스도라 불린다는 것은 다르다. 전자가 신앙 고백이라면 후자는 중립적 진술이다. 요세푸스는 야고보의 형제가 그리스도라고 불리기도 했음을 객관적으로 진술하고 있을 따름이다.

어떤 이들은, 이 대목이 전하는 야고보의 순교 과정이 역사와 부합하지 않는다는 이유를 들어 진정성을 의심한다. 다른 저작물에 전해지는 내용과 차이가 난다는 것이다. 에우세비우스의 『교회사』 2.23에는 요세푸스의 '야고보 대목' 말고도 야고보의 순교와 관련된 이야기가 둘 더 전해진다. 하나는 알렉산드리아의 클레멘스의 '야고보의 층계', 다른 하나는 '헤게시푸스 회고록'이다. 그런데 이 두 이야기는 야고보의 순교 장소를 요세푸스와 달리 예루살렘 성전으로 제시한다. '야고보의 층계'에 따르면 어떤 적대자의 선동으로 군중이 야고보를 성전 층계 꼭대기에서 밀어 죽였다. 야고보가 층계 꼭대기에서 떨어져 죽었다는 것이다. 이 이야기를 바탕으로 쓴 듯한 '헤게시푸스 회고록'에는 조금 더 상세한 내용이 나온다. 이에 따르면, 야고보로 인해 많은 유다인들이 그리스도를 믿게 되었는데 그 무리에 지도급 인사들이 가세하자 다른 유다교 지도자들은 위기의식에 휩싸였다. 백성 전체가 예수를 그리스도로 받아들일 위험에 처했다고 느낀 지도자들은 야고보를 찾아가 백성들을 말려달라고 한다. 그러고는 파스카 때문에 모여든 사람들이 다 볼 수 있도록 야고보더러 성전 꼭대기에 올라서보라고 한다. 그를 밀어뜨릴 심산이었다. 야고보가 성전 꼭대기에 올라가 사람의 아들에 대해 증언하자 율법학자와 바리사이들은 야고보를 꼭대기에서 밀어뜨린다. 야고보가 바닥에 떨어진 뒤에도 숨이 붙어 있자 사람들은 그에게 돌을 던지기 시작한다. 결국 야고보는 누군가 내리친 곤봉에 머리를 맞아 죽었다고 한다.[10]

확실히 순교 방식에서 요세푸스의 '야고보 대목'은 다른 두 이야기와 차이가 난다. 그런데 셋 중에 요세푸스 버전이 역사적으로 가장 타당성 있다. 야고보를 산헤드린에 회부하여 투석형에 처했다는 것이 당대 유다교의 정책이나 관습과 잘 맞아떨어진다. 당시 유다인 사회에서 각종 범죄를 처벌할 권한은 산헤드린에 있었다. 산헤드린은 중범죄를 저지른 사람에게 사형을 선고할 권한도 가지고 있었다. 미쉬나에 따르면, 어떤 사람을 사형에 처하려면 23명의 판관으로 구성된 산헤드린을 소집해야 했다(『미쉬나』 산헤드린 1.4).[11] 유다교 율법이 사형을 명한 경우는, 우상 숭배, 살

10 야고보 사도의 순교에 대해서는 Chilton/Evans, *James the Just and Christian Origins*, 233-249; Myllykoski, "James the Just in History and Tradition: Perspectives of Past and Present Scholarship (Part II)", 63-83을 참조하라.

11 여기서 산헤드린은 71명의 판관으로 구성된 최고 법원격의 대 산헤드린을 가리킨다. 산헤드린은 예루살렘 성전 내실에서 개최된 것으로 추정된다. 빌라도가 유다인들에게 직접 예수님을 재판하라고 하자 (속주민인) 자기들에게는 사형 권한이 없다고 한 요한 18,31과 비교하라. 미쉬나와 신약성경의 진술에 차이가 난다. 아마 미쉬나의 진술이 사실에 가까울 것이다. 산헤드린이 가졌던 자치권과 처벌권은 로마 제국 통치 하의 1세기 어느 시점, 아마 70년 예루살렘 성전 파괴 후에 박탈되었을 것으로 추정된다. 그때 산헤드린이 갖고 있던 사형 선고 권한도 사라졌을 것이다: Jacobs, *The Jewish Religion: A Companion*을 보라. 산헤드린에 대해서는 'IV. 예수, 탈무드의 기억', '재판과 죽음' 항목의 끝에 있는 보충 설명 '산

인, 간음, 신성 모독, 안식일 위반, 거짓 예언, 위증, 주술·점술·영매 활동, 부모에 대한 불순종 등 주요 율법을 어긴 경우들이었다(탈출기, 레위기, 민수기, 신명기 참조). 율법이 정한 사형 집행 방식은 투석형, 화형, 참수형, 교수형이 있었는데 그 가운데 투석형이 가장 일반적이었다. 투석형은 신성 모독, 우상 숭배, 안식일 위반, 주술 등의 범죄에 적용되었다(신명 18—21장).[12] 그런데 예수를 하느님의 아들로 고백하는 일은 유다인들에게 우상 숭배로 간주되기에 충분했다. 투석형에 처해야 마땅한 율법 위반 사례였던 셈이다. 야고보가 율법을 어긴 죄로 산헤드린에 의해 투석형에 처해졌다는 요세푸스의 전언이 설득력 있는 이유다. 클레멘스나 헤게시푸스의 말처럼 유다인들이 정당한 재판 절차도 거치지 않고 야고보를 성전에서 죽였다는 것은 상상하기 어렵다. 유다인 요세푸스가 야고보의 죽음을 가장 사실에 가깝게 객관화한 셈이다.

이어지는 대목에서 아나누스가 로마 당국의 허락 없이 산헤드린을 소집한 것이 불법이었으며 결국 이 일 때문에 대사제직을 박탈당했다는 진술 또한 상황적으로 충분히 그럴 법하다. 야고보 순교 이야기 가운데 요세푸스 버전이 가장 역사적 신빙성이 크다는 의미다. 이는 야고보 대목의 진정성에 무게를 싣는다. 요세푸스처럼 유다인의 관습을 잘 아는 사람의 증언일 가능성이 크기 때문이다.

요세푸스의 전언이 다른 전언들과 차이가 난다는 점도 이 대목의 진정성을 뒷받침한다. 후대 그리스도인이 가필한 것이라면 다른 그리스도교 전승들과 비슷하게 만들었을 법하다.

---

헤드린(최고 의회)'을 참조하라.

12 그 밖에 약혼한 여자가 몸을 팔았을 때, 여자가 혼인 전 다른 남자와 동침했을 때, 아들이 부모의 뜻을 거역했을 때도 투석형에 처해졌다: Cohn, "Capital Punishment. In the Bible & Talmudic Law." 사형에 처하기 위해서는 반드시 두 명 이상의 증인이 나서야 했다.

이제 야고보 대목에서 언급한 '그리스도라 불리는 예수'가 누구인지 identity 곧 그와 신약성경의 예수 그리스도가 동일인물인지 살펴볼 차례다. 사실 예수나 야고보라는 이름은 당시 유다인들 사이에 아주 흔한 이름이었다. 『유다 고대사』에만 해도 스무 명 남짓한 예수가 등장한다. 그러므로 이 대목에 언급된 예수가 정확히 누구를 가리키는지 알 수 없다는 주장도 틀린 말은 아니다. 야고보의 형제 예수가 같은 단락 끝에 나오는 후임 대사제 '담네우스의 아들 예수'라는 의견도 있다. '그리스도라 불리는'이라는 구절은 후대 가필이라고 한다. 이 주장은 별로 설득력이 없다. 대사제를 배출할 정도로 유력한 가문에 속하는 인물이 비합법적으로 사형당했다는 것이 말이 안 되기 때문이다. '그리스도라 불리는'을 후대 가필로 여길 필요도 없다. '그리스도라 불리는 예수'(='예수, 소위 그리스도')라는 표현은 요세푸스의 중립적 입장을 반영한다. 요세푸스는 믿음을 고백한 것이 아니라 예수를 그리스도라 부르는 사람들이 있었음을 알렸을 따름이다. 요세푸스가 야고보의 형제에게 '그리스도라 불리는'이라는 수식어를 붙인 이유는 예수라는 이름을 가진 사람들 가운데 '그리스도라 불리는 예수'임을 특정하기 위해서일 법하다. 동시에 예수라는 이름만큼이나 흔한 이름인 야고보도 특정할 수 있었을 것이다. 투석형에 처해진 야고보는 다름 아닌, 그리스도라고 알려진 예수의 형제였다는 의미다. 여기서 요세푸스가 야고보를 예수와 연관 지어 소개한 것은 당시 사람들에게 예수가 야고보보다 더 많이 알려진 인물이었음을 암시한다. 사형수 야고보가 누구인지 설명하기 위해 그자보다 인지도 높은 인물을 끌어들였으리라는 뜻이다. 이는 요세푸스와 그 독자들에게 '그리스도라 불리는 예수'가 어느 정도 알려져 있었음을 방증한다.

야고보 대목의 예수가 신약의 예수님을 떠올리게 한다는 것은 부인할 수 없는 사실이다. 실제로 나자렛 예수님이 그리스도라 불렸다는 것과, 예루살렘 공동체 수장인 야고보가 주님의 형제로 알려져 있었다는 것은 신약성경 전반에서 쉽게 확인할 수 있다(갈라 1,19; 참조: 마태 13,55; 마르 6,3).

이를 확증하기 위해, 곧 야고보 대목의 예수가 신약의 예수님이라는 것을 입증하기 위해 같은 대목의 야고보가 신약의 야고보와 동일한지부터 밝히도록 하겠다. 야고보가 누구인지 밝힘으로써 그의 형제로 소개된 예수가 누구인지 함께 드러내겠다는 의미다.[13]

먼저 야고보가 예수의 형제라는 표현에 대해 살펴보자. 이는 야고보가 반드시 예수의 친형제였다는 뜻이 아니다. 신약성경에는 야고보 말고도 다른 형제들도 주님의 '형제'ἀδελφός로 소개된 경우가 있다(마태 13,55-56; 요한 7,5; 1코린 9,5). 이를 두고 많은 학자들은 셈어 영향으로 설명한다. 아람어를 쓰던 예수님의 첫 추종자들이 야고보나 다른 친척 형제들을 두루두루 '형제'라고 부르던 습관이 신약성경에 반영되었으리라는 것이다.[14] 사실 성서 히브리어와 아람어에는 '사촌 형제'나 조카를 뜻하는 단어가 따로 없었다. 사촌은 아저씨(삼촌)의 아들, 조카는 형제의 아들이라는 표현이 사용되었다. 그런데 대체로 '형제'로 옮기는 히브리어/아람어 אָח '아흐'는 친형제뿐 아니라 친척, 동족, 동포, 형제처럼 가까운 사람 등을 아우르는 표현이었다(레위 10,4; 1사무 14,3). 일례로 창세기에서 아브라함은 조카인(12,5) 롯을 조카라고도 하고 형제라고도(창세 13,8; 14,14; 14,16) 한다(BDB). 『성

13 초대 그리스도교에서 유다계 그리스도인들이 차지한 위상과 역할에 대한 관심이 늘어나면서 주님의 형제 야고보에 대한 연구도 활발해졌다. 야고보에 대해서는 Chilton/Evans, *James the Just and Christian Origins*을 참조하라. 초대 교회에서 야고보가 차지한 위상, 바오로 사도와의 관계, 그리스도교와 유다교와의 관계, 야고보의 순교 등에 대해 심도 깊게 다루고 있다. 주님의 형제 야고보에 대한 연구 동향은 Myllykoski, "James the Just in History and Tradition: Perspectives of Past and Present Scholarship (Part I)", 73-122; "James the Just in History and Tradition: Perspectives of Past and Present Scholarship (Part II)", 11-98을 보라. 특히 후자는 신약 외경에서 야고보 사도가 어떤 식으로 묘사되는지 잘 보여준다.

14 Saward, *Cradle of Redeeming Love: the Theology of the Christmas Mystery*, 18 참조.

경』에는 해당 구절의 아흐가 '혈육' 또는 '조카'로 옮겨져 있다. 칠십인역은 ἀδελφός를 썼다. 그리스어에는 사촌과 조카에 해당하는 단어 ἀνεψιός(칠십인역 민수 36,11; 토빗 7,2)와 ἐξάδελφος가(칠십인역 토빗 1,22) 따로 있었으며 ἀδελφός는 대개 친동기를 가리켰다. 그러나 그리스어 ἀδελφός도 아흐처럼 가까운 친척을 가리키는 경우도 있었다(Lidell-Scott). 그러므로 굳이 셈어의 영향이 아니더라도 '주님의 형제'가 반드시 주님의 친형제를 의미한다고 볼 수 없다. 야고보 사도가 예수님의 가까운 친척이거나 친동기간처럼 가까운 사이, 혹은 초대 공동체에서 예수님께 버금가는 권위를 지닌 인물이었음을 드러내는 표현으로 읽으면 무리가 없을 듯하다.

이는 야고보가 초대 교회에서 차지한 위상에 대한 질문으로 이어진다. 사실 야고보가 율법 위반으로 산헤드린에 넘겨져 처형되었다는 요세푸스의 전언은 예루살렘 교회 수장의 순교 이야기로서 손색이 없다. 성경에 따르면 주님의 형제 야고보는 베드로 사도를 이어 예루살렘 교회의 수장이 되었고 사도회의를 주관했으며, 다른 중요한 결정을 내릴 때도 주도적으로 관여하였다. 이는 야고보가 사도로 여겨졌을 뿐 아니라 그들 중에서도 지도자급으로 여겨졌다는 뜻을 함축한다(사도 12,17; 15,13-21; 21,17-26).[15] 실제로 야고보는 케파와 요한과 더불어 교회의 기둥으로 여겨

15 사도행전에서 제베대오의 아들(이자 요한의 형제) 야고보가 죽은 뒤에 언급된 야고보는 모두 주님의 형제 야고보를 가리킨다(사도 12,17; 15,13-21; 21,17-18). 요한의 형 야고보가 죽고(사도 12,2) 베드로가 예루살렘을 떠난 뒤부터(사도 12,17) 줄곧 주님의 형제 야고보 혼자서 예루살렘 공동체를 이끈 듯하다. 이는 후대 저자들이 야고보를 최초의 주교라 부른 데서 짐작할 수 있다(에우세비우스, 『교회사』 2.1.2; 차명-클레멘스, 『인지』 1.43). 차명-클레멘스는 야고보를 '주교들의 주교'라고 부르기도 한다(『강론』, 「클레멘스의 편지」 1.1). 에우세비우스는 야고보가 순교 전까지 예루살렘 주교직을 유지했다고 전한다(『교회사』 7.19). 당시는 교계 제도가 굳건히 자리 잡기 전이라 주교직의 의미도 후대의 것과 달랐다. 그러나 예루살렘 공동체에서 야고보가 주도적 역할을 맡았다는 것은 분명한

졌으며(갈라 2,9), 이방인과의 관계 문제 등에서 베드로와 바르나바에게 결정적 영향력을 행사했다(갈라 2,12-13 참조). 바오로 사도조차 야고보의 말을 들은 것으로 그려진다(사도 21,18-26). 야고보가 초대 예루살렘 교회에서 사도로 여겨졌으며 지도자 역할을 수행했다는 사실은 '헤게시푸스 회고록'을 통해서도 알 수 있다. 에우세비우스는 헤게시푸스가 야고보를 주님의 형제라 부른 사실도 전하고 있다(『교회사』 2.32.6). 야고보는 탁월한 덕망 때문에 의인 야고보라고 불리기도 했다(에우세비우스, 『교회사』 2.1.2-5). 의인이라는 별칭은 외경 복음서에도 나온다(토마 12; 1야고보 묵시록; 2야고보 묵시록).

다음으로 야고보의 죄목에 대해 살펴보도록 하자. 율법 위반이라는 죄목이 신약의 야고보에게 적합한 죄목인가 하는 문제다. 사도행전에 따르면 야고보는 보수적 유다인들의 입장을 대변한다. 이방인 출신이 공동체에 들어오는 것은 할례를 받아 유다인이 된 이후에야 가능하다는 입장이다. 그밖에 야고보는 공동체가 안식일과 음식 규정 등 유다교 전통과 율법을 변함없이 지켜야 한다는 강경한 노선을 취했다(사도 15,13-21).[16] 야

---

사실이다. 헤게시푸스에 따르면 야고보의 후계자 시메온도 예수님의 친척 형제였다(『교회사』 4.22.4). 초대 공동체에서 야고보가 특별한 위치를 차지한 것이 주님의 혈육이어서만은 아니었다. 야고보도 주님의 부활을 목격한 사람들 가운데 하나다(1코린 15,7). 히브리인들의 복음에서는 의인 야고보에게 부활하신 주님께서 따로 나타나셨다고 한다. 주님과의 (혈연을 넘어선) 특별한 관계로 인해 야고보는 영지주의 작품에서도 주요 계시전달자로 나온다. 야고보의 이름으로 전해지는 '비전'과 '묵시록'들이 있다. 토마 복음에서는 야고보를 위해 하늘과 땅이 만들어졌다고 할 정도로 그가 높이 평가된다. "예수님의 제자들이 말하였다. '저희는 당신께서 저희 곁을 떠나시리라는 것을 압니다. 누가 저희의 지도자가 되겠습니까?' 예수님께서 그들에게 말씀하셨다. '너희가 어디서 왔든지 의인 야고보에게 가야 할 것이다. 하늘과 땅이 바로 그를 위해 생겨났다'"(말씀 12).

16 전통과 율법 문제를 해결하기 위해 열린 것이 이른바 예루살렘 사도회의다. 이 회의는 사도 15장과 갈라 2장에 자세히 소개되어 있다. 이 회의를 주재한 인물이 야고보라는 사실은 (적어도 예루살렘 공동체에서) 그가 지닌 권위가 얼마

고보가 보수주의 입장이었다고는 하나 다른 전통적 유다인들이 보기에는 그조차도 너무 '진보적'이었을 법하다. 그들 눈에 한갓 인간에 지나지 않는 예수를 하느님의 아들이라 부르며 추종하는 모습이 율법 파괴자로 비치기에 충분했을 것이다.

이 모든 점을 감안할 때 '야고보 대목'의 야고보는 신약성경의 야고보 곧 주님의 형제이자 예루살렘 공동체의 수장일 가능성이 높다. 이는 야고보의 형제 예수가 신약의 예수님과 동일인물이라는 의미를 함축한다. 결국 요세푸스의 '야고보 대목'은 야고보의 이야기이자 그 형제 '그리스도라 불린 예수'에 관한 이야기이기도 하다. 적어도 이 대목은 유다인들 사이에 예수님을 그리스도로 여긴 사람이 있었음을 방증한다. 이는 예수님이 역사적으로 존재했을 가능성과 연결된다.

## 로마인 역사가 타키투스

요세푸스와 함께, 예수님의 역사성을 뒷받침할 교회 바깥의 증거로 가장 자주 거론되는 것이 로마인 역사가 타키투스(Publius Cornelius Tacitus, 55-117년)의 저작이다. 116년에 라틴어로 저술된 『연대기』 15.38-44에[17] 예수로 추정되는 인물 '그리스도'Christus가 언급되어 있다. 네로 황제가 로마의 '그리스도인'christianos들을 처단한 사건을 전하는 대목에서다. 이 대목은 64

---

만 했는지 짐작케 한다.

17 『연대기』는 본디 14-68년(율리우스-클라우디우스 왕조)을 다루었으나, 티베리우스 재위 기간을 다룬 1-6권(5권은 대부분 소실)과 클라우디우스 재위 후반을 다룬 11-12권 및 네로 재위 기간을 다룬 13-16권만 현존한다. 타키투스와 그의 작품에 대해서는, Stewart, "Tacitus: Christianity as odium humani generis", 147-149 참조.

년 네로 황제 때 도시의 상당 부분을 태운 '로마 대화재' 사건을 배경으로 한다. 황제가 비밀리에 추진 중이던 건축 계획을 실행시키려고 방화를 지시했다는 소문이 돌자 그 책임을 '그리스도인'들에게 뒤집어씌웠다는 것이다. 이들이 다른 로마인들에게 미움을 받고 있어서 희생양으로 삼기 쉬웠다고 한다. 타키투스는 그리스도인들이 극형을 받아 마땅한 사람들이지만, 그들의 처형이 공익을 위해서가 아니라 네로의 만행 탓이라고 하면서 이 때문에 로마인들 사이에 그들에 대한 연민이 일기도 했다고 전한다. 이 대목의 핵심 부분은 다음과 같다.[18]

> 『연대기』 15.44 그래서 네로는 그 소문을 잠재우기 위해, 수치스런 행동 때문에 미움을 받고 있던 자들을 범죄자로 몰아 가혹한 형벌을 가하였다. 군중은 그들을 '그리스도인'christianos이라 불렀다. 이 명칭의 기원이 되는 '그리스도'christus는 티베리우스 재임 때 재정 대리인procurator 본시오 빌라도Pontius Pilatus에 의해 극형에 처해졌다. 그리하여 이 치명적인 미신exitiabilis superstitio은 얼마간 잠잠해졌지만, 그 악의 근원지인 유다에서뿐만 아니라, 온갖 끔찍하고 수치스러운 것들이 세계로부터 몰려들어 유행하는 로마에서 다시 일어나고 있었다.

이에 따르면 유다 땅에서 시작된 '그리스도인'들의 미신이 대화재가 발생한 64년에는 로마시에서도 흥기하고 있었는데 창시자격인 '그리스도'는 티베리우스 황제 때 본시오 빌라도에 의해 처형되었다. 이 대목은 종종 예수 그리스도와 그리스도인들에 대한 이방 세계 최초의 증거로 간주되곤 하지만 이에 대한 반론이 없지는 않다. 이 대목이 후대 그리스도인의

---

18 인용에 사용한 라틴어 본문은 http://www.perseus.tufts.edu/hopper/searchresults?q=Tacitus (= *Cornelius Tacitus, Annales* (Latin), C.D. Fisher 〈ed.〉, 〈Oxford 1906〉)에서 찾아 볼 수 있다. 같은 사이트에서 영어 번역도 제공한다.

가필이라는 입장 또는 여기 언급된 그리스도가 신약의 그리스도와 무관하다는 입장이다. 두 반론의 맹점을 살피면서 이 대목이 타키투스가 쓴 것이 맞는지authenticity, 그리고 여기 언급된 '그리스도'가 신약성경의 그리스도와 동일인물인지identity 살펴보도록 하겠다.

먼저 진정성 문제다. 이를 해결하려면, 그리스 차용어 'christus'와 'christianos'부터 점검해야 한다. 통상적으로 라틴어 비평본은 'christus'와 'christianos'라 읽고 현대어 번역본들은 '그리스도'와 '그리스도인'으로 옮기지만 이 독법에 문제가 없지 않다. 『연대기』 15.44가 담긴 현존 최고最古의 필사본 M.II에[19] 두 단어가 예외적인 형태로 기록되어 있어서다. 하나는 첫 모음이 빠진 chrstus이고, 다른 하나는 christianos의 첫 모음 i가 비정상적인 형태다. 사실 용어 문제의 해결은 매우 중요하다. 그 결과가 '진정성' 판단에도 영향을 줄 수 있어서다. M.II에 언급된 순서대로 살펴보도록 하겠다.

먼저 christianos(= 그리스어 Χριστιανός)에 대한 의문이다. 이 의문은 필사본 M.II에 기록된 christianos의 모양이 특이하다는 관찰에서 시작되었다. 이 단어의 첫째 i가 다른 여느 i와 모양이 다르다는 것이다. 곧 첫째 i가 약간 뭉개져 있고 둘째 i와 달리 긴 꼬리가 없다. 게다가 첫째 i와 그 다음 s자 사이에 간격이 나 있다. 그래서 첫째 i가 원래는 e였으리라는 추정이 나왔다.[20]

실제로 필사본에 자외선을 조사照射해본(ultraviolet illumination) 결과 이 추정이 옳았음

19 M.II는 타키투스 『연대기』를 담은 현존 최고(最古)의 필사본 M.I-II(메디치 필사본 Medicean manuscript I-II) 가운데 하나다. 후대 필사본들은 모두 M.I-II에 토대를 둔다.

20 'christianos'에 대한 고문서학적 논의는 Zara, "The Chrestianos Issue in Tacitus Reinvestigated"을 참조하라. 본문의 사진은 여기에서 가져왔다.

이 드러났다. 원래는 'christianos'(Χριστιανός)가 아니라 'chrestianos'(Χρεστιανός)였던 것이다.

그러자 본디 타키투스가 'chrestianos'라 썼는지 아니면 후대 필사가가 실수 혹은 고의로 그렇게 했는지를 두고 논란이 일었다. 리차드 캐리어Richard Carrier는 타키투스 본인이 chrestianos라 썼다면서 그가 그리스도인christianos이 아니라 크레스투스인chrestianos에 대해 썼던 것이라고 한다.[21] 이 주장은 크레스투스인은 그리스도인과 동일 집단이 아니라는 가정을 전제로 한다. 이를테면 캐리어는 클라우디우스 황제 시대 로마에 크레스투스라는 유다인 선동가가 있었으며[22] 그를 따르는 사람들을 크레스티아니라 불렀다고 한다. 이집트 신 세라피스의 호칭이 크레스투스였으며 그 추종자가 크레스투스인이라 불렸다는 주장도 있다.[23] 타키투스가 이야기한 크레스티아니(크레스투스인)는 신약의 크리스티아니(그리스도인)가 아니라는 것이다.

그러나 크레스투스인을 반드시 그리스도인과 다른 집단이라고 볼 필요는 없다. 초세기 사람들은 초대 그리스도인을 '크리스티아노스'라고도 '크레스티아노스'라고도 불렀다. 신약성경에 그리스도인이 세 번 언급되는데 시나이 사본Codex Sinaiticus에는 세 경우 모두 Χρεστιανός로 나온다(사도 11,26; 26,28; 1베드 4,16).[24] 프리기아에서 발견된 초세기 비문들에서도

---

21 Carrier, "The Prospect of a Christian Interpolation in Tacitus, Annals 15.44", 264-283, 특히 273을 보라. 리차드 캐리어는 대표적인 '그리스도 신화론자'로서, 그리스도는 신화적 인물이며 역사적 예수는 없었다고 주장한다.

22 Carrier, "The Prospect of a Christian Interpolation in Tacitus, Annals 15.44", 271-272. 캐리어는 타키투스가 말한 '크레스투스'는 수에토니우스가 「클라우디우스」 25에서 언급한, '크레스투스'라는 이름의 유다인 선동가라고 한다. 이에 대해서는 나중에 '로마 역사가 수에토니우스' 항목에서 자세히 다루겠다.

23 Montonen, *The English Version of Jesus Chrestus*, 17-19 참조.

24 Lane, "Social Perspectives on Roman Christianity during the Formative

그리스도인을 Χρεστιανός라고 한 사례들이 있다.[25] 두 용어가 함께 사용된 경우도 있다. 발음이 비슷한 Χριστιανός와 Χρεστιανός를 혼용한 것이 그리 이상한 일은 아닌 듯하다. 1-2세기 교회 바깥의 그리스어 문헌들도 두 용어를 혼용한 경우가 있었으며 라틴어 저작들도 사정은 마찬가지였다. 2세기 교회 저술가 테르툴리아누스는 로마인들이 그리스도인을 크레스티아니(Chrestiani: chrestianus의 복수형)로 잘못 부르고 있음을 언급하고 있다(『호교론』 3).[26] 초세기 저자들이 예수님의 추종자를 가리키는 데 christianos와 chrestianos를 혼용한 사실로 미루어 타키투스의 chrestianos도 신약의 그리스도인을 가리킬 가능성이 있다.[27]

다음으로 'chrstus'를 살펴보자. 라틴어 비평본들은 대개 Christus (=Χριστός)로 읽지만 앞 단어가 크레스티아노스인 점을 감안하면 이것도 Chrestus(=Χρηστός)로 읽는 편이 맞을 듯하다. 그렇다면 Christus와 Chrestus가 같은 대상을 가리키는지 의문이 일 수 있다. 사실 그리스어 Χριστός와 Χρηστός는 쉽게 혼동을 일으킨 듯하다. 실제로 1-2세기 교

---

Years from Nero to Nerva: Romans, Hebrews, 1Clement", 204-206.

25 프리기아 비문에는 Χριστιανός; Χρηστιανός; Χρειστιανός가 그리스도인들을 가리키는 데 두루 쓰였다: Horsely, *New Documents Illustrating Early Christianity*, 128-129.

26 로마인들이 그리스도인을 크레스티아니라고도 불렀다는 데 대해서는 Renehan, "Christus or Chrestus in Tacitus?", 368; Lampe, *Christians at Rome in the First Two Centuries*, 12을 참조하라.

27 Owen/Gildenhard, *Tacitus, Annals, 15.20-23, 33-45: Latin Text, Study Aids with Vocabulary, and Commentary*, 237-238; Lichtenberger, "Jews and Christians in Rome in the Time of Nero: Josephus and Paul in Rome", 2170 참조. 참고로 2세기 작품으로 추정되는 필립보 복음 52.24에서 그리스도인을 가리키는 데 ΧΡΗϹΤΙΑΝΟϹ(=Χρεστιανός)가 쓰인 것을 확인할 수 있다. 송혜경, 『영지주의자들의 성서』(개정판) 해당 구절에 달린 각주를 참조하라.

회 안팎의 저자들이 두 단어를 혼용한 사례가 드물지 않다. 두 단어의 발음이 비슷해서이기도[28] 하지만 다른 이유도 있었다. 그리스어 사용자들은 '기름부음받은이'라는 뜻의 히브리어 מָשִׁיחַ(마시아)를 옮길 때 발음을 살려 Μεσσιας(메시아스)라 하거나 의미를 따라 Χριστός(크리스토스)라고 번역했는데, 그들에게는 차용어인 메시아스보다 순수 그리스어인 크리스토스가 더 친숙했을 것이다. 게다가 이방신을 크레스토스(Χρηστός, 온유하신 분)라 부르며 숭배한[29] 바 있는 그들에게는 Χρηστός를 연상시키는 Χριστός라는 호칭이 꽤 익숙하게 느껴졌을 법하다. 그러다가 자연스레 두 단어를 혼용하게 되고 그 습관이 Χριστιανός와 Χρεστιανός의 혼용에까지 이른 것 같다. 이것이 라틴어 저자에게도 이어져 christus와 chrestus, 그리고 christianos와 chrestianos를 혼용하게 된 듯하다. 『연대기』 15.44의 chrstus와 chrestianos를 그리스도와 그리스도인에 대한 이야기로 읽을 수 있다는 결론이다.

두 용어를 정리했으니 이제 본격적으로 진정성 문제를 다루어 보겠다. 먼저 빌라도의 직함이 잘못 제시되었다면서 이 대목의 진정성을 의심하는 입장이 있다. 당시 유다 속주에 파견된 로마 관리는 프로쿠라토르Procurator가 아니라 프레펙투스Prefectus였는데 전자를 제시한 이 대목이 타키투스의 글이겠느냐는 의혹이다. 원로원 의원인 타키투스가 로마 관리의 직함을 혼동했을 리 없다는 것이다. 빌라도가 프레펙투스로 소개된 각석刻石, 이른바 빌라도 석Pilatus stone이 발굴되기도 했다. 이 문제를 두고 여러 가지 설명이 제시되었다. 첫째, 빌라도의 임기 중에 직함이 바뀌었다. 둘째, 빌라도 석은 온전한 형태로 남아 있지 않은데, 원래는 두 직

28 Van Voorst, *Jesus Outside the New Testament: An Introduction to the Ancient Evidence*, 34-35 참조.

29 가령 이집트 신 오시리스가 '크레스토스' 곧 '온유하신 분'으로 추앙받았다: Robertson, *Christianity and Mythology*.

❖ **빌라도 석**(Pilatus stone). 1961년 지중해 연안의 카이사리아, 헤로데의 원형극장 발굴지에서 발견되었다. 본디 티베리움, 곧 티베리우스 황제에게 헌정된 신전의 일부였을 이 각석은 빌라도의 실존을 증명하는 고고학적 증거물로 내세워지곤 한다. 여기에는 다음과 같이 새겨져 있다. "신성한 존엄자들께 티베리움을 / …폰티우스 필라투스… 유다 속주 관리관(Prefectus)이 /…헌정하였다"(Vardaman, "A New Inscription Which Mentions Pilate as 'Prefect'", 70-71). 빌라도 석은 현재 예루살렘 이스라엘 박물관에 있다.

함이 다 새겨져 있었다. 셋째, 두 직함 사이에 현실적 차이가 없어 혼용된 사례가 적지 않았다. 넷째, 빌라도를 프로쿠라토르라 칭한 것은 시대착오에 의한 실수다. 타키투스 시대에는 속주 관리들이 대개 프로쿠라토르였기에 타키투스가 빌라도 직함을 자기 시대 것으로 묘사했다는 것이다.

사실 속주 관리의 호칭을 혼동하거나 착각한 것은 충분히 일어날 법한 일이었다. 알렉산드리아의 유다인 필론(50년 사망)이나 요세푸스도 두 직함을 혼동 또는 혼용했다. 가령 요세푸스는『유다 고대사』에서 유다 속주 관리 쿠스피우스 파두스(Cuspius Fadus, 44-46년)를 어떤 때는 프로쿠라토르(ἐπίτροπος: 15.406; 20.2.14), 어떤 때는 프레펙투스(ἔπαρχος: 19.363)라고 하는데, 당시의 정확한 직함명은 프로쿠라토르였다.[30] 필론은 이집트·아

30 사실 필론과 요세푸스의 저서는 둘 다 그리스어로 기록되었는데 프레펙투

시아·시리아의 지방관을 모두 프로쿠라토르ἐπίτροπος라 불렀지만 실상 이집트 관리는 프레펙투스, 아시아는 프로콘술, 시리아는 레가투스로서 로마 속주 관리의 직함명이 지역에 따라 달랐다. 아우구스투스 시절 기준으로 로마 속주는 원로원령과 황제령으로 나뉘었는데 그에 따라 파견된 지방관의 명칭이 달랐다. 로마 공화정 때 편입된 속주는 원로원령으로서 대개 전직 집정관이나 전직 법무관 출신의 프로콘술(총독)이 다스렸다. 황제령은 대개 황제 대리인인 레가투스legatus Augusti가 다스렸는데 이들도 집정관이나 법무관 급 귀족이었다. 로마 군단이 주둔하지 않는 군소 속주들과 이집트는 기사 계급의 프로쿠라토르(재정 대리인)나 프레펙투스(관리관)가 다스렸다.[31] 속주의 지위와 성격은 시기에 따라 달라지기도 했는데 유다Judaea 속주도 그런 예였다. 유다·사마리아·이두매아를 아우르는 이 지역이 처음 로마 속주가 된 것은 헤로데 임금이 죽은 뒤인 기원후 6년 아우구스투스 황제 때였다. 아우구스투스는 유다 속주를 황제령인 시리아의 관할 속주로 삼고 기사 계급인 프레펙투스를 파견하였다. 칼리굴라 황제 때 잠시 헤로데 아그리파 1세 임금에게 옛 헤로데 왕국을 다스리게 하지만(41-44년) 그가 죽은 뒤 클라우디우스 황제는 유다를 로마 속주로 병합하고 프로쿠라토르를 파견하였다(44년). 프로쿠라토르 체제는 제1차 유다 항쟁이 끝난 70년까지 이어졌다. 유다 항쟁이 진압된 뒤 이 지역은 황제 대리인(레가투스)이 관할하는 별개의 유다 속주가 되고 예루살렘에는 1개 로마군단이 주둔한다. 군단을 거느린 레가투스 체제는 바르 코크바 항쟁이 끝난 135년까지 이어진다.[32] 이렇듯 유다 속주의 로마 관리는, 프

---

스는 ἔπαρχος로, 프로쿠라토르는 ἐπίτροπος로 옮겨져 있다.

31 로마 속주 통치 및 관리 체계에 대해서는 카시우스 디오, 『로마사』 53.14-15에 자세히 전한다. 김창성 편저, 『사료로 읽는 서양사 1: 고대편』, 374-375.379-380 참조.

32 프리츠 하이켈하임, 『하이켈하임 로마사』, 581-582; 636; 644; 671. 135년

레펙투스(6-44년), 프로쿠라토르(44년-70년), 레가투스(70-135년) 순으로 바뀌었다. 26년부터 36년까지 유다 속주를 맡은 빌라도는 프레펙투스였을 것이다. 그러나 프레펙투스는 군사적 의미, 프로쿠라토르는 행정적 의미가 짙었다고 하지만, 군사·행정·재정 업무를 총괄한 유다 속주 지방관에게는 두 직함 중 어느 것을 붙여도 이상하지 않았다.[33] 실제로 타키투스뿐 아니라 필론과 요세푸스도 빌라도를 프로쿠라토르ἐπίτροπος라 부른 적이 있다(『유다 전쟁사』 2.169; 필론, 『가이우스』 1.299).[34] 이들이 속주에 파견된 로마 관리의 직함을 시기적 혹은 지역적으로 혼동한 것이 그리 이상하지는 않다. 두 직함이 엄격히 구분되지도 않았을 뿐더러 타키투스 때에는 속주 관리가 프로쿠라토르로 보편화되어 있어 직함명을 착각하기가 더 쉬웠을 법하다.[35] 따라서 빌라도의 직함이 프로쿠라토르로 제시되었다는 사실만으로 관련 대목의 친저성을 의심하기에는 무리가 있다. 이 대목이 타키투스 본인의 진술일 가능성을 배제할 수 없다는 의미다.

다음으로 이 대목을 그리스도와 그리스도인들에 대한 진술로 읽되

---

바르 코크바 항쟁 이후 유다 속주는 시리아 팔레스티나 속주로 이름이 바뀌고 예루살렘은 아일리아 카피톨리나라는 식민도시로 탈바꿈한다: 같은 책 695-696.

33 Carter, *Pontius Pilate: Portraits of a Roman Governor*, 44. 기본적으로 프레펙투스는 군사업무(본디 프레펙투스는 군대 사령관을 의미했다), 프로쿠라토르는 세금과 재정을 담당한 행정관이었다. 그러나 프레펙투스도 여러 행정 업무를 맡았으며 프로쿠라토르가 보조부대(Auxilia, 비시민권자인 피정복민으로 구성된 부대)를 관할하기도 했다.

34 Feldman, "Flavius Josephus Revisited: The Man, His Writings and His Significance", 818 참조. 『유다 고대사』 18.55와 복음서에서는 빌라도를 가리켜 최고 관리를 뜻하는 일반 용어 ἡγεμών을 쓴다. 헤게몬은 로마 속주 관리를 통칭하는 라틴어 praeses('통치자')를 옮긴 것이다. 처음에는 원로원급 관리만 가리켰으나 점점 기사급 프로쿠라토르나 프레펙투스도 가리켰다.

35 프레펙투스가 다스리던 로마 제국 속주들이 1세기 중반 이후 대부분 프로쿠라토르의 관리 하에 들어갔다.

타키투스 본인의 진술로 여기지 않는 입장을 살펴보자. 먼저 이 대목은 후대 그리스도인이 가필한 것이라는 의견이다. 그러나 이 대목에 나타난 그리스도인들에 대한 혐오와 반감은 그리스도인의 가필로 보기 어렵게 만든다. 그리스도인이라면 자기네 신앙을 '치명적인 미신'이라거나 '악'이라고 부르지도, 자기네 순교자들을 극형을 받아 마땅한 사람들이라고 묘사하지도 않았을 것이다. 오히려 이런 부정적인 표현들은 타키투스 본인의 판단에 의한 것으로 보인다. 로마 사제단Quindecimviri sacris faciundis의 일원이기도 했던 타키투스는 이 직무를 수행하는 가운데 그리스도인들에 대한 정보를 얻을 수 있었을 법하다. 사제단에게는 제국 내에 성행하는 여러 종교를 점검하고 감독할 의무가 있었기에 타키투스가 이 의무를 수행하면서 그리스도인들에 대해 그리고 그들에 대한 세간의 평가에 대해 인지할 수 있었을 것이다.[36] 사실 제국 동부에서 유입된 비교祕敎나 밀교에 대해 로마의 엘리트들은 대체로 부정적인 입장이었다. 로마에 '온갖 끔찍하고 수치스러운 것들이 세계로부터 몰려들어 유행'하고 있다는 표현이 그런 시선을 반영한다. 그리스도인들이 이런 '끔찍하고 수치스러운 것들'의 대열에 합류했다는 것이다. 유다 땅에서 유입된 새 종교를 혐오와 악으로 평가한 『연대기』 15.44은 당대 로마 지식인과 엘리트의 입장을 대변한다.[37]

---

36 Van Voorst, "Jesus Tradition in Classical and Jewish Writings", 2159; Thompson/Verenna, *Is This Not The Carpenter?: The Question of the Historicity of the Figure of Jesus*, 58-59.

37 타키투스는 『연대기』 15.44에서 그리스도인들이 방화보다 '인류에 대한 증오'(odium humani generis) 때문에 형을 선고받은 경우가 많았다고 한다. 타키투스는 유다인들을 같은 이유로 비난한 바 있다(타키투스, 『역사』 5.5.1-2). 로마 제국의 생활과 문화를 멀리하고 자신들만의 공동체에서 따로 사는 이들의 모습이 제국의 안녕과 질서를 위협하는 일로 간주되었을 법하다: Whittaker, *Jews and Christians: Greco-Roman Views*, 50-52; Kereszte, "Nero, the Christians and the Jews in Tacitus and Clement of Rome", 405-406을 참조하라.

이 대목이 타키투스 본인 또는 적어도 그와 의견을 공유한 로마 엘리트의 작품이라는 뜻이다. 최소한 그리스도인의 가필은 아닐 터다.

이 대목이 타키투스 본인의 것이라 하더라도 그리스도인의 증언을 재탕한 것에 불과하므로 '그리스도'에 대한 독자 증거로서 받아들일 수 없다는 의견도 있다. 하지만 비교적 치밀하고 신중한 역사가로 평가받는 타키투스가 그리스도인들의 말을 아무 검증 없이 옮겼을 것 같지는 않다. 사실 타키투스는, 지금까지 전해지는 고대 저술가들 중에 가장 통찰력 있는 역사가이자 세련된 정치 평론가의 한 사람으로 꼽힌다. 그런 그가 항간에 떠돌던 소문을 검증도 하지 않고 실었을까?[38] 대화재 사건 당시에는 타키투스가 일곱 살에 불과했지만 성장 과정 중에 이 사건에 대해, 그리고 네로가 그리스도인들을 방화 주범으로 지목한 사실을 들은 적이 있을 법하다. 무엇보다 원로원 의원으로서 원로회의록에 해당하는 Acta senatus에서 관련 정보를 얻었을 가능성이 크다. 율리우스 카이사르 시절부터 기록과 보관이 시작된 원로회의록은 황실 문서고나 도서관에 보관되어 원로원 의원 등 권한이 있는 자들은 열람할 수 있었다. 원로원 의원이었던 타키투스에게도 열람 권한이 있었으므로 그가 여기에서 자료를 얻었거나 자신의 기존 정보를 검증했으리라는 추측이 가능하다.[39] 이 대목이 그리스도인 측 진술의 단순 재탕이 아니라는 의미다.

---

38 크리스토퍼 켈리, 『로마 제국』, 68. 타키투스는, 정부 공문서에 기반을 두고 역사를 기술한 비교적 공정한 역사가로 평가받는다. 타키투스 본인이 역사서 집필에 원로원 기록과 정부 공문서와 일지 등을 이용했다고 한다(『연대기』 15.74; 12.20; 3.0). 물론 그런 그도 편향성을 벗어나지는 못했으며 티베리우스와 네로 황제에 대해 지나치게 부정적인 입장이었다. 타키투스의 진술을 고고학적 발굴 성과나 다른 증거들과 대조해봐야 한다는 의미다. 타키투스에 대한 평가는 프리츠 하이켈하임, 『하이켈하임 로마사』, 616-618; Stewart, "Tacitus: Christianity as odium humani generis", 149 참조.

39 Barnett, *Jesus and the Rise of Early Christianity*, 30.

이제 타키투스가 『연대기』 15.44에서 언급한 그리스도(Christus 혹은 Chrestus)가 누구인지 그 정체를identity 밝힐 차례다.[40] 이를 두고 대략 세 가지 안이 제시되었다.

**대안 1. 타키투스가 말한 그리스도는 그리스-이집트 신 세라피스다.**[41] 이 대안은 '크레스투스'Χρηστός가 세라피스의 호칭이었다는 주장에 근거한다. 이 주장이 전혀 일리 없지는 않다. 세라피스의 전신前身 오시리스 신이 '크레스투스'라고 불리기도 했기 때문이다.[42] 오시리스와 아피스가 합쳐진 세라피스(Osiris-Apis=Serapis)는 풍요와 부활의 신으로서 로마 제국에서 가장 인기 있는 신들 가운데 하나였다. 기원전 3세기 이집트에서 시작된 세라피스 숭배는[43] 기원전 2세기에 로마로 유입되어 4세기까지 제국 전역에서 유행하였다. 로마시를 비롯한 제국 곳곳에 세라피스 신전이 세워졌으며 추종자도 많았다. 세라피스 숭배는 고대 페르시아 종교에서 유래한 미트라교와 함께 초대 교회의 가장 강력한 경쟁자로 꼽힐 정도로 추

---

40 크레스투스가 누구를 가리키는가에 대한 논의는, Van Voorst, *Jesus Outside the New Testament: An Introduction to the Ancient Evidence*, 32-39쪽을 참조하라. 같은 책 32쪽 각주 36에서 저자는 이 문제에 대한 학자들의 의견을 세 부류로 나누어 제시한다. 크레스투스가 예수 그리스도라는 입장, 이 의견에 회의적인 입장, 중도적 입장 등이다.

41 Montonen, *The English Version of Jesus Chrestus*, 17-19 참조.

42 Massey, *Ancient Egypt: The Light of the World*, 172-173. Robertson, *Christianity and Mythology*도 참조하라. 오시리스의 아들 호루스가 'the Krst'(기름부음받은이)라 불렸다는 데 대해서는 Churchward, *The Origin and Evolution of Religion*, 397 참조.

43 이집트 프톨레마이오스 왕조에 의한 세라피스 숭배의 시작과 발전에 대해서는 Pfeiffer, "The God Serapis, His Cult and The Beginnings of the Ruler Cult in Ptolemaic Egypt", 387-408을 보라. 이집트에서 세라피스 숭배는 프톨레마이오스 1세의 명으로 시작(또는 촉진)되었다고 한다: 같은 책 388.

종 세력이 막강했다. 지금도 지중해 도시 곳곳에 세라피스 동상과 신전이 남아 있다. 세라피스 신전 가운데 프톨레마이오스 1세가 알렉산드리아에 세운 세라페움Serapeum이 특히 유명했다.[44]

대안 1의 주창자들이 타키투스의 그리스도는 세라피스라고 추론하는 주요 근거는 「하드리아누스의 편지」다. 편지에 '세라피스 숭배자들이 그리스도인이라 불린다'는 내용이 들어 있다는 것이다. 그런데 이 주장은 하드리아누스의 문장을 오역한 데서 기인한 듯하다. 해당 구절은 황제가 이집트인 교인들의 종교 습성을 언급한 대목에 들어 있다. "Illic qui Serapem colunt Christiani sunt, et devoti sunt Serapi qui se Christi episcopos dicunt"(『황제사』 Historia Augusta 29.8.2-3).[45] 이 구절을 직역하면 "거기(이집트)에서 세라피스를 숭배하는 자들은 (사실) 그리스도인들이오. 그리고 스스로 그리스도의 주교라고 일컫는 자들이 (실은) 세라피스 추종자들이오"다. 여기서 "Illic qui Serapem colunt Christiani sunt"는 세라피스 상에 대고 절하는 이들이 그리스도인들이더라는 관찰 소견이지, 세라피스 숭배자가 그리스도인이라 불린다는 의미가 아니다. 그리스도인들이 세라피스도 숭배한다는 것과 세라피스 숭배자를 그리스도인이라 부른다는 것은 다르다. 황제가 지적한 것은 세라피스와 그리스도를 함께 숭배하는 이집트 교인들의 특이 사항이다. 제국 정책인 황제 숭배도 거부할 정도로 이방 종교를 경원시하는 다른 지역 교인들과 달리 이집트의 교인들

---

44 세라피스 숭배는 로마제국에서 부침을 겪기는 했지만 4세기 말 그리스도교가 로마 국교로 선포될 때까지 계속되었다. Ensoli/La Rocca (eds.), *Aurea Roma: dalla città pagana alla città cristiana*, 279.

45 하드리아누스 편지 본문은 http://data.perseus.org에서 검색할 수 있다. 해당 본문의 출처는 D. Magie (ed.), *Scriptores Historiae Augustae, Vol 3.* (London 1932)이라고 한다.

은 세라피스 신전을 자유자재로 드나들더라는 것이다.[46] 이는 같은 편지의 이어지는 구절에서도 드러난다. 이집트에서는 유다교 회당장이나 그리스도교 사제들, 사마리아인들 가운데 점성술사나 점쟁이가 아닌 사람이 없으며 심지어 이집트를 방문한 대주교에게도 어떤 이들은 세라피스에게, 어떤 이들은 그리스도에게 절하라고 주문한다는 것이다. 여기서 세라피스와 그리스도가 확실히 구분되고 있음을 주목해야 한다. 문맥상으로도 여기서 말하는 그리스도인은 세라피스 숭배자가 아니라 교회 신자를 가리키는 게 분명하다. 그러므로 「하드리아누스의 편지」를 근거로 세라피스 추종자들이 그리스도인이라고 불렸다고 주장하는 것은 잘못이며, 또 이를 토대로 세라피스가 그리스도라 추론하는 것도 잘못이다.

더욱이 세라피스 숭배가 1-2세기에는 로마 제국 전반에 걸쳐 일반 대중은 물론 지배층과 엘리트 사이에서도 폭넓은 지지를 얻고 있었다. 물론 세라피스 숭배가 로마에서 탄탄대로만 걸었던 것은 아니다. 역사가 카시우스 디오에 따르면, 기원전 52년 원로회는 포메리움Pomerium에 있는 이집트 신당을 모두 파괴시키라는 명을 내렸으며(『로마사』 40.47), 기원전 28년에는 아우구스투스에 의해 이집트 신 숭배를 삼가라는 칙령이 내려지기도 했다(53.2). 기원전 21년에는 아그리파가 같은 칙령을 내렸다(54.6). 기원후 9년에는 티베리우스가 세라피스-이시스 교의 사제들을 처형하고 신상을 테베레 강에 던져버리라는 명을 내렸다(타키투스, 『연대기』 2.85). 그러나 1세기 중반 칼리굴라(37-41년) 또는 네로 황제(65년)에 의해 세라피스 숭배가 공식적으로 재개된 이후부터는 제국 전역에서 큰 인기를 누리며 성행하였다.[47] 그리고 로마 본토와 속주에서 세라피스가 새겨진 황제의 동전

---

46 2세기 이집트 알렉산드리아 교회가 혼합주의적 경향을 보였음은 다른 역사가들도 인정한다: Meinardus, *Two Thousand Years of Coptic Christianity*, 143.

47 로마 공화정 후기부터 제국 시대 4세기 말까지 로마 제국 내 세라피스 숭배의 역사에 대해서는 Takács, *Isis and Sarapis in the Roman World*, 65-126 참조.

들이 발행되었다.[48] 특히 타키투스의 『연대기』 15.44의 주인공인 네로는 세라피스 숭배를 장려한 황제로 알려져 있다. 세라피스-네로 동전(한 면은 세라피스 다른 면은 네로)을 발행한 것도 그 일환이었다. 그런 네로가 세라피스 추종자들을 희생양 삼아 처형했다는 것은 말이 안 된다. 대화재 사건 당시 세라피스 숭배자들이 로마인들에게 미움을 받고 있었다는 것도 설득력이 없다. 그러니 타키투스가 말한 그리스도는 세라피스일 리가 없다.

**대안 2, 그리스도는 1세기 유다교 메시아들 가운데 어느 한 사람인데 이 사람이 반드시 나자렛 예수라는 보장은 없다.**[49] 이 주장의 근거는, '기름부음받은이'라는 뜻의 '그리스도'가 이름이 아니라 칭호라는 사실이다. 이 단어의 기원이 된 히브리어 '메시아'도 종말론적 구원자를 가리키는 칭호이며 어느 특정인의 이름이 아니었다. 쿰란 문헌에도 메시아가 둘 이상일 가능성이 암시되어 있다. 미래의 '아론과 이스라엘의 메시아'(임금 메시아와 사제 메시아)에 대한 믿음이 그것이다(CD Text B 19.10-11; 1QS 9.11-12).[50] 실제로 1세기 팔레스티나에는 메시아로 추대된 사람이나 자칭 메시아가 열 명 이상 있었다고 전해진다(요세푸스, 『유다 고대사』 17.269-280).[51] 그러니 타키투스가 말한 그리스도가 여러 메시아들 가운데 정확히 누구를 가리키

48 네로, 하드리아누스(혹은 트라야누스), 카라칼라 황제의 동전에 세라피스의 얼굴이 새겨져 있다: Stevenson/Smith, *A Dictionary of Roman Coins: Republican and Imperial* 참조.

49 Judge/Thomas, "The Origin of the Church at Rome: A New Solution", 85 참조.

50 쿰란 문헌에 나타난 메시아 개념은 Schiffman, "Messianic Figures and Ideas in the Qumran Scrolls", 116-129; Hogeterp, "Messianism In Qumran And The New Testament", 423-471을 참조하라.

51 Shanks (ed.), *Christianity and Rabbinic Judaism: A Parallel History of Their Origins and Early Development*, 18.

는지 분명하게 말할 수는 없다.

하지만 1세기 중반에는 이미 '그리스도'Χριστός가 그 뜻과 무관하게 예수님을 특정하는 단어로 고착되어 있었다. 그리스도가 나자렛 예수님의 이름 또는 그 일부가 되어 있었던 것이다. 그리하여 '예수님은 그리스도십니다'라는 고백이 불필요해졌으며 예수님을 자연스럽게 '예수 그리스도' 또는 '그리스도 예수'라 불렀다. 이는 50-60년에 저술된 바오로의 서간들을 통해 확인 가능하다. 사도에게는 '예수 그리스도'가 주님의 이름과 다름없었던 것이다.[52] 이것이 타키투스 같은 2세기의 로마인 저자에게도 전해져 그리스도라 하면 바로 예수 그리스도를 연상하게 되었을 법하다.

**대안 3, 필사본의 'chrstus'를 chrestus로 읽든 christus로 읽든, 타키투스가 언급한 그리스도는 나자렛 예수님이다.** 'chrstus' 독법과 관련하여 살펴본 대로 1-2세기 그리스도교 안팎의 저자들은 종종 크레스토스와 크리스토스를 혼용했다. 특히 'Ἰησοῦς Χριστός 대신 'Ἰησοῦς Χρηστός라 부른 경우가 적지 않다. 3-4세기 기록물, 가령 칼리스토 비문에 새겨진 세례 기록(268년), 데이르 알리Deir Ali 비문(318년), 그리스어 마술 피피루스(기원전 100-기원후 400년 PGM IV. 1227-64) 등에서도 'Ἰησοῦς Χρηστός가 발견된다. 나그 함마디에서 발견된 2세기 말 작품 '부활에 대한 논고'에서도 Χριστός 대신 Χρηστός가 사용되었다(43.37; 48.8-10; 49.38-50.1).[53] 이

52 Hurtado, *Lord Jesus Christ: Devotion to Jesus in Earliest Christianity*, 99.

53 Peel, "The Treatise on the Resurrection", 148-157. 나그 함마디에서 발견된 '부활에 대한 논고' 사본은 콥트어 번역본을 담고 있지만 본디 그리스어로 쓰였을 것이다. 사본 자체는 4세기 중반에 만들어진 것이나, 그리스어 원문은 2세기 말에 저술된 것으로 추정된다. 콥트어 본문은 '그리스도'를 가리킬 때 그리스어 차용어 크레스토스(ⲭⲣⲏⲥⲧⲟⲥ)를 쓴다(43.37; 48.19; 50.1). 가령 '주, 구원자, 예수 크레스투스'라고 한다. 송혜경, 『영지주의자들의 성서』(개정판), 해당 본문의 각주를 참조하라.

처럼 나자렛 예수님을 크레스투스(온유·인자하신 분)라 부른 사례들이 다수 존재한다.[54] 게다가 호칭으로는 아니지만 이 단어를 써서 예수님을 묘사한 예들도 성경에서 발견된다. 베드로 사도는 예수님을 가리켜 "주님께서 얼마나 인자하신지χρηστός 여러분은 이미 맛보았습니다" 하고 고백한다(1베드 2,3).[55] "정녕 내 멍에는 편하고χρηστός 내 짐은 가볍다"는 마태 11,30도 예수님을 χρηστός라는 단어와 연결시킨다.[56] 바오로 사도가 제시하는 그리스도인의 덕목 가운데 '온유·호의'χρηστότης가 포함되기도 한다(갈라 5,22; 콜로 3,12). 초세기 저자들에게는 예수님과 그 공동체를 χρηστός라는 단어와 연결시키는 것이나, 그분을 χρηστός라 부르는 것이 상당히 자연스러운 일이었을 법하다. 특히 크리스투스가 티베리우스 때 빌라도에 의해 처형된 인물이라는 타키투스의 설명은 그 누구보다 나자렛 예수님의 죽음을 연상시킨다. 유다 지역에서 시작된 치명적 미신이 로마로 유입되었다는 표현도 초대 교회 공동체를 떠올리게 한다.[57] 예수 그리스도와 그 추종자들만큼 타키투스의 진술에 부합하는 집단은 없을 듯하다. 이 대목을, 예수님이 역사상의 인물임을 암시하는 간접 증거로 채택할 수 있다는 의미다.

---

54 Van Voorst, *Jesus Outside the New Testament: An Introduction to the Ancient Evidence*, 35-36 참조.

55 Caulley, "The 'Chrestos/Christos' Pun (1 Pet 2:3) in 𝔓72 and 𝔓125", 376-387. 저자는 3세기 말-4세기 초 필사본인 𝔓72와 𝔓125가 χρηστός 대신 χριστός라 읽는 것(주님은 그리스도시다)이 필사가의 의도적인 언어유희에 따른 것이라고 주장한다. 로마인들이 크레스투스와 크리스투스, 크레스티아니와 크리스티아니를 혼용한 데 대한 반동이었다는 것이다.

56 하느님께 χρηστός를 적용한 사례는 더 많다(루카 6,35; 로마 2,4 등).

57 유다 지역에서 유입되었다는 말은 유다인들의 종교, 곧 유다교와 그리스도교 둘 다에 해당한다. 그런데 '치명적 미신'이라는 혐오 표현이 십중팔구 그리스도인들을 겨냥한 것임을 짐작할 수 있다.

## 로마인 관리 소少플리니우스

로마 관리 소小 플리니우스(62-113년)의 기록도 예수 그리스도의 역사성을 암시하는 주요 증거로 다뤄진다. 소아시아 비티니아 속주의 총독으로 있을 당시(111-112년) 트라야누스 황제에게 보낸 편지가 그것이다(『트라야누스 황제에게 보낸 편지』 10.96).[58] 그리스도인들에 관한 문제를 자기가 올바로 처리했는지 문의하는 내용이다. 플리니우스는, 그리스도인으로 고발된 이들을 자신이 세운 나름의 방침과 절차에 따라 처리했다고 한다.

사실 당시 속주 총독들은 속주 내정에 개입하지 않는 편이었으며 사법적인 문제가 일어났을 때에도 대개는 현지인 관리가 처리했다고 한다. 현지인들의 요청이 있거나 불가피한 경우에만 총독이 직접 사태 해결에 나섰다는 것이다.[59] 플리니우스가 몸소 사건에 개입하여 황제의 답을 듣기도 전에 처리한 것으로 보아 그리스도인들 문제가 가벼운 사안은 아니었던 모양이다. 플리니우스는 자신이 그리스도인들을 처리한 방식을 전하면서 그리스도를 세 번 언급한다. 두 번은 배교자들을 시험하는 방법과 관련해서고 나머지 한 번은 배교자들이 증언한 그리스도인들의 관습과 관련해서다. 그리스도인으로 고발당한 자들에게 배교의 표시로 황제

58 2년의 임기 동안 소(小) 플리니우스는 61차례에 걸쳐 트라야누스 황제에게 다양한 문제들에 관한 서한을 보냈다. 회계 감사에 대해 황제의 결재를 바란다거나 수도교(水道橋)나 욕장(浴場) 등 다양한 건설 공사에 승인을 요청하는 내용 등 속주 관리와 관련된 사항들이었다. 그가 황제와 주고받은 서한들은 로마 고위 관리들의 활동상을 보여주는 주요 정보들을 담고 있다: 크리스토퍼 켈리, 『로마 제국』, 78-79 참조. 특히 편지 10.96-97은 예수님과 그리스도인들에 대한 내용을 담고 있어 초기 그리스도교 역사 연구에 필수 자료로 이용되곤 한다. 10.96은 플리니우스가 트라야누스 황제에게 보낸 편지, 10.97은 황제가 플리니우스에게 보낸 답변이다.

59 크리스토퍼 켈리, 『로마 제국』, 80.

상과 다른 신상들에 절하고 그리스도를 매도 혹은 저주(Christo male dicere) 하도록 시켰다는 내용과, 고발당한 그리스도인들이 자신들은 정기적으로 모여 그리스도에게 찬송을 바치고 식사를 가진 일 외에는 다른 범죄를 저지르지 않았다고 주장한다는 내용이다(10.96.5-7). 이 편지에서 과거에 신도였지만 이제는 아니라면서 황제상과 다른 신상들에 절을 하고 그리스도를 저주한 자들이 밝힌 그리스도인들의 관습은 다음과 같다.[60]

> **『트라야누스 황제에게 보낸 편지』** 10.96.3-7 그들은 자기네들이 저지른 죄 또는 잘못이라고는, 정해진 날 동이 트기 전에 모여 그리스도를 향해 마치 신에게 하듯이 교송 형식으로 찬가를 불렀다는 것carmenque Christo quasi deo dicere secum invicem 뿐이라고 증언했습니다. 그리고 그들은 무슨 범죄를 저지르기로 맹세한 일이 없으며 그들이 한 맹세는 도둑질, 강도질, 간음, 믿음의 파기를 멀리하겠다는 맹세, 그리고 자기네가 맡은 돈을 요구받을 시 주저 없이 내어주겠다는 맹세였다고 했습니다. 그들은 관습상 그 예식이 끝나면 바로 헤어졌다가 식사를 하러 다시 모이곤 했지만 그 모임은 별다른 특이사항이 없으며 무해한 것이라고도 했습니다. 그리고 폐하의 명에 따라 모든 비밀 집회를 금지하는 칙령을 제가 내린 뒤로는 그들이 이 관습도 그만두었다고 했습니다.

이어서 플리니우스는 이 증언이 맞는지 확인하기 위해 두 여자 부제를 잡아들여 고문한 결과 그들에게서 '부패하고 방종한 미신'superstitio prava et immodica이라는 점 외에는 별다른 잘못을 찾아내지 못했다고 한다. 그래서 심문을 중지하고 황제의 의견을 구하게 되었다는 것이다. 플리니우스는 이들의 숫자가 늘어나고 그 '미신'이 도시뿐 아니라 촌락과 시골까

60 인용한 편지의 라틴어 본문은, http://www.perseus.tufts.edu/에서 확인 가능하다. 본문의 출처는 *Pliny the Younger, Letters*, W.M.L. Hutchinson (ed.) (New York 1915)라고 한다.

지 확산했다면서 황제에게 문제의 심각성을 상기시킨다(10.96.8).

이 편지에서 말하는 '그리스도'가 우리가 아는 예수 그리스도가 맞을까? 이를 밝히기 위해 해당 본문이 소 플리니우스 본인의 것인지authenticity, 그리고 그가 언급한 그리스도가 신약의 그리스도인지identity 차례로 살펴보자.

먼저 진정성authenticity 문제다. 이 편지는 소 플리니우스의 친필 서한이라는 게 학자들의 일반적인 견해다. 문체가 저자의 다른 편지들에서 보이는 것과 일치할 뿐더러 소아시아 총독으로서 지역 그리스도인들의 처리 방안을 두고 황제에게 문의한 것이 개연성이 있기 때문이다. 무엇보다 편지에서 드러나는 그리스도인들에 대한 반감이 그리스도인의 가필이라고 판단하기 어렵게 만든다. 이를테면 배교자들에 관한 보고가 그렇다. 플리니우스는 다음의 절차에 따라 사건을 해결하기로 했다고 전한다. 먼저 그리스도인으로 고발당한 이들에게 그리스도인이 맞는지 심문한다. 긍정의 답을 얻으면 사형에 처한다고 위협하면서 두세 번 더 같은 질문을 반복한다. 그리고 피고가 그리스도인이라는 고백을 철회하지 않을 경우 그를 사형에 처하게 한다. 플리니우스는 고발장이 접수되었을 때, 고발당한 당사자가 그리스도인이 아니라고 말하면 그 말의 진의를 시험하기 위해 그에게 황제의 신상과 다른 신상들 앞에 제물을 바치고 그리스도를 저주하라고 명했다고 한다. 진짜 신자는 그리스도를 저주하지 못한다는 세평 때문이었다고 한다. 자신의 명을 따르는 사람은 석방하고 그렇지 않을 경우에는 그를 처벌했다는 것이다. 그리스도인이라고 고백했다가 나중에 고백을 번복하는 이들도 같은 방식으로 시험했다고 한다.[61] 당시 그리스도인들 가

61 트라야누스 황제는 답신에서 플리니우스의 처사가 옳았다고 하면서, 어떤 이가 정당하게 고소를 당하여 그리스도인임이 판명되었을 경우 처형당해 마땅하다고 강조했다. 그리스도교 신앙을 포기하고 신들에게 제사를 드리는 사람만 예외라는 것이다(10.97).

운데 배교자들이 상당했음을 짐작케 하는 이 내용은 플리니우스의 편지가 그리스도인의 가필이 아님을 드러낸다. 그리스도교 공동체를 '부패하고 방종한 미신'superstitio prava et immodica이라고 보는 시각도 마찬가지다. 그리스도를 신처럼 숭배하는 이들을 미신으로 묘사한 이 편지는 플리니우스 본인의 것으로 보아도 무방하다.

다음 문제는 소 플리니우스가 언급한 그리스도가 신약의 예수님이 맞는가 하는 것 곧 정체성identity 문제다. 타키투스 편에서 살펴보았듯이, 「하드리아누스의 편지」를 근거로 그리스도인은 세라피스 추종자, 그리스도는 세라피스라고 주장하는 이들이 있지만 이 주장은 잘못이다. 편지가 말하는 것은 세라피스 신전에서 절하는 사람들이 알고 보니 그리스도인들이더라는 뜻이지 세라피스 추종자가 그리스도인이라 불렸다는 뜻이 아니다. 따라서 「하드리아누스의 편지」는 세라피스 추종자가 그리스도인이라고 불렸다는 증거도, 세라피스가 그리스도라는 증거도 되지 못한다. 게다가 근본적으로 다신교 신앙인 세라피스 추종자들이 제국의 정책에 반하면서까지 황제 숭배나 제신들 숭배를 거부할 이유가 없었다. 이를 문제 삼은 이들은 유일신 신앙인인 유다인과 그리스도인들뿐이었다. 그런데 유다인들은 율리우스 카이사르 시절부터 고유의 종교 생활을 인정받았으며 황제 숭배나 갖가지 축제와 제사에 참석하는 의무도 면제받았다.[62] 그리스도인들도 유다인들과 갈라서기 전까지는 큰 문제가 없었다. 로마인들이 유다인과 그리스도인을 구분하지 못했기 때문이다. 그런데 70년 유다교 항쟁 이후 유다교와 그리스도교가 갈라지기 시작하면서 그리스도인들이 난처한 입장에 놓이게 되었다. 이들이 유다인들과 구분되면서 더 이

---

62 로마인들이 유다인들에게 부여한 종교적, 경제적 특권에 대해서는 요세푸스, 『유다 고대사』 18.257-260에 전해진다. Shanks (ed.), *Christianity and Rabbinic Judaism: A Parallel History of Their Origins and Early Development*, 28-31을 참조하라.

상 특혜를 누릴 수 없었기 때문이다. 로마 신들에게 바치는 제사나 축제에 참석해야 할 의무, 혹은 황제 동상에 절하는 의무를 더는 피할 수 없게 된 것이다.[63] 그리스도인들이 로마 당국과 충돌하는 것은 시간 문제였다. 로마 제국에서 황제 숭배가 가장 먼저 시행되고 성행했던 소아시아 지역이 특히 문제였다. 이곳 신자들이 황제 숭배 때문에 곤혹을 치렀을 것임은 짐작이 가고도 남는다(묵시 2—3장 참조). 플리니우스의 편지에 언급된 상황은, 묵시 2—3장의 소아시아 교회 상황(1세기 말)의 연장선에서 읽을 수 있다. 플리니우스의 편지는 예수 그리스도에 대한 믿음 때문에 황제 숭배를 거부하던 소아시아 교회 신자들의 이야기로 읽히기에 손색이 없다. 편지에 묘사된 그리스도인들의 집회 관습도 『디다케』 14가 보여주는 초대 교회 집회 모습과 흡사하다.[64] 편지에 언급된 그리스도인은 초대 교회, 그리스도는 신약의 예수 그리스도라는 것이다. 플리니우스의 편지를 예수 그리스도와 그 추종자들에 관한 이야기로 읽어도 무방하다는 의미며, 이는 곧 이 편지를 예수님 실존을 암시하는 초세기 외부 증거로 삼을 수 있다는 뜻이다.

63 황제 숭배는 로마 전통 종교, 곧 유피테르를 비롯한 여러 신들에 대한 숭배 및 갖가지 축제들과 결합되어 제국 시민의 일상에 깊이 스며있었다.

64 사도 20,7도 주간 첫날(곧 주일)에 빵을 떼어 나누려고 신자들이 모였음을 밝히고 있다. 『디다케』 14,1-3에 따르면 그리스도인들은 주일(주님의 날)마다 모여 빵을 나누고 감사를 드렸다. 또한 정결한 제사가 될 수 있도록 미리 잘못을 고백하고 다툼이 있던 사람들은 화해했다고 한다. Beckwith, *Calendar and Chronology, Jewish and Christian: Biblical, Intertestamental and Patristic Studies*, 47-48도 참조하라.

## 로마 역사가 수에토니우스

로마 역사가 수에토니우스(69-140년경)는 『열두 황제들의 생애』에서 그리스도인들을 언급하고 있다(121년경). 수에토니우스는 학자이자 유능한 행정가로서 트라야누스와 하드리아누스 황제 때 황실 관직들을 역임했다. 추문 때문에 면직된 뒤 글을 쓰면서 여생을 보냈다. 소 플리니우스의 친구였던 그는 120년경 하드리아누스의 비서 겸 황실 사서로 있었다. 그때 문서 보관소에 들어가 자료들을 열람하면서 조사한 내용들을 자신의 저작에 적절히 활용했다고 한다.[65] 그리스도와 관련한 대목은 「네로」와 「클라우디우스」 편에 나온다. 먼저 「네로」 16에서 네로 황제가 그리스도인들을 처벌한 사실을 언급하고 있다. 여기에 그리스도라는 단어가 명시되어 있지는 않지만 그리스도인이라는 명칭을 통해 그리스도를 간접 증언하고 있다. 네로 황제가 공공질서를 확립하기 위해 단행한 조처들 가운데 그리스도인들의 처벌도 포함되었다고 한다. 전차경주와 팬터마임 극의 상연도 이때 금지되었다고 한다. 이 조치는 64년경에 취해진 것으로 보이나 수에토니우스는 이를 로마 대화재와 직접 연결시키지는 않았다. 해당 구절은 이렇다.

> 「네로」 16 그리스도인들, 곧 사악한 신종 미신에 빠진 자들의 집단에 형벌이 내려졌다 afflicti suppliciis Christiani, genus hominum superstitionis novae ac maleficae.[66]

---

65 『열두 황제들의 생애』는 율리우스 카이사르와 초기 열한 명의 황제에 관한 기록이다. 저자인 수에토니우스는 편지와 소문 등을 망라해가며 고증학의 방식으로 전기를 기술했다고 전해진다. 수에토니우스와 그 저작에 대해서는, 크리스토퍼 켈리, 『로마 제국』, 65-68을 참조하라.

66 Rolfe, *Suetonius, vol. 2*, 110-111.

그리스도인 공동체를 '사악한 신종 미신'superstitio nova ac malefica이라 표현한 점은 '치명적 미신'exitiabilis superstitio이라고 말한 타키투스나 '부패하고 방종한 미신'superstitio prava et immodica이라고 한 소 플리니우스의 평가와 비슷하다. 해당 대목이 후대 그리스도인의 가필이 아니라 수에토니우스 본인이 썼을 가능성이 크다는 뜻이다. 수에토니우스가 그리스도인들이라는 명칭을 통해 예수님의 역사성을 암묵적으로 동의한 셈이다.

같은 책 「클라우디우스」 25에는 소동을 일으키는 유다인들을 클라우디우스 황제(41-54년 재임)가 도시 밖으로 추방했다는 내용이 나오는데 여기에 '크레스투스'라는 단어가 쓰였다.

> 「클라우디우스」 25 … 선동가 크레스투스로 인해 유다인들이 끊임없이 소동을 일으켰으므로 (클라우디우스 황제)가 그들을 로마 바깥으로 쫓아내었다 Iudaeos impulsore Chresto[67] assidue tumultuantis Roma expulit ….

클라우디우스 황제가 크레스투스의 선동으로 로마에서 소동을 일으킨 유다인들을 도시에서 추방했다는 내용이다. 로마의 유다인들이 소동을 일으켜 추방되었다는 진술은 사도 18,2을 연상시킨다. 2차 선교 여행(50-53년)을 나선 바오로가 코린토에서 아퀼라를 만나게 된 배경을 설명하는 부분이다. "거기에서 그는 폰토스 출신의 아퀼라라는 어떤 유다인을 만났다. 아퀼라는 클라우디우스 황제가 모든 유다인은 로마를 떠나라는 칙령을 내렸기 때문에 자기 아내 프리스킬라와 함께 얼마 전에 이탈리아에서 온 사람이었다." 역사가들은 사도행전에 언급된 추방 사건을

67 '크레스투스' 독법에 대해서는 Boman, "Inpulsore Cherestro? Suetonius' Divus Claudius 25.4 in Sources and Manuscripts", 355-376을 참조하라.

수에토니우스의 진술과 연관시키며 대개 49-50년에 일어났을 것이라 추정한다.[68]

그런데 수에토니우스가 언급한 선동가 크레스투스가 누구인가에 대해서는 학자들의 의견이 갈린다. 먼저 클라우디우스 치세 때 크레스투스라 불린 유다인 선동가가 있었다는 의견이 있다. 이 유다인이 로마를 거슬러 소동을 일으켰으며 그 때문에 유다인들이 도시 밖으로 추방되었다는 것이다.[69]

그러나 타키투스 편에서 살펴보았듯이 크레스투스는 크리스투스 곧 그리스도와 혼용될 수 있었음을 감안해야 한다. 크레스투스라는 선동가가 다름 아닌 예수 그리스도라는 의미다. 실제로 초세기인들이 예수 그리스도를 예수 크레스투스라고 부른 사례가 적지 않다는 것은 앞에서 살펴보았다. 물론 크레스투스가 예수 그리스도라는 주장에 대한 반론도 있다. 크레스투스를 그리스도라 읽는다 해도, 이 그리스도는 나자렛 예수일 리가 없다는 의견이다. 선동가 그리스도 때문에 소동이 일어났다는 표현을, 클라우디우스 황제 시절 그리스도가 생존하고 있었다는 의미로 읽을 수 있기 때문이다. 이미 20년 전에 처형당한 나자렛 예수는 수에토니우스의 선동가 그리스도일 수 없다는 추론이다.[70] 그러나 수에토니우스의 언명을 반드시 그리스도 생존 상황으로 읽을 필요는 없다. 그리스도가 추종자들

---

68 Gill/Gempf, *The Book of Acts in Its Graeco-Roman Setting vol. 2*, 99; Nicoll/Bruce (eds.), *Expositor's Greek Testament Vol. 2*, Acts 18,2 해제 참조.

69 Carrier, "The Prospect of a Christian Interpolation in Tacitus, Annals 15.44", 271-272 참조. 캐리어는 수에토니우스가 「클라우디우스」 25에서 언급한, '크레스투스'라는 이름의 유다인 선동가를 타키투스 『연대기』 15.11의 '크레스투스'와 동일시한다.

70 Eddy/Boyd, *The Jesus Legend: A Case for the Historical Reliability of the Synoptic Jesus Tradition*, 166.

에게 끼친 영향력이 사후에도 지속되었다는 의미, 그리하여 클라우디우스 치세 때에는(41-54년) 로마에서도 추종자들이 눈에 띄게 성장했다는 의미로 받아들일 수 있다.[71] 수장인 예수가 처형당한지 20년이 되어 가는데도 그 추종 세력이 사그라지지 않았다는 것이다.[72]

결국 수에토니우스가 언급한 유다인들은 사실상 그리스도인들, 특히 유다인 출신의 그리스도인들이었을 것이다.[73] 아직 로마 당국이 유다인과 그리스도인을 구분하지 못했을 따름이다. 수에토니우스가 (그리고 로마인들도) 유다인들과 그리스도인들을 혼동한 사실로 미루어볼 때, 이 구절을 후대 그리스도인이 가필했을 가능성은 낮다. 수에토니우스 본인의 진술이라고 보아도 무방하다.

제국의 수도 로마에서 문제를 일으켜 추방된 유다인들에 관한 수에토니우스의 이야기는 예수님 추종자들의 이야기로 읽히기에 충분하다. 짧지만 결코 가볍지 않은 두 구절(「네로」 16; 「클라우디우스」 25)은 수에토니우스를 예수 그리스도의 실존 가능성(과 사후 영향력)을 암시한 초기 저술가로 볼 수 있다는 결론을 내리게 한다.

---

71 이미 49년에 로마의 유다교 회당 공동체에 그리스도인들이 포함돼 있었다는 사실, 또는 로마에 그리스도교 공동체가 있었다는 사실을 주목하라. 에우세비우스의 『교회사』 2.14.6에 따르면 베드로가 클라우디우스 황제 재임 시절 로마에 있었으며 그곳에서 마술사 시몬과 경합했다.

72 수에토니우스가 언급한 크레스투스의 정체에 대해서는 Nicoll/Bruce (eds.), *Expositor's Greek Testament Vol. 2*, Acts 18,2 해제를 참조하라.

73 이 사건을 유다계 그리스도인들과 유다인들 사이의 충돌 결과로 보는 학자도 있다: Levick, *Claudius*, 121.

지금까지 예수님의 역사적 실존을 암시하는 교회 바깥의 증거들을 살펴보았다. 유다인 역사가 요세푸스, 로마인 역사가 타키투스와 로마 관리 소 플리니우스, 수에토니우스의 저작이 그것이다. 100년경 전후로 만들어진 이 자료들이 해당 저자의 친서일 가능성을 검증하였으며 거기에 언급된 그리스도가 신약의 예수 그리스도라는 결론에 이를 수 있었다. 교회 바깥의 초세기 저자들 가운데 적어도 넷이 예수님의 실존을 암시한다는 의미다. 물론 이 결론에 한계점이 없는 것은 아니다. 예수님을 언급한 네 저자 가운데 단 한 사람도 예수님의 직접 목격자가 아니다. 저술 시기도 예수님이 돌아가신 뒤 몇 십 년이 지난 뒤였다. 따라서 그들의 증언은 1차 자료가 될 수 없다.[74] 그마저 예수님의 생애를 짐작하기에는 담은 정보가 너무 빈약하다. 기껏해야 그분의 실존 가능성을 짐작케 할 따름이다.

이처럼 예수님의 실존을 증언하는 초세기 외부 자료는 결코 충분하지 않다. 그러나 그분이 이천년 전 이스라엘 땅에서 짧은 기간(1-3년) 활약한 고대인임을 고려한다면 평가가 달라진다. 고대인에 관한 진술이 네 곳에나 전해진다는 것은 그 자체로 대단하며 매우 드문 일이라는 것이 역사가들의 평가다. 더욱이 증거 부족의 원인을 어느 정도는 추정할 수 있다. 무엇보다 예수님 공동체의 성격과 규모에서 그 답을 찾을 수 있다. 1세기 유다인이나 로마인 역사가에게 그분은 결코 특별한 위상이 아니었다. 로마인이 보기에 예수님은 그저 로마 속주의 작은 인물에 불과했으며 그가

74 사실 교회 안팎을 막론하고 그분에 대해 기록한 1차 자료는 전무하며 2차 자료들뿐이다. 그나마 신약성경 서간과 복음서가 가장 오래된 기록이지만 그조차 그분 사후 20여 년이 지난 다음에 저술되었다. 이를 제외하면 1세기 말에 이르기까지 그분에 대해 기록한 문서들을 찾아보기 어렵다. 초대 교부들의 문헌은 신약성경과 무관하다고 볼 수 없으므로 독자 사료로 간주할 수 없다.

제국을 상대로 큰 반란을 일으키지만 않는다면 관심을 기울일 필요가 없었다. 유다인들에게 예수는 당시에 드물지 않게 출현하던 메시아나 저항 세력들 가운데 하나였다. 기적을 행하고 율법을 가르치면서 제자들도 제법 거느렸다고 하지만 역사서에 남길 정도는 아니었다. 게다가 처형 이후로는 그 추종자들에게 관심을 둘 필요성도 사라질 듯했다. 수장이 사라졌으니 그 공동체도 곧 사그라질 것이라 예상했을 터다. 실제로 사회학자들은 1세기 그리스도인들의 규모가 극히 미미한 정도에 지나지 않았으리라 추정한다. 100년 기준 로마 제국 총인구 6,000만 명 가운데 그리스도인은 7,500명 남짓했으리라고 한다.[75] 그러니 1세기 말까지 예수님에 대한 외부 기록이 없다는 사실이 결코 놀랍지 않다. 상황이 달라진 것은 1세기 말에서 2세기 초, 예수님 추종자들의 규모가 커지면서부터다.[76] 특히 초대 그리스도교가 주로 도시(제국 인구의 10%)에서 선교한 사실을 감안하면 도시민들이 체감한 그리스도인 비율은 통계치보다 높았을 것이다. 그리스도인들 규모가 더 이상 간과해서는 안 될 수준으로 성장하면서 당시의 유

75 France, "The Gospels As Historical Sources For Jesus, The Founder Of Christianity"; Stark, *Rise of Christianity: A Sociologist Reconsiders History*, 5-7; Hopkins, "Christian Number and Its Implications", 185-226.

76 스타크는 로마 제국 내 그리스도교 신도 수가 40년경에 1,000명 정도였을 것이라 추측한다. 그리고 콘스탄티누스 황제의 개종 직전인 300년경에는 5백만에서 750만 명에 이르렀다는 타 학자들의 추정을 받아들인다. 이어서 40년경의 신도수를 출발점, 300년경 신도수를 종착점으로 삼아 십 년 간격으로 신도수를 추산한다. 이 추산에 따르면 로마제국 내 신도수가 40년부터 매 10년마다 40%씩 증가했으며, 40년경 1,000명, 100년에는 7,350명, 150년에는 40,496명, 200년에는 217,795명이었다는 결론이 나온다. 그리고 제국 전체 인구(6천만 명) 중에서 신도가 차지하는 비율은 40년에 0.0017%, 100년에 0.0126%, 150년에는 0.07%, 200년에는 0.36% 정도 된다: Stark, *Rise of Christianity: A Sociologist Reconsiders History*, 5-7.

다인 역사가와 로마인 역사가들의 저술에 언급되기에 이른 듯하다.[77] 이는 예수 그리스도와 그 추종자들이 당대 외부인들에게 유의미한 존재가 되었음을 방증한다. 무엇보다 이 기록들이 예수님의 실존 자체는 결코 부정하지 않았음을 주목해야 한다. 예수님 추종자들을 부정적인 시선으로 바라보면서도 그 수장인 예수님의 존재 자체는 의심하지 않았던 것이다.

지금까지의 작업을 통해 예수 그리스도의 실존을 증명할 수는 없었지만 그분의 역사적 실존을 부정하는 논리의 취약성을 밝히는 데는 어느 정도 성공했다고 본다. 그러나 그분의 실존을 부정하는 이들을 설득했다고 믿지는 않는다. 이들의 말대로 실존 증명은 결국 불가능하기 때문이다. 그렇다면 예수님의 실존을 부정하는 사람들의 의도는 무엇일까? 예수님에게 아예 관심이 없는 사람들의 경우는 예외로 하고 나머지 사람들의 부류와 의도를 짐작해 보려 한다.

첫째, 예수 그리스도의 존재 자체를 허구로 보는 경우다. 그리스도교는 예수가 아니라 바오로가 세운 종교라면서 초대 교회가 자기네 신학에 따라 예수라는 가공의 인물을 만들어 그들의 수장으로 내세웠다는 입장이다. 예수라는 인물이 실제로 존재했다손 치더라도 초대 교회가 하느님의 아들로 선포한 예수 그리스도와는 전혀 상관이 없다고 한다. 이들이 예수 그리스도의 실존을 부정하는 것은 결국 교회 또는 그리스도

77 사실 예수님 추종자들은 처음부터 유다인들에게나 로마인들에게 달갑지 않은 존재였다. 전자에게는 유일신 신앙을 훼손하고 율법과 전통을 파괴하는 사람들로, 후자에게는 황제 숭배를 거부하면서 제국의 질서와 통합을 저해하는 사람들로 여겨졌다. 이들이 소규모일 때는 눈감고 넘어갈 수 있지만 규모가 커지면 문제가 달라진다.

교 자체를 부정하려는 의도다. 교회가 선포한 예수 그리스도는, 존재한 적이 없는데도 존재한 것처럼 꾸며지고 만들어진 허상, 또 하나의 우상에 불과하며 따라서 그를 믿는 교회는 우상 숭배 집단에 불과하다는 것이다. 이처럼 이들은 반교회·반그리스도교 입장에서 예수님의 역사적 실존을 부정한다.

둘째, 예수 그리스도는 육신을 지닌 인간이 아니라 영적 존재, 천사 또는 그와 비슷한 신적 존재였다는 입장이다. 예수 그리스도가 이천 년 전 팔레스티나 땅에 잠시 출현한 사실은 맞지만 그가 인간으로 온 것은 아니라고 한다. 바오로 사도가 예수 그리스도의 생애에 대해서는 거의 관심을 보이지 않았던 것도 그 때문이라는 것이다. 이들의 주장은 현대판 영지주의 또는 가현주의라고 볼 수 있다. 영지주의자들도 예수는 그리스도가 잠시 머물다간 옷에 지나지 않으며, 그리스도가 세례 때 예수에게 내렸다가 깨달음을 설파한 후 십자가 처형 전에 예수를 떠났다고 한다. 이런 그리스도 관에서 인간 예수는 거의 아무런 가치가 없다. 인간 예수는 그리스도가 지상에 잠시 머물 수 있도록 몸을 내어 준 것에 불과하기 때문이다.

*

바오로 사도가 선포의 초점을 인간 예수의 가르침이나 삶에 맞추지 않은 것은 사실이다. 실제로 바오로 사도는 예수님의 삶보다는 그리스도께서 인류에게 가져다주신 구원, 인류와 하느님의 화해에 초점을 맞추었다. 그러나 바오로 사도도 다른 사도들도 예수님의 인성人性과 역사적 실존을 부정한 적이 없다. 특히 복음서는 예수님의 삶, 탄생과 활동과 죽음에 대해 비교적 상세히 전하고 있다. 바오로 사도가 십자가 죽음을 선포할 수 있었던 것도 인간 예수님의 실존이 전제되어 있었기 때문이다.

교회는, 예수 그리스도가 인류에게 가져다준 구원의 소식과 더불어 그 소식을 가져오신 분의 실존을 함께 선포한다. 교회의 선포는 어제도 오늘도 또 내일도 쉼 없이 계속될 것이다. 신앙의 그리스도와 역사의 예수님 그 어느 것도 포기할 수 없는 이유다.

제2부

# 외경, 탈무드, 쿠란의 기억

1부는 '역사의 예수 연구'와 예수님의 '역사성' 문제를 탐색하는 시간이었다. 예수 연구의 역사와 현황을 살펴본 다음 예수님의 실존 문제를 다루었다. 실제로 무슨 일이 일어났는가를 다루는 '역사성' 탐구의 출발점은 예수님의 실존성 여부일 터다. 그래서 예수님이 실존인물임을 증명해줄 자료들을 찾아 그 자료들을 토대로 예수님의 실존성 여부를 가늠해보았다. 역사성 문제가 주안점이 되는 만큼 자료의 '객관성'을 담보할 수 있느냐가 관건이 될 터였다. 따라서 '주관적'이라는 비판을 피하지 못할 교회 안의 자료(복음서나 교부 문서)는 고려 대상에서 제외하였다. 자료의 저술 연대도 고려 사항에 넣었다. 예수 사건의 추정 연대인 30년경을 기준으로, 100년이 넘지 않은 시기에 저술된 자료만 사료로 택하였다. 그리하여 기원후 100년경 전후에 만들어진 교회 바깥의 역사서나 공적 문서가 주 사료로 채택되었다. 유다인 역사가 요세푸스와 로마인 타키투스, 수에토니우스, 소 플리니우스의 저작을 중심으로 살펴본 결과 적어도 3개의 고대 역사 자료 또는 공문서에서 예수님의 실존을 암시하는 내용들을 확인할 수 있었다. 예수님의 실존을 전제한 3개의 교회 바깥의 고대 문서가 확보된 셈이다.

제2부에서는 예수님의 실존 여부는 묻지 않는다. 예수님의 실존을 전제로 하여, 신약성경 바깥에서 예수님을 어떻게 이야기하는지 살펴본다. 신약 외경, 유다교 탈무드, 이슬람교 쿠란이 그것이다. 역사성 여부와 상관없이 추적하기에 채택 자료의 저작 시기는 2세기에서 7세기까지로 범위가 넓다. 대략, 예수님의 탄생과 성장, 활동, 죽음 이렇게 세 파트로 나누어 살펴볼 것이다. 항목에 따라 약간의 변화는 있을 것이다.

제일 먼저 다룰 자료는 신약 외경이다. 교회 안에서 만들어졌으나 신약성경과 다른 시각을 담은 신약 외경이 예수님을 어떤 모습으로 그리는지 알아보는 시간이다. 그 다음에 살펴볼 책은 탈무드와 쿠란이다. 신약 외경은, 신약성경과 시각차를 보여도 교회 안에서 만들어진 교회의 책이지만, 탈무드와 쿠란은 교회 바깥에서 만들어진 교회 외부의 책이다. 따라서 신약 외경보다 신약성경에서 한층 더 멀어진 책들이다. 이를 통해 다른 종교인 유다교와 이슬람교가 바라보는 예수님은 어떤 모습인지 알게 될 것이다.

예수님을 언급한 (또는 언급한 것으로 추정되는) 본문의 소개 및 그 본문에 대한 해석순으로 진행할 것이다. 필요에 따라 정경복음서와의 비교 및 신학적 성찰도 곁들일 것이다.

# III. 예수님, 신약 외경의 기억

야고보 원복음

토마 유년기 복음

토마 복음

니코데모 복음

베드로 복음

영지주의 작품들

❖ 여기서 다루는 신약 외경 본문은 대부분 송혜경, 『신약 외경 1』과 『영지주의자들의 성서』(개정판)에 나온다. 인용 작품에 대한 상세한 정보는 앞의 두 책에서 얻을 수 있다. 야고보 원복음, 토마 유년기 복음, 토마 복음, 베드로 복음, 니코데모 복음은 『신약 외경 1』에, 야고보의 첫째 묵시록, 콥트어 베드로 묵시록, 부활에 대한 논고는 『영지주의자들의 성서』에 그 본문과 주해가 소개되어 있다.

예수님 이야기를 담은 대표적인 책은 신약성경 네 복음서이지만 그것이 전부는 아니다. 그 밖에도 예수님 사건을 둘러싼 이야기들이 더 만들어졌는데 이 이야기들은 신약성경에 포함되지 못하여 외경이라 불린다. 저작시기가 늦다는 점, 저자가 사도나 그 직제자가 아니라는 점, 그리고 사도들의 가르침과 '다른' 내용을 담았다는 점, 교회 전체에 보편적으로 받아들여지지 않았다는 점 등이 정경에 들지 못한 이유다. 그러나 정경이 아니라고 해서 이 책들을 '진실과 무관'하다고 섣불리 판단해서는 곤란하다. 특히 1-2세기에 만들어진 경우라면 역사의 예수님과, 적어도 그분의 측근과 아무 관련 없는 내용이라고 말하기 어렵다. 오히려 이 책들은 네 복음서와 '다른' 시각을 보인다는 점에서 고유한 가치와 매력이 있다. 예수님을 향한 초세기인들의 다양한 생각을 담았다는 점, 그리고 정경에서와 다른 모습의 예수님을 만나게 해준다는 점은 외경이 지닌 무시 못 할 강점이다. 그때나 지금이나 보는 눈도 듣는 귀도 다르다는 사실을 외경을 통해 확인할 수 있을 것이다.

그렇다면 신약 외경은 예수님 사건을 어떻게 기록하고 있을까? 예수님에 대한 외경의 기록을 살펴보도록 하자.[1] 예수님 사건에서 가장 중요한 세 가지, 곧 예수님의 탄생과 성장, 행적, 십자가 죽음과 부활, 이렇게 셋으로 나누어 볼 것이다. 세 사건이 예수님의 신원과 정체를 드러낸다는

1 신약 외경에 담긴 예수님의 모습은, 송혜경, 「신약 외경의 시선」 94-122호를 참조하라.

점에서 그 신학적 의미가 얼마나 큰지는 말할 필요도 없다. 하지만 이 세 사건을 선택한 데는 다른 이유도 있다. 세 사건은, 뒤에 살펴 볼 탈무드와 쿠란에서도 주요 쟁점으로 다뤄진다. 세 사건이 그리스도교와 유다교 그리고 이슬람교 신학을 관통하는, 혹은 셋을 가르는 핵심적 사안으로 작용했기 때문이다. 이어서 예수님의 저승 방문에 대해서도 다룬다. 십자가 죽음과 부활 사이에 있었다는 저승 방문 사건이 예수님의 정체성을 확연히 드러내기 때문이다.

각 사건을 대표하는 작품을 골라 그 작품을 중심으로 살펴보기로 한다. 신약 외경 저작물들이 저마다 서로 다른 신학과 서로 다른 의견을 표방한다는 점을 미리 밝혀 둔다. 이를테면 여기서 다룬 작품이 십자가 사건을 부정한다고 해서 외경의 다른 작품들도 그렇다는 의미는 아님을 기억해야 한다. 신약성경이 낱권마다 약간씩 다른 견해를 담고 있듯 신약 외경도 마찬가지다. 아니 차이의 정도와 폭이 성경의 것보다 훨씬 큰 편이다. 이 점을 염두에 두면서 주제별로 하나씩 살펴보도록 하겠다.

## 예수님의 탄생과 성장

예수 그리스도를 믿는 사람이라면 문득문득 예수님의 탄생 경위나 성장 과정이 궁금해진다. 그분이 어떤 부모에게서 태어났으며 어린 시절과 청년 시절은 어떻게 보냈을지 호기심이 일기도 한다. 예수님의 공생활 기간에 집중하는 네 복음서만으로는 이런 궁금증이 해소되지 않아 아쉬움도 느낀다.

사실 그리스도교가 시작되던 무렵에는 교회가 예수님의 죽음과 부활, 말씀과 행적에만 관심을 집중했으며 그분의 탄생이나 성장 과정에는 별 주의를 기울이지 않았다. 4세기 이전에는 예수님의 탄생을 기념하는 크리스마스 축제도 없었다. 예수님이 진정한 의미에서 지상에 모습을 드러내신 시점을, 탄생이 아니라 세례 때로 잡는 사람도 있었다. 최초의 복음서 마르코 복음에서 스토리가 본격적으로 전개되는 지점이 예수님의 세례 장면인 사실도(요한 복음도 그렇다) 이와 무관하지 않다.

그러나 초대 교회 신자들도 예수님의 탄생과 성장 과정이 궁금하기는 마찬가지였을 것이다. 마태오와 루카가 예수님의 탄생과 유년 시절을 다룬 사실이 이런 관심을 반영한다. 마태오와 루카의 유년기 이야기는 예수님의 탄생 예고, 마리아와 엘리사벳의 만남, 예수님의 탄생, 동방 현자들의 방문, 할례, 무죄한 아기들의 학살, 이집트 피난과 나자렛 귀환, 열두 살 소년 예수의 성전 일화가 기본 얼개를 구성한다. 그런데 마태오와 루카의 이야기만으로 예수님의 탄생기와 성장기에 대한 갈증이 채워지지 못한 모양이다. 두 복음서 이후에 예수님의 탄생과 유년기에 관한 이야기들이 새롭게 등장하기 시작했다. 예수님 탄생사화의 원조 격은 야고보 원복음이다. 150년경에 만들어진 이 이야기가 초대 교회에 미친 영향력은 대단했다. 차명-마태오 복음이나 아랍어, 아르메니아어, 라틴어 유년기 사화들이 모두 이 책을 바탕으로 만들어졌다. 예수님의 어린 시절 이야기는 토마 유년기 복음이 대표로 꼽힌다. 야고보 원복음과 토마 유년기 복음을 중심으로 각각 예수님의 탄생과 성장 과정을 살펴보겠다.

## 야고보 원복음: 예수님의 탄생

야고보 원복음Protoevangelium은 예수님의 탄생은 물론 부모인 마리아와 요셉, 더 나아가 마리아의 부모 이야기까지 다룬다. 마리아의 부모를 요아킴과 안나로 소개하는 곳이 바로 이 책이다. 예수님 탄생 이전에 일어난 사건을 다룬다 하여 '복음'evangelium 앞에 '원'proto자가 붙어서 '원복음'

이 되었다. 야고보 원복음을 담은 고대 필사본에는 대개 '마리아의 탄생' 또는 '성 마리아, 하느님의 어머니의 탄생 이야기'라는 제목이 붙어 있다.

## 줄거리

야고보 원복음 저자는 마태오와 루카의 유년기 사화에 새 내용들을 덧붙여 이야기를 보다 풍성하게 확장하였다. 마리아의 부모 이야기에서 출발하여 마리아의 출생과 성장, 요셉과의 약혼, 예수님의 잉태와 출산, 동방 박사의 방문, 피신까지 다룬다. 세례자 요한의 출생과 요한의 부모인 엘리사벳과 즈카르야의 이야기도 담겨 있다. 줄거리는 대략 다음과 같다.

부유하고 신실하지만 자식이 없던 요아킴과 안나에게서 마리아가 기적적으로 탄생한다. 부부가 기도하며 떨어져 지내던 중에 아이가 잉태되었던 것이다. 안나는 아이가 태어나면 하느님께 예물로 바치겠다고 약속했었다. 마리아가 세 살이 되자 부모는 약속대로 마리아를 예루살렘 성전에 봉헌한다(야고보 원복음 1-7).

마리아는 성전에서 천사들의 보호를 받으며 자라난다. 마리아가 열두 살이 되자 사제회의가 열린다. 초경을 치르기 전에 마리아를 성전에서 내보내야 했기 때문이다. 회의 끝에 대사제 즈카르야가 지성소에 들어가 마리아를 위해 기도드린다. 이때 주님의 천사가 대사제에게 나타나 전국의 홀아비들을 불러 모으라고 명한다. 표징을 통해 마리아의 배필이 될 사람을 알려주겠다는 것이다. 그리하여 이스라엘 전역의 홀아비들이 소집되는데 이때 모인 홀아비들 중에 목수 요셉도 있었다(8). 주님의 징표가 요셉에게 떨어지자 대사제가 "요셉아, 요셉아! 네가 주님의 동정녀를 책임지고 맞아들일 임무를 받았다"(9.7) 하고 말한다. 이에 요셉이 당황하며 "저는 아들들이 있고 이미 늙었는데 그녀는 어립니다. 그러니 제가 이스라엘 자손들에게 조롱거리가 되지 않겠습니까?"(9.8) 하며 거절 의사를 내

비친다. 그러나 주님의 뜻을 받아들이라는 즈카르야의 설득에 요셉은 마리아를 책임지고 맞아들이며 말한다. "마리아야, 내가 너를 주님의 성전에서 받아들였다. 이제 너를 내 집에 데려다 놓겠다. 지금은 내가 건물을 지으러 떠나야 하기 때문이다. 그러나 너에게 돌아오겠다. 주님께서 너를 지켜 주실 것이다"(9,11). 마리아와 약혼한 요셉은 마리아를 집에 데려다 놓고 일을 위해 떠난다. 그리하여 약혼한 뒤에도 마리아는 정결을 유지했으며 흠 없는 처녀로서 성전 휘장을 짜는 일에도 참여한다(10).

그러던 어느 날 마리아는 천사에게서 자신이 주님을 잉태하게 되리라는 알림을 받는다(수태고지). 마리아는 엘리사벳을 방문하여 석 달 간 머물다 집에 돌아온다. 마리아의 나이 열여섯 살 때의 일이다. 여섯째 달이 되었을 때 요셉이 집짓는 일을 마치고 돌아온다. 요셉은 임신한 마리아의 모습을 보고 탄식한다. "지성소에서 자라고 천사의 손에서 양식을 받아먹은"(13,7) 그녀가 어떻게 이런 끔찍한 일을 저질렀느냐는 것이다. 이에 마리아는 "저는 정결하고 남자를 모릅니다"(13,8) 하고 대답한다(11-13). 하지만 요셉은 마리아를 몰래 내보낼 결심을 한다. 그런 요셉의 꿈에 주님의 천사가 나타나 마리아가 성령으로 인해 잉태했음을 알린다. 이에 요셉은 마리아를 보호하기로 결정한다(14). 그런데 마리아가 임신한 사실이 예루살렘 성전에 알려져 두 사람은 대사제에게 불려간다. 대사제는 무죄를 주장하는 요셉과 마리아를 시험하려 '질책의 물'을[2] 마시게 한다. 이들이 그 물을 마시고도 무사하자 대사제는 둘의 무죄를 인정한다(15-16).

---

2 민수 5,12-31에 간음한 여자에 대한 규정이 나온다. 이에 따르면 간음이 의심되는 여자에게 "저주를 부르는 쓴 물"을 마시게 하여 유죄 여부를 시험한다. 이 규정과 관련한 탈무드 본문에서는 간음이 의심되는 여자에게 두 증인이 유죄를 증언하면 그 남편이 아내로 하여금 쓴 물을 마시게 하였다(*b. Sotah* 2a). 요세푸스도 같은 관습을 증언한다(『유다 고대사』 3,11,6). Cohen (tr.), "Sotah 2a-49b", 2 참조.

한편 아우구스투스 황제가 유다 베들레헴 주민들에게 호적을 등록하라는 명령을 내린다. 요셉은 아들들과 마리아를 데리고 베들레헴을 향해 길을 떠난다. 여정이 절반쯤 이르렀을 때 마리아에게 산통이 온다(17). 요셉은 광야에서 동굴을 발견하여 그녀를 그곳에 데려다 놓고 아들들을 곁에 세워둔 다음 히브리 산파를 구하러 베들레헴에 간다. 요셉이 산파와 함께 동굴에 도착하자 짙은 구름이 동굴을 뒤덮고 있었다. 그런데 갑자기 구름이 걷히고 눈으로 볼 수 없을 정도의 큰 빛이 동굴 안에 퍼진다. 잠시 뒤 빛이 걷히고 아기가 나타나 마리아의 가슴에 손을 얹는다(18-19).

이 놀라운 광경을 목격한 산파는 동굴 밖에 나가서 만난 살로메에게 동정녀가 아이를 낳았다는 소식을 전한다. 살로메는 "내 주 하느님께서 살아 계시는 한, 내 손가락을 넣어 그녀의 몸을 검사해 보기 전에는 동정녀가 아이를 낳았다는 것을 믿을 수 없습니다"(19,19) 하며 의심한다. 살로메는 결국 손으로 마리아의 몸을 검사하게 되는데, 그 손이 불에 타 떨어져 나간다. 감히 하느님을 시험한 탓이다. 뉘우치는 살로메에게 천사가 나타나 "네 손을 그 아기에게 뻗어 그를 안아라. 그러면 너에게 구원과 기쁨이 일어날 것이다" 하고 말한다. 천사의 말대로 하자 살로메가 낫는다(20).

한편 그 시각 베들레헴에서는 큰 소동이 벌어진다. 박사들이 와서 "유다인들의 임금으로 태어나신 분이 어디 계십니까? 우리는 동방에서 그 분의 별을 보고 그분께 경배하러 왔습니다"(21,2) 하고 말했기 때문이다. 이 소식을 듣고 마음이 산란해진 헤로데는 박사들에게 아이를 찾거든 그 장소를 알려달라고 한다. 박사들은 동방에서 본 별이 인도하는 대로 동굴까지 찾아간다. 별빛은 동굴에 있던 아기의 머리 위에 멈춘다. 박사들은 마리아와 함께 있는 아기를 보고 주머니에서 황금과 유향과 몰약을 꺼내 예물로 드린다. 그들은 유다로 들어가지 말라는 천사의 지시를 받고 다른 길로 자기 고장에 돌아간다(21). 박사들에게 속은 사실을 안 헤로데는 화가 나서 두 살 이하의 아기들을 모조리 죽이라는 명을 내린다. 마리아는 아기를 베로 감싼 뒤 구유에 넣어 숨긴다. 세례자 요한의 어머니 엘리사벳

❖ **구이도 레니, 아기 예수를 안은 성 요셉**(1635년경). 요셉이 노인으로 그려져 있다. 야고보 원복음 전승을 반영한 그림이다. 서방 교회에서 야고보 원복음의 봉독이 금지되기도 했지만 원복음에 대한 관심과 인기는 수그러들지 않았다. 중세 및 르네상스 작가들이나 예술가들에게 야고보 원복음을 비롯한 외경이 성경보다 인기가 많았다. 실제로 야고보 원복음에 나오는 여러 일화들, 이를테면 아기 예수님의 동굴 탄생 장면, 마리아가 성전에서 휘장을 짜는 장면 등이 중세 시대 미술에 등장한다. 로마의 성 바오로 성당에는 요아킴과 안나 이야기가 그려져 있다.

도 아기 요한을 데리고 산으로 피신한다(22). 요한의 아버지 대사제 즈카르야는 성전에서 살해당하고 새로운 대사제로 시메온이 뽑힌다. 이로써 야고보 원복음이 끝난다(23-25).

## 신학적 가치와 의미

정경에서는 마리아와 요셉이 예수님과 이스라엘의 관계를 드러내거나 예수님을 다윗의 후손과 연결하는 주변장치 구실을 할 따름이다. 그러나 원복음에서는 마리아가 주인공이 되어 그를 둘러싼 다양한 일화들이 시간 순으로 펼쳐진다. 가령 마리아의 부모는 누구인지, 마리아가 어떻게 태어나고 어떻게 자랐는지, 요셉과는 어떤 과정으로 약혼하게 되었는지, 그리고 예수님은 어떻게 잉태하고 출산했는지, 그 경위가 자세히 소개된다. 산파가 마리아의 몸을 검사하여 출산 후에도 동정임을 확인하는 과정도 담겨 있다.

야고보 원복음에 역사적 가치가 있느냐는 질문에는 부정적 답을 내놓을 수밖에 없다. 마리아의 부모가 실제로 요아킴과 안나인지 확인할 수 없다. 세례자 요한의 아버지 즈카르야가 성전에서 살해되는 장면은 마태 23,35이 전하는 베레크야의 아들 즈카르야의 무죄한 죽음에서 착안한 허구일 법하다. 살로메가 마리아의 몸을 검사한 일화도 진위여부를 따질 수 없다. 사실 원복음에 소개된 일화들이 대부분 초자연적 현상을 기반으로 한 것이어서 역사성은 담보할 수 없다. 에피소드 자체가 증명 불가한 것들이라 역사적 가치를 논할 수 없다는 뜻이다.

야고보 원복음의 중요성은 역사성보다는 신학적 의미에 있다. 특히 마리아론의 발달사에서 원복음이 차지하는 위상은 재론의 여지가 없다. 마리아론의 뿌리를 이 책에서 찾을 수 있을 정도다. 그러나 더 중요한 사실은 원복음이 제시한 마리아의 이야기가 사실은 예수님의 신원과 정체성을 밝히는 이야기들이라는 점이다. 예수님은 누구신가? 라는 물음 앞에서 원복음 저자가 택한 길은 '마리아'였다. 마리아를 통해 예수님이 누구신가 답하고 싶었던 것이다. 원복음 저자가 마리아 이야기를 통해 말하려 했던 것, 곧 예수님의 신원에 대해 차근차근 살펴보도록 하자.

## 마리아는 누구인가? 예수님은 누구신가?

야고보 원복음은 예수님은 누구신가에 답하려 그 어머니 마리아에게 눈을 돌린다. '예수님이 누구신가?'에 대한 답을 그 어머니에게서 찾으려 한 것이다. 저자가 제시하는 마리아는 크게 세 가지 모습이다. 첫째, 동정녀 마리아. 둘째, 다윗의 후손 마리아. 셋째, 하느님의 어머니 마리아다. 이 세 가지는 예수님의 정체를 밝히는 장치로 작용한다.

### 동정녀 마리아

야고보 원복음이 가장 중점을 둔 사안은 마리아의 동정성 문제다. 그런 의미에서 마리아의 '흠 없음'이 여러 방식으로 부각된다. 이를테면 마리아는 세 살 되던 해 성전에 봉헌되어 요셉과 약혼하던 열두 살까지 그곳에서 지낸다. 두 사람의 관계도 평범한 부부라기보다는 요셉이 마리아를 맡아 책임지는 보호자와 피보호자 관계다. 그래서 요셉과의 약혼으로도, 잉태와 출산으로도 마리아의 동정성이 손상을 입지 않는다. 마리아가 출산 후에도 동정이었다는 이야기는 마리아의 평생 동정 개념을 예비한다. 정경 복음서에서 예수님의 형제로 소개되곤 하는 인물들이(가령 야고보: 마르 6,3) 원복음에서는 요셉의 첫 혼인에서 난 예수님의 이복형제로 소개되는 것도 마리아의 동정성 문제와 관련 있다. 예수의 형제들이 이복형제라는 것은[3] 마리아가 예수님 탄생 뒤로도 줄곧, 어쩌면 영원히 동정이었으리라는 믿음을 반영한다.

마리아의 정결을 강조한 데는 다른 의도도 있었을 법하다. 야고보 원복음이 저작되던 무렵 유다인들 사이에서, 예수님이 마리아와 로마 군인 판테라의 관계에서 태어난 혼외자라는 소문이 떠돌았다(오리게네스, 『켈

3 서방 교회에서는 이 의견을 받아들이지 않았다. 히에로니무스는 야고보를 요셉의 첫 혼인에서 얻은 아들로 소개한다는 점을 들어 원복음을 비판하였다. 정경 복음서에서 예수님의 형제로 나오는 사람들은 실제로 그분의 사촌형제였다는 것이다. 히에로니무스의 설명이 받아들여지면서 점차 서방 교회에서는 야고보 원복음을 멀리하게 되었다. 동방에서는 야고보 원복음의 인기가 사그라지지 않아 시리아, 콥트, 아르메니아 교회에서 높은 위상을 자랑했다. Ehrman/Pleše, *The Apocryphal Gospels: Texts and Translations*, 31-32 참조.

수스 논박』 1.32). 원복음은 마리아의 정결을 부각시킴으로써 예수님이 성령으로 잉태된 하느님의 아들이지, 요셉의 아들도 로마 군인의 아들도 아님을 강변한다.

그런데 마리아의 정결 문제는 단순히 육신의 문제만은 아니다. 그보다 더 깊은 문제, 곧 죄 문제와도 관련된다. 하느님의 아들 예수님이 죄인의 몸에서 태어나서는 안 되지 않느냐는 성찰이다. 이 성찰은 예수님의 어머니가 죄인일 수 없다는 결론으로 이어지고 이는 다시 마리아의 탄생 비화에까지 영향을 미친다. 마리아는 날 때부터 죄와 거리가 먼 존재로 태어났다는 것이다. 원복음은 마리아가 탄생부터 여느 아이처럼 평범하지 않았다고 한다. 마리아가 잉태될 당시 요아킴과 안나는 서로 떨어져 있었다. 요아킴이 사막에 머물며 단식하고 기도하던 동안 안나가 기적적으로 마리아를 잉태한 것이다. 이 소식을 접한 요아킴은 성전에서 예물을 바치며 죄의 표지가 드러나지 않는지 살펴본다. 그리고 "이제 주 하느님께서 내게 자비로우시고 내 모든 죄를 용서해 주셨음을 알았다"(5.3) 하고 말한다. 마리아의 잉태 소식을 전하면서 부모의 무죄를 입증하는 대목은 특히 의미심장하다. 마치 원죄 없으신 잉태 교리를 예비하는 듯한 인상이다.

이처럼 마리아의 출생과 성장, 약혼 그리고 잉태와 출산과 관련된 일화들이 모두 마리아의 동정성을 부각시키고 있다. 그런데 이 일화들이 예수님의 신원을 밝히는 장치이기도 하다는 점을 기억해야 한다. 동정 잉태와 출산은 정결 자체를 찬양하려는 것이 아니라 예수님이 성령으로 잉태된 '하느님의 아들'임을 보여주려는 것이다. 야고보 원복음이 마리아를 알리는 듯하지만 사실은 '예수님'을 알리고 있다.

### 다윗의 후손 마리아

야고보 원복음은, 예수님의 탄생은 구약의 성취라는 전제에서 출발하여 예수님이 오시기로 된 다윗의 후손이심을 선포한다. 그런데 정경에서와 달리 요셉이 아닌 마리아가 다윗 가문으로 소개된다. "마리아라는 아이가 다윗 가문 출신이며 하느님 앞에 흠 없다"(10.4)는 것이다. 마리아가 다윗 가문으로 설정된 것은 예수님의 정체성 문제와 관련 있다. 요셉이 다윗 가문이라면 양아들 격인 예수님을 다윗의 진정한 후손으로 보기 어렵다는 시각 때문이다. 야고보 원복음 저자는, 마리아를 다윗 가문으로 내세움으로써 성령으로 잉태된 예수님이 육으로는 다윗의 후손이심을 보다 명확히 하고자 한 듯하다.

### 하느님의 어머니 마리아

야고보 원복음 본문에는 '하느님의 어머니'(그리스어 테오토코스 θεοτόκος, 정확히는 '하느님을 낳은 분')라는 표현이 나오지 않는다. 그런데 작품 제목에 테오토코스가 포함된 필사본이 여럿 발견된다. 가령 '마리아 거룩한 테오토코스의 탄생…' 등이다.[4] 원복음 본문 내용으로 미루어 이런 제목이 붙은 것도 그리 이상하지 않다. 사실 테오토코스, '하느님의 어머니'란 표현은 마리아를 현양하는 말이라기보다는 예수님의 신원을 드러내는 말이다. 이 호칭은 그리스도의 인성과 신성이 불가분으로 결합되어 있음을 부각시킨다. 그리스도께서 하느님이시기에 그 어머니인 마리아가 하느님의 어머니라는 의미이기 때문이다.[5] 따라서 '하느님의 어머니 마리아'는 예수님이 누구신가라는 물음에 대한 원복음 저자의 최종 답변이라 볼 수 있다.

'예수님이 누구신가?'라는 물음에 답하고자 야고보 원복음 저자가 택한 길은 '마리아'의 이야기다. 마리아 이야기를 통해 저자는 예수님은

---

4 Vuong, *The Protoevangelium of James*, 12.

5 '하느님의 어머니'라는 표현은 마리아가 일찍부터 특별한 공경의 대상이었음을 알려 주기도 한다. 야고보 원복음이 동·서방 교회 모두에서 정경으로 받아들여진 적은 없으며, 심지어 서방에서는 단죄되기도 했지만 이 책이 마리아론을 비롯한 후대 신학에 끼친 영향은 결코 간과할 수 없다.

오시기로 약속된 다윗의 후손 인간이자, 동정녀 마리아에게서 성령으로 잉태되신 하느님이심을 선포하고 있다. 예수님의 신성과 인성이라는 어려운 신학적 주제를 재밌는 이야기로 풀어낸 셈이다. 이 이야기는 육으로는 다윗의 후손이요 영으로는 하느님의 아들이라는 로마 1,3-4의 고백과 잘 부합한다.

> 로마 1장 [3] 그분께서는 육으로는 다윗의 후손으로 태어나셨고, [4] 거룩한 영으로는 죽은 이들 가운데에서 부활하시어, 힘을 지니신 하느님의 아드님으로 확인되신 우리 주 예수 그리스도이십니다.

로마 1,3-4의 신학적 선포를 이야기로 만든 것이 야고보 원복음이라 해도 지나치지 않을 듯하다.

## 토마 유년기 복음 : 예수님의 어린 시절

예수님의 어린 시절을 담은 대표 작품은 토마 유년기 복음이다. 이 복음서는 다섯 살부터 열두 살 때까지 유소년기의 예수에게 일어난 일화들을 담고 있다. 본문은 여러 에피소드를 나이순으로 느슨하게 연결해 놓은 형태다. 다섯 살, 여섯 살, 여덟 살, 아홉 살, 열두 살이 기준점으로 작용한다. 다섯 살 꼬마 예수의 일화로 막을 열어 친구와 이웃, 부모, 형제, 선생, 목수 아버지와의 일화 들을 소개한 뒤 열두 살 때 성전에서 있었던 일화로 끝을 맺는다. 꼬마 예수는 초자연적 현상을 일으키는 능력자이자 타고난 신적 지혜의 소유자로 등장한다. 학교에 간 소년 예수가 그리스어 알파벳을 알레고리로 해석하는 장면도 눈길을 끈다. 이 복음서의 의도는 무엇보다 유소년기의 예수가 비범한 존재였음을 보여 주는 것이다. 예수의 비범함은 그 특출함을 눈치 챈 사람들의 감탄을 통해 잘 드러난다. 어린 예수의 기적을 목격한 사람들은 말한다.

4장 "[3] 이 아이는 어디서 왔단 말인가? 하는 말마다 곧바로 이루어지다니!"
18장 [3] "이 아이는 하늘에서 온 아이인가 봅니다. 이 아이가 많은 영혼을 죽음에서 구했고 또 평생 동안 사람을 구할 테니 말입니다."

목격자들의 감탄은 소년 예수가, 사람을 죽음에서 구할 수 있는 이, 하늘에서 온 아이, 사람을 구할 이, 말씀을 현실로 만드는 비범함의 소유자임을 드러낸다. 토마 유년기 저자는 이런 식으로 예수님의 비범함을 드러내는 한편 악동 이미지를 통해 그분이 지극히 평범한 아이이기도 했음을 보여 준다. 예수님은 누구신가? 하는 물음에 토마 유년기 복음서는 어떤 답변을 내놓았는지 조금 자세히 들여다보자.

## 예수님은 누구신가?

토마 유년기 복음에 담긴 예수님의 모습은 생명 주관 및 창조 능력, 신적 지혜 및 선재, 악동 이렇게 세 가지 관점으로 나누어 볼 수 있다.

### 생명 주관·창조 능력

어린 예수의 비범함은 무엇보다 '생명'을 좌우하는 능력으로 표현된다. 맨 처음 나오는 에피소드가 '생명'과 관련된다. 다섯 살 예수가 개천 여울목에서 "진흙을 부드럽게 만들어 그것으로 참새 열두 마리를 빚었다"(2,3)는 내용이다. 그때 다른 아이들도 함께 놀고 있었다. 하필 그날이 안식일이라 어떤 사람이 요셉에게 가서 이른다. 예수가 진흙으로 새 열두 마리를 빚어 안식일을 더럽혔다는 것이다. 이에 요셉이 예수에게 가서 야단치자 예수는 참새들을 쫓으며 말한다. "가라, 날아가라. 그리고 지금 살

아 있는 것들은 나를 기억하라"(2.6). 이 일화는 단순히 재미만을 위해 지어낸 이야기가 아니다. 생명이 없는 진흙으로 생명 있는 새를 만들었다는 것은 예수의 생명 주관 및 창조 능력을 보여 준다는 점에서 중요하다. 진흙으로 인간을 만드신 창조주 하느님의 모습을 연상시키기 때문이다.

소년 예수는 죽은 사람을 되살리는 능력도 있다. 예수와 함께 놀던 아이가 지붕에서 떨어져 죽자 죽은 아이의 부모가 예수를 의심한다. 예수는 그 아이가 지붕에서 뛰어내리다 죽었다면서 죽은 아이를 향해 일어나서 해명하라고 한다. 그러자 죽은 아이가 일어나 말한다.

9장 "[5] 아닙니다, 주님. 당신은 저를 민 게 아니라 다시 일으켰습니다."

그 뒤에도 아이 예수는 여러 차례 죽은 사람을 되살린다(10장; 16장; 18장).

소년 예수의 창조 능력 혹은 생명 주관은 부정적인 방식으로도 표출

된다. 예수의 마음에 들지 않는 행동을 한 친구들이 몸이 시들어버리거나 심지어 그 자리에 쓰러져 죽기도 한다. 소년 예수를 비난하는 사람의 눈이 멀어버리는 경우도 있다(3-5장). 자기 마음에 안 든다고 다른 사람을 불구나 죽음에 이르게 한 일화들은 예수가 '생명'과 깊은 관련이 있는 존재임을 암묵적으로 보여 준다.

예수가 진흙으로 참새를 만들고, 사람을 죽이기도 살리기도 한 일화들은 특별히 주목해야 한다. 이 일화들은 무엇보다 예수가 '생명'을 좌우하는 존재임을 드러낸다. 기적의 목격자들은 예수가 "많은 영혼을 죽음에서 구한" 분이라 고백하기도 한다. 결국 이런 기적들은 예수의 신원을 알린다. 예수가 죽은 아기를 되살리는 기적을 본 아기 엄마의 고백이 이를 입증한다.

> 17장 "[4] 참으로 이 아이는 하느님이었거나, 하느님의 천사였나 봅니다. 그가 하는 모든 말이 곧바로 현실이 되니 말입니다."

생명을 좌우하는 능력이 예수의 신성을 드러내는 표지로 작용한 셈이다. 특히 그의 말이 곧 현실이 된다는 표현은 창세기의 하느님, 창조주 하느님을 연상시킨다. 하느님께서는 말씀으로 세상을 창조하시는 분이시기 때문이다. "하느님께서 말씀하시기를 '빛이 생겨라' 하시자 빛이 생겼다"(창세 1,3). 혹은 "하느님께서 말씀하시기를 '…' 하시자, 그대로 되었다"(창세 1,9.11.15).

### 지혜·신성·선재

어린 예수에게는 기적을 일으키거나 사람의 생명을 쥐고 흔드는 능력만 있는 것은 아니다. 아이에게서 스승으로서의 면모도 엿보인다. 소년 예수는 모든 지혜를 갖추고 있으며 선생들을 심오하고 난해한 말로 당황시키기도 한다. 이를테면 어린 예수는 자기를 학생으로 삼으려는 선생한테 그 선생이 어디서 왔는지 알고 있다고 말한다. 그리고 글자를 배우기도 전에 글자의 숨은 의미 곧 알레고리를 이미 알고 있다고 한다(6.14). 선생이 예수에게 알파벳을 써주고 연습시키려 해도 따라하지 않아 머리를 쥐어박으니 예수는 이렇게 말한다.

> 6장 "[16] 저는 당신에게 가르침을 받을 것이 아니라 당신을 가르쳐야 합니다. 당신이 제게 가르치는 글자들은 이미 알고 있는 것이니까요. … [17] 어느 누구의 영혼도 제 지혜가 얼마 만한지 이해하지 못합니다."

그러고 나서 꼬마 예수는 알파부터 오메가까지 빠르게 읊은 뒤 선생에게 말한다.

> 6장 "[19] 당신은 알파의 본성도 모르면서 어떻게 베타를 가르치십니까? 위선자여, 안다면 당신이 먼저 알파를 가르쳐 주십시오. 그러면 제가 베타에 대해서도 당신 말을 믿겠습니다."

선생이 아무 말도 하지 못하자 아이는 첫 글자 알파에 대해 설명해 준다. 아이의 설명을 듣고 당황한 선생은 요셉에게 아이를 집으로 데려가라면서 고백한다.

> 7장 "[4] 이 아이는 흙에서 나온 아이가 아니오. … 어쩌면 이 아이는 세상 창조 이전에 태어났을 거요. … [7] 제자 한 명을 얻으려다가 도리어 스승을 얻었다는 게 드러났소. … [11] 요셉 형제여. 이 아이를 집으로 데려가시오. 이 아이는 참으로 대단하오! 하느님인지 천사인지, 혹은 누구라고 말해야 할지 모르겠소."

그 뒤에도 다른 선생들이 예수를 학교에 데려가 가르치려 시도하지만 번번이 실패로 끝난다. 어떤 선생은 당돌한 예수의 머리를 쥐어박았다가 쓰러져 죽기도 한다(14장). 마지막으로 용기를 낸 선생을 따라 학교에 간 예수는 자기 책상 위에 놓인 책을 펼치기도 전에 성령으로 말하면서 다른 아이들에게 율법을 가르친다. 다른 어른들도 와서 소년의 가르침을 듣고 놀란다. 선생은 걱정이 되어 찾아온 요셉에게 아이를 데려가라며 말한다.

> 15장 "[6] 형제여, 내가 이 아이를 제자로 받아들였지만 이 아이에게는 이미 은총과 지혜가 충만하다는 걸 자네가 알기를 바라네."

소년 예수는 선생이 옳게 말했다면서 일전에 불구로 만든 선생을 낫게 해준다. 결국 이번에도 예수는 요셉과 함께 집으로 돌아간다. 학교 일화들은 어린 예수가 다른 스승이나 학교가 필요가 없을 정도로 원래부터 은총과 지혜가 충만한 이였음을 보여 준다. 이 또한 예수님의 신적 기원을 드러내는 표지인 셈이다.

예수가 다섯 살 되던 해에 일어난 에피소드도 그 신적 정체를 암시한다. 예수가 자캐오라는 선생에게, 선생이 태어날 때 자기가 이미 존재하고 있었다고 말한 것이다. 그리고 오직 하느님만 아시는 지혜를 자기가 가르쳐주겠다고 한다. 스승이 될 사람은 바로 자기라는 것이다. 예수가 선생에게 일종의 자기 계시를 한 셈이다.

> 6장 "[6] 당신이 태어났을 때에도 저는 존재했습니다. 당신이 완전한 선생이 되

길 바란다면 제 말을 들으십시오. 제가 저와 저를 여러분에게 보내신 분 외에는 누구도 알지 못하는 지혜를 당신에게 가르쳐 주겠습니다. [7] 사실 당신이야말로 제 제자가 되어야 합니다. 저는 당신이 몇 살인지 그리고 얼마나 살지 알고 있습니다."

소년 예수의 말은 다음에서 절정을 이룬다.

6장 "[10] 저는 정말로 여러분과 여러분의 아버지들이 언제 태어났는지 알고 있습니다. 여러분에게 놀라운 일을 말씀드리겠습니다. 세상이 창조되었을 때 저는 존재했고, 저를 여러분에게 보내신 분도 존재하셨습니다."

예수의 말들은 그의 신성과 선재를 암시한다. 세상이 창조될 때 자신도 존재하고(ἐγώ εἰμι 에고 에이미: 요한 6,20; 18,5.6.8) 자신을 보내신 분도 존재했다("나는 있는 나다": 탈출 3,14)는 언명은 예수의 신성을 가장 탁월하게 드러내는 표현이라 할 수 있다.

### 악동 예수

생명과 창조, 신적 지혜와 선재를 드러내는 앞의 일화들은 예수의 신성을 드러내는 표지로 작용한다. 그렇다고 토마 유년기 복음서가 예수의 신성만 부각시키지는 않는다. 저자는 '악동' 컨셉을 통해 예수가 신적 존재일 뿐만 아니라 여느 평범한 아이와 똑같은 아이이기도 했음을 표현하고 있다. 요셉이 말 안 듣는 예수의 귀를 잡아당기는 장면(5.4), 선생이 예수의 머리를 쥐어박는 장면들은(6.16; 14.4) 모두 예수의 인성을 전제로 하고 있다. 다른 아이들처럼 예수도 어른의 꾸지람과 매를 피할 수 없는 아이라는 것이다. 예수가 일으키는 말썽에 혼쭐이 난 요셉은 마리아에게 당부한다.

14장 "[5] 아이를 문 밖으로 내보내지 말아요. 그의 화를 돋우는 사람들은 죽어 버리니 말이오!"

이와 같은 악동 이미지는 예수의 인성을 부각시키기 위한 장치임에 틀림없다.

예수의 인성은 다른 식으로도 표현된다. 죽은 아기를 살린 예수가 아기 어머니에게서 '하느님 아니면 하느님의 천사'라는 고백을 듣고 나서 보인 첫 행동이, 그 자리를 빠져나가 다른 아이들과 함께 노는 것이었다. 죽은 사람을 살린 예수가 실은 밖에서 친구들이랑 뛰놀고 싶어 하는 아이였다는 것이다. 이 일화들은 모두 예수가 뛰어놀고 장난치고 심술도 부리는, 지극히 평범한 아이임을 보여 주고 있다. 악동 이미지를 통해 예수의 인성을 나타내려는 것이다.

토마 유년기 저자는 예수의 생명 주관과 창조 능력, 지혜와 선재, 인성 및 신성과 같은 어려운 주제들을 재미있고 때로는 황당한 일화들을 통해 쉽게 풀어내고 있다. 예수가 신성과 인성을 모두 지닌 하느님이자 인간임을 어려운 신학적 논증을 통해서가 아니라 흥미로운 이야기를 통해 풀이해 주고 있다. 유머에 담긴 깊은 뜻, 재미에 가려진 깊은 신학을 읽는 눈이 필요한 지점이다. 토마 유년기 끝에 나오는 다음 말은 저자가 예수에게 바치는 고백으로 읽힌다. 예루살렘 성전에서 열두 살 예수가 가르치는 모습을 본 사람들이 어머니 마리아에게 한 말이다.

**19장** "10 당신은 여인들 가운데에서 가장 행복하십니다. … 우리는 이 같은 영광과 이 같은 덕과 지혜를 본 적도 들은 적도 없습니다!"

## 토마 복음: 예수님의 행적

예수님의 행적과 관련해서는 토마 복음을 살펴보기로 한다. 이 작품의 전문全文이 콥트어 본문으로 전해진다. 1945년 나그 함마디에서 발견된 콥트어 필사본이 그것이다.[6] 신약 외경 가운데 가장 널리 알려진 토마 복음은 114개의 토막 말씀이 담긴 어록집으로, "살아 계신 예수님께서 말씀하시고 디디무스 유다 토마가 기록한 비밀 말씀들"이라는 머리말로 시작한다. 예수님의 개별 말씀들을 뚜렷한 맥락 없이 엮어 놓은 책이라 말씀 배경이나 활동상에 대해서는 특별한 정보를 얻을 수 없다. 각 말씀이 어떤 상황에서 언명되었는지도 어떤 활동을 언제 어디서 어떻게 왜 했는지도 밝혀져 있지 않다. 말씀 모음집인 만큼 예수님의 스승으로서의 면모가 부각된다. 토마 복음이 영지주의 가르침의 초기 형태를 짐작케 한다는 점도 중요하다.

토마 복음은 말씀 별로, 한 말씀 안에서도 절 별로, 저작 시기가 다르게 추정된다. 빠른 것은 1세기 후반으로 잡히는데 묵시문학적 요소가 짙은 말씀들이 이에 해당한다. 파국을 암시하는 말씀(말씀 11; 16; 64; 65, 68, 69; 79; 103; 111), 그리고 마지막 심판과 하느님 나라의 도래를 선포하는 말씀(말씀 20; 23; 61; 76; 96; 97; 107; 109) 들이 그 예다. 이 초기 말씀들에 다른 말씀들이 덧붙여지고 각색 및 수정·편집을 거쳐 150년경 현재 모습을 갖추었을 것이다. 초기 영지주의자들의 손길은 이 후반 작업에 집중되었을 터다. 나중에 덧붙여진 말씀들을 통해 초기 영지주의자들이 예수님의 가르침을 어떻게 받아들이고 재해석했는지 가늠해볼 수 있다.[7]

---

6 콥트어 토마 복음은 본디 시리아어 쓰였을 법하다. 시리아어 본문은 전해지는 바가 없고 그리스어 본문이 단편으로 전해진다.

7 이를테면 말씀 113의 경우 하느님 나라가 이미 우리 가운데 와 있다고 하는 '실현된 종말론'을 표방한다. 하느님 나라의 도래가 임박했다는 선포로부터 그

이제 본격적으로 토마 복음의 예수님 상에 대해 알아보자. 토마 복음의 예수님 상은 정경 복음서의 것과 차이를 보인다. 다윗의 후손이나 그리스도와 같은 그리스도론적 칭호가 쓰이지 않는다. 특히 예수님의 십자가나 부활이 언급된 경우가 없으며 죄의 용서나 대속 개념도 찾아보기 어렵다. 토마가 제시하는 구원자상은 자신의 죽음으로 인간의 죄를 대속하는 이가 아니라, 구원에 이르는 참지식과 깨우침으로 인도하는 계시자 이미지가 강하다. 이를 염두에 두면서 토마가 제시하는 예수님을 알아보도록 하겠다. 토마 복음의 예수님은 하느님 나라의 선포자, 지혜의 스승, 스승 이상의 존재, 영지주의 계시자, 모든 것의 기원이자 종착지로 제시된다.

## 하느님 나라의 선포자

토마 복음의 예수님은 '하느님 나라'의 선포자시다. 예수님과 하느님 나라를 떼어놓고 볼 수 없을 정도로 하느님 나라는 토마 복음에서 큰 부분을 차지한다(말씀 3; 20; 22; 57; 64; 82; 96; 97; 98; 107; 109; 113; 114). 예수님을 하느님 나라의 선포자로 소개하는 점은 정경 복음서와 별 차이가 없다.[8] 하느님 나라를 겨자씨, 씨 뿌리는 사람, 누룩, 잔치, 밭에 숨겨진 보물, 잃어버린 양 등에 빗대어 비유로 설명하시는 것도 정경에서와 비슷하다. 하느님 나라와 관련된 말씀들은 대개 이른 시기에 만들어진 것으로 여겨지지만 실현된 종말론을 표방하는 말씀 3; 22; 113; 114 등은 예외다. 그런데 이 후자들이 정경 복음과 대비되는 토마 고유의 시각을 드러낸다는 점

것이 이미 도래했다는 선포로 이행했음을 확인할 수 있다.

8 토마 복음에 정경 복음서와 병행하는 내용도 많이 있어 서로 의존관계가 있었을 것으로 추정된다. 학자들은 대체로 토마가 정경 복음서에 의존한다고 여기는 편이다. 적어도 토마와 정경 복음서가 비슷한 전승을 공유했음은 분명하다.

에서 중요하다. 특히 하늘 나라가 지금 여기 와 있다는 말씀 113은 예수님 초상의 바탕을 이룬다는 점에서 특별한 의미가 있다.

말씀 113 [1] 제자들이 그분께 말하였다. "하늘 나라가 언제 오겠습니까?" [2] 예수님께서 말씀하셨다. "그것은 기다린다고 오는 게 아니다. '보라, 여기에 있다', 또는 '저기에 있다' 하고 사람들이 말하지도 않을 것이다. [3] 아버지의 나라는 땅 위에 이미 펼쳐져 있는데 사람들이 그것을 보지 못할 뿐이다."

이 말씀이 표방하는 것은 '실현된 종말론'이다. 하늘 나라는 이미 이 땅에 펼쳐져 있다는 시각이다. 이 실현된 종말론이 토마 복음의 예수님을 이해하는 밑바탕이 된다.[9] 예수님은 먼 미래의 마지막 때가 아니라 지금 여기서 구원을 이루시는 분이시라는 관점이다. 여기서 구원은 지혜 또는 앎, 그노시스와 연결되며, 따라서 예수님은 무엇보다 지혜와 앎을 가져다주는 분이시다. 이렇게 토마의 종말론이 예수님의 다른 초상들과 자연스럽게 연결된다.

## 지혜의 스승

토마 복음의 예수님은 '스승'으로서 제자들에게 가르침을 주는 분이시다. 이 복음서가 어록집이라는 점도 스승 이미지에 한 몫 한다. 다음

9 '실현된 종말론' 개념은 정경에도 나타난다. 이를테면 "오늘 이 성경 말씀이 너희가 듣는 가운데에서 이루어졌다"(루카 4,21); "보라, 하느님의 나라는 너희 가운데에 있다"(루카 17,21). 요한 복음서의 '영원한 생명' 개념도 실현된 종말론의 결과물로 볼 수 있다(요한 5,24; 12,50; 17,2-3; 참조: 1요한 3,14). 토마 복음서가 정경보다 한층 심화한 '실현된 종말론'을 표방한다는 점을 주목하라.

말씀들은 여느 지혜의 스승이 했을 법한 가르침과 크게 다를 바가 없다.

> 말씀 25 "네 형제를 네 영혼처럼 사랑하여라. 그를 네 눈의 눈동자처럼 지켜주어라."
>
> 말씀 31 "어떤 예언자도 자기 고향에서는 환영을 받지 못한다. 어떤 의사도 자기를 아는 사람들은 치료하지 않는다."
>
> 말씀 32 "높은 산 위에 세운 견고한 도성은 쓰러질 수도 없고 감추어질 수도 없다."
>
> 말씀 34 "눈먼 이가 눈먼 이를 인도하면 둘 다 구덩이에 빠진다."
>
> 말씀 45 "[1] 가시덤불에서 포도를 거두지 못하고, 엉겅퀴에서 무화과를 따지도 못한다. 그것들은 열매를 맺지 못하기 때문이다. [2] 선한 사람은 곳간에서 선한 것을 내놓지만 악한 사람은 자기 마음의 악한 곳간에서 악한 것을 내놓고 악한 것을 말한다. 사실 그는 마음의 넘치는 것에서 악한 것을 내놓는다."[10]

지혜문답 형식으로 이루어진 말씀들도 예수님의 스승으로서의 면모를 돋보이게 한다. 가르침을 구하는 제자에게 스승이 지혜의 말씀을 들려주시는 식이다(말씀 6; 18; 20; 21; 24; 37; 43; 51; 53; 113). 이를테면,

> 말씀 53 [1] 제자들이 그분께 말하였다. "할례는 유익합니까, 그렇지 않습니까?" [2] 그분께서 그들에게 말씀하셨다. "할례가 유익했다면 그들의 아버지가 그들을 어미 뱃속에서부터 할례 받은 상태로 낳았을 것이다. 그러나 더할 나위 없이 유익한 것은 영에서 이루어지는 참된 할례다."

---

10 그 밖에 말씀 41; 47; 89; 92; 95; 103; 110도 보통의 경구집이나 금언집에서 쉽게 볼 수 있는 내용들이다. 이 말씀들은 대부분 초기 것으로 추정된다.

반대로 예수님이 말씀을 던지시고 제자들이 말씀에 응하는 경우도 있다(말씀 13; 22; 60; 61).

**말씀 22** [1] 예수님께서 젖을 빨고 있는 아기들을 보시고 제자들에게 말씀하셨다. "젖을 빨고 있는 이 아기들은 하늘 나라에 들어가는 사람들과 같다." [2] 그들이 그분께 말하였다. "그렇다면 우리는 아기가 되어야 하늘 나라에 들어가겠습니까?" [3] 예수님께서 그들에게 말씀하셨다. "너희가 둘을 하나로 만들고 안을 바깥처럼 만들고 바깥을 안처럼 만들고 머리를 바닥처럼 만들고, 남자와 여자를 오직 하나로 만들어 남자를 남자가 아니게 하고 여자를 여자가 아니게 한다면, … 그때 너희는 하늘 나라에 들어갈 것이다."

선문답처럼 들리는 말씀들은 지혜의 스승 면모를 더욱 도드라져 보이게 한다(말씀 11; 18; 22; 56). 이 말씀들은 초기 말씀들에 비해 토마 복음 고유의 신학적 숙고와 성찰이 깊어진 모양새다.

**말씀 11** [1] 예수님께서 말씀하셨다. "이 하늘은 사라질 것이다. 그리고 하늘에 있는 것도 사라질 것이다. [2] 죽은 이는 살아 있지 않고, 산 이는 죽지 않을 것이다. [3] 한때 너희는 죽은 것을 먹어 그것을 산 것으로 만들었다. 너희가 빛 속에 있을 때는 무엇을 하겠느냐? [4] 너희가 하나였던 날 너희는 둘이 되었다. 그러나 너희가 둘이 될 때는 무엇을 하겠느냐?"

예수님을 바라보는 토마의 시각은, 그분의 신원에 대한 제자들의 의견에서도 드러난다. 제자들의 입을 빌려 예수님이 누구신지 말하고 있는 셈이다.

**말씀 13** [1] 예수님께서 제자들에게 말씀하셨다. "내가 누구와 비슷한지 빗대어 말해보아라." [2] 시몬 베드로가 그분께 말하였다. "당신은 의로운 천사와 비슷합니다." 마태오가 그분께 말하였다. "당신은 현명한 철학자와 비슷합니다."
토마가 그분께 말하였다. "스승님, 당신이 누구와 비슷한지 제 입으로는 도무
지 말할 수 없습니다." [3] 예수님께서 말씀하셨다. "나는 너의 스승이 아니다.
내가 직접 크기를 잰 샘에서 솟아오르는 물을 네가 이미 마시고 취하였기 때
문이다." [4] 그분께서는 토마를 데리고 물러나시어 그에게 세 가지 일을 일러 주
셨다. [5] 토마가 동료들에게 돌아오자 그들이 그에게 물었다. "예수님께서 자네
에게 무슨 말씀을 하셨나?" 토마가 그들에게 말하였다. "그분께서 내게 하신
말씀 가운데 하나라도 자네들에게 이야기하면, 자네들이 내게 돌을 집어 던질
것일세. 그러나 그 돌들에서 불이 나와 자네들을 태워 버릴 것이네."

다소 난해한 이 말씀은 공관복음서에 병행구가 전해진다(마태 16,13-20; 마르 8,27-30; 루카 9,18-22). "스승님은 그리스도이십니다"(마르 8,29) 하고 고백하는 공관복음서의 병행구들은 예수님의 신원을 그리스도에 초점을 맞추어 부각시킨다. 베드로, 마태오, 토마의 의견이 차례로 나오는 토마 13에서는 조금 다르게 진행된다. 베드로는 예수님을 의로운 천사에, 마태오는 현명한 철학자에 견준다. 철학자 필로소포스φιλόσοφος는 말 그대로 지혜를 사랑하는 사람, 현자를 가리킨다. 예수님을 지혜의 스승으로 여긴 전승을 반영하는 듯하다. 토마의 고백은 여기서 한 걸음 더 나아간다. 토마는 스승이 누구와 비슷한지 자기 입으로 말할 수 없다고 한다. 원문 그대로 옮기자면 그렇게 말하는 행위를 '자기 입이 견디지 못할 것'이라고 한다. 스승의 신원은 '신비'로 머물러야 한다는 의미다. 토마 자신은 그 신비를 마시고 취했지만 다른 제자들은 신비를 맛볼 자격이 없다는 뜻이기도 하다(말씀 62 참조). 이처럼 말씀 13은 토마의 입을 빌려 예수님이 지혜의 스승 '그 이상의 존재'임을 나타낸다.[11]

11 예수님의 정체를 묻는 대목은 또 있다. 말씀 91이다. 당신 신원을 묻는 제자

## 영지주의 계시자

예수님이 지혜의 스승 이상의 존재라는 것은, 그분의 가르침이 단순한 지혜의 가르침이 아니라는 데서 드러난다. 그 가르침은 인간의 시작과 끝에 대한 앎을 겨냥한다. 이는 다음 대화에서 알 수 있다.

말씀 18 [1] 제자들이 예수님께 말하였다. "우리의 끝은 어떠할지 말씀해 주십시오." [2] 예수님께서 말씀하셨다. "너희가 시작은 찾아냈느냐? 그래서 끝을 찾고 있는 것이냐? 시작이 있는 곳에 끝도 있을 것이다. [3] 시작에 설 사람은 행복하다. 그는 끝을 알 것이고 죽음을 맛보지 않을 것이다."

인간의 시작과 끝에 관한 물음은 영지주의 가르침의 핵심부를 형성한다.[12] 토마 복음 곳곳에서 예수님이 인간의 기원과 종착지를 알려주시는 모습을 만날 수 있다(말씀 13; 18; 28; 49; 50; 61; 62). 특히 말씀 49는 인간의 기원을 묻는 제자들의 질문에 예수님께서 주신 답변이라 볼 수 있다. 예수님의 말씀이다.

말씀 49 "행복하여라, 혼자인 뽑힌 이들! 너희는 하늘 나라를 찾을 것이다. 너희는 거기서 왔으니 다시 거기로 돌아갈 것이다."

---

들에게 예수님은 자기네 앞에 있는 분을 알아보지 못하는 그들의 현실을 지적하신다: 그들이 그분께 말하였다. "당신을 믿을 수 있게 당신이 누구신지 말씀해 주십시오." 그분께서 말씀하셨다. "너희는 하늘과 땅의 모습은 시험하면서 너희 앞에 있는 이는 알아보지 못하였다. 그리고 너희는 이 시대를 시험할 줄도 모른다."

12 제자들이 예수님께 인간의 기원과 운명을 묻는다는 사실 자체에 중요한 의미가 내포되어 있다. 예수님이 곧 영지주의 계시자라는 암시다.

하늘 나라에서 왔으니 하늘 나라로 돌아갈 것이라는 말씀이시다. 이 단순한 언명이 영지주의 계시의 핵심임을 기억해야 한다. 영지주의는, 인간이 알아야 할 모든 것은 자신이 어디서 와서 어디로 가는가라고 가르친다. 예수님은, 제자들이 하늘에서 왔으니 하늘로 돌아갈 것이라고 말씀하고 계신다. 예수님께서 인간의 기원과 종착지를 알려 주신다는 것은 그분이 곧 영지주의 계시자라는 의미를 담고 있다. 계시자 이미지의 부각은, 그노시스 곧 깨달음이 구원의 시작이라는 영지주의 구원관에서 비롯한다. 이 구원관은 '알게 되는 이는 죽음을 맛보지 않을 것이다' 같은 말씀에서도 표현된다(말씀 18; 19). 이런 구원관에서 구원자는 당연히 그노시스를 일깨우는 존재일 터다.

깨달음, 그노시스는 술과 잠에서 깨어나는 것으로도 표현된다. 예수님은 술과 잠에 빠진 사람을 일깨우는 분이라는 것이다. 영지주의는, 하늘이 본향인 우리의 영이 육신과 세상에 갇혀서 제 기원을 망각했다고 한다. 이러한 망각은 '술 취함'으로도 표현한다. 주취와 망각에서 벗어나 자기가 누구인지 아는 것이 깨달음이며[13] 이러한 깨달음을 일깨우시는 분이 바로 예수님이라는 것이다.[14] 이것이 곧 영지주의 계시자의 역할이다.

---

13 잠과 술에서 깨어나 자신이 누구인지 깨달았을 때 하느님을 볼 수 있다고 한다. 우리 영이 본향인 하느님께 돌아가기 위해서는 주취와 망각에서 벗어나야 한다. 말씀 59는 이러한 깨어남이 살아 있는 동안에 이루어져야 함을 강조한다: 예수님께서 말씀하셨다. "너희가 살아 있는 동안에 살아 계신 분을 바라보아라. 그래야 죽지 않을 것이며, 그분을 보려고 해도 보지 못하는 일이 없을 것이다."

14 주취와 무지를 겨냥한 말씀 28은 예수님이 잠과 술에 취한 자를 깨어나게 하는 분이심을 암시한다: 예수님께서 말씀하셨다. "나는 세상 한가운데 발을 내딛고 그들에게 육신으로 나타났다. 나는 그들이 모두 술에 취하였으나 그들 가운데 누구도 목말라하지 않는 것을 보았다. 나의 영혼은 사람들의 아들들 때문에 고통스러워하였다. 그들 마음의 눈이 멀어 보지 못하기 때문이다. 그들은 빈손으로 이 세상에 왔고 또 빈손으로 세상을 떠나려 하고 있다. 지금 그들은 술에 취해 있다. 그들이 술에서 깨어나는 그때 회개할 것이다."

예수님이 계시자로서 제자들에게 깨달음을 촉구하는 모습은 말씀 3에서 만날 수 있다.

말씀 3 "… [2] 너희가 너희 자신을 알게 될 때 너희는 알려질 것이다. 그리고 너희가 살아 계신 아버지의 자녀라는 것을 깨닫게 될 것이다. 그러나 너희가 너희 자신을 알지 못하면 너희는 가난 속에 있으며 가난 자체이기도 하다."

말씀 108에서도 예수님이 깨달음을 일깨우시는 분이심이 암시된다.[15] 여기서 예수님을 통해 깨달음을 얻는 과정이 예수님 입에서 나오는 것을 마시는 행위로 묘사된다.

말씀 108 [1] 예수님께서 말씀하셨다. "내 입에서 나오는 것을 마시는 사람은 나와 같이 되고, 나는 그가 될 것이다. [2] 그리고 가려진 것들이 그에게 드러날 것이다."

이 말씀은 깨달음이 깨달음만으로 끝나지 않으며 예수님과 하나 되는 합일에 이를 것임을 선포한다. 이는 영지주의자들의 최종 목표이기도 하다.

---

15 말씀 19도 그렇다. '앎'을 얻은 사람은 죽음을 얻지 않으리라는 표현을 눈여겨보라: 예수님께서 말씀하셨다. "자신이 존재하기 전에 이미 존재한 사람은 행복하다. 너희가 내 제자가 되어 내 말들을 듣는다면 이 돌들이 너희에게 시중들 것이다. 낙원에 너희를 위한 나무가 다섯 그루 있다. 그 나무들은 여름에도 겨울에도 흔들리지 않고 그 잎이 떨어지지도 않는다. 그것들을 알게 되는 이는 죽음을 맛보지 않을 것이다."

## 모든 것의 기원이자 종착지

토마의 예수님은 영지주의 계시자에서 멈추지 않는다. 예수님은 모든 것 위에 계신 빛이자 모든 것이시며, 모든 것의 기원이자 모든 것이 가게 되는 곳이다. 어디에나 현존하는 분이시기도 하다. 예수님의 신성이 뚜렷이 드러나는 순간이다.[16]

**말씀 77** [1] 예수님께서 말씀하셨다. "나는 그것들 모두 위에 있는 빛이다. 나는 모든 것이다. 모든 것이 바로 내게서 나왔고 또 모든 것이 내게로 왔다. [2] 나무를 쪼개 보아라. 내가 거기 있다. 돌을 들어 보아라. 거기서 나를 찾을 것이다."

토마 복음은 예수님이 하느님 나라의 선포자이며 지혜의 스승이자, 단순한 스승을 넘어서시는 분, 인간에게 처음과 끝을 알려주시는 영지주의 계시자, 깨달음을 일깨우시는 신적 계시자이심을 알린다. 예수님 본성의 무게중심이 인성에서 신성 쪽으로 옮겨가는 모양새다. 예수님이 모든 것이 비롯된 원천이시자 어디에나 현존하시는 분이라는 말씀에서는 예수님의 신성이 가장 극명하게 드러난다. 그리하여 그분 말씀의 뜻을 알아낸 사람은 죽음을 맛보지 않을 것이라는 약속이 주어진다.

**말씀 1** "이 말씀들의 해석을 찾은 사람은 죽음을 맛보지 않을 것이다."

---

16 예수님의 신성을 암시한 곳은 더 있다. 무엇보다 토마 복음이 '살아 계신 예수님의 말씀'으로 소개된다(머리말). 예수님은 '살아 계신 분의 아들'이다(37). "나는 나누임이 없으신 분에게서 나온 이다. 나는 내 아버지의 것들을 받았다"는 말씀(61)도 예수님의 신성을 드러낸다.

이것이 예수님은 누구신가? 하는 질문에 토마 복음이 내놓은 최종 답변인 듯하다. 그분 말씀의 의미를 깨닫는 것이 우리 생명과 구원의 길이라는 것이다.

## 예수님의 십자가 죽음과 부활

예수님의 십자가 죽음과 부활은 그리스도교 신학의 중심을 차지한다. 바오로 사도는 자신도 전해 받고 우리도 전해 받은 복음의 골자가 예수님의 죽음과 부활임을 선포한다. 그리스도께서 성경 말씀대로 우리 죄 때문에 돌아가시고 묻히셨으며 다시 일어나셨다는 것, 그것이 복음이라는 것이다.

> 1코린 15장 "[3] 나도 전해 받았고 여러분에게 무엇보다 먼저 전해 준 복음은 이렇습니다. 곧 그리스도께서는 성경 말씀대로 우리의 죄 때문에 돌아가시고 [4] 묻히셨으며, 성경 말씀대로 사흘날에 되살아나셨습니다."

나아가 신약성경은 예수님의 십자가 죽음이 인류에게 구원을 가져왔다고 선포한다. 베드로 1서의 다음 말씀은 십자가의 의미를 함축적으로 보여 준다.

> 1베드 2장 "[24] 그분께서는 우리의 죄를 당신의 몸에 친히 지시고 십자 나무에 달리시어, 죄에서는 죽은 우리가 의로움을 위하여 살게 해 주셨습니다. 그분의 상처로 여러분은 병이 나았습니다."

죽을 우리가 예수 그리스도의 십자가 덕분에 살게 되었다는 것이다.

신약 외경에도 십자가 사건을 둘러싼 이야기들이 전해진다. 특히 '수난 복음서'로 알려진 베드로 복음서와 니코데모 복음서가 십자가 사건을 상세히 전하고 있다. 두 복음서가 전하는 수난 이야기의 줄거리나 신학은 정경 복음서와 큰 차이를 보이지 않는다. 예수님께서 우리 죄를 대신하여 십자가상에서 돌아가심으로써 우리를 살리셨다는 것이 그 골자다. 그런데 본격적 영지주의 작품에서는 사정이 조금 달라진다. 예수님은, 우리 대신 십자가에 달리신 대속자라기보다는 붓다처럼 각성과 깨달음의 길을 제시해 주신 위대한 스승 혹은 계시자로 소개된다. 영지주의 구원자는 대속자가 아니라 계시자라는 것, 곧 구원자 그리스도는 깨달음을 일깨우는 존재이지 인간의 죄를 대신해서 죽는 이가 아니라는 것이다. 인류에겐 무지를 일깨워 줄 스승이 필요할 따름 인류의 죄를 대신 짊어지고 죽을 희생양은 필요 없다는 시각의 구원관이다. 이런 구원관에서 십자가가 차지할 자리는 없다. 따라서 영지주의자들은 예수님의 십자가나 죽음, 나아가 육신의 부활에 특별한 의미를 부여하지 않는다.

신약 외경에서 예수님의 죽음과 부활이 어떻게 그려지는지 살피기 전에 먼저 밝혀둘 사항이 있다. 신약 외경에는 원-정통 그리스도교, 유다계 그리스도교, 영지주의 그리스도교 관점들이 두루 포함되어 있어서 특정 작품에서 보이는 죽음과 부활 개념을 신약 외경의 개념이라고 일반화해서는 안 된다는 점이다. 가령 신학 전반이 신약성경의 것과 차이가 없는 니코데모 복음서 같은 경우 십자가 죽음과 부활 이야기도 신약성경의 것과 대동소이하다. 그러나 영지주의 작품의 경우는 신약성경과 근본적인 차이를 드러낸다. 이처럼 신약 외경 안에서도 작품별로 상이한 신학을 표방하고 있다. 이를 염두에 두면서 신약 외경에서 그려지는 예수님의 죽음 및 부활을 살펴보도록 하겠다. 여기서 살필 작품은 니코데모 복음, 베드로 복음, 영지주의 작품들이다. 신약성경의 십자가 및 부활 신학에 근접한 순서대로 세 부분으로 나누어 살필 것이다.[17] 먼저 니코데모 복음서다.

## 니코데모 복음

예수님의 재판, 죽음, 부활까지의 전 과정을 담은 니코데모 복음에는 죽음과 부활 사이에 있었던 예수님의 저승 방문 이야기도 들어 있다. 이 복음서는 빌라도 행전Acta Pilati이라고도 알려져 있는데 여기서 악타 필라티는 빌라도의 명령으로 작성된 일지, 공식 문서라는 뜻이다. 대략 2세기에서 6세기 사이에 그리스어로 만들어진 것으로 추정되는 이 복음서는, 라틴어, 시리아어, 콥트어, 아람어, 아르메니아어, 게오르그어, 고대 슬라브어, 고대 독일어 등 매우 다양한 언어로 번역되어 500편이 넘는 필사본으로 전해진다. 니코데모 복음은 티센도르프에 의해 버전 A와 B로 나뉘어 소개되는데,[18] A 버전은 총 16장으로 이루어져 있으며 예수님의 재판부터 죽음과 부활 이야기를 담고 있다. B 버전은 16장 뒤에 예수님께서 저승에 방문하신 이야기가 덧붙여져 총 27장으로 구성되어 있다. B 버전의 1-16장은 세세한 부분에서 A 버전과 꽤 차이가 난다.[19] 여기서 사용한 인

---

17 베드로 복음서와 다른 영지주의 작품은 서로 다른 신학을 표방하지만 둘을 잇는 연결고리가 있다. 가현주의가 그것이다. 가현주의는 영지주의 그리스도론의 대표적 특성이다. 베드로 복음서에서도 가현주의로 의심할 만한 구절이 있기에 꼼꼼히 들여다보아야 한다.

18 Ehrman/Pleše, *The Apocryphal Gospels: Texts and Translations*, 419-423.

19 니코데모 복음 1-16장은 네 정경 복음서의 수난과 부활 이야기를 후대에 융합해서 만든 조화복음서다. 각 대목별로 저자가 기댄 복음서가 다르다. 예수님의 재판 장면은 마태오와 요한, 십자가 처형 장면은 루카, 부활 후 제자들 파견 장면은 마르코 복음에 주로 의존하고 있다. 네 복음서에 담기지 않은 세세한 정보들도 제시되어 있어 흥미롭다.

용문은 그리스어 버전 B다.[20]

니코데모 복음 1-16장을 중심으로 예수님의 재판과 처형 및 무덤 안치, 그리고 부활 및 승천에 이르는 전 과정을 들여다보도록 하겠다. 수난, 그리고 부활 및 승천을 나누어 살피겠다.

## 수난과 죽음

### 재판

예수님의 재판 과정은 1-9장에 나온다. 뒤에서 다룰 'IV. 예수, 탈무드의 기억'의 '재판과 죽음' 항목과 비교하면서 읽으면 좋다. 이 복음서에서는 예수님의 죽음에 대한 책임이 유다인들에게 집중된다는 점이 눈길을 끈다.[21] 빌라도는 끝까지 십자가형을 막아보려고 했으나 백성의 폭동 조짐을 보고 마음을 바꾸었다고 한다. 빌라도는 손을 씻음으로써 이 일에서 완전히 손을 뗀다.[22] 유다인들은 자기네와 자기네 후손들이 예수님 죽음의 책임을 지겠다고 거듭 천명한다. 결국 유다인들의 바람대로 십자가 처형이 진행된다.

---

20 송혜경, 『신약 외경 1』에서 니코데모 복음서 전문을 찾아 읽을 수 있다.

21 니코데모 복음 17-27 '저승 방문 이야기'에서는 사탄이 유다인들을 부추겨 예수님을 처형시켰다고 한다. 유다인들이 예수님을 두고 죄 중에 태어났다고 말하는 장면(2.2)은 탈무드에 전해지는 소문, 곧 예수님이 사생아였다는 소문을 반영한다.

22 그렇다고 저자가 예수님의 죽음에 빌라도는 아무 책임이 없다고 하지는 않는다. 이는 예수님이 돌아가신 뒤 마리아 막달레나가 자신이 직접 로마 황제에게 가서 유다인들의 범죄 행위와 빌라도의 잘못을 고발하겠다고 말한 데서 드러난다(니코데모 11.5). 예수님의 죽음을 방조한 죄에서 빌라도가 완전히 자유로울 수 없다는 의미다.

니코데모 복음서는, 크고 놀라운 기적들을 행하시는 예수님을 보고 유다인들이 질투에 사로잡혔다고 한다. 복음서 본문은 십자가 사건의 발단을 이렇게 소개한다.

> **1장** [1] 우리 주 예수 그리스도께서 유다 지역에서 크고 놀라운 기적들을 많이 행하셨다. 이 때문에 그분께서는 히브리인들의 질투를 받으셨다. 때는 빌라도가 예루살렘 관리관으로, 한나스와 카야파가 대사제로 있을 때였다.

기적을 행하시는 예수님을 보고 질투에 빠진 유다인들이 예수님을 없애려 당국자인 빌라도에게 고발했다는 것이다. 게다가 '사람'에 지나지 않는 예수가 자신이 임금이자 하느님의 아들이라고 참칭하면서 유다인으로서의 기본 의무도 지키지 않았다고 한다. 유다인들의 고발 내용은 이렇다.

> **1장** "[1] 아버지는 요셉이고 어머니는 마리아인, 이 도시에 사는 어떤 사람이, 자신을 임금이며 하느님의 아들이라고 부릅니다. 그리고 유다인이면서도 성경을 거부하고 안식일을 어깁니다."

이어서 유다인들은, 그자가 안식일에 아픈 사람을 낫게 한다고 하면서 그런 일이 가능한 것은 그자가 '마술'을 이용하고 마귀들을 곁에 두고 있어서라고 한다. 빌라도가 아픈 사람을 낫게 하는 것은 악마의 일이 아니라 하느님의 은총이라고 답하자, 유다인들은 예수를 불러 조사해보라고 한다(1.2). 결국 예수님이 빌라도 앞에 소환되는데 그때 로마 군인들이 들고 있던 깃발들이 그분을 보고 절을 한다. 빌라도가 놀라자 유다인들은 "그자는 마술사입니다. 그래서 이런 일들을 하는 것입니다"(1.6)라고 하면서 그분을 마술사로 내몬다(*b. Sanhedrin* 43a; 107b; *b. Shabbat* 104b 참조).

결국 유다인들의 고발 내용은 인간인 예수가 하느님을 참칭하고, 마술을 부리며 유다교 규정을 어기고 마귀들을 곁에 두고 있다는 것, 한마디로 그자가 마술사라는 것이다.[23]

이런 고발 내용으로 시작된 예수님의 재판에는 증인들도 소환된다. 증인은 예수님 편과 반대 편, 둘로 나뉜다. 재판은 두 편의 증언이 교차되는 식으로 이루어진다. 사이사이 빌라도와 예수님의 대화도 섞여 들어가 있다.

먼저 반대편의 증언은 이렇다. "첫째, 당신은 죄에서 태어났소.[24] 둘째, 당신이 태어났을 때 당신 때문에 영아들이 살해되었소. 셋째, 당신 아버지와 어머니가 이집트로 도망갔소. 그들이 백성에게 아무런 신뢰가 없었던 것이오"(2.2).

이에 대해 '하느님을 경외하는 유다인들'이라고 표현된, 예수님 편 증인들은 이렇게 말한다. "저희는 그분의 출생이 죄에서 나온 것이라고 생각지 않습니다. 사실 저희는, 요셉이 약혼 관습에 따라 그분의 어머니 마리아를 지키려고 집에 맞아들인 것을 압니다"(2.3).[25]

예수님 편 증인의 수는 열둘이었다(2.3-4). 나머지 유다인들은 이들의 증언을 반박하며 빌라도에게 말한다. "각하께서는 고작 열두 명의 이 유다인들을 이 모든 군중과 저희보다 더 신뢰하십니까? 저희는 그자가 마술사이며 신성을 모독하고 자신을 하느님의 아들이라 부른 것을 정확히 알고 있습니다"(2.4).[26]

---

23 빌라도가 예수님께 이들의 증언에 대한 생각을 묻자 예수님은 그들에게도 하고 싶은 말을 할 자유가 있다고 답하신다(2.1).

24 예수님이 적법한 부부관계에서 태어나지 않았다는 의미다. *b. Shabbat* 104b를 참조하라.

25 야고보 원복음 9.7 참조.

26 요한 10,33; 마태 26,65 참조.

빌라도는 "유다인들은 질투와 광기 때문에 이 사람을 죽이고 싶어 하는 것 같소"라고 하면서 아픈 사람을 낫게 하는 것은 좋은 일이므로 사형 선고를 내릴 사유가 되지 못한다고 한다(2.5). 그리고 예수에게서 잘못을 찾을 수 없다고 말한다. 그러자 유다인들의 고발 내용에 살이 더 붙는다. "이자가 주술사와 마술사, 신성 모독자가 아니었다면, 저희가 각하께 이자를 데려오지 않았을 것입니다." 이에 빌라도가 유다교 율법에 따라 그자를 처리하라고 하자 유다인들은 자기들에게는 사형시킬 권한이 없다고 말한다(3.1).[27]

이에 빌라도가 예수님에게 "당신이 유다인들의 임금이오?" 하고 묻는다. 다른 대화들이 오간 끝에 예수님께서는 "내가 진리다. 그러니 지상의 권한을 가진 사람들에 의해 어떻게 진리가 심판받을 수 있겠느냐?"[28] 하고 반문하신다(3.2).[29]

빌라도가 다시 유다인들에게 예수에게서 아무런 잘못도 찾지 못했다고 하면서 그 사람에게 악행을 저질러서는 안 된다고 당부한다. 유다인들은 하느님을 모욕한 자는 죽어 마땅하다고 하면서 자신들의 뜻을 굽히지 않는다. 하느님을 모욕한 자는 돌을 맞아야 한다는 것이다(4.1-3).[30]

이때 빌라도의 아내가 보낸 사람이 와서, 예수님을 처형하는 일에 가담하지 말라는 말을 빌라도에게 전한다.[31] 이에 빌라도는 "만약 예수가 했다는 말이 하느님을 모욕하는 말로 여겨진다면, 그를 데려가서 여러분의

---

27 요한 18,30-31 참조.

28 요한 18,33-38 참조.

29 쿠란 5.147-148 참조.

30 레위 24,15-16; *b. Sanhedrin* 49b-50a. 예수를 투석형으로 처형했다고 하는 *b. Sanhedrin* 43a, 유다인들이 예수님에게 돌을 던지려 한 사건을 전하는 요한 10,39도 참조하라.

31 마태 27,19 참조.

법에 따라 여러분이 심판하시오"라고 하면서 예수님을 유다인들 손에 넘기려 한다. 그러자 유다인들은 "저희는 나리께서 그자를 십자가에 못 박으시기를 원합니다" 하고 말한다. 그자가 자신이 임금이며 하느님의 아들이라고 말했다는 것이다(4.4-5).

이때 니코데모가 나서서 예수님을 돌아가시게 해서는 안 된다고 증언한다(5.1). 이어서 다른 증인들도 예수님을 옹호하는 발언을 한다. 전에 예수님께서 낫게 해주셨던 병자, 눈먼 이, 불구자, 나병환자, 하혈병을 앓던 여인 등이 이들에 해당한다. 그밖에도 여러 사람이 나서서 예수님을 옹호하는 증언을 한다(6-8).

재판 증인과 관련하여 니코데모 복음서는 정경 복음서와도 탈무드와도 차이를 보인다는 점을 주목하라.[32] 정경 복음서에서는 위증자들만 나서서 예수님께 불리한 거짓 증언을 했다고 한다. 탈무드에서는 예수를 위해 유리한 증언을 할 사람을 찾았으나 단 한 사람도 찾지 못했다고 한다. 니코데모 복음서는 예수님께 불리한 증인과 유리한 증인이 모두 나섰다고 한다. 예수님을 질투한 자들과, 예수님께 은혜를 입었던 사람들이 제각각 다른 증언을 한 것이다. 그렇다고 유리한 증언을 한 사람들이 끝까지 예수님을 지켜준 것은 아니다. 빌라도가 니코데모와 열두 증인을 따로 불러 자기가 어떻게 해야 하느냐고 물었을 때 그들은 한 발 물러난 태도를 보이며 말한다. "저희는 모르겠습니다. 원하시는 대로 하십시오. 그런데 백성이 지금 하는 일은 불의한 처사입니다"(9.2).

빌라도는 무교절 축제 때 죄수를 풀어주는 관습을 이용하여 예수를 풀어주려 하지만 유다인들은 이를 받아들이지 않는다. 바라빠를 풀어주

32 'IV. 예수, 탈무드의 기억' 항목을 참조하라.

고 예수는 십자가에 못 박으라는 것이다. 이때 어떤 유다인이 나서서 한 말에 예수님의 정식 죄목이 제시된다. 한마디로 로마 황제를 거스르는 반역죄다. "예수를 풀어주면 당신은 황제의 친구가 아닙니다. 그자가 자신을 하느님의 아들이요 임금이라고 칭하기 때문입니다. 그자를 석방하면 그자가 임금이 되어 황제의 왕국을 차지할 것입니다"(9.2).[33]

예수님이 유다교 율법을 어긴 종교적 죄인에서 황제를 거스른 정치적 범죄자로 완전히 탈바꿈한 순간이다.[34] 유다인들은 예수가 아니라 황제에게 다스림을 받고 싶다고 하면서[35] 계속해서 예수를 처형해야 한다고 주장한다. 그들은 헤로데도 그자를 죽이려 했다고 덧붙인다(10.3).

결국 빌라도는 물로 손을 씻으며 "나는 이 선한 사람의 피에 책임이 없소"라면서 예수님 죽음의 책임을 면하려 한다. 유다인들은 "그자의 피는 우리와 우리 자손의 책임이오!" 하면서 소리친다(9.4). 빌라도는 재판석에 앉아 사형 선고를 내리면서 예수님께 말한다. "당신네 종족이 당신이 임금이 되려 한다고 증언하고 있소. 따라서 임금들의 법률이 명하는 대로 먼저 당신을 몽둥이로 사십 대를 치라고 명할 것이오. 그런 다음 그들이 당신을 조롱하고 마지막에 당신을 십자가에 못 박을 것이오"(9.5).

빌라도가 예수님께 적용한 죄는 로마 황제에 대한 반역이며, 로마의 법률에 따라 처형절차를 진행하기로 한다. 예수님께 내려진 선고는 태형과 십자가형이다.[36]

---

33 요한 19,12 참조.

34 'IV. 예수, 탈무드의 기억' 항목을 참조하라. 신약성경은 예수님을 정치범으로서, 탈무드는 종교적 범죄자로서 처형한다. 니코데모 복음은 종교적 범죄자로 고발된 예수님이 재판의 진행과 더불어 정치범으로 변형되는 과정을 보여준다.

35 요한 19,15 참조.

36 마태 27,26 참조. 유다인들의 규정에 따라 예수를 투석형에 처한 후 매달았

## 십자가 죽음과 안치

예수님의 처형 과정은 니코데모 복음 10.1-11.2에 상세히 전해진다. 아들의 처형 소식을 들은 어머니의 절망과 슬픔, 아들의 처형 장면을 지켜보는 어머니의 비탄과 애도가 생생히 묘사되고 있다. 십자가에 매달리신 예수님을 보고 하느님의 어머니θεοτόκος는 말한다. "너 없이, 내 아들아, 내가 어떻게 되겠느냐? 내가 너 없이 어떻게 산단 말이냐? 내가 도대체 어떤 삶을 살게 되겠느냐? 너와 함께 죽겠다고 장담하던 네 제자들은 어디 있느냐? 너로 인해 낫게 된 사람들은 어디 있느냐? 어떻게 너를 도와주겠다는 사람이 한 명도 없느냐?" 이어서 십자가를 향해 어머니는 말한다. "십자가야, 몸을 기울여라. 내 아들을 안고 내 아들에게 입 맞추게 해다오! … 십자가야, 몸을 기울여라. 내 아들을 포옹하고 싶다. 십자가야 몸을 기울여라. 어미로서 내 아들과 작별인사를 나누게 해 다오." 이 말을 들은 유다인들은 어머니와 그 곁을 지키던 요한과 다른 여자들을 쫓아버린다(10.4).

결국 예수님께서는 "아버지, 제 영을 당신 손에 맡깁니다" 하고 외치신 다음 숨을 거두신다. 그러자 온 땅에 지진이 일어나고 바위가 갈라지며 죽은 자들의 무덤이 열리고 성전 휘장이 찢어진다.[37] 유다인들은 이 모든 일에 두려워져서 "이 사람은 정말로 의로운 분이셨다" 하고 말한다.[38] 거기 서 있던 백인대장은 "참으로 이분은 하느님의 아들이셨다" 하고 말한다(11.1).[39]

그 다음에는 요셉과 니코데모가 예수님의 시신을 무덤에 안치하는

---

다고 하는 *b. Sanhedrin* 43a와 비교하라. 'IV. 예수, 탈무드의 기억' 항목 참조.

37 마태 27,51-52 참조.

38 루카 23,47 참조. 루카 복음서에서는 "정녕 이 사람은 의로운 분이셨다" 하고 말한 사람이 백인대장이다.

39 마태 27,54 참조.

내용이 이어진다. 이때 하느님의 어머니, 막달레나 마리아와 살로메, 요한과 다른 여자들도 함께 있었다고 한다(11.3-4). 하느님의 어머니가 울면서 말한다. "내가 어떻게 너를 애도하지 않을 수 있겠느냐, 내 아들아! 내가 어떻게 내 얼굴을 손톱으로 할퀴지 않을 수 있겠느냐? 내 아들아, 내가 사십일 된 아기인 너를 데리고 성전에 갔을 때 원로 시메온이 내게 예언했던 일이 바로 이것이냐? 지금 내 영혼을 꿰찌르는 칼이 이것이냐?[40] 누가 내 눈물을 멈추게 하겠느냐? 내 사랑하는 아들아! 정녕 너 말고는, 네가 말한 대로 사흘째 되는 날 네가 다시 살아나지 않고서는 아무도 그렇게 할 수 없다." 막달레나 마리아도 울면서 말한다. "범법자 유다인들이 자기들에게 좋은 일을 수없이 많이 하신 분을 어떤 죽음에 넘겼는지 아십시오. 듣고 놀라십시오! 누가 이 일들을 세상에 알리겠습니까? 저는 황제를 만나러 혼자 로마에 가겠습니다. 범법자 유다인들에게 설득당한 빌라도가 저지른 악에 대해서도 그분께 말할 것입니다"(11.5).

## 부활과 승천

니코데모 복음은 예수님의 부활과 승천에 대해서도 상세히 전한다. 유다인들이 경비병들을 매수하여 예수님의 제자들이 그분의 시신을 훔쳐갔다는 소문을 내게 만들었다는 내용도 전해진다(13).

예수님의 부활과 승천 소식은 먼저 로마 군인의 입을 통해 전해진다. 무덤을 지키던 군사들 가운데 하나가 회당에 찾아와서 부활소식을 전한다. "예수님이 다시 일어나셨다는 것을 아십시오!"(13.1) 어떻게 그런 일이 일어났는지 유다인들이 묻자 군사는, 주님의 천사가 나타나 예수님께서

40 루카 2,34-35 참조.

일어나셨다면서 제자들에게 가서 '그분께서 죽은 이들 가운데에서 되살아나셨습니다' 하고 말하라고 시켰다고 답한다. 제자들에게 가는 대신 유다인들을 찾아온 군인들은, 유다인들이 주는 돈을 받고 그 일을 아무에게도 발설하지 않기로 한다. 유다인들은 군사들에게, 예수님의 제자들이 그분의 시신을 훔쳐갔다는 소문을 내라고 한다. "그래서 오늘날까지 그런 거짓말이 유다인들 사이에 회자되고 있다"는 것이다(13.3).[41]

예수님의 승천 소식은 그 다음에 전해진다. 갈릴래아에서 피느아스, 앙가이우스, 아다스 이렇게 세 사람이 예루살렘의 수석사제들과 백성들에게 와서 말한다. "우리가 갈릴래아에서 여러분이 십자가에 못 박으신 예수님을 보았습니다. 열한 명의 제자와 함께 올리브 산에 계셨습니다. 그분께서 그들을 가르치시며 이렇게 말씀하셨습니다. '온 세상에 가서 복음을 선포하여라. 믿고 세례를 받는 사람은 누구나 구원을 받을 것이다. 그러나 믿지 않는 사람은 누구든 단죄 받을 것이다.'[42] 그분께서 이 말씀을 하시며 하늘로 올라가셨습니다. 우리와 오백 명이 넘는 다른 많은 사람들이[43] 모두 지켜보고 있었습니다"(14.1).[44]

그런데 위의 세 사람도 유다인들에게 매수되어 다른 곳으로 떠난다. 예루살렘 지도부가 세 사람이 그리스도의 부활을 선포하지 못하도록 막았던 것이다(14.2). 그러나 부활 소문이 사람들 사이에 퍼지면서 소동이 벌어진다. 게다가 그분을 무덤에 모셨던 요셉도 부활하신 그분을 뵈었다며 증언한다. 결국 앞의 세 사람도 다시 소환되어 각각 그분의 부활과 승천을 고백한다(16).

---

41 마태 28,11-15 참조.

42 마르 16,15-16; 마태 28,16-20.

43 1코린 15,6 참조.

44 루카 24,50-51; 사도 1,9 참조.

16장 "[2] 이스라엘의 하느님께서 살아 계신 한, 저희는 올리브 산에서 예수님께서 살아 계신 모습도, 하늘로 올라가시는 것도 보았습니다."

이렇게 해서 예수님의 재판에서부터 죽음과 안치, 부활과 승천에 이르는 전 과정을 전하는 니코데모 1-16장이 끝난다. 갈릴래아의 세 사람을 신문한 수석사제들의 말을 통해서 저자는 예수님의 부활이 진실임을 고백한다.

16장 "[3] 우리의 성경은 둘 또는 세 증인이 하는 모든 말은 증언으로 성립된다고 말하고 있소. 그런데 요셉은 자신이 그분을 묻고 니코데모와 함께 무덤에 모셨으며 그분께서 부활하신 것이 진실이라고 고백하고 있소."

니코데모 복음은, 십자가형을 당하신 예수님께서 부활하시어 제자들에게 나타나시고 복음을 선포하라는 사명을 내리신 다음 사람들이 보는 가운데 하늘로 올라가셨다고 선포한다. 그분의 죽음과 부활 이야기의 골자는 신약성경의 내용과 큰 차이가 없다.

이 이야기를 통해 니코데모 복음이 전하고자 하는 예수님의 죽음과 부활에 대한 의미는 다음과 같다. 우선 그분의 죽음은 유다인들의 질투에서 비롯된 것이며 그분을 처형하는 것은 불의한 일이었다(4.2). 그분의 죽음은 무죄한 이의 죽음 또는 의인의 불의한 죽음이라는 것이다(9.4). 하지만 예수님의 죽음은 수동적 차원에 머물지 않는다. 그 모든 것이 하느님의 뜻에 의한 일이기 때문이다. 이는 자기가 어떻게 했으면 좋겠느냐고 묻는 빌라도에게 주신 예수님의 답변에서 드러난다. "정해진 대로 내게 하여라." 빌라도가 "어떻게 정해져 있소?" 하고 묻자 예수님께서 답하

신다. “모세와 예언자들이, 나는 십자가에 못 박혔다가 다시 일어날 것이라고 기록하였다”(4.3).[45]

예수님은 그저 질투에 사로잡힌 유다인들에게 속절없이 죽임을 당한 것이 아니다. 그분께서 처형당하신 것은 유다교 율법을 어기고 하느님을 모독했기 때문도, 로마 황제를 거슬러 스스로 임금이 되려 했기 때문도 아니다.[46] 그분의 죽음은 하느님의 계획에 따른 것, 구약에 예언된 약속의 실현이라는 것이 니코데모 복음서가 전하는 메시지다. 그분의 부활도 마찬가지다. 결국 그분의 죽음과 부활은 모두 하느님의 뜻이다. 이는 정경 복음서 및 다른 신약성경 저자들의 한결같은 증언이기도 하다.[47] 그리고 그분의 죽음과 부활이 인류에게 주는 의미와 효과는 니코데모 복음 17-27장 저승 방문 이야기에서 더 자세히 전해진다. 그분의 죽음을 통해 저승에 갇혀 있던 모든 이들이 저승에서 탈출하고 그 대신 유다인들을 부추겨 그분을 죽음에 몰아넣은 사탄이 저승에 갇히게 되었다는 것이다. 그분의 죽음으로 ‘죽음’이 파괴되었다는 것이다.[48]

---

45 루카 24,44; 요한 3,14-15; 이사 53,10 참조. 요한 1,45; 5,46; 사도 26,22; 28,23도 참조하라.

46 예수님이 유다교 율법을 어기고 하느님을 모독했다는 것도, 로마 황제를 거슬러 스스로 임금이 되려 했다는 것도 그분을 처형하기 위한 구실일 따름이다.

47 예수님의 수난과 부활은 하느님의 뜻에 따른, 능동적 사건이라는 것은 예수님께서 당신의 수난과 부활을 몸소 예고하시는 장면에서 잘 드러난다: 마태 16,21-23; 17,22-23; 20,17-19 및 병행 참조. 1코린 15,3-5; 이사 53,10-11도 참조하라: “그러나 그를 으스러뜨리고자 하신 것은 주님의 뜻이었고 그분께서 그를 병고에 시달리게 하셨다. 그가 자신을 속죄 제물로 내놓으면 그는 후손을 보며 오래 살고 그를 통하여 주님의 뜻이 이루어지리라. 그는 제 고난의 끝에 빛을 보고 자기의 예지로 흡족해하리라. 의로운 나의 종은 많은 이들을 의롭게 하고 그들의 죄악을 짊어지리라”(이사 53,10-11).

48 1코린 15,54-55 참조. 이에 대해서는 뒤에 ‘예수님의 저승 방문’ 항목에서 자세히 다루겠다.

## 베드로 복음

베드로 복음서의 십자가 신학은 신약성경 복음서(및 니코데모 복음서)와 영지주의 작품의 중간 단계에 해당한다. 과도기 십자가 신학이라 불러도 무방하다. 베드로 복음서는 2세기 초중반 시리아에서 만들어진 것으로 추정된다. 정경 복음서를 근간으로 하되 정경에 없는 새로운 내용이 덧붙여져 있다. 베드로 복음서는 2세기경 시리아 로수스 등 일부 지역교회에서 정경처럼 여겨졌다. 그러나 복음서 내용에 문제가 있다고 판단한 교회 지도자들에 의해 봉독이 금지되었다.[49] 그 뒤로 그리스도인들 사이에서 잊힌 채로 있다가 19세기 말 이집트에서 복음서 단편(P. Cairo 10759)이 발견되면서 다시 조명을 받게 되었다. 사본의 대부분을 수난 사화가 차지하며 부활 및 발현 사화의 시작도 포함되어 있다.[50]

베드로 복음서의 내용은 전체적으로 정경 복음서 내용과 차이가 없지만 가현설을 연상시키는 대목이 있다. 해당 구절은 4.10과 5.19이다. 일찍이 안티오키아의 세라피온이 베드로 복음을 가현설과 연관시켰다. 먼저 가현주의(또는 가현설)와 가현주의자에 대해 간단히 살펴보도록 하겠다. 가현주의가 베드로 복음의 십자가 신학을 이해하는 바탕이 되기 때문이다.

'가현주의자들'δοκηταί은 '외관·외형·유사' 등을 뜻하는 δόκησις에서 비롯된 명칭이다. 그들은 그리스도가 외형상 사람처럼 '보였'거나, 수난

---

49 로수스 공동체에서 베드로 복음을 발견한 세라피온이 처음에는 봉독을 허용했으나 내용을 세밀히 검토한 뒤 '가현주의자들'의 견해가 담겨 있음을 깨닫고 봉독을 금지했다고 한다(에우세비우스, 『교회사』 6.12.3-6).

50 베드로 복음이 수난 사화로만 이뤄졌는지 아니면 공생활 이야기 다음에 수난 사화로 마무리한 것인지 분명하지 않다. 본디 공생활 내용도 포함했을 것으로 추정된다.

을 겪은 것처럼 '보였을'δοκέω 뿐이라고 가르쳤다. 가현주의의 유래는, 그리스도의 신성을 믿는 이들에게 그리스도의 인성 특히 수난과 십자가 죽음이 걸림돌로 작용한 데서 찾을 수 있다.[51] '가현주의자'Δοκηταί라는 용어를 처음 명시적으로 사용한 사람은 안티오키아의 세라피온(190-203년)이다. 그가 시리아의 로수스 사람들에게 보낸 편지에서다(에우세비우스, 『교회사』 6,12,6). 같은 용어가 알렉산드리아의 클레멘스의 저서(216년)에도 등장하는데, 그는 율리우스 카시아누스를 가현설의 창시자로 본다(『잡록』 7,17,108).[52] 적어도 카시아누스가 몸담고 있던 금욕분파Encratite가 가현설을 주장한 것은 사실이다(『잡록』 3,17,102). 사실 가현설의 역사는, 그보다 훨씬 오래되었으며 가현주의자들의 뿌리를 신약성경에서 찾을 수 있다(1요한 4,2-3; 2요한 7절). 신약성경이 가현설을 표방한다는 뜻이 아니라 성경 곳곳에서 그들을 겨냥한 비판을 접할 수 있다는 의미다. 이를테면 "속이는 자들이 세상으로 많이 나왔습니다. 그들은 예수 그리스도께서 사람의 몸으로 오셨다고 고백하지 않는 자들입니다. 그런 자는 속이는 자며 '그리스도의 적'입니다"(2요한 7절). "온전히 충만한 신성이 육신의 형태로 그리스도 안에 머무르고"(콜로 2,9) 있다면서 "아무도 사람을 속이는 헛된 철학으로 여러분을 사로잡지 못하게 조심하십시오. 그런 것은 사람들의 전통과 이 세상의 정령들을 따르는 것이지 그리스도를 따르는 것이 아닙니다"(콜로 2,8)라고 한 콜로새서 저자의 비판도 가현주의를 겨냥한다.

---

51 "십자가라는 걸림돌"을 언급한 갈라 5,11을 보라. 1코린 1,23도 참조하라: "우리는 십자가에 못 박히신 그리스도를 선포합니다. 그리스도는 유다인들에게는 걸림돌이고 다른 민족에게는 어리석음입니다."

52 테오도레투스는 마르키온의 제자들과 발렌티누스의 제자들이 가현주의자들이라고 밝혔다(『서간집』 82). 그는 카시아누스가 발렌티누스 제자들의 가르침을 받았다고도 한다. 카시아누스를 가현주의 창시자로 보는 클레멘스와 다른 의견이었던 셈이다.

신약성경은 가현주의 관점에 맞서 예수 그리스도께서 사람의 몸으로 오셨음을, 그리고 충만한 신성이 그분 안에 육신의 형태로 머무르고 있음을 고백한다. 나아가 요한 1서 저자는 영의 식별 기준을 예수 그리스도께서 사람의 몸으로 오셨다고 고백하는지 여부에 두고 있다. "여러분은 하느님의 영을 이렇게 알 수 있습니다. 예수 그리스도께서 사람의 몸으로 오셨다고 고백하는 영은 모두 하느님께 속한 영입니다. 그러나 예수님을 믿는다고 고백하지 않는 영은 모두 하느님께 속하지 않는 영입니다. 그것은 '그리스도의 적'의 영입니다"(1요한 4,2-3). 이처럼 신약성경이 가현주의 관점을 정면으로 반박했지만 가현설은 쉽게 사라지지 않았다. 오히려 그 다음 세대에 이르러 특히 영지주의자들 사이에서 그 절정을 맞이하였다.[53]

이러한 가현설은 크게 두 가지 형태를 띠었다. 첫째, 좁은 의미의 가현설은 그리스도의 육체의 물질성을 부정한다. 그리스도는 영적 존재로서 인간 고유의 몸을 취하지도 않았고 따라서 죽지도 않았다는 관점이다. 이들은 그리스도의 몸을 '천상의 육체' 또는 '가벼운 육체'로 묘사한다. 둘째, 넓은 의미의 가현설(비유적 가현주의)은 그리스도의 육체가 실존했다는 사실은 인정하지만 그 육체는 단지 그리스도가 일시적으로 머문 그릇에 지나지 않는다고 한다. 그리스도가 인간 예수에게 일시적으로 머물러 있었다거나 그저 외적으로 인간의 형상을 취했을 뿐이라는 시각이다. 가현설은, 좁은 의미에서건 넓은 의미에서건, 그리스도의 인성과 육

53 육체라는 감옥에 갇힌 영이 육체를 벗어나는 데 구원이 있다고 믿는 영지주의가 가현설을 표방한 것은 놀랄 일이 아니다. 이에 따르면 천상적 그리스도는 외관상 몸(인간 예수)을 갖춘 듯 보였을 뿐이다. 천상의 그리스도가 예수 세례 때 그에게 들어갔다가 십자가 처형 직전에 그 외관을 버리고 하늘로 돌아갔다는 것이다. 그래서 그리스도는 어떤 형태로든 죽음의 치욕을 피했다고 한다. 십자가에 못 박힌 이는 그리스도가 아니라 인간 예수 또는 유다 이스카리옷이나 키레네 사람 시몬 등 대체 인물이었다는 것이다(이레네우스, 『이단 논박』 1.7.2; 1.24.4 참조). 가현주의 계열의 영지주의자로 시몬 마구스와 케린투스(100년경)가 유명하다.

화 그리고 수난과 죽음이 실제 현실이 아니라 단지 그렇게 '보였을' 뿐이라고 주장한다.[54]

이를 염두에 두면서 이제부터 본격적으로 베드로 복음서에 담긴 십자가와 부활에 대해 알아보도록 하겠다. 사실 십자가 죽음과 부활은 떼려야 뗄 수 없는 관계다. 죽음 없는 부활, 부활 없는 죽음의 의미는 둘 다 이해하기 어렵다. 먼저 십자가 죽음, 이어서 예수님의 부활에 대한 베드로 복음의 입장을 살펴보겠다.

## 십자가 죽음

십자가 죽음과 관련된 구절은 4.10과 5.19이다.

### 베드로 복음 4.10

베드로 복음 4.10은 십자가 처형 장면을 묘사하고 있다. 다른 두 죄인들을 사이에 두고 주님을 십자가에 못 박았다는 것이다.

> 4장 10 그리고 그들은 죄인 두 사람을 더 데려와 주님을 그들 사이에 두고 십자가에 못 박았다. 그러나 그분께서는 아무런 고통도 없는 것처럼 줄곧 입을

54 그리스도의 인성이나 그분의 수난과 죽음을 인정하지 않는 가현주의는 이레네우스 이전부터 안티오키아의 이냐시우스, 스미르나의 폴리카르푸스 등 반영지주의 교부들에게서 신랄한 비판을 받았다. 이러한 교부들의 비판에도 가현주의는 2세기 말까지도 교회에 영향력을 행사했다. 교회는, 예수님의 인성과 수난과 죽음의 현실성이 그리스도교 가르침의 근간임을 분명히 하면서 가현설을 단죄하였다. 그리고 여러 공의회를 거치며 그리스도는 인간이시자 하느님이시며, 단 하나의 위격 안에 신성과 인성의 두 본성이 불가분의 관계로 결합되어 있음을 장엄히 선포하였다(확정: 450년 칼케돈 공의회).

다물고 계셨다.

여기서 "아무런 고통도 없는 것처럼"에 사용된 그리스어 단어 ὡς의 애매한 면이 해석상의 차이를 낳았다. ὡς의 일차적 의미는 '…처럼'이다. 이것이 분사와 함께 사용될 때는 어떤 행위의 이유를 나타내기도 하여 '…하기 때문에'로 읽을 수도 있다. 따라서 "아무런 고통도 없는 것처럼 줄곧 입을 다물고 계셨다"를 고통은 느꼈으나 고통을 느끼지 않은 것처럼 침묵을 지켰다는 뜻일 수도, 실제로 고통을 느끼지 않아서 침묵을 지켰다는 뜻일 수도 있다.

문제 해결의 실마리는 바로 앞 3.9의 조롱 장면에서 찾을 수 있다. 3.9이 예수님이 당한 모욕과 채찍질이 실제로 고통스러운 것임을 강변하고 있기 때문이다.

> 3장 [9] 그리고 거기 서 있던 사람들 가운데 어떤 사람들은 그분 눈에다 침을 뱉고 또 어떤 사람들은 그분 뺨을 때렸다. 어떤 사람들은 그분을 갈대로 찌르고 또 어떤 사람들은 그분을 채찍으로 치면서 발하였다. "우리, 하느님의 아들에게 이런 식으로 경의를 표합시다!"

예수님의 고통이 외관상의 고통에 지나지 않았다면, 저자가 그분께서 당한 모욕과 고통을 이처럼 생생하게 묘사하지는 않았을 법하다. 그랬다면 그것은 하나의 희극적 장면 연출에 지나지 않았을 것이다. 앞뒤 문맥을 함께 살피면 4.10이 고통의 현실성을 부인하는 내용이 아님을 알 수 있다. 4.10의 ὡς는 '…처럼'이라는 의미로 옮기는 편이 맞는 것 같다. 예수님께서 실제로는 고통을 느끼셨으나 고통이 없는 것처럼 의연하게 침묵을 지키셨다는 뜻이다.

이러한 해석은 해당 구절을 베드로 복음 전체 문맥 안에 두고 읽을 때 더 큰 설득력을 얻는다. 베드로 복음은 전체적으로 예수님과 그리스도를 별개의 존재로 구분하지 않으며(11.45-46), 십자가 죽음을 당한 예수님과 부활하신 주님이 같은 분이심을 분명히 밝히고 있다(13.56). 예수님이 곧 그리스도(신적 존재)이심은, 빌라도의 다음 말에서 잘 드러난다. 부활을 목격한 군인들이 빌라도에게 찾아와 그분이 부활하셨음을 알리며 그분이 참으로 하느님의 아들이었다고 보고했을 때 빌라도가 한 말이다.

> 11장 "46 나는 하느님 아들의 피에 책임이 없이 깨끗한 몸이오."

'하느님 아들의 피'라는 말은 십자가 죽음을 당한 이가 단순히 인간 예수일 뿐 아니라 '하느님 아들'이기도 함을 암시한다. '피'가 인성을 상징한다면 '하느님 아들' 호칭은 신성을 부각시킨다. 이는 인간 예수와 그리스도(하느님 아들)가 별개의 존재가 아님을 뜻한다.

무덤을 찾은 여인들에게 한 천사의 말은 십자가상에서 돌아가신 분과 부활하신 분이 같은 분임을 더 명확히 드러낸다.

> 13장 "56 십자가에 못 박히신 분을 찾는 것은 아니겠지요? 그분은 일어나 떠나셨습니다."

십자가상에서 돌아가신 그분이 부활하시어 무덤을 떠나셨다는 것이다. (적어도 현존하는 본문 안에는) 예수님의 몸이 인간 고유의 몸이 아니라 '천상의 가벼운 육체'임을 암시하는 구절도 없다. 따라서 베드로 복음 4.10을 가현주의로 해석할 이유가 없다. 예수 그리스도께서 몸소 십자가에 못 박히셨다는 것이다.

### 베드로 복음 5.19

다음으로는 5.19이다. 주님께서 돌아가시기 직전 십자가상에서 부르짖으신 말씀이다.

5장 19 그때 주님께서 큰 소리를 지르시며 말씀하셨다. "저의 힘이시여, 저의 힘이시여, 당신께서 저를 저버리셨습니다." 이렇게 말씀하신 다음 그분께서는 위로 올림을 받으셨다.

이 구절은 예수님께서 십자가상에서 마지막 고통의 절규를 하신 다음 돌아가셨다는 내용으로 읽힌다. 그러나 이를 가현주의 관점에서 읽는 사람들도 있다. 이들의 논리는 이렇다. 십자가상에서 소리를 지르는 주체인 '주님'은 예수, 주님이 '저의 힘'이라고 부른 '힘'은 그리스도라고 한다. 세례 때 인간 예수에게 내려오신 '힘' 곧 천상의 그리스도가 처형 직전에 예수를 떠났다는 것이다. 자기를 떠나간 그리스도를 향해 예수가 '저의 힘'이라 부르며 자기를 왜 버리셨냐고 울부짖었다는 설명이다.

이 구절에서 '힘'δύναμις이 단순히 추상적인 힘이 아니라 하나의 실체를 가리키는 것은 분명한 듯하다. 이미 필론의 작품에 하느님과 감각 세계를 매개하는 중개자가 하느님의 '힘'δύναμις 또는 '능력'이라는 이름으로 자주 등장한다(『아브라함』 1.121; 『세부 규정』 1.307).[55] 이 중개자들 가운데 로고스가 으뜸을 차지한다. 하느님의 '능력'이 하느님과 감각 세계를 잇는 실체적 존재를 가리킨다면 베드로 복음의 '힘'도 이와 비슷한 의미로 받아들일 수 있을 터다. '힘'을 인간 예수에게 내려온 '천상의 그리스도'로 읽을 수 있는 배경이다. 이에 따라 5.19를 인간 예수가 자신을 떠나간 그리스도를 향해 '힘'이라 부르며 절규했다는 뜻으로 해석한다.

그러나 5.19의 '힘'을 반드시 인간 예수 안에 한시적으로 머물렀던 신적 그리스도로 여길 필요는 없다. '힘'은 하느님을 에둘러 표현한 개념이다. 구약성경에 하느님을 '나의 힘'이라 부른 사례가 많다. "주님은 나의 힘"(탈출 15,2; 시편 18,2; 118,14; 이사 12,2. 참조: 시편 144,2; 이사 49,5). "주 하느님은 나의

55 케네스 셍크, 『필론 입문』, 136-149 특히 136과 148 참조.

힘"(하바 3,19). 따라서 베드로 복음 5.19의 '저의 힘'은 정경 복음서에서처럼 예수 그리스도가 하느님을 향해 부르짖은 것으로 읽을 수 있다. 여기서 인간 예수와 영적 그리스도를 따로 구분할 이유가 없는 셈이다.

19절 후반부 "위로 올림을 받으셨다"로 옮긴 그리스어 ἀνελήφθη(단순과거 수동)도 종종 논란이 된다. 십자가상에서 울부짖던 주님이 곧바로 하늘로 올라갔다는 의미로 읽힐 수 있어서다. 그러나 이 단어는 승천(마르 16,19; 사도 1,3)뿐 아니라 죽음을 가리킬 때(솔로몬의 시편 4,18)도 쓰인다. 이 동사에서 파생한 명사 ἀνάλημψις도 승천과 죽음을 다 가리킬 수 있다. 이를테면 "하늘에 올라가실ἀνάλημψις 때가 차자, 예수님께서는 예루살렘으로 가시려고 마음을 굳히셨다"(루카 9,51)에서 '하늘로 올라간다'는 표현에 해당하는 단어가 ἀνάλημψις다. 여기서 이 단어는 우리말 '돌아가시다'처럼 '죽음'의 비유적 표현이다. 따라서 베드로 복음 5.19의 ἀνελήφθη를 반드시 승천의 뜻으로 해석할 필요는 없다. 곧 주님이 죽음을 겪지 않은 채 하늘로 올라갔다는 의미가 아니다.

베드로 복음 4.10과 5.19 모두 가현주의 표현으로 읽기에 무리가 있다. 특히 이 구절들을 수난 뒤에 이어지는 부활 및 발현 사화와 함께 읽으면 십자가 사건 자체를 외관상 또는 표면상 사건으로 볼 수 없다. 베드로 복음 13.56은 이 책이 가현주의 작품이 아님을 드러낸다. 무덤을 찾은 여인들에게 천사가 말한다.

> 13장 "[56] 무엇 때문에 왔습니까? 누구를 찾습니까? 십자가에 못 박히신 분을 찾는 것은 아니겠지요? 그분은 일어나 떠나셨습니다. 여러분이 못 믿겠다면, 몸을 굽혀 그분께서 누워 계시던 자리를 보십시오. 그분은 없습니다. 그분은 다시 일어나셔서 그분을 보내신 곳으로 되돌아가셨습니다."

십자가에 못 박히신 분이 부활하시어 본디 계시던 곳으로 되돌아가셨다는 천사의 말은, 예수 그리스도의 죽음과 부활의 현실성을 강변함과 동시에 그분 육체의 현실성을 확증하고 있다.

## 부활

베드로 복음은 예수님의 부활에 대해 신약성경에 없는 새로운 시각을 제공한다는 점에서도 의미가 있다. 베드로 복음이 정경의 네 복음서에 나오지 않는, 예수님의 부활 장면을 묘사하고 있어서다. 여기서 부활한 주님은 하늘을 꿰뚫을 정도의 거인으로 묘사된다.[56]

> **9**.35 그런데 주일이 시작되는 밤에 군인들이 둘씩 짝을 지어 보초를 서고 있을 때 하늘에서 큰 소리가 났다. 36 그들은 하늘이 열리고 두 사람이 찬란한 광채를 내며 그곳에서 내려와 무덤으로 다가오는 것을 보았다. 37 그러자 입구에 놓여 있던 돌이 저절로 굴러 한쪽으로 비켜서고 무덤이 열렸다. 그리고 두 젊은이가 안으로 들어갔다.[57]
>
> **10**.38 이것을 보고 군인들은 백인대장과 원로들을 깨웠다. 그들도 그곳을 지키며 거기 있었던 것이다. 39 그들이 본 것을 얘기하고 있을 때 무덤에서 세 사람이 다시 나오는 것이 보였는데, 두 사람이 다른 한 사람을 떠받친 채였으며 십자가가 그들의 뒤를 따르고 있었다.[58] 40 두 사람의 머리는 하늘까지 닿아 있고 그들이 팔에 모시고 가던 분의 머리는 하늘 위로 솟아 있었다.

---

56 P. Cairo 10759의 비평본은 새로운 장을 시작할 때 1절부터 시작하지 않고 앞 장에 이어지게 하였다. 송혜경, 『신약 외경 1』, 241 참조.

57 마태 28,1-4 참조.

58 사도들의 편지 16장과 베드로 묵시록 1장은 예수님께서 십자가를 앞세우고 영광 중에 다시 오시리라 예언한다.

> [41] 그리고 그들은 하늘에서 나오는 소리를 들었다. 그 소리가 말하였다. "너는 잠들어 있는 이들에게 말씀을 선포했느냐?"[59] [42] 그러자 십자가에서 "예"라는 응답이 들려왔다.

예수님의 부활을 시각적으로 묘사하는 이 장면은 두 가지 중요한 의미를 내포하고 있다. 하나는, 예수님의 부활이 실제로 일어났음을 강변한다는 사실이다. 아울러 그분께서 저승에 내려가시어 잠들어 있는 이들에게 말씀을 선포하셨음을 암시한다. 이는 예수님이 단지 죽은 것처럼 보였을 뿐이라는, 혹은 예수님 대신 다른 사람이 죽었으며 예수 그리스도는 죽지 않았다는 가현주의 설명과 대조를 이룬다. 부활이 그저 추상적, 영적 사건이 아니라 육적, 물리적, 현실적 사건이라는 것이다.

다른 한편으로 여기서 부활하신 예수님이 신약성경에서보다 한층 현양된 모습으로 그려진다는 점을 주목해야 한다. 그분이 현양되신 분이라는 것은 그분 머리가 당신을 떠받친 천사들보다 더 높이, 하늘 위로 솟아 있었다는 표현에서 드러난다. 이 표현은 예수님의 신성과 영광을 잘 드러낸다.[60] 이는 예수님의 부활이 단순히 본디의 육체를 그대로 회복하여 되살아나는 것이 아님을 암시한다. 그리고 부활이 옛것으로의 단순 회복이나 복귀가 아니라 새로운 현실로의 변화라는 의미를 함축한다.[61] 이러한

---

59 1베드 3,19; 니코데모 복음 17-27장 참조.

60 초창기 그리스도교 저자들은 그리스도의 '신성'을 표현하기 위해 그분을 '거대하고 빛나는' 모습으로 묘사하곤 했다(히폴리투스, 『이단 논박』 9.16.4; 차명 히폴리투스, 『거룩한 파스카』). 그리스도의 '거대한 몸'에 대해서는, Giulea, *Pre-Nicene Christology in Paschal Contexts: The Case of the Divine Noetic Anthropos*, 29-32 참조.

61 썩을 몸으로 죽었다가 썩지 않을 몸으로 일어나고 우리가 변화할 것이라는 바오로 사도의 말을 연상시키기도 한다(1코린 15장).

시각은 영지주의 '영적 부활' 개념으로 발전할 시발점이 된다.[62]

## 영지주의 작품들

### 십자가 죽음

영지주의자들이 예수님의 십자가 사건을 바라보는 관점은 신약성경의 관점과 완전히 다르다. 특히 가현주의 경향이 뚜렷한 작품에서는 예수님의 십자가 죽음을 명시적으로 부정한다. 가령 이런 식이다.

> **야고보의 첫째 묵시록 31** "[15] 나는 단 한순간도, 어떤 일로도 고난을 겪지 않았소. [20] 나는 고통을 받지도 않았소. 그리고 이 백성은 나에게 아무런 나쁜 짓도 저지르지 못했소."

십자가 사건에 대한 가현주의 설명은 두 가지로 나뉜다. 첫째는 예수

62 베드로 복음은 예수님의 현실성과 수난과 부활의 현실성, 그 어느 것도 부인하지 않는다. 예수님께서 몸소 고난을 겪으셨고 몸소 십자가에서 돌아가셨으며 그렇게 돌아가신 바로 그분께서 부활하셨다는 것이다. 그리고 그 예수님이 바로 그리스도시라고 선포한다. 정경 복음서 저자들에게만큼 베드로 복음서 저자에게도 예수님은, 그리고 그분의 죽음과 부활은 현실 그 자체였던 것이다. 그러나 베드로 복음서의 십자가 및 부활 장면에 담긴, 신약성경과 차이가 나는 표현들이 가현주의로 해석될 여지를 준다는 점은 인정해야 한다. 가령 '아무런 고통도 받지 않은 것처럼'이나 십자가에서 절규하신 뒤 '위로 올림을 받으셨다'고 하는 표현, 그리고 부활하신 주님이 하늘을 꿰찌를 정도의 거인이셨다는 표현들 등 신약성경에 나오지 않는 표현들은 보는 시각에 따라 가현주의나 영지주의식으로 해석될 여지가 있다.

님이 아니라 키레네 사람 등 그분의 대체자가 십자가에 못 박혔다는 관점이다. 둘째는 인간 예수와 천상의 그리스도를 엄격히 구분하면서 그리스도가 십자가 사건 직전에 예수를 떠났다고 한다. 십자가에 못 박힌 자는 예수일 따름 그리스도는 아니라는 것이다.

### 대체자의 죽음

2세기 영지주의자 바실리데스는, 예수님을 구원자로 소개하면서 그분이 우리 인류에게 물질계를 벗어나 천상으로 가는 길을 알려주었다고 한다. 인류의 구원은 누군가 우리를 대신하여 죽음으로써 가능해진 것이 아니라는 관점이다. 사실 바실리데스는 예수님이 십자가에서 돌아가신 것을 믿지 않았다. 못 박힌 사람은 예수님이 아니라 십자가를 대신 지고 간 키레네 사람 시몬이었다고 한다. 시몬이 예수님의 형상으로 바뀌어 십자가에 대신 못 박히고, 예수님은 시몬의 모습으로 십자가 곁에 서서 웃고 계셨다는 것이다. 예수님은 손가락 하나 상하지 않고 물질계를 떠나셨으며, 그렇게 해서 물질계라는 감옥과 그 감옥을 지배하는 악의 세력들에게서 벗어날 방법을 보여 주셨다고 한다. 그리하여 '영적 인간'이라면 예수님을 따라 물질계를 떠나 천상으로 들어갈 수 있다고 한다(이레네우스, 『이단 논박』 1.24.4).

1945년 이집트 나그 함마디에서 발견된 여러 영지주의 작품들도 바실리데스와 비슷한 관점을 내비친다. '위대한 셋Seth의 둘째 논고'가 이를 구체적으로 표현한다.[63]

**위대한 셋의 둘째 논고** "[55] 나는 실제로는 죽지 않았소, 다만 외관상으로

63 위대한 셋(Seth)의 둘째 논고 55-56: Bullard/Gibbons (tr.), "The Second Treatise of the Great Seth", 365.

만 (그랬을 뿐이오). … 그들은 자기네 사람을 못 박아 죽음에 이르게 하였소. 그들의 마음이 나를 보지 못했던 탓이오. [56] 그들은 귀가 먹고 눈이 멀었기 때문이오. … 그들은 나를 벌하였소. 그러나 쓸개와 식초를 마신 자는 다른 이, 곧 그들의 아버지였지 내가 아니었소. 그들은 갈대로 나를 쳤소. 어깨에 십자가를 진 자는 다른 이, 곧 시몬이었소. 그들이 가시관을 씌운 이도 다른 이였소. 그때 나는 높은 곳에서 기뻐하고 있었소. … 나는 그들의 무지를 비웃고 있었소. 그리고 나는 모든 권세들을 굴복시켰소."

예수님 대신 시몬이 십자가에 못 박혔으며 그때 예수님은 높은 곳에서 기뻐하고 계셨다는 것이다. 결국 예수님은 십자가에서 돌아가시지 않았다고 한다. 누군가의 죽음으로 인류를 구할 수 없다는 시각에서다.

### 인간 예수와 천상의 그리스도의 구분

인간 예수와 천상의 그리스도를 엄격히 구분하면서 십자가에 못 박힌 자는 예수라는 인간일 따름, 그리스도가 아니라는 관점은 콥트어 베드로 묵시록에 나타난다. 이에 따르면 그리스도께서 예수가 못 박힌 십자가 곁에서 웃고 계셨다고 한다. 여기서 천상의 그리스도는 '살아 계신 예수님', 인간 예수는 대체자라 부른다. 다음은 그리스도가 베드로에게 하신 말씀이다.

**콥트어 베드로 묵시록 81** "[15] 네(베드로)가 보고 있는, 십자가 곁에서 기뻐하며 웃고 계신 분, 이분은 살아계신 예수님이시다. 그러나 그들이 손과 발에 못을 박고 있는 이는, 그분의 육적 부분, 곧 대체자이다. 그들이 수치를 주고 있는 이는 그분과 비슷하게 만들어진 이다."

정경 복음서에서는 예수님이 비웃음을 당하는 입장이지만(마르 15,20; 마태 27,31), 여기서는 거꾸로 그리스도께서 다른 사람들을 보고 웃고 계신다. 예수가 십자가에 못 박혔을 때는 이미 그리스도께서 인간 예수를 떠난 뒤였는데 사람들이 이를 모르고 슬퍼했다는 것이다. 그런 사람들을 보며 그리스도께서 웃으셨다고 한다. "저의 하느님, 저의 하느님, 어찌하여 저를 버리셨습니까?"(마태 27,46; 마르 15,34)라는 절규는 떠나간 그리스도를 향한 인간 예수의 울부짖음으로 해석한다. 한마디로 예수와 그리스도의 완전한 분리다.

리옹의 주교 이레네우스는 예수와 그리스도를 구분하는 자들에 맞서 예수님이 바로 그리스도시라고 고백하면서 그분의 죽음과 부활의 현실성을 강변한다.[64] 마리아에게서 태어나신 바로 그 예수님이 하느님의 아들이시며, 십자가에서 고난을 당하시고 다시 일어나셨다고 한다. 그리고 바로 그 예수가 그리스도시라고 한다. 십자가 고난을 당하기 전에 예수를 떠나간 그리스도 따위는 없다는 것이다(『이단 논박』 3.16.5). 교부는 예수 그리스도께서 십자가에서 돌아가시지 않았다면 제자들에게 자기 십자가를 지라는 말씀도 하지 않으셨을 것이라고 덧붙인다(『이단 논박』 3.18.5). 예수님의 십자가상 죽음은 인류에게 구원을 가져다 준 구원의 제사라는 것이다.[65]

---

64 이레네우스의 말은 바오로 사도의 언명과도 부합한다: "그리스도께서 죽은 이들 가운데에서 되살아나셨다고 우리가 이렇게 선포하는데, 여러분 가운데 어떤 사람들은 어째서 죽은 이들의 부활이 없다고 말합니까? 죽은 이들의 부활이 없다면 그리스도께서도 되살아나지 않으셨을 것입니다. 그리스도께서 되살아나지 않으셨다면, 우리의 복음 선포도 헛되고 여러분의 믿음도 헛됩니다"(1코린 15,12-14).

65 이것이 교부에게는 그 무엇과도 바꿀 수 없는 진실이었다. 그것이 교부가 이해한 하느님의 사랑이었기 때문이다. 이는 요한 1서 저자의 고백과 일맥상통한다. "그 사랑은 이렇습니다. … 그분께서 우리를 사랑하시어 당신의 아드님을 우리 죄를 위한 속죄 제물로 보내 주신 것입니다"(1요한 4,10).

| 십자가 죽음 | | |
|---|---|---|
| 1베드 2,24 | 베드로 복음 4.10 | 야고보 첫째 묵시록 31 |
| 그분께서는 우리의 죄를 **당신의 몸에 친히** 지시고 십자 나무에 달리시어, 죄에서는 죽은 우리가 의로움을 위하여 살게 해 주셨습니다. 그분의 상처로 여러분은 병이 나았습니다. | 그들은 죄인 두 사람을 더 데려와 주님을 그들 사이에 두고 십자가에 못 박았다. 그러나 그분께서는 아무런 **고통도 없는 것처럼** 줄곧 입을 다물고 계셨다. | 나는 단 한순간도, 어떤 일로도 **고난을 겪지 않았소.** 나는 고통을 받지도 않았소. 그리고 이 백성은 나에게 아무런 나쁜 짓도 저지르지 못했소. |

예수님의 십자가 수난과 죽음을 바라보는 관점은 크게 다음 세 가지로 요약된다. 십자가 죽음의 현실성과 의미를 확언하는 신약성경(그리고 니코데모 복음), 그 현실성과 의미를 부정하는 영지주의, 그리고 그 사이 어딘가에 있는 베드로 복음.

십자가의 현실성을 인정하는 신약성경은 예수님과 그리스도의 일체성도 함께 고백한다. 예수님이 곧 그리스도라는 것이다.

베드로 복음은 정통에서 영지주의로 넘어가는 과도기의 시작을 보여 준다. 예수님이 곧 그리스도이며, 십자가에서 돌아가신 분이 곧 부활하신 분이심을 고백한다는 점에서 베드로 복음의 그리스도관은 정통의 관점을 따른다. 그러나 베드로 복음서에 나오는, 십자가상 주님께서 '고통도 없는 것처럼' 침묵을 지키셨다는 표현은 이 복음서의 십자가 신학이 정통에서 영지주의로 넘어가는 길목에, 또는 정통과 영지주의의 경계에서 있음을 보여준다.

십자가의 현실성이나 그 의미를 부정하는 가현주의 작품은 예수와 그리스도를 완벽히 구분한다. 천상의 그리스도는 십자가 사건과 아무 관련 없으며 예수 또는 다른 대체자가 십자가에 못 박혔다는 것이다. 그러면서 일개 한 인간의 십자가 죽음에 대속의 의미는 없다고 한다.

## 부활

십자가 사건을 바라보는 가현주의 시각은 부활 사건에 대해서도 그대로 이어진다. 영지주의자들은 육신의 부활이 아니라 '영적 부활'에 대해 이야기한다. 그들이 말하는 영적 부활에는 '육신'의 요소가 포함되지 않는다. 가령 발렌티누스파 작품으로 여겨지는 '부활에 대한 논고'(NHC I,4)에서는 구원자의 부활에 대해 이렇게 이야기한다.66

> **부활에 대한 논고** 45.14 구원자께서는 15 죽음을 삼켜 버리셨다.67 네가 그것을 모른다고는 생각되지 않는다. 사실 그분께서는 멸하는 세상을 버리셨다. 그분께서는 불멸의 에온으로 변모(변화)하셨다. 그리고 비가시적인 것을 통해 가시적인 것을 20 삼켜 버리신 다음 당신 자신을 일으키시어 우리에게 불사의 길을 선사해주셨다.

죽음을 삼키신 구원자께서 불멸의 에온으로 변모하셨으며 다시 일어나시어 우리에게 불사의 길을 열어 주셨다는 것이다. 이런 식의 영지주의 부활 개념에는 육신의 요소가 끼어들 여지가 없다. 영적 요소 곧 영 또는 정신만 부활에 참여한다는 것이다.68

---

66 '부활에 대한 논고' 본문과 해제는 송혜경, 『영지주의자들의 성서』(개정판)에 소개된다.

67 1코린 15,54: "승리가 죽음을 삼켜 버렸다"; 2티모 1,10: "그리스도께서는 죽음을 폐지하시고, 복음으로 생명과 불멸을 환히 보여 주셨습니다" 참조.

68 부활에 대한 논고에는 뽑힌 이들이 천상으로 돌아갈 때 육신도 가져가리라 암시하는 대목이 있다(부활에 대한 논고 47.1-10). 그러나 이때의 육신은 살아생전의 물질적 육신과 다른 차원의 것으로, 순전히 '영적인' 육신이다. 이는 같은 논고의 다른 대목에서 드러난다: "사실 죽은, 가시적인 지체들, 그것들은 구원받지 못할 것이다. 그 안에 존재하는, 살아 있는 지체들은 다시 일어날 것이다"(47.9-

> **부활에 대한 논고** 45.39 우리는 그분에 의해, 빛살(광선)이 태양에 의해 끌어당겨지듯, 하늘까지 끌어당겨지고 있다. 어떤 것도 우리를 붙잡아두지 못한다. 이것이 40 영적 부활이다. 46.1 그것은 혼적인 것과 육적인 것을 똑같이 삼켜 버린다.[69]

영적인 부활이 혼적 요소와 육적 요소를 삼켜버린다는 것은, 영적인 부활에는 육적 요소와 혼적 요소가 배제된다는 의미다. 다시 말해 영적 부활에는 '영적인 것' 혹은 '영적인 요소'ΠΝΕΥΜΑΤΙΚΗ만 관계될 따름, 혼적인 요소(=영혼)와 육적인 요소(=육신)는 관계되지 않는다. 이러한 부활은 종종 미래의 사건이 아니라 현재의 사건으로 그려지기도 한다. 죽은 뒤가 아니라 살아 있는 동안 부활한다는 것이다.

> **부활에 대한 논고** 48.4 그렇다면, 부활이란 무엇인가? 5 그것은 매순간[70] 이루어지는, 일어난 이들의 드러남이다.

여기서 부활은 '존재하는 것', '일어난 것' 들이 드러남이라고 한다. 이는 두 가지로 해석할 수 있다. 첫째, 부활한 이들이 다른 사람들에게 부활한 모습으로 나타난다는 의미다. 요한 21,1-14에 비추어 읽을 때 이러한 해석이 가능하다. 부활하신 예수님께서는 제자들에게 '자신을 드러내셨다'(21,1)고 한다. 그리고 제자들에게 '나타나셨다'고 한다(21,14). 둘째, 부활이란 가시적인 것 안에 숨겨져 있던 비가시적인 것이 밝히 드러나는 일

---

48,4). 가시적인 지체들 안에 존재하는 '살아 있는 지체들'은 영적 요소를 가리킨다. 이 영적 요소는, 우리가 천상계로 돌아갈 때 입을 영적 육신이다.

69 또는, '이것이 혼적인 것과 육적인 것을 삼켜 버리는 영적 부활이다.' '삼켜 버리다'는 파괴, 폐지를 의미한다(1코린 15,54; 2티모 1,10 참조).

70 또는 '항상', '언제나', '매번.'

이라는 의미다. 이러한 부활 개념은 죽음 이전에 이루어지는 것과 죽음으로 이루어지는 것 둘 다를 포괄한다. 살아생전에 일어나는 부활은 깨달음을 얻은 이들에게 일어나는 영적 변화다. 죽음으로 이루어지는 부활은 첫 번째 부활의 완성으로서 생전에 부활을 체험한 이들에게만 가능하다. 여기서 부활을 '매순간' 이루어지는 것으로 묘사한 점을 주목하라. 부활했다는 사실이 늘, 언제나, 매순간 밝히 드러난다는 것이다. 이러한 현재적 부활 개념은 다음 본문에서도 드러난다.

> **부활에 대한 논고** "45.25 우리는 그분과 함께 고난을 겪고 그분과 함께 일어났으며 그분과 함께 하늘로 올라갔다."[71]

부활에 대한 논고는 뽑힌 이들이 그리스도와 함께 고난과 부활, 상승까지 겪었음을 고백한다. 이를 통해 실현된 종말론의 관점이 부각된다. 부활에 대한 논고 49.11-16도 마찬가지다.

> **부활에 대한 논고** "49.11 일치를 위해 이 육신을 따라 살지 마라! 분열과 15 속박에서 달아나라. 너는 이미 부활을 가졌다."[72]

부활의 현재성은 또 다른 발렌티누스파 작품 '필립보 복음'에서도 드러난다.

> **필립보 복음** 56.16 "주님께서는 먼저 돌아가셨다가 일어나셨다"고 말하는 사람들은 오류에 빠졌습니다. 그분께서는 먼저 일어나셨고 그 다음에 돌아가

---

71 로마 6,8; 8,17; 에페 2,4-6; 콜로 2,12; 3,1-3.

72 2티모 2,18과 비교하라: "이자들은 진리에서 빗나가, 부활이 이미 일어났다고 말하면서 몇몇 사람의 믿음을 망쳐 놓고 있습니다."

셨기 때문입니다."

**필립보 복음** 66,16 우리가 이 세상에 있는 동안에 부활을 획득하는 것이 좋습니다. 그래야 우리가 육신의 옷을 벗었을 때 안식 안에 머물고 20 중간 지대에서 돌아다니지 않을 것입니다.

부활에 대한 논고에서 부활은 전우주적 차원으로 확장된다.

**부활에 대한 논고** 48,33 부활은 굳건히 서 있는 진실이다. 그리고 그것은 존재하는 것의 35 드러남이며, 사물의 변화다.[73] 그리고 새로움으로의 전환이다.[74] 불멸성이 49,1 멸하는 것 위에 내려오고, 빛이 어둠 위에 내려와 그것을 삼켜 버리며 5 플레로마는 결핍된 것을 채운다. 부활이 상징하고 비유하는 것이 바로 이런 것들이다.

이에 따르면 부활은 사물들의 변화이며 새로운 것으로의 변형이다. 또한 불멸성이 필멸성 위로 내려오고 빛이 어둠으로 내려와 삼켜버리는 것, 그리하여 플레로마(천상계)가 결핍을 메우고 완전성을 회복하는 것이다. 이 대목에서 저자는 미래에 일어날 집단적 부활을 염두에 두고 있는 듯하다. 부활은, 각 개인이 현재에 겪는 사건이지만 인류 전체, 우주 전체가 미래에 겪을 집단적 사건이기도 하다는 것이다. 부활 개념 안에 과거와 현재와 미래, 그리고 개인과 인류 전체, 이 세상과 플레로마의 운명이 교차하고 있음을 알 수 있다.

어떻든 부활은 영의 부활이며 이는 죽었던 육신이 되살아나는 것이 아니라, 영의 변화와 천상계 귀환, 나아가 플레로마의 복원에 이르는 일련

---

73 1코린 15,51-52 참조: "우리 모두 죽지 않고 다 변화할 것입니다. … 죽은 이들이 썩지 않는 몸으로 되살아나고 우리는 변화할 것입니다."

74 로마 6,4 참조.

의 과정에 대한 상징이자 비유라고 한다.

이처럼 영지주의 부활 개념은 신약성경 특히 복음서에서 제시하는 육신의 부활 개념과 거리가 멀다. 십자가 죽음의 의미가 부정되는 영지주의 작품에서 육신의 부활의 의미도 축소·부정되는 것도 당연할 것이다.

신약성경과 신약 외경, 특히 영지주의는 예수님의 십자가와 부활을 바라보는 관점이 서로 다르다. 신약성경은, 예수 그리스도께서 우리 죄를 짊어지고, 우리를 대신하여 십자가에서 돌아가심으로써 우리와 하느님의 관계를 회복시키셨다고 가르친다. 영지주의자들은 십자가 사건 자체를 부인하지는 않지만(대체자 혹은 예수의 죽음으로 해석) 그렇다고 그 사건에 특별한 의미를 두지도 않는다. 육체에 가해지는 고통이나 죽음으로 다른 사람의 생명을 되살릴 수 있다고 여기지 않기 때문이다. 그들에게 육체는 그저 소멸할 물질에 지나지 않는다. 영지주의자에게 십자가상 죽음은 인간의 죄를 위한 대속적 죽음이나 속죄 행위가 아니다. 기껏해야 십자가는 그리스도가 예수를, 곧 영이 육체를 벗어나야 함을 보여 주는 상징적 행위일 따름이다. 그들에게 그리스도는 죽음으로 인간의 죄를 속죄하는 희생제물이 아니다. 무지에 빠진 인간에게 영적 지식을 일깨움으로써 육체의 속박에서 벗어나게 해 주는 해방자다. 그리고 이러한 해방이 부활이라 일컬어진다.

이처럼 신약성경의 예수 그리스도와 영지주의자들의 그리스도는 다르다. 구원자의 본질도 구원하는 방식도 모두 근본적으로 차이가 난다. 그래서 십자가의 의미도, 부활의 의미도 서로 다를 수밖에 없다.

## 영지주의와 십자가

영지주의자들은 왜 십자가를 부정할까? 해답은 그들의 세계관 곧 인간, 세상, 하느님, 그리고 그들 사이의 관계를 바라보는 관점에 있다. 그런 의미에서 영지주의 세계관을 살펴보도록 하자. 이를 통해 십자가 사건을 대하는 그들의 관점도 이해할 수 있을 것이다.

그리스도교와 헬레니즘이 만나 생겨난 영지주의는, 영적 지식(그노시스)을 구원의 길로 제시하는 사상 체계로서 2-3세기 그리스도교에서 만개하였다. 현 세상을 악한 것이라 여기는 영지주의자들은, 세상을 만든 창조주가 어리석고 악한 하급신이어서 세상이 악하다고 가르친다. 그리고 참하느님은 따로 있으며 이 세상과 무관하다고 한다. 천상계의 하느님과 지상계의 창조주가 완전히 다른 존재라는 것이다. 요한의 비전은, 신관·인간관·구원관을 비롯한 영지주의 신학을 창조신화의 형태 안에 담아내고 있다. 요한의 비전을 통해 이들의 사고 흐름을 따라가 보자.

하느님과 그분에게서 유출된 에온이라는 신적 존재들이 천상계(플레로마)를 구성한다. 하느님에게서 남녀 한 쌍의 에온이 유출되고 다시 그 에온 쌍에서 다른 쌍이 유출되는 식이다. 하느님과 에온 쌍들로 이루어진 천상계는 아무 결핍이 없이 완전한 영적 세계였다. 이름도 '충만'을 뜻하는 플레로마였다. 그런데 에온들 가운데 최하위인 소피아가 하느님을 흠모하여 짝인 남성 에온의 동의도, 하느님의 허락도 구하지 않은 채 독단적으로 소생을 본다. 그 소생이 나중에 세상을 만든 창조주라고 한다. 천상계 질서를 깨고 태어난 결과물이 지상계의 창조주가 된 셈이다.

소피아의 소생이 지상계 창조주가 된 과정은 이렇다. 소피아는 자신이 낳은 자식이 괴물처럼 생긴 것을 보고 플레로마 바깥으로 던진다. 그 과정에서 소피아의 영이 소생에게 넘어가는데, 이로써 플레로마에도 결핍이 생겼다. 소생에게 넘어간 소피아의 영만큼 플레로마에 구멍이 생긴 것이다. 소피아의 독단적 행위는 결국 플레로마의 결핍을 초래한다. 이 일련의 과정은 소피아의 타락Fall이라 불린다.

한편 플레로마 바깥에 버려진 소피아의 소생은 수하세력들과 물질계를 만든다. 이로써 소생은 창조주가 되고 그로 인해 세상, 곧 물질계가 시작된 것이다. 창조주는 자신이 피조물에 지나지 않는데도 참하느님이 계시다는 것을 알지 못한 채 '나 말고 다른 신은 없다'고 외친다. 이처럼 창조주는 어리석고 오만한 존재, 참하느님이 아닌 반쪽짜리 하급신일 따름이다. 결국 불완전한 하급신이 창조한 세상도 불완전할 수밖에 없다. 세상에 고통과 악이 존재하는 이유다.

이어서 창조주는 수하세력과 함께 그들을 시중들 인간을 만든다. 그런데 그 인간이 움직이지 못하자 천상계의 에온들이 창조주를 꾀어 인간에게 '숨'을 불어넣게 만든다. 창조주에게 빼앗긴 소피아의 영(=숨)을 되찾으려는 의도였다. 에온들의 꾐에 넘어가 '영'을 인간에게 내어준 창조주는 이제 인간보다 어리석은 존재가 된다. 영을 간직한 인간이 창조주보다 더 똑똑해진 것이다. 그래서 창조주는 인간을 시기하는 질투의 신이기도 하다.

그런데 영이 인간의 육체에 들어가자 문제가 생긴다. 영이 자신의 기원을 망각해버린 것이다. 그래서 인간은 지금 사는 세상과 자신의 육체가 전부인 것처럼 여기게 되었다. 그러나 물질로 된 육체는 참된 나가 아니다. 진정한 나는 영이며, 이 영의 본향은 물질계가 아니라 천상계다. 이 사실을 잊고 있지만 인간은 자신 안에 간직한 영으로 인해 이를 깨달을 가능성이 있다. 이때 참나가 영이며 그 기원이 천상계임을 깨닫는 것, 곧 참하느님이 존재하시며 자신이 궁극적으로 그 하느님에게서 유래했음을 깨닫는 것이 바로 영적인 지식, 그노시스다. 인간은 오직 이런 깨달음을 통해서만 물질계를 벗어나 천상계로 되돌아갈 수 있다. 구원이, 믿음이나 행업으로가 아니라 앎(깨달음)으로 이루어진다는 것이다.

그런데 문제가 더 있다. 창조주와 그 수하세력들의 방해공작이 그것이다. 그들은 인간이 깨달음을 얻어 천상계로 돌아가는 것을 용납하지 못하고 끊임없이 방해한다. 살아서는 인간으로 하여금 물질과 세상에만 눈 멀게 만들어 자기 안에 깃든 '영'의 존재를 깨닫지 못하게 하고, 죽어서는 천상계로 돌아가는 길목을 막아서서 인간의 영이 하느님께 올라가지 못하게 한다. 이 모든 방해를 물리치고 천상계로 귀환하기 위해서는 외부의 도움이 필요하다. 자신의 기원과 천상으로 가는 길을 알려 줄 계시자가 필요한 것이다.

그리하여 영지주의자들은 구원자를, 인간을 깨달음으로 인도할 계시자로 여긴다. 구원자 그리스도는 깨달음을 일깨우는 계시자이지 인간의 죄를 대신해서 죽는 대속자가 아니라는 것이다. 죄라는 것이 없으며 죄가 있다면 그 죄는 자신이 누구인지 모르는 '무지'라고 한다. 따라서 중요한 것은 무지의 타파이지 죄의 용서가 아니다. 무지를 일깨워 줄 스승이 필요하지 인간을 위해 대신 죽을 희생양은 필요 없다. 이러한 구원관에서 십자가가 차지할 자리는 없다. 영지주의자들이 십자가에 아무 의미를 두지 않는 이유다.

# 예수님의 저승 방문

## 니코데모 복음

니코데모 복음 17-27장, '예수님의 저승 방문' 이야기는, 그리스도께서 "감옥(저승)에 있는 영들에게도 가시어 말씀을 선포하셨다"는 1베드 3,19에 바탕을 두었을 것이다. 이 이야기는 시몬의 두 아들이 기록한 것으로 설정되어 있다(17). 예수님의 십자가 처형 얼마 전에 죽어서 무덤에 묻혔던 두 형제가 저승에 내려오신 예수님에 의해 다시 살아났다고 한다. 그들은 예수님이 돌아가신 뒤 사흘 동안 저승에서 일어난 일을 증언할 목적으로 이 땅에 파견되었다고 한다.

### 줄거리

니코데모 복음 17-27에 담긴 두 아들의 증언은 이렇다. 시몬의 두 아들은 죽어서, 세상이 시작된 이래 죽은 모든 이들과 함께 저승(하데스)에 있었다. 첫 인간인 아담과 그의 아들 셋Seth, 그리고 믿음의 조상 아브라함을 비롯한 구약의 성조들과 예언자들은 물론 신약의 세례자 요한도 저승에 있었다. 그런데 예수님께서 돌아가신 날 밤 태양같이 눈부신 빛이 일어나 저승을 비추었다. 그러자 아브라함은 기쁨에 차서 성조들과 예언자들과 함께 그 빛은 위대한 빛에서 나오는 것이라 외친다. 그곳에 있던 이사야는, 그 빛이 어둠에 앉은 백성이 보게 되리라 자신이 예언한 바로 그 빛이라 증언한다(18).

이때 어둠의 상속자 사탄이 와서 하데스(여기서는 '저승'을 뜻하는 하데스가 인격화되어 있다)에게 말을 건다. 유다인들 가운데 예수라는 사람이 있는데 그가 스스로 하느님의 아들이라 부르지만 사실 한갓 인간에 지나지 않는다고 한다. 그리고 자신이 유다인들을 부추겨 그를 십자가에 못 박아 죽였으니 그자를 저승에 가둘 채비를 하라고 이른다. 그자가 지상에 사는 동안 자신을 몹시 곤란하게 만들었다는 것이다. 곧 예수가 사탄의 부하를 만날 때마다 쫓아버리고, 사탄이 눈멀게 만든 이나 나병 환자들을 말 한마디로 낫게 만들었으며, 죽어서 묻히기 직전인 자들도 말 한마디로 살려냈다고 한다. 그러면서 사탄은 하데스에게, 이제 그자가 죽었으니 그자를 가둘 채비를 하라고 다시 이른다. 이에 하데스는, 그자가 한마디 말로 죽은 자도 살려내고 무덤에서도 구출해냈다면 사탄과 자신이 무슨 수로 그를 잡아두겠느냐고 반문한다. 오히려 그자가 와서 저승에 있는 모든 이를 데리고 나갈까 두렵다고 말하면서 자기에게 데려오지 말아달라고 부탁한다. 그자가 저승에 온다면 죽은 이를 살려내기 위해서일 거라면서 "당신(사탄)이 그를 여기 데려온다면 죽은 자들 가운데 누구도 내게 남겨지지 않을 것입니다" 하고 말한다(20).

사탄과 하데스가 말을 나누는 동안 "너희 우두머리들아, 문들을 열어라! 그리고 열려라, 영원의 문들아! 영광의 임금께서 들어오실 것이다"(시편 24,7 참조) 하는 소리가 천둥처럼 울려 퍼진다. 하데스는, 사탄에게 그분과 대적하러 나가라고 청하고 마귀들에게는 성문을 내리고 빗장을 걸어두라고 부탁한다. 이 말을 듣고 모든 성조들이 비웃는다. 앞의 시편 말씀과 "죽은 이들이 되살아날 것입니다. 무덤 속에 있는 이들이 일으켜질 것입니다. 그리고 땅 속에 있는 이들이 환호할 것입니다"고 한 이사야의 말(이사 26,19 참조)이 모두 이분을 두고 한 예언이었다는 것이다.[75] "열려라, 문들아!" 하는 소리가 두 번째로 울리자 저승의 성문들이 산산조각 나고

75 시편과 이사야서의 말씀이 예수님을 두고 한 예언이라는 말에는 중요한 뜻이 담겨 있다. 예수님이 구약이 약속하신 분이라는 의미를 담고 있어서다. 니코데모 복음은, 구약과 신약이 연속선상에 있다는 신약성경의 시각을 계승하고 있다.

쇠 빗장이 부서지면서 죽은 이들을 결박하고 있던 사슬들이 풀린다. 그리고 영광의 임금님께서 사람의 모습으로 들어오시어 저승의 모든 곳을 비추신다(21).

그러자 하데스가 부르짖는다.

> 22장 "우리가 졌습니다. 우리에게 저주 있으라! 그런데 이런 권위와 힘을 가지신 당신은 누구십니까? 죄 없이 이곳에 오신 당신은 어떤 분이십니까? 작은 이로 보이시나 큰 힘을 가지신 분이시여! 낮추어지셨으나 현양되신 분이시며, 종이시나 주인이신 분! 용사이자 임금이시여! 죽은 이들과 산 이들 위에 군림하시는 분! 십자가에 못 박히셨으며 무덤에 묻히신 분! 그리고 이제 자유롭게 되시어 우리의 모든 능력을 쳐부수신 분이시여! 당신이 혹시 예수님이십니까? 최고수장 사탄이 우리에게 '십자가와 죽음을 통해 온 세상을 상속받으실 분'이라고 말했던 그분이십니까?"

영광의 임금께서는 천사들을 시켜 사탄의 사지를 쇠로 결박한 다음 그자를 하데스에게 넘기시면서 말씀하신다. "이자를 받아서 내가 다시 올 때까지 단단히 붙잡아 두어라!"(22).

결국 사탄은 주님의 재림 때까지 저승에 갇혀 있어야 한다. 하데스는 사탄을 저승 안에 받아들이면서 한탄한다. 사탄 때문에 저승에 있던 모든 이들이 풀려났기 때문이다. 그리고 사탄이, '지식의 나무'를 통해 자기가 얻은 모든 것을 '십자가 나무'를 통해 잃어버렸으며, 영광의 임금을 죽이기를 원했으나 자살한 꼴이 되었다고 비웃는다(23).

이때 영광의 임금께서 아담에게 손을 뻗으시어 잡아 일으키시며 다른 모든 이들을 향해 당신을 따르라고 하신다. 그리고 "내가 십자가 나무를 통해 너희 모두를 다시 일으킨다" 하고 선포하신다(24). 그런 다음 아담을 비롯한, 저승에서 구출한 모든 이들을 낙원으로 인도하시어 대천사 미카엘에게 넘기신다. 낙원에서 그들은, 죽음도 저승도 겪지 않은 두 사람,

에녹과 엘리야, 그리고 예수님 말씀대로 저승을 거치지 않은 십자가의 오른쪽 강도를 만난다. 그리고 모든 성도들이 주님을 찬양한다(25-26). 이로써 시메온의 두 아들의 목격담이 끝난다(27).

## 신학: 예수님은 누구신가?

### 사탄과 죽음을 쳐부수신 분

니코데모 복음에 담긴 '예수님의 저승 방문 이야기'가 전하는 메시지는 간단하다. 예수님께서 십자가상에서 처참하게 돌아가셨지만, 그래서 사탄이 승리한 듯 보이지만 사실은 그와 정반대라는 것이다. 처형되신 예수님께서 저승에 가시어 사탄과 마귀들을 물리치시고 거기 갇힌 모든 이들을 풀어주신다. 그제야 비로소 세상 창조 때부터 줄곧 저승에 갇혀 있던 이들이 하늘로 올라갈 수 있게 되었다. '지식의 나무'(곧, 선과 악을 알게 하는 나무: 창세 2,9)를 통해 죽었던 자들이 '십자가 나무'를 통해 다시 살아났다.[76] 예수님 말씀 그대로 '십자가 나무'를 통해 저승에 갇혀 있던 이들을 다시 일으켜 세우신 것이다.

결국 예수님의 십자가 죽음은 패배가 아니라 승리였다. 예수님을 저승에 가두어 두려던 사탄의 계략은 물거품으로 돌아가고 오히려 자신만 그곳에 갇히는 신세가 되었다. 예수님의 죽음은 죽은 모든 이들을 구출해 내기 위한 죽음, 나아가 '죽음' 자체를 이기기 위한 죽음이었던 것이다.[77] 이로써 그리스도의 구원은 시대와 장소를 넘고, 산 이와 죽은 이의 경계

---

76 로마 5,17 참조: "사실 그 한 사람의 범죄로 그 한 사람을 통하여 죽음이 지배하게 되었지만, 은총과 의로움의 선물을 충만히 받은 이들은 예수 그리스도 한 분을 통하여 생명을 누리며 지배할 것입니다."

77 1코린 15,26 참조.

를 넘어, 삶과 죽음의 경계까지 넘어섰음을 알 수 있다.

### 인성과 신성

니코데모 복음서는 그리스도의 본성에 대한 깊은 통찰을 담고 있다는 점에서도 중요하다. 예수님의 인성과 신성에 대한 성찰은 '저승' 대목에서 완연히 드러난다. 사탄이 저승 하데스에게 예수님을 고발하는 장면이다. 사탄은, 예수가 하느님의 아들이라 자부하지만 사실은 한갓 '인간'일 뿐이라고 하면서 그자가 괴로워 죽을 지경이라고 말하는 것도 들었다고 한다. 그러면서 자기가 유다인들을 선동하여 예수님을 죽게 했으니 하데스에게 저승에 잘 붙잡아 두라고 한다. 사탄의 말에는 예수님의 신성을 인정하지 않는 입장이 담겨 있다. 예수는, 사탄에 의해 죽임을 당할 수 있는 인간일 뿐이라는 것이다.

어떻든 일이 사탄의 계획대로 진행되지는 않는다. 예수님께서 저승에 내려오시자 한처음부터 저승에 갇혀 있던 죽은 이들이 모두 풀려나고 저승이 텅 비게 된다. 그리고 거꾸로 사탄이 저승에 갇힌다. 사탄이 '인간'일 뿐이라고 했던, 그리고 자기가 죽게 만들었다고 했던 예수님이 사실은 '죽음'을 이기신 분, 사탄을 저승에 가두신 하느님이심이 밝히 드러난 것이다.

예수님의 본성에 대한 시각은 니코데모 복음 1-16장을 통해서도 드러난다. 우선 예수님의 어머니에게 붙여진 '하느님의 어머니'(θεοτόκος 테오토코스) 호칭이다. θεοτόκος의 더 정확한 뜻은 '하느님을 낳은 사람'이다. 그리스도의 신성을 드러내는 이 호칭은, 예수님이 하느님이라는 고백과 다름이 없다. 그렇다고 니코데모 복음서에서 예수님의 인성이 간과된 것은 아니다. 예수님의 신성과 인성에 대한 성찰은 십자가 죽음과 그 이후에 일어난 놀라운 일들을 목격한 유다인들과 로마인 군사의 고백에서 드러난다. 예수님이 돌아가신 뒤, 온 땅에 지진이 나고 바위가 벌어지며 죽은 자들의 무덤이 열리고 성전 휘장이 찢어진다. 유다인들은 이 모든 일들에 두려워져서 "이 사람은 정말로 의로운 분이셨다"[78] 하고 말하고 거기 서 있던 백인대장은 "참으로 이분은 하느님의 아들이셨다"[79] 하고 말한다(11.1). 유다인들의 입에서는 '의로운 분' 곧 의인이라는 외침이, 로마인의 입에서는 '하느님의 아들'이라는 고백이 나왔다는 점이 흥미롭다. 유다인은 예수님의 인성을 향해,[80] 이방인은 예수님의 신성을 향해 고백한 모양새다. '의로운 분'과 '하느님의 아드님'이라는 두 표현은 예수님의 신성과 인성을 조화시키려 한 저자의 노력을 엿보게 한다.

니코데모 복음은, 정통 교회의 신학과 신앙의 범위 안에 있었던 사람이 쓴 것이 분명하다. 교회 안에 전해 내려오는 예수님의 수난과 부활 이야기, 그리고 그분의 인성과 신성에 대한 숙고를 교회의 신학적 테두리 안에서 확장해 놓은 결과물이 니코데모 복음서라고 보아도 무방할 것이다.

지금까지 신약 외경에서 예수님을 어떻게 그리고 있는지 살펴보았다. 예수님의 탄생과 성장에 대해서는 야고보 원복음과 토마 유년기 복음, 활동상에 대해서는 토마 복음, 십자가 죽음에 대해서는 베드로 복음과 니코데모 복음 및 다른 영지주의 작품을 골랐다. 이 책들 밑바탕에 공통적으로 깔려 있는 것은 예수님은 누구신가? 하는 물음이다. 신인가, 인간인가? 신이기도 하면서 인간이기도 한가? 신이라면 역사 안에서 인간처럼(?)

---

78 루카 23,47 참조.

79 마태 27,54 참조.

80 루카 23,47에 따르면 "정녕 이 사람은 의로운 분이셨다" 하고 말한 사람은 백인대장이었다. 예수님이 의인이셨다는 로마인의 고백을 '유다인들'의 고백으로 바꾼 점은 의미심장하다.

살다 간 그분을 어떻게 이해해야 하는가? 인간이라면 하느님의 아들이라는 믿음은 거짓이요 착각인가? 신이자 인간이라면, 다소 모호한 이 개념을 어떤 식으로 이해해야 하는가? 하는 물음이다. 사실 이 물음은 초대교회 때부터 줄곧 있어왔다. 곧 예수님의 본성과 정체를 둘러싼 신학논쟁이 끊이지 않았으며 예수님의 정체 문제는 여러 공의회의 주요 쟁점이 되기도 하였다. 신약 외경에도 그러한 논쟁의 역사(의 시초)가 숨어 있다.

야고보 원복음 필사본에 붙은 '마리아, 하느님의 어머니θεοτόκος'라는 제목도 예수님 본성을 둘러싼 논의들을 상기시킨다(니코데모 복음은 본문에서 대놓고 마리아를 하느님의 어머니라 부른다). 예수님의 인성과 신성은 불가분의 것이라, 마리아도 인간 예수만의 어머니가 아니라 하느님의 어머니시기도 하다는 믿음이다. 야고보 원복음에서 마리아의 기적적 출생이나 출산 후 동정이 부각된 것도 예수님의 신성 문제와 관련 있다.

토마 유년기 복음이 꼬마 예수를, 사람을 죽이기도 하고 살리기도 하는 신적 존재, 창조 이전부터 하느님과 함께인, 지혜가 충만한 존재로 제시하면서도 줄곧 악동 이미지를 고수한 것도 예수님의 정체 문제와 관련 있다. 예수님은 신성과 인성을 모두 갖추신 분임을 드러내려는 것이다.

토마 복음서에서는 예수님이, 인류에게 지혜를 가져다 준 여느 지혜의 스승처럼 그려지면서도 그 이상의 존재임도 함께 드러난다. 토마의 예수님이 전해준 것은 보통의 지혜라기보다는 인간의 처음과 시작에 관한 근원적인 앎이다. 곧 예수님은 우리가 누구이며 어디서 와서 어디로 가는지 깨닫도록 일깨워주는 계시자, 어느 곳에나 현존하시는 신적 계시자다. 여기에도 예수님의 신성과 인성 문제가 밑바탕에 깔려 있다. 토마 복음을 편집사적 관점에서 볼 때 후기 전승층으로 갈수록 (곧 영지주의 경향이 짙어질수록) 예수님의 신성이 강조된다. 토마 복음은 정통과 영지주의의 갈림길에 서 있다고 말할 수 있다.

베드로 복음의 그리스도론은 정통 그리스도론에서 가현주의로 옮겨 가는 길목에 있다고 볼 수 있다. 곧 예수님의 인성과 신성을 모두 인정하

| 예수님, 당신은 누구십니까? — 예수님의 인성과 신성 문제 | |
|---|---|
| 야고보 원복음<br>토마 유년기 복음<br>니코데모 복음 | 예수님의 인성 및 신성의 균형과 조화 모색 |
| 토마 복음 | 인성과 신성을 모두 인정하되 '신성'쪽으로 무게가 실린 모양새 |
| 영지주의 | 인간 예수와 천상의 그리스도의 분리,<br>그리스도(구원자)의 신성만 인정 |

지만 부활하신 그리스도의 신성을 부각시키려는 모양새다. 부활하신 분의 머리가 하늘 위로 솟아 있더라는 표현이 이를 드러낸다(10.40).[81]

영지주의 작품에서는 신성 쪽으로 치우치는 경향이 더 뚜렷해진다. 가령 콥트어 베드로 묵시록, 위대한 셋의 둘째 논고와 같은 본격적 영지주의 작품에서는 구원자의 인성은 부정되고 오직 신성만 부각된다. 그리고 인간 예수와 천상의 그리스도가 완선히 구분되기에 이른다. 인간 예수는 천상의 그리스도가 잠시 머물다간 옷에 지나지 않는다. 그리스도는 인간 예수의 몸을 빌려 깨달음과 빛을 전해준 뒤 십자가 사건이 일어나기 전에 인간의 몸을 떠났다는 것이다. 이처럼 영지주의 그리스도는 인간 예수와 본질적으로 구분되는 존재다. 이로써 영지주의 그리스도는 '역사'와 무관한 존재로 탈역사화한다. 역사의 예수도 십자가도 영지주의자들에게는 아무 의미가 없다. 그들에게 중요한 이는 깨달음을 일깨우는 천상

81 부활에 대한 논고에 나오는, 구원자께서 죽음을 삼키시고 불멸의 에온으로 변모하셨다는 표현은, 부활한 주님이 하늘 위까지 솟은 모습이었다는 베드로 복음의 연장선에서 읽을 수 있다. 베드로 복음이, 부활에 대한 관점에서도 정경과 영지주의 사이 어디쯤엔가 (그러나 정경 쪽에 더 가까이) 있었음이 드러난다.

의 그리스도뿐이다. 이런 영지주의 그리스도론에서는 육신의 부활이 아무 의미가 없다. 그래서 예수님의 부활도 육신과 상관없는 영적인 부활로 해석된다.

한편 정통 편에 선, 니코데모 복음은 십자가 죽음과 부활, 그리고 예수님의 저승 방문 이야기를 통해 십자가 죽음의 의미를 잘 보여주고 있다. 이와 함께 예수님이 사람이자 하느님의 아들이심도 드러난다. 사람으로서 십자가에서 돌아가셨던 분께서 하느님으로서 저승에 가시어 사탄과 죽음을 물리치신다. 주님께서 몸소 저승에 내려가시어 아담부터 세례자 요한에 이르기까지 저승에 갇혀 있던 모든 사람을 풀어주어 하늘로 올라가게 하신 것이다. 그리고 그들 대신 사탄을 저승에 가두신다. 예수님의 죽음이 실패가 아닌 승리의 죽음, 저승에 갇혀 있던 사람들의 해방을 알리는 죽음이었던 것이다.

*

인간 예수와 하느님 예수 그리스도, 또는 역사의 예수와 신앙의 그리스도, 둘 다 예수님의 본모습이다. 교회는 그리스도이신 예수님이 참인간이자 참하느님이시라고 고백한다. 제자들의 기억 속에 생생히 각인된 역사의 예수님을 잊어서도, 인간적 차원에 묶여 그분에게서 지상 세계 이상의 현실을 보지 못해서도 그분을 제대로 안다고 말할 수 없다. 그분께서는 살아서도 죽어서도, 그때도 지금도 그리고 앞으로도 우리와 함께 계신 역사의 예수님이자 신앙의 그리스도시다.

예수님이 누구신가? 하는 물음은 그리스도교 신앙 앞에서 선 이라면 누구도 피할 수 없는 문제다. 초세기 교회의 저자들은 나름의 방식으로 이 물음에 대한 다양한 답변을 내놓았다. 그리고 그 결과물들이 우리 눈앞에 펼쳐져 있다. 어떤 것은 신약성경 안에, 어떤 것은 그 바깥에. 신약성경 바깥에 놓인 답변들이 신약성경의 답변들과 크고 작은 차이를 보이지만 그 또한 교회 안에서 나온 답변들임을 기억해야 한다. 소수의 외침이라 하더라도 그 소수의 외침 안에서 숨은 보물을 찾아낸다면 이 또한 의미 있는 일일 것이다.

# IV. 예수, 탈무드의 기억

*b. Sanhedrin* 106a

*b. Shabbat* 104b

*b. Sanhedrin* 107b

*b. Sanhedrin* 103a

*b. Avodah Zarah* 27b

*b. Avodah Zarah* 16b-17a

*b. Sanhedrin* 43a

*b. Gittin* 56b-57a

예수님 시대 유다인들은 그분을 어떠한 존재로 여겼을까? 이에 대한 가장 중요한 실마리는 신약성경 복음서가 제공한다. 네 복음서는, 당시 유다인들 가운데 예수님을 하느님께서 보내신 메시아로 믿고 따랐던 이들이 있었음을 증언한다. 그런데 그렇지 않은 이들도 있었음도 숨김없이 드러낸다. 사실 전자보다 후자가 훨씬 더 많았다. 가까운 친지들도 그분이 미쳤다고 오해했다. 예수님의 재판과 십자가 처형 과정은 당시 유다인들이 예수님을 어떤 시선으로 바라보았는지 가장 극명하게 보여준다. 그분께서 십자가 처형을 당하게 된 것이 우발적 사고가 아니었던 것이다.

그분을 향한 유다인들의 시각을 엿볼 수 있는 자료는 네 복음서 말고도 더 있다. 135년 순교자 유스티누스가 쓴 『트리폰과의 대화』는 당시 유다인들 사이에서 떠돌던 예수님에 대한 소문을 담고 있다. 예수님의 부활이 거짓이라는 소문이다. 이 소문을 입에 올린 사람은, 유스티누스가 창작한 가상의 인물, 트리폰이라는 유다인이다. "갈릴리 출신의 사기꾼 예수를 우리가 십자가에 못 박았다가 십자가에서 끌어내려 무덤에 안치해 두었다. 그런데 밤중에 그 제자들이 시신을 무덤에서 훔쳐내어서는 그자가 죽은 이들 가운데서 일어나 하늘에 올라갔다고 주장하면서 사람들을 속이고 있다"는 것이다(『트리폰과의 대화』, 108). 이 소문의 원 출처는 마태 28,12-15이다. 유다교 지도자들이 예수님 무덤을 지키던 경비병을 매수하여 제자들이 시신을 훔쳐 갔다고 말하도록 시켰다는 것이다. 그 때문에 제자들이 예수님의 시신을 훔쳐 갔다는 소문이 퍼져 있다고 한다. 『켈수스 논박』에서는 예수님에 대한 소문을 더 신랄하게 전한다. 본디 2세기에 저작된 이 작품의 원본은 소실되고 오리게네스의 작품에 그 인용문이 전해진다. 켈수스는 예수님이 동정녀에게서 탄생하셨다는 말을 비웃고 세례 때 성령께서 비둘기 형상으로 그분께 내려오셨다는 이야기도 조롱한다. 그리스도인들 말고는 이를 목격한 사람이 아무도 없다는 것이다(1,28; 1,48).

예수님을 향한 유다인들의 시선은 다른 곳에서도 확인할 수 있다.

기원후 1-7세기 유다교 라삐들이 만들고 집대성한 탈무드가 그것이다. 지금 살피려하는 것이 바로 이 탈무드다.

사실 교회가 처음부터 탈무드에 관심을 가진 것은 아니다. 교회가 본격적으로 탈무드에 관심을 기울인 것은 13세기 이후부터다. 1236년 그리스도교로 개종한 유다인 니콜라스 도닌Nicholas Donin이 교황 그레고리우스 9세에게 탈무드를 고발한 사건이 계기가 되었다. 탈무드에 예수님과 그리스도교를 모독하는 내용이 담겨 있다는 것이다. 그 뒤 수차례의 논쟁을 거쳐 16세기에는 탈무드가 교회의 'Index Expurgatorius'(불온 서적 목록)에 포함되었다.[1] 그리고 검열을 통해 탈무드에서 논란이 될 만한 대목들이 변경 또는 삭제되었다. 이 검열 작업의 타격을 제일 크게 입은 것은 단연 예수님과 관련된 본문일 것이다. 이런 일련의 과정들은 예수님에 관한 내용, 적어도 예수님을 연상시키는 인물에 관한 내용이 탈무드에 담겨 있음을 반증한다. 이런 사정을 염두에 두면서 탈무드가 그리는 예수님 모습을 알아보려 한다. 먼저 탈무드란 무엇인지, 탈무드가 유다교에서 차지하는 위치는 어떠한지 알아볼 것이다. 그런 다음 탈무드에 나타난 예수님을, 탄생·활동·죽음 이렇게 세 파트로 나누어 살피볼 것이다.

---

1 Maccoby, *Judaism on Trial: Jewish-Christian Disputations in the Middle Ages* 참조.

# 탈무드의 예수 탐구

## 1. 탈무드란?

❖ 탈무드에 대해서는 두 현직 라삐가 저술한 탈무드 입문서, 카츠/슈워츠, 『원전에 가장 가까운 탈무드』를 보라. Steinsaltz, *Reference Guide to the Talmud* 도 라삐가 쓴 입문서다. 탈무드의 구조와 편집의 역사, 인용법뿐 아니라 주요 개념과 용어설명도 곁들여져 있어 탈무드를 공부하고 싶은 사람의 필독서로 꼽힌다. 유튜브에서도 훌륭한 탈무드 강의를 들을 수 있다. 탈무드 입문 강의로는 역사학자 애브람슨(H. Abramson)이 진행하는 "What is the Talmud?: History of the Talmud, Part 1"; "The Emergence of the Mishnah: History of the Talmud, Part 2"를 추천한다. 영어로 진행하지만 딕션이 정확하고 핵심을 간결하게 전달하여 따라가기가 수월한 편이다. 같은 채널에 힐렐, 샴마이, 아키바 등 탈무드에 자주 등장하는 라삐들을 소개하는 강의도 있어 탈무드 이해에 도움이 된다. 이 책 'IV. 예수, 탈무드의 기억' 항목에 언급된 라삐 유다교와 관련한 일반 정보들은 대부분 카츠/슈워츠의 『원전에 가장 가까운 탈무드』와 애브람슨의 강의에서 얻었다. 사전에서 쉽게 찾을 수 있는 용어나 보편적으로 인정되는 역사적 사실에 대해서는 따로 출처를 밝히지 않는다. 유다교 사전은 주로 Singer et al. (eds.), *The Jewish Encyclopedia*와 https://www.jewishvirtuallibrary.org를 참조하였다.

70년 유다인들의 항쟁이 실패로 끝나고 로마인들에 의해 예루살렘 성전이 파괴되면서 유다교 사회는 신앙의 중심 터전을 잃어버렸다. 그 뒤부터 유다인들은 성전과 제사 대신 회당과 토라 공부를 신앙생활의 새 구심점으로 삼고 새롭게 변신해나갔다. 유다교가 평신도 학자인 바리사이들을 주축으로 라삐 유다교Rabbinic Judaism로 거듭나게 된 배경이다. 그런데 이 과정이 그리스도교 출현 시기와 겹쳤다. 고대 이스라엘 종교가 예수 그리스도의 출현과 성전 붕괴를 기점으로 그리스도교와 라삐 유다교로 나뉘었다고 말해도 크게 틀리지 않다.

라삐 유다교는 그리스도교와 히브리어 구약성경을 공유하지만 신

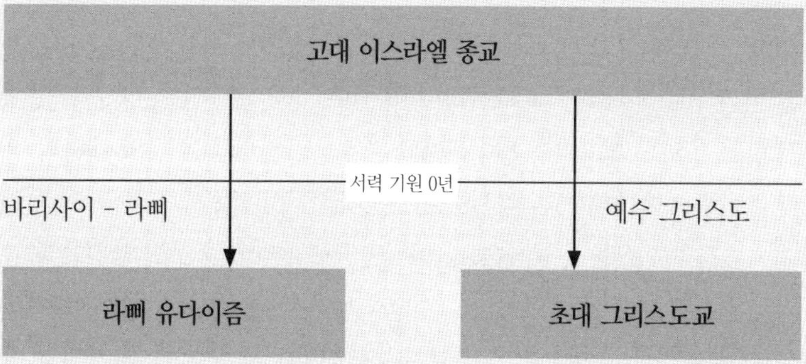


약성경은 인정하지 않는다. 대신 그들에게는 탈무드가 있다. 탈무드는 서기 1세기부터 7세기에 이르기까지 600년 이상에 걸친 라삐들의 가르침을 모아놓은 책이며 미쉬나와 게마라라는 별개의 두 저작으로 이루어져 있다. 미쉬나는 히브리어로 쓰인 유다교 구전 율법 모음(토라에 대한 해석)으로[1]

1 라삐 전통에 따르면 하느님께서 모세에게 토라와 함께 구전 율법도 주셨다고 한다. 실제로 구전 율법은 토라(성문 율법)를 어떻게 일상생활에 적용될 것인가의 필요에서 나왔으며 시간의 흐름과 함께 새로운 내용이 계속 추가되었다. 모세는 시나이에서 받은 율법을 여호수아에게 넘겨주고, 여호수아는 원로들에게, 원로들은 다시 예언자들을 거쳐 대집회(כנסת הגדולה, Great Synagogue, Great Assembly) 구성원들에게 전수했다고 한다(『미쉬나』 피르케 아봇 1.1). 피르케 아봇 1장은 대집회의 마지막 세대에 속하는 '의인 시몬'(기원전 4세기 초 또는 3세기 초)으로부터 그 다음 세대들에게 구전 율법이 전수되는 과정을 소개한다. '대집회'는 구약의 마지막 예언자들, 서기관들, 현자들을 포함하여 120명으로 구성되었으며 구약의 예언자들을 후대의 탄나임들과 이어주는 역할을 했다. 학자들은 그 시작을 느헤 8—10장, 에즈라가 온 백성을 소집하여 모세의 율법서를 낭독하고 가르친 '거룩한 집회'(느헤 8,18)에서 찾는다(https://www.jewishvirtuallibrary.org/the-great-assembly). 신약성경에서 '자기네 조상들의 전통'이라 일컬어지는 것이 바로 이들이 전수한 구전 율법이며, 이 구전 율법을 집대성한 것이 미쉬나다. '반복'이라는 의미로 반복 학습이나 복습을 가리키는 미쉬나는 유다인들의 신앙생활과 일상생활을 지배하는 관습과 규칙을 총망라하고 있다.

200년경 라삐 유다 하-나시에[2] 의해 이스라엘에서 편찬되었다.[3] 게마라는 미쉬나에 대한 해설에 해당하며 이스라엘 본토와 바빌로니아 두 곳에서 만들어졌다. 게마라를 탈무드라고 부르기도 한다. 미쉬나와 게마라 그리고 탈무드에 대해 조금 자세히 살펴보자.

먼저 미쉬나는 성문 율법(토라)과 별도로 전해지던 구전 율법을 모아 집대성한 책이다. 본디 라삐들은 대대로 입에서 입으로, 기억에서 기억으로 전달해온 구전 율법을 글로 남기기를 원하지 않았다. 구전 율법이 미쉬나의 형태로 집대성된 데는 특별한 계기가 있었다. 1-2세기 유다 항쟁과 바르 코크바 항쟁을 거치면서 식자층이 급감하여 구전 율법이 잊힐 위험에 처했던 것이다. 그리하여 70년 유다 항쟁 이후 요하난 벤 자카이를 필두로 한 당시의 영향력 있는 라삐들이 구전 토라Oral Torah를 수집·연구하고 성문화하기 시작했다. 라삐 아키바와 라삐 메이르는 수집된 자료를 항목별로 나누고 범주화하였다. 이 과정은 200년경 '영도자 유다'(유다 하-나시)에 의해 마무리되었다. 유다가 당시까지 수집된 구전 율법들을

---

2　하-나시(ha-nasi)는 산헤드린의 최고 수장을 가리키던 호칭이다(『미쉬나』 하기가 2.2). '유다 하-나시'는 이름처럼 불렸다. 구약성경에서 나시는 정치적 수장을 가리키는 단어로 수장, 제후, 족장 등으로 옮겨진다. 제2성전기 후반부터 하-나시는 대사제를 대신하여 산헤드린 의장 역할을 수행했다고 한다. 이때부터 하-나시는 유다인들의 정치·종교적 지도자로서 기능하였다. 로마인들도 하-나시 지위를 인정하여 자치권 행사에 사용할 세금을 백성에게서 거두는 것도 허용하였다: Johnson, *A History of the Jews*, 150.

3　미쉬나에 담긴 내용은 대부분 편찬 시기보다 훨씬 이전 시대로 거슬러 올라가는데 대개 그 기원을 남유다 왕국 여호사팟 임금 때 시작된(기원전 870년경) 유다교 율법 스승들에게서 찾는다(2역대 17,7-9). "그들은 주님의 율법서를 가지고 유다에서 백성을 가르쳤다. 유다의 모든 성읍을 돌며 백성들을 가르친 것이다"(2역대 17,9). 여호사팟 임금 때 백성에게 율법을 가르치러 파견된 사람들에는 대신들, 레위인들과 사제들이 포함되었다. 더 이르게는 모세를 미쉬나의 기원으로 잡기도 한다(*m. Pirkei avot* 1.1 참조).

감수하여 전집으로 엮은 것이다. 이것이 바로 미쉬나Mishnah다. 미쉬나는 주제별로 총 여섯 부seder로 나뉘고 각 부마다 6-12개의 논고tractate가 담겨, 총 63편의 논고로 구성되어 있다.[4] 각 논고는 장과 단락으로 나뉜다. 때로는 단락 하나를 '미쉬나'라 하고 미쉬나 전권은 복수형을 써서 미쉬나요트Mishinayoth라고 부르기도 한다. 미쉬나에 언급된 라삐들은 탄나임(단수: 탄나)이라 불린다. 아람어 탄나임Tannaim은 기원전 1세기부터(혹은 0년부터) 기원후 200년까지의 유다교 현자들을 일컫는 말로서 교사라는 뜻이다. 미쉬나의 집대성으로 탄나임 시대(Tannaic period, 0-200년)가 종료했다.[5]

이렇게 미쉬나의 편찬으로 탄나임 시대가 끝나고, 미쉬나에 대한 해석과 논의가 이루어지는 아모라임 시대(200-600년)에 접어든다. 아모라임은 해석자라는 뜻이다. 아모라임 시대부터는 미쉬나가 분석과 주석의 대상이 되었다. 미쉬나에 대한 라삐들의 주석과 논의를 담은 것이 게마라(Gemara, '결론'이라는 뜻)이며 히브리어와 아람어로 쓰였다. 게마라 작업은, 이스라엘과 바빌로니아[6] 양쪽에서, 미쉬나 이후 수백 년의 시간을 거쳐 따로

---

4 미쉬나는 주제에 따라 씨앗, 축제일, 여자, 손해, 거룩한 것들, 정결, 이렇게 총 6부로 구성된다. 가령 1부 씨앗 편에는 농사와 관련된 사항들이 실려 있고, 2부 '축제일' 편에는 안식일, 속죄일, 파스카, 푸림절 등 여러 축제일에 대한 세세한 규정들이 실려 있다.

5 탄나임 시대(0-200년)에는 약 여섯 세대의 탄나임들이 있었다. 첫 세대가 힐렐과 샴마이의 제자들인 '벳트 힐렐'과 '벳트 샴마이'다. 유다 하-나시는 6세대에 해당한다: https://www.jewishencyclopedia.com/articles/14240-tannaim-and-amoraim(탄나임의 시작을 70년경으로 잡는 경우 세대 수가 달라진다). 참고로 힐렐과 샴마이의 활동기는 헤로데 대왕의 통치기와 겹친다. 특히 힐렐이 유다교 지도자로서 활동한 기원전 30년-기원후 10년은 예수님 유년기와도 중첩된다. 예수님이 힐렐의 영향을 받았으리라는 의견이 설득력을 얻는 이유다. 실제로 힐렐은, 복음서에도 등장하는 황금률을 가르친 것으로 유명하다(*b. Shabbat* 31a).

6 바빌로니아는 유다인 생활의 중심지로서 이스라엘에 필적하는 지역이었다.

진행되었다. 둘 중에 바빌론에서 진행된 주석 전통이 훨씬 규모가 크고 후대에 미친 영향도 컸다. 탄나임 시대 전승들 가운데 미처 미쉬나에 들어가지 못한 전승들도 두 게마라 안에 들어갔다. 게마라에 들어간, 미쉬나 이외의 전승은 바라이타*baraita*, '(미쉬나) 바깥' 전승으로 알려졌다. 바라이타는 대개 "라삐들은 가르쳤다" 또는 "…라는 가르침이 있다"라는[7] 도입문으로 시작한다. 때로는 탄나임 시대의 라삐 이름이 덧붙여지기도 한다.

탈무드는 미쉬나와 게마라를 합하여 집대성한 책이다(간단히 말해, 미쉬나 + 게마라 = 탈무드).[8] 탈무드의 구조는 먼저 미쉬나 조항이 제시된 다음 게마라 곧 그에 대한 라삐들의 의견과 해설이 이어지는 식이다.

탈무드는 편찬된 장소에 따라 예루샬미(Yerushalmi 예루살렘 탈무드)와 바블리(Bavli 바빌로니아 탈무드), 두 종류로 나뉜다. 예루샬미가 먼저(350-400년경), 바블리가 나중에 편찬되었는데(550-600년경), 후자가 훨씬 방대하고 더 권위 있는 저작물로 인정받는다. 학자들의 연구와 인용에 주로 쓰이는 것이 후자인 바블리 곧 바빌로니아 탈무드다. 별다른 수식 없이 탈무드라고 하면 바블리를 가리킨다. 여기서 다룰 본문도 바블리에 담긴 것이다. 일반적으로 바블리는 특대판형(24.5cm×38cm) 18-20권으로 출간되는데, 전체 페이지가 5,400쪽이 넘고, 250만 단어 이상으로 이루어져 있다. 탈무드를 매일 한 쪽씩 공부하는 사람도 전권을 마치려면 7년 이상 걸린

---

수도 바빌론에 유다인들이 살기 시작한 것은 기원전 6세기 바빌론 유배시절부터다. 예루살렘 붕괴 이후, 특히 135년 제2차 유다 항쟁이 실패로 끝난 이후 많은 유다인들이 이스라엘 땅을 떠나 바빌로니아로 이주하였다. 3세기 초에는 라삐들의 배움의 집이 세워져 번성했으며 바빌로니아의 라삐들은 이스라엘의 라삐들과 같은 방식으로 미쉬나를 연구하고 그곳 상황에 맞게 확장했다고 한다.

7 직역: …라고 가르쳐진다.

8 미쉬나 주석 + 바라이토트 = 게마라. 미쉬나 + 게마라(미쉬나 주석 + 바라이토트) = 탈무드. 다시 말해 탈무드는 미쉬나, 미쉬나 주석, 바라이토트를 합하여 엮은 것이다.

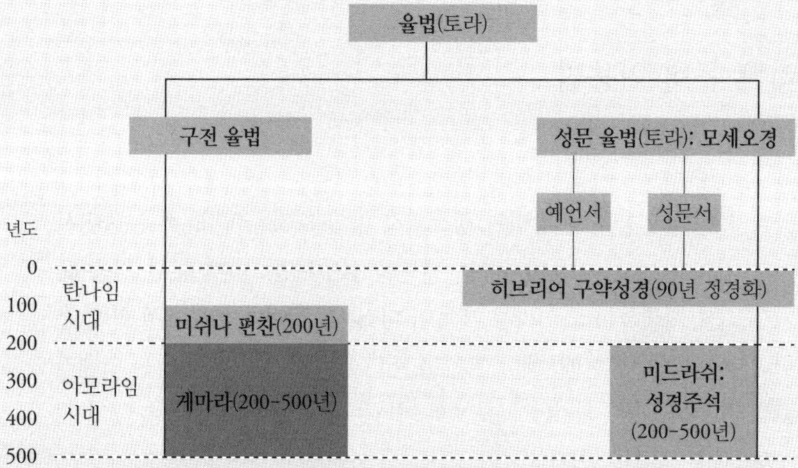


| | 미쉬나 | 예루샬미 | 바블리 |
|---|---|---|---|
| *SEDER ZERA'IM*<br>세데르 제라임(씨앗) | 11 논고 | 11 논고 | 1 논고 |
| *SEDER MO'ED*<br>세데르 모에드(축제일) | 12 논고 | 12 논고 | 11 논고 |
| *SEDER NASHIM*<br>세데르 나심(여자) | 7 논고 | 7 논고 | 7 논고 |
| *SEDER NEZIKIN*<br>세데르 네지킨(손해) | 10 논고 | 8 논고 | 8 논고 |
| *SEDER KODASHIM*<br>세데르 코다심(거룩한 것들) | 11 논고 | | 9 논고 |
| *SEDER TOHOROTH*<br>세데르 토호로트(정결) | 12 논고 | 1 논고 | 1 논고 |
| 총 6부 | 63 논고 | 39 논고 | 37 논고 |

다는 방대한 양이다.[9]

9 카츠/슈워츠, 『원전에 가장 가까운 탈무드』, 19-20.

# 라삐 문헌 인용법

라삐 문헌을 인용하는 방법이 정착되지 않아 학자들마다, 혹은 출판사마다 차이가 난다. 인용법이라는 제목을 붙였지만, '라삐 문헌 인용 출처 표기를 이해하는 법'이라는 제목이 더 맞다. 책이나 논문에서 라삐 문헌 인용문을 만났을 때, 해당 본문을 어디서 찾을 것인가에 관한 안내라고 보면 된다. 가령 책이나 논문에서 만나는 *b. Sanh* 43a는 무슨 뜻인가? *t. Ber* 1:1는 무슨 뜻인가?

라삐 문헌을 시대별 또는 종류별로 나누어 인용문 출처 표기법을 살펴보도록 하겠다. 더 정확히는 인용 출처 표시를 이해하는 법이다. Grigsby, "A Proposed Guide for Citing Rabbinic Texts", 83-90을 참조하였다.

라삐 문학의 초기 단계는 '탄나임 시대'라 일컬어진다. 이 시대 문학의 본체는 미쉬나다.

> 미쉬나 인용문의 출처는 보통 다음 세 가지 방법으로 표기된다. 미쉬나를 가리키는 약어 M(또는 m), 논고명(또는 그 약어), 장과 단락 순이다. 장과 단락 사이에는 마침표나(.) 콜론(:)을 찍는다.
>
> *M.Git.* 4:6
> *m.Git.* 4.6
> *m.Gittin* 4.6
>
> 위의 세 출처는 『미쉬나』 기틴(논고) 4장 6단락이라는 뜻이다. 우리말로 인용출처를 밝힐 때는 『미쉬나』 기틴 4.6으로 하면 된다.
>
> 미쉬나 본문은, Blackman, *Mishnayoth 7 Vols*를 보라. Mishnayoth 본문의 영어 번역은 Danby (ed.), *The Mishnah*가 있다.

아모라임 시대에는 미쉬나가 분석과 주석의 대상이 되어, 미쉬나를 주석하는 게마라 작업이 이루어졌다. 미쉬나와 게마라를 합하여 두 종류의 탈무드 전집이 만들어졌다. 하나는 팔레스티나 탈무드, 다른 하나는 바빌로니아 탈무드다. 예루살렘 탈무드라고도 부르는 팔레스티나 탈무드는 350-400년경에, 바빌로니아 탈무드는 550-600년경에 완성되었다.

> 예루살렘 탈무드 인용문의 출처는 보통 다음 네 가지 방법으로 표기된다. 예루살렘을 가리키는 약어 y 또는 팔레스타인을 가리키는 약어 p, 논고명(또는 그 약어), 폴리오 번호, 칼럼(단) 번호 순이다. 칼럼 번호 뒤, 괄호 안에 그에 상응하는 미쉬나의 장과 단락을 표기하기도 한다. 때로는 상응하는 미쉬나의 장과 단락을 먼저 표기하기도 한다.
>
> *y.Meg.* 10c 또는 *y. Megillah* 10c
> *y.Meg.* 10c (2:4) 또는 *y. Megillah* 10c (2:4)
> *p.Meg.* 10c (2:4) 또는 *p. Megillah* 10c (2:4)
> *p.Meg.* 2,4 10c 또는 *p. Megillah* 2,4 10c
>
> 위의 출처 표시는, 『팔레스티나 탈무드』 메길라(논고), 폴리오 10, 칼럼 c (『미쉬나』 메길라 2.4에 대한 주석)라는 뜻이다.
>
> 우리말로 인용출처를 밝힐 때는 다음 다섯 가지가 가능하다.
> 『예루살렘 탈무드』 메길라 10c (2.4)
> 『예루샬미』 메길라 10c (2.4)
> 『예루샬미』 메길라 10c
> 『팔레스티나 탈무드』 메길라 10c (2.4)
> 『팔레스티나 탈무드』 메길라 10c
>
> 팔레스티나 탈무드는 미쉬나의 첫 네 개의 세데르, 곧 제라임(11논고), 모에드(12논고), 나심(7논고), 네지킨(8논고)에다 논고 니다(Nidah)를 더한 총 39논고가 전해진다. 참고로 논고 니다는 세데르 토호로트에 속한다. 프랑스어 번역은 Schwab (ed. & tr.), *Le Talmud de Jeruslaem 11vols.*을 보라.

바빌로니아 탈무드 인용 출처는 보통 다음 네 가지로 표기된다.

*b. Sukk.* 55a 또는 *Sukk.* 55a
*b. Sukka* 55a 또는 *Sukka* 55a

위의 출처 표시는 『바빌로니아 탈무드』 수카(논고), 폴리오 55, 앞면(a)이라는 뜻이다(참고로 뒷면은 b로 표시한다). 우리말로 인용출처를 밝힐 때는 다음 세 가지가 가능하다.
『바빌로니아 탈무드』 수카 55a
『바블리』 수카 55a
수카 55a

바빌로니아 탈무드(37 논고) 본문은 Epstein (ed.), *Hebrew-English Edition of the Babylonian Talmud. 9 vols.* 번역은 Epstein (ed.), *The Talmud Babli. 35 vols.*

라삐 문헌에는 토세프타Tosefta도 있다. 바라이토트(baraitoth, '바라이타'의 복수형) 외에 탄나임 시대의 다른 율법 전승들도 수집되어 토세프타로 엮어졌다. 토세프타는 '보충', '첨가' 또는 '첨부'라는 뜻이다. 미쉬나와 바라이타에 포함되지 않은 유다교 구전 율법들이 토세프타다. 토세프타와 미쉬나는 상호 독립적인 전승 모음으로 서로를 보완하는 경우가 많다. 미쉬나는 축약적으로 표현되어 있는 반면 토세프타는 문장이 길고 설명이 충실한 편이다. 탈무드에 언급된 바라이타와 병행하는 경우들도 있다. 토세프타가 탈무드에 언급·인용되는 경우들은 있으나[1] 정식으로 탈무드 본문에 들어와 있지는 않다. 토세프타도 미쉬나와 같은 구조이며, 6세데르, 총 61개의 논고로 구성되어 있다.[2]

1 탈무드 편집자가 토세프타에서 직접 인용한 것인지, 아니면 편집자는 바라이토트를 인용했는데 그것이 토세프타와 병행하는 경우인지 확실하지 않다 (https://www.jewishencyclopedia.com/articles/14458-tosefta).

2 탄나임과 아모라임 시대에 출현한 라삐 문학 가운데 미드라쉬(Midrash)도

토세프타 인용문 출처는 보통 다음 두 가지로 표기된다.

*t. Ber* 1:1
*t. Berakhot* 1.1

위의 출처 표시는 『토세프타』 버라콧 제1장 할라카 1이라는 뜻이다. 우리말로 인용출처를 밝힐 때는 다음이 가능하다.

『토세프타』 버라콧 1.1

토세프타 본문은 Lieberman (ed.), *The Tosefta 13 vols.* 영어 번역은 Neusner, *The Tosefta 6 vols.*

이 책에서 라삐 문헌을 인용할 때는 경우에 따라 한글과 영어를 병용·혼용하겠다. 현실적으로 영어 표기를 쓰는 편이 더 편리하다. 탈무드를 비롯한 문헌 본문을 찾아 읽기 위해서는 영어 제목을 알아야 하기 때문이다. 영어로 인용문을 표시할 경우 논고 명은 약어를 쓰지 않고 풀 네임을 다 쓰도록 하겠다. 한글로 표기할 경우 논고 제목을 우리말로 번역하지 않고 소리 나는 대로 옮겨 쓰겠다. 그리고 『바빌로니아 탈무드』 대신 짧게 『바블리』라고 하거나 아예 생략하겠다.

예를 들면, 『바빌로니아 탈무드』 안식일 46a가 아니라 '『바블리』 산헤드린 46a' 또는 '산헤드린 46a'로 표기하겠다. 그리고 영어로는 *b. Sanhedrin* 46a라고 하겠다.

---

있었다. 미드라쉬는 '해석'이라는 뜻이며 설교 자료로서의 기능과 성격이 강했다. 미쉬나가 성경에 실리지 않은 구전 율법을 담은 책이라면 미드라쉬는 성경을 주석한 책이다. 한마디로 미드라쉬는 구약성경 주석 전승을 가리킨다. 탄나임 시대로 거슬러 올라가는 미드라쉬에는 탈출기 주석(Mekhilta), 레위기 주석(Sifra), 민수기와 신명기 주석(Sifre) 등이 있다.

이렇게 만들어진 탈무드의 권위를 두고 모든 유다인이 같은 견해를 보이지는 않는다. 탈무드를 경전처럼 여기는 이들도, 그렇지 않은 이들도 있다. 이민족과 타종교에 대한 차별과 여성혐오로 가득한 책이라 저평가하는 이들도 있다. 어떤 경우든 탈무드가 유다교 전통에서 구약성경 다음으로 중요한 위치에 있으며 유다인들의 삶 전반에 깊숙이 파고들어 있다는 사실은 부인하기 어려울 것이다.

## 2. 탈무드의 예수 탐구의 어려움

탈무드의 예수님을 다루기 전에 먼저, 예수님을 탈무드에서 찾으려는 근거가 무엇인지 살펴야 한다. 예수님을 라삐 유다교의 준-경전에서 찾으려는 근거가 무엇인가? 하는 물음이다. 이 물음의 근거는 신약성경 시대로 거슬러 올라간다. 사실 예수님과 탈무드 전통이 그리 멀지 않다. 둘이 궁극적으로 같은 뿌리에서 나왔기 때문이다. 복음서에서 예수님은 당대 바리사이와 율법학자, 사제 등 다양한 유다교 분파와 일종의 경쟁 관계에 놓인 것으로 그려진다. 특히 긍정적 의미에서건 부정적 의미에서건 바리사이파와 가장 특별한 관계를 맺고 있었음이 분명하다(요한 3,1-21). 바리사이의 집에 여러 번 초대되었으며(루카 7,36; 11,37; 14,1) 예수님께 닥칠 위험을(마르 3,6; 마태 22,15) 경고해 준 사람도 바리사이였다(루카 13,31). 심지어 어떤 학자들은 예수님도 바리사이였으리라 추정한다.[10] 유독 바리사이들이 예수님을 견제하거나 성경 해석을 두고 그분과 논쟁하는 모습으로 그려진 것도(마르 8,11; 10,2; 루카 11,53; 17,20) 바리사이 학파 사이의 경쟁을 반영

10 예수님의 제자나 사도들 중에도 바리사이 출신이 있었다. 니코데모(요한 7,50-51)와 사도 바오로가 바리사이였다(사도 26,5). 그 밖에 다른 이들도 있었다(사도 15,5: “바리사이파에 속하였다가 믿게 된 사람 몇이 나서서…”).

한다는 것이다.[11] 그런데 이 바리사이들이 라삐들의 전신前身이라고 말할 수 있다. 바리사이가 후대 유다교의 중추세력이자 탈무드 집대성에 관여한 사람들의 선구자격이라는 것이다. 이는 예수님이 라삐의 선구자들 가운데 하나이거나 적어도 그들과 가까운 사람이었다는 뜻을 함축한다. 그렇다면 당연히 이런 기대가 일어날 수 있다. 라삐 문학, 특히 그 최고봉인 탈무드에서 예수님에 대한 기억, 예수님에 대한 언급을 찾을 수 있지 않을까 하는 기대 또는 의문이다. 이런 기대에 힘입은 연구들이 비교적 활발히 진행되고 있다. 역사의 예수님을 탐구하는 학자들도 거의 빠짐없이 탈무드를 참조한다.[12] 지금 우리가 알아보려는 것도 탈무드에서 예수님을 언급하고 있는가, 있다면 어떤 식인가다. 곧 탈무드 속 예수님 모습, 라삐들이 바라본 예수님이다.

그런데 탈무드는 양도 방대할뿐더러 복잡한 신학과 전승의 역사를 갖고 있어서 접근하기가 결코 만만하지 않다. 탈무드의 예수 연구도 이 어려움을 피할 수 없다. 탈무드의 예수를 본격적으로 살피기 전에 유의할 사항이 몇 가지 있다. 먼저 탈무드의 역사적 신뢰도 문제다. 탈무드가 예수님을 비롯한 1세기 유다교 사회를 밝힐 열쇠가 될 수 있다는 데는 학자들 사이에 별 이견이 없다.[13] 그러나 탈무드를 객관적 사료로 사용하기에

---

11 예수님과 바리사이의 관계에 대해서는 Falk, *Jesus the Pharisee: A New Look at the Jewishness of Jesus*을 참조하라.

12 탈무드에서 역사의 예수님에 대한 단초를 찾을 수 있다는 의미는 아니다. 탈무드 집필 시기 자체가 역사의 예수님을 논하기에는 너무 늦다. 그러나 탈무드의 초세기 전승층(곧 미쉬나)에 예수님이 언급되어 있다면 문제가 다르다. 해당 본문을 예수님 시대와 가장 가까운 전승들 가운데 하나로 여길 수 있을 것이다.

13 탈무드도 사해 문서와 요세푸스의 작품 못지않게 예수님 시대를 이해하는 데 중요하다. 특히 그 시대 바리사이를 이해하려면 탈무드 연구가 필수적이다. 실제로 탈무드는 1세기 바리사이의 관점과 신학에 대한 주요 정보원으로 꼽힌다.

는 문제가 있다. 탈무드에 담긴 내용이 역사를 있는 그대로 반영한다고 볼 수 없기 때문이다. 라삐들의 주안점은 유다교 백성을 토라에 맞추어 살도록 인도하는 일이었지 과거 역사를 논하자는 게 아니었다. 그들에게 중요한 것은 하느님 백성으로서 어떻게 살아야 하는가(곧 윤리와 신학)이지 과거에 실제로 무슨 일이 일어났는가가 아니었다. 따라서 탈무드에 나오는 역사적 디테일들은 주主가 아니라 참고삼아 곁들여진 내용들이다. 탈무드는 '역사' 문헌이 아니며 탈무드가 전하는 내용을 역사적 사실과 동일시해서는 안 된다는 의미다.[14] 예수님과 관련된 본문도 예수님에 대한 객관적 사실보다는 라삐들의 주관적 판단을 담았을 가능성이 크다. 그나마 제2성전기(기원전 515년-기원후 70년)에 일어난 사건들은 탈무드에 거의 언급되어 있지 않다. 예수님 사건이 자리한 이 시대의 이야기가 거의 나오지 않는다는 뜻이다. 게다가 탈무드가 초세기 구두 전승을 얼마나 충실하게 재현했는가 하는 문제도 있다. 탈무드에서 예수님에 관한 정보를 얻기가 녹록치 않을 것임은 짐작하고도 남는다.

탈무드의 예수를 탐색할 때 다른 어려움도 존재한다. 예수님과 초대 그리스도교는 라삐들에게 관심의 대상이 아니었고 존경의 대상은 더더욱 아니었다. 라삐들에게 그리스도교는 이단의 무리, 예수는 그릇된 가르침을 퍼뜨리는 이단자일 따름이었다. 비난할 의도가 아니라면 그들이 초대 그리스도교나 예수를 언급할 이유가 없었다. 그러니 탈무드에 예수가 언급된 사례가 희박하리라는 것, 그나마 부정적 내용 일색이리라는 예측이 가능하다.

이런 어려움에다 가톨릭교회가 야기한 문제도 있다. 중세 교회가, 유

---

바리사이들은 유다교 항쟁 이후 거의 유일하게 살아남은 분파로서 유다교 정비와 탈무드 집대성을 이끈 주역이었다. 그들이 새롭게 탄생시킨 라삐 유다교를 조망하는 데 탈무드가 큰 역할을 할 것임은 자명하다.

14 Schäfer, *Jesus in the Talmud*, 8. 애브람슨의 탈무드 강의도 참조하라.

다인들의 저술을 검열하여[15] 예수님에 대한 부정적인 내용이 담긴 본문은 변경 혹은 삭제시키기도 했기(13-16세기; 뒤쪽 사진 참조) 때문이다.[16] 이를테면 예수님의 이름이 삭제된 것처럼 보이는 대목도 있다. 인스톤-브루어 Instone-Brewer는 16세기 교회 검열을 거치지 않은 뮌헨 탈무드 사본을 토대로 예수님 대목을 연구한다. 뮌헨 필사본은 탈무드 전문을 담은 사본

---

15 중세 시대 가톨릭 교회는 신자들의 구원에 위협이 될 만한 책에 대해서는 종류를 불문하고 무관용 원칙을 고수했다. 위험하다고 여겨지는 책은 검열을 거쳐 없애기까지 하였다. 검열에 걸린 대목을 삭제하거나 아예 책 자체를 금서로 지정하기도 했다. 압수하여 광장 같은 공공장소에서 불태워 없애는 경우도 있었다. 금서목록이 공포되기도 했다. 교회가 본격적으로 탈무드를 억압하기 시작한 것은 1236년부터였다. 그리스도교로 개종한 프랑스 파리의 유다인 니콜라스 도닌이 교황 그레고리우스 9세에게 탈무드에 예수님과 그리스도교를 모독하는 내용이 담겨 있다며 35가지 이유를 들어 탈무드를 고발한 것이다. 1239년 그레고리우스 9세 교황은 프랑스 사제들에게 탈무드를 몰수하라는 교서를 내렸다. 1263년 바르셀로나 논쟁을 거쳐 아라곤 임금 제임스는 유다인들에게 석 달 안에 그리스도교를 비방한 본문을 모두 없애라는 지시를 내렸다. 이 명령에 불복할 경우 처벌은 물론 해당 저서가 사라질 위험을 감수해야 했다. 유다인에 대한 교회 당국의 공식적인 간섭이 탈무드를 향한 것이다. 1559년 금서목록이 공포되면서 탈무드는 논쟁과 공격의 대상이 됨은 물론 불태워질 위험에 처했다. 1589년 교황 식스투스 5세는 금서목록에 가톨릭교회에 반하는 내용으로 읽힐 수 있는 모든 유다교 저서들을 포함시켰다. 1595년에는 유다교 서적에 대한 "Index Expurgatorius"(불온서적 목록)가 나오기에 이르렀다. 논란이 될 만한 대목이 삭제되지 않았다면 읽어서는 안 된다는 책들의 목록이다: Maccoby, *Judaism on Trial: Jewish-Christian Disputations in the Middle Ages* 참조. 대부분 유다인 출신의 감독관이 검열 작업을 맡았다. 검열 과정을 거치면서 탈무드 본문은 지워지고 변경되고 찢겨져 나가기도 했다. 탈무드의 세심한 본문 비평이 필요해진 이유다.

16 교회 검열을 거치면서 탈무드에서 그리스도교에 대해 부정적인 내용으로 읽힐 수 있는 본문은 모두 변경 혹은 삭제되거나 희미하게 처리되고 찢겨져 나갔다. 예수님 관련 본문이 대부분 이를 피할 수 없었음은 물론이다. 이 때문에 탈무드가 예수님을 본디 어떻게 묘사했는지 정확히 알기 어렵게 되었다.

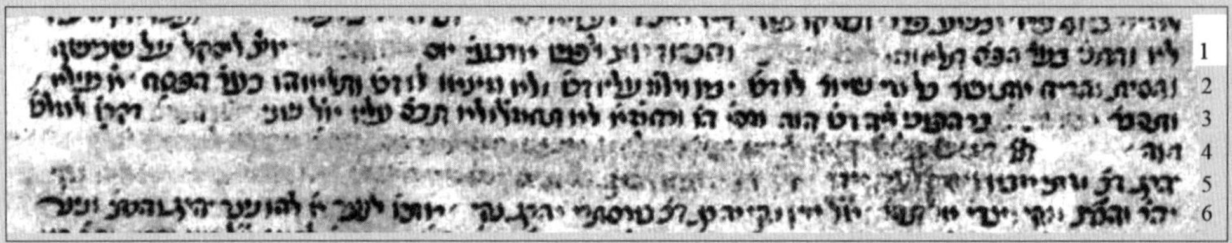

가운데 교회 당국의 검열과 교정을 거치지 않은 유일한 본문이라고 한다. 그런 뮌헨 필사본에도 예수님 관련(혹은 관련이 추정되는) 대목을 지우려 애쓴 흔적이 나타난다.[17]

이로써 탈무드의 필사본과 인쇄본에 대한 세심한 본문 비평이 더욱 절실해졌다. 중세 교회의 검열을 거치기 전의 탈무드 본문으로 되돌리는 작업이 선행되어야 한다는 의미다. 다행히 20세기에 접어들면서 탈무드에 대한 역사·비평적 분석이 대규모로 이루어졌다. 더욱이 대량의 데이터를 수집해서 전자 데이터화할 수 있는 현대 기술 덕분에 탈무드 연구가 한결 쉬워졌다. 수많은 탈무드 필사본의 온라인 데이터베이스가 마련되어 인터넷상에서도 접근이 가능하게 되었다고 한다.[18]

---

17 다행히 완전히 지우지는 못해서 원형을 재구성할 수 있다고 한다: Instone-Brewer, "Jesus of Nazareth's Trial In the Uncensored Talmud", 272-274. 위 사진은 이 논문 274쪽에 실려 있다. 본문의 일부 또는 전부가 지워진 필사본, 또는 원글을 지우고 덮어쓴 재록(palimpsest) 필사본에 자외선을 조사하여 원 본문을 복원하는 기술에 대해서는 다음을 참조하라: Knox/Easton, "Recovery of Lost Writings on Historical Manuscripts with Ultraviolet Illumination", 301-306.

18 http://ancientworldonline.blogspot.com/2011/03/talmudic-manuscripts-online.html. 피터 셰퍼(P. Schäfer)는 *Jesus in the Talmud*에서 14개의 필사본을 사용한다. 검열을 거친 사본과 검열을 거치지 않은 사본을 포함한 수치다. 인쇄판은 손치노(Soncino) 판(1484-1519년)과 빌나(Vilna) 판(1880-1886)을 사용했다고 한다. 필사본 리스트는 셰퍼의 책 131-132쪽을 보라. 같은 책 133-140쪽에는 주요 필사본과 비평본의 차이를 비교한 결과가 나온다.

이런 여러 가지 요인들 때문에 탈무드의 예수님을 알려는 시도는 결코 쉬운 일이 아니다. 하지만 절대 불가능한 작업은 아닐 것이다. 조그만 실마리라도 찾을 수 있다면 그것으로 만족이다.

## 3. 탈무드의 예수

❖ 탈무드 영어 완역본(Soncino 판)을 온라인상에서 검색하여 읽을 수 있다: Epstein (ed.), *Soncino Babylonian Talmud: Translated into English with Notes, Glossary and Indices*: http://ancientworldonline.blogspot.com/2012/01/online-soncino-babylonian-talmud.html. 또한 https://www.torah-box.net에서는 탈무드 히브리어 본문의 PDF 파일을 제공하고 있다. 실제로 출간되는 히브리어 탈무드 본문을 한 쪽씩 읽을 수 있다. 탈무드 본문의 배치를 두 눈으로 확인할 수 있다는 점이 큰 장점이다. https://www.sefaria.org에서는 현대 히브리어와 영어 번역을 함께 제공한다. 이 웹사이트는 히브리어 구약성경과 다른 라삐 문헌들도 함께 제공하기에 매우 유용하다. 클릭 한 번으로 구약성경, 토세프타, 미드라쉬 등에 나오는 병행 본문들을 쉽게 검색할 수 있다. 앱으로도 탈무드를 읽을 수 있다. 저렴한 가격으로 Soncino Hebrew-English Talmud를 구입할 수 있다(2021년 현재 3,900원). 바빌로니아 탈무드 히브리어 본문과 영어 번역본을 휴대폰 앱으로 읽을 수 있는 시대가 된 것이다.

❖ 'IV. 예수, 탈무드의 기억'에서 인용한 탈무드 본문은 Soncino판 영어 본문을 대본으로 삼았다. 무료 웹사이트 https://www.sefaria.org가 제공하는 히브리어 및 영어 본문(The William Davidson digital edition of the Koren Noé Talmud, with commentary by Rabbi Adin Even-Israel Steinsaltz)과 대조하면서 우리말로 옮겼다.

❖ 히브리어 사전은 https://www.sefaria.org에서 제공하는, Jastrow (ed.), *Dictionary of Targumim, Talmud and Midrashic Literature*와 Klein, *A Scholarly Etymological Dictionary of Rabbinic Hebrew*을 주로 사용했다. 이 사이트에서 히브리어 본문의 단어를 클릭하면 재스트로와 클라인을 비롯한 다양한 사전의 설명을 제공받을 수 있다. 재스트로의 사전은 온라인상에서 따로 검색 가능하다. https://www.tyndalearchive.com/TABS/Jastrow/.

❖ 탈무드와 예수님에 관한 연구는 Schäfer, *Jesus in the Talmud*가 잘 알려져 있다. 이 책은 예수님을 언급한 (것으로 추정되는) 탈무드 본문들을 잘 개관하고 있다. 이 책보다 먼저 나온 Twelftree, "Jesus in Jewish Traditions", 289-341도 중요하다. 이 분야의 고전이라 할 만한 Dalman, *Jesus Christ in the Talmud, Midrash, Zohar, and the Liturgy of the Synagogue*은 1893년에 처음 출간되었는데 최근 다시 나왔다. Instone-Brewer, *Traditions of the Rabbis from the Era of the New Testament, Volume I: Prayer and Agriculture*; *Traditions of the Rabbis from the Era of the New Testament, vol. 2A: Feasts and Sabbaths: Passover and Atonement*; Cook, "Jewish Perspectives on Jesus", 215-231도 참조하라.

탈무드에는 예수님을 언급한 것으로 추정되는 본문들이 존재한다. 예수라는 이름이 실제로 사용된 경우도 있고, 이 이름이 사용되지는 않았지만 예수를 언급했음이 분명해 보이는 경우도 있다. 전자는 예수Yeshu 또는 예수 하-노츠리(Yeshu ha-Notzri 나자렛 사람 예수)가[19] 명시된 경우고(Jastorow, "ישו" 항목 참조), 후자는 '어떤 이'(펠로니) 또는 '벤 스타다', '벤 판데라', '발라암' 등 다른 단어나 이름이 예수님을 연상시키는 경우다.

사실 이 본문들 가운데 신약의 예수님을 언급한 것이라고 백퍼센트 확언할 수 있는 경우는 없다. '예수 하-노츠리', '예수', '벤 스타다', '벤 판데라', '발라암', '어떤 사람'(어떤 작자) 등으로 불리는 인물이 정황상 신약의 예수님으로 추정될 뿐이다. 배경이 예수님보다 1세기 전 혹은 1세기 후로 설정된 경우도 있다. 따라서 해당 인물이 나자렛 예수가 맞는지에 대해 학자들의 의견이 좁혀지지 않는다. 학자들은, 예수 (또는 예수 하-노츠리)라고 명시된 최소한의 경우만 예수님 본문으로 판단하는 최소주의자minimalists, 최대한 많은 본문을 예수님 본문으로 판단하는 최대주의자maximalists, 양극단 사이에서 중간 입장을 취하는 중도파the moderates로 나

19 예수 하-노츠리("ישו הנוצרי")는 '나자렛 사람 예수'라는 뜻이다. ישו의 발음은 '예슈'에 가깝지만 편의상 '예수'라 옮기겠다. 예수 하-노츠리는 짧게 '나자렛 예수'라고 옮겨도 된다.

| 이름 | 출처 |
|---|---|
| 예수 하-노츠리 | *b. Sanhedrin* 103a |
| 예수 | *b. Sanhedrin* 43a-b<br>*b. Sanhedrin* 107b |
| 발라암 | *b. Sanhedrin* 106b<br>*b. Gittin* 56b-57a<br>*m. Sanhedrin* 10.2<br>*m. Pirkei Abot* 5.19 |
| 벤 스타다 / 벤 판데라 | *b. Shabbat* 104b<br>*b. Sanhedrin* 64a/67a |
| 미르얌 | *b. Shabbat* 104b |
| 그 여자 | *b. Sanhedrin* 106a |

뉜다.[20] 최대주의자 허포드R.T. Herford는, 탈무드에 예수님에 대한 명시적 언급이나 암시들이 들어 있으며 이것들이 탄나임 시대(0-200년)에 유래한 것이라는 결론을 내렸다. 그는 해당 본문의 역사적 정확도에 대해서는 회의적이었지만 탄나임 시대 것이라는 데는 의심하지 않았다.[21] 그의 말대로라면, 해당 본문을 예수님에 대한 가장 오래된 전승들 가운데 하나로 칠 수 있을 것이다. 허포드와 정반대 입장은 요한 마이어J. Maier다. 마이어는 예수님이 언급된 본문은 모두 중세 때 첨가된 것이라고 보았다. 탄나임 시대나 아모라임 시대에서 유래한 것은 하나도 없다는 것이다.[22]

---

20 Burkett (ed.), *The Blackwell Companion to Jesus*, 220 참조. 누가 최대주의자냐 중도파냐 최소주의자냐에 대해서는 학자에 따라 다른 평가를 내린다.

21 Herford, *Christianity in Talmud and Midrash*.

22 Maier, *Jesus von Nazareth in der talmudischen Überlieferung*, 268-273.

학자들의 의견은 대개 이 양극단 사이에 위치한다. 셰퍼Schäfer도 중도 입장이다. 나자렛 예수를 염두에 둔 탈무드 본문들이 있으며 그 가운데 아모라임 시대는 물론 탄나임 시대에 유래한 본문도 있을 수 있다는 것이다.[23] 셰퍼는 다음을 예수와 관련된 본문(이하 '예수 본문')으로 판단한다. 예수를 제자들을 거느린 마술사로 소개하는 곳(*b. Sanhedrin* 43a-b), 제자가 예수의 이름으로 치유하는 곳(*b. Avodah Zarah* 27b; *y. Shabatt* 124.4-13), 예수를 토라 교사로 제시하는 곳(*b. Avodah Zarah* 17a), 예수를 우상 숭배와 연결시키는 곳(*b. Sanhedrin* 103a-b; *b. Berakhot* 17b), 예수를 그릇된 제자로 그리는 곳(*b. Sanhedrin* 107b; *b. Sotah* 47a), 예수가 지옥에서 벌 받고 있다고 묘사하는 곳(*b. Gittin* 56b-57a), 예수의 재판과 처형을 다룬 곳(*b. Sanhedrin* 43a-b), 예수의 어머니와 관련된 곳(*b. Shabatt* 104b; *b. Sanhedrin* 67a; *b. Sanhedrin* 106a) 등이다.

셰퍼의 의견에 모든 학자가 동의하지는 않는다. 셰퍼의 제안을 받아들인다 해도 탈무드의 방대함을 감안할 때 '예수 본문'의 양은 셰퍼의 말대로 '대양의 물 한 방울' 수준밖에 되지 않는다.[24] 게다가 그것들은 예수에 대한 객관적 진술이라기보다는 비난과 조롱에 가깝다. 탈무드가 역사의 예수 연구에 도움이 되기 어려운 이유다. 이러한 한계점을 염두에 두면서 관련 대목들을 조금 더 가까이 들여다보도록 하겠다.

셰퍼가 제안한 탈무드 본문들을 주제별로 나누어 예수의 탄생과 성장·행적·재판과 죽음, 이렇게 세 파트로 살펴볼 것이다. 주인공이 예수 또는 나자렛 예수라 불린 경우와 벤 판데라, 벤 스타다, 발라암이라 불린 경우를 모두 포함한다. 뒤의 세 인물을 나자렛 예수님과 동일시하는 근거에 대해서는 해당 항목에서 밝히겠다. 이어서 지옥에 간 예수와 '예수, 메시아, 다가올 세상'을 덧붙여 살펴볼 것이다. 라삐들이 바라본 예수를 조

23 Schäfer, *Jesus in the Talmud*, 7-8.

24 Schäfer, *Jesus in the Talmud*, 10.

망하는 데 도움이 되기 때문이다.

❖ 다음 표에서 알 수 있듯 예수님 관련 본문은 주로 '샤바트', '산헤드린' '아보다 자라'(우상 숭배) 논고에 집중되어 있다. 이는 탈무드에서 예수가 등장하는 장면이 주로 안식일이나 우상 숭배 규정 등 율법 규정과 관련되어 있을 것임을 암시한다. 예수와 그 제자들을 향한 라삐들의 시각은 관련 본문의 출처를 통해서도 짐작 가능하다. 라삐들에게 예수와 그 무리는 유다교 율법을 어기고 사람들을 우상 숭배로 이끄는 이단자에 불과하리라는 것이다. 실제로 안식일 규정과 관련된 논고 '안식일'에서는 예수가 안식일을 어긴 자로 소개된다. 중범죄를 다루는 논고 '산헤드린'에서는 예수의 재판과 처형 과정이 나오고, 우상 숭배를 다루는 논고 '아보다 자라'에서는 예수가 우상 숭배자이자 이단자로 그려진다.

| 주제 | 내용 | 이름 | 출처 |
|---|---|---|---|
| 탄생과 성장 | '미르얌 머가들라'의 혼외자 | 벤 스타다/ 벤 판데라 | *b. Shabbat* 104b |
| | '그녀' 대목 | 발라암 | *b. Sanhedrin* 106a |
| 행적 | 기적 능력의 기원 | 벤 스타다/ 벤 판데라 | *b. Shabbat* 104b |
| | 우상 숭배자·이단자 예수 | 예수 하-노츠리 | *b. Sanhedrin* 103a |
| | 마술·기만·오류 | 예수 | *b. Sanhedrin* 107b<br>*b. Sotah* 47a |
| | 치유자 예수 | | *b. Avodah Zarah* 27b;<br>*y. Shabbat* 14.14 |
| | 토라 교사 예수 | | *b. Avodah Zarah* 16b-17a |
| | 다섯 제자의 스승 | 예수 | *b. Sanhedrin* 43a-b |
| 재판과 죽음 | 투석형 | 발라암 | *b. Sanhedrin* 43a |
| | 32세에 핀하스에 의해 살해 | 발라암 | *b. Sanhedrin* 106b |
| 사후 | 지옥에 간 예수 | 예수 | *b. Gittin* 56b-57a |

# 예수의 탄생과 성장

예수의 탄생과 관련해서는『바블리』산헤드린 106a와 샤바트 104b를 살펴보기로 한다. 둘 다 예수의 탄생 이야기라기보다는 그 부모 특히 어머니에 대한 이야기다. 예수의 출생에 대한 유다인들의 입장이라고 볼 수 있다.

## b. Sanhedrin 106a: '그 여자' 대목

산헤드린 106a는 90a에서 시작하여 113b까지 이어지는 '다가올 세상에서 차지할 자리가 없는 사람들에 관한 논의'의 끝자락에 위치한다. "세 임금과 네 명의 평민이 다가올 세상에서 차지할 몫이 없을 것이다. 세 임금은 여로보암, 아합과 므나쎄다.[2] … 네 평민은 발라암, 도엑, 아히토펠, 게하지다"(*b. Sanhedrin* 90a; *m. Sanhedrin* 10.2).[3] 발라암이 다가올 세상에서 받아들여지지 못하는 이유를 설명하는 대목(105a-106a)에[4] 예수의 어머니를 연

2 북이스라엘 임금 여로보암과 아합 및 남유다 임금 므나쎄는 우상 숭배로 악명을 떨쳤다. 구약성경에서 이들은 이스라엘과 유다의 멸망 원인으로 지목된다.

3 도엑은 에돔 사람으로 사울 편에 서서 다윗을 밀고한 자다(1사무 22장; 시편 52,2). 아히토펠은 압살롬이 아버지 다윗 임금을 거슬러 반란을 일으켰을 때 압살롬 편에 섰던 인물이다(2사무 17장). 게하지는 예언자 엘리사의 종으로 주인의 뜻을 거슬러 아람의 장수 나아만에게서 나병이 나은 대가를 받아내고는 엘리사에게 그런 일이 없다고 거짓말을 한 인물이다(2열왕 5장). 산헤드린 106a-b는 발라암, 도엑, 아히토펠이 모두 일생의 반을 채우지 못하고 서른 두셋 즈음에 죽었다고 한다.

4 발라암 다음에 도엑과 아히토펠 및 게하지에 대한 내용이 107b까지 이어진

상시키는 내용이 나온다. 예언자였던 발라암이 점쟁이가 되었다는 진술 뒤에 별다른 연결고리 없이 '그 여자'에 대한 설명이 이어지는데 문맥상 '그 여자'가 발라암의 어머니로 추정된다.

> *b. Sanhedrin* 106a 브오르의 아들 발라암은 점쟁이였다(여호 13,22). 점쟁이라고? 사실 그는 예언자였다. 라삐 요하난이 말하였다. "그자가 처음에는 예언자였지만, 마지막에 가서는 점쟁이가 되었다." 라삐 파파가 말하였다. "사람들은 이렇게 말한다: 그 여자는 군주와 지배자들의 후손이었으나 목수들과 간음을 저질렀다."

발라암은 이스라엘 백성을 저주해 달라는 모압 임금 발락의 청을 받은 이방인 예언자다(민수 22—24장). 예언자였던 그가 점쟁이가 되었다는 말에는 부정적 의미가 내포되어 있다. 율법에 따라 점술이 엄격히 금지되었기 때문이다.

그런데 이 대목에서 4세기 라삐 파파가 말한 '그 여자'הוא는 예수의 어머니 마리아를 연상시킨다. '그 여자'가 지배계급 출신으로서 목수들과 간음을 저질렀다고 하는 설명 때문이다. 먼저 '그 여자'가 '목수들'(נגרי Negri)과 간음을 저질렀다고 한 점을 주목하자. 구약성경에 발라암의 어머니에 대한 정보는 전혀 나오지 않는다. 그 어머니가 목수와 관계를 맺었다는 이야기는 말할 것도 없다. 구약성경에 없는 정보들이 탈무드에 담긴 경우가 많지만 발라암의 어머니가 목수들과 간음했다는 내용은 조금

---

다. 이 네 사람은 탈무드 다른 본문에서도 종종 함께 다뤄진다. *b. berakhot* 17b에서 라삐는 시편 144,14를 해설하면서 도엑, 아히토펠, 게하지 및 예수 하-노츠리를 사례로 든다. 발라암이 언급될 법한 곳에서 예수 하-노츠리가 언급된 점이 눈길을 끈다. 경우에 따라 발라암과 예수 하-노츠리를 동일시할 수 있다는 근거가 된다. 'b. Sanhedrin 103a: 우상 숭배자·이단자 예수' 항목을 참조하라.

생뚱맞게 느껴진다. 그런데 '그 여자'를 예수의 어머니로 읽으면 이해가 쉬워진다. 마리아의 약혼자 요셉이 목수로 알려져 있기 때문이다. '그 여자'가 '목수'들과 간음을 저질렀다고 하는 표현이 요셉과 마리아를 연상시키기에 충분하다.

'그 여자'가 지배자의 후손이라는 것도 마리아를 연상시킨다.[5] 그리스도교 전통 안에는 일찍부터 마리아가 다윗 가문이라는 전승이 있었다. 가령 150년경 만들어진 외경 야고보 원복음이 마리아를 다윗 가문으로 소개한다(10.4).[6] 순교자 유스티누스도 마리아를 다윗의 후손으로 제시한다(『트리폰과의 대화』 43.1; 45.4; 100.3). 특히 야고보 원복음은 동방에서 큰 인기를 끌었으며 이를 바탕 삼아 유사한 이야기들이 많이 만들어졌다. 다른 유다인들에게도 야고보 원복음에 나오는 내용들이 알려졌을 가능성이 있다. 지배 계급 출신으로서 목수와 어울렸다고 하는 산헤드린 106a의 '그 여자'는 예수의 어머니를 염두에 둔 표현이라고 보아도 될 것 같다. 다만 복음서의 동정녀가 산헤드린 106a에서는 간음한 여인으로 추락했다. 성령으로 잉태한, 목수 요셉의 약혼녀 마리아가 목수들과 간음을 저지른 여인이 된 것이다.

'그 여자' 대목이 나자렛 예수님과 연관된다는 것은 그 뒤에 바로 이어지는 본문을 읽으면 더욱 명확해진다. 이어지는 산헤드린 106b에서도 발라암에 대한 부정적 평가가 계속되는데 이 또한 예수님을 연상시키기

---

5 탈무드 본문(*b. Sanhedrin* 90a)에 발라암은 지배계급이 아니라 '평민'으로 소개된 점을 주목하라. 발라암이 평민이라면 그 어머니도 평민일 가능성이 크다. 적어도 발라암의 어머니를 지배자의 후손이라 여길 근거가 없다. 이는 '그 여자' 대목이 발라암의 이야기가 아니라는 반증이 된다.

6 마태오나 루카 복음서에서는 예수님이 양부 요셉을 통해 다윗 임금과 연결된다(마태 1,1-17; 루카 3,23-38). 요셉이 다윗 가문이므로 양아들인 예수님도 다윗의 후손이라는 것이다.

때문이다. 이 본문을 근거로 발라암이 유다교 문학에서 예수의 가명으로 사용되기에 이르렀다고 결론 내린 학자도 있다.[7] 사실 산헤드린 106b에는 예수 하-노츠리(Yeshu ha-notzri, 나자렛 예수)를 직접 언급한 경우도 있어서 산헤드린 106a-b 전체가 나자렛 예수님을 연상시킨다고 해도 지나치지 않다.

'그 여자' 뒤에 이어지는 대목은 발라암의 죽음을 다루고 있다. 이스라엘의 자손들이 율법이 부과하는 네 가지 처형법을 다 동원하여 발라암을 사형시켰다는 내용이다. 그에게 투석형, 화형, 참수형, 교수형을 다 적용했다는 것이다(*b. Sanhedrin* 106b). 이어서 한 이단자가 라삐 하니나(232년 사망)에게 빌람(=발라암)이 몇 살에 죽었는지 묻는다. 라삐는 "피에 주린 자와 사기 치는 자들 그들은 일생의 반도 채우지 못한다"는 시편 55,24을 인용하면서 빌람이 평균 수명 70(시편 90,10)의 반에도 못 미치는 서른두 살이나 서른네 살에 죽었을 것이라고 한다. 이단자는 빌람이 죽임을 당한 때가 서른두 살이었다는 말에 동의를 표한다. 본문은 이렇다.[8]

> *b. Sanhedrin* 106b "어떤 이단자מינא가 라삐 하니나에게 말하였다. '발라암이 (죽었을 때) 몇 살이었는지 들어본 적이 있습니까?' 그가 답하였다. '(성경에) 기록되지는 않았소. 그러나 (시편 55,24에) 피에 주린 자와 사기 치는 자들 그들은 일생의 반도 채우지 못한다고 기록된 것을 보면 (발라암이 죽었을 때 나이가) 틀림없이 서른둘이나 서른네 살이었을 것이오.' (그 이단자가) 말하였다. '스승님께서 제게 잘 대답해 주셨습니다. 발라암의 연대기를 본 적이 있

---

7 Geiger, "Bileam and Jesus", 31-37.

8 탈무드 본문에는 없으나 이해를 돕기 위해 필자가 첨가한 내용은 괄호( )로 표시하였다. 작은 괄호는 부연설명, 큰 괄호는 이해를 돕기 위해, 또는 자연스러운 표현을 위해 첨가한 것이다.

는데 그 안에 이렇게 기록되어 있었습니다. '다리 저는 발라암이[9] 서른두 살일 때 강도 핀하스(=피느하스)가 그를 죽였다.'"

32 또는 34살이라는 숫자는 처형 당시의 예수 나이(보통 서른셋으로 추정된다)와 비슷하다. 발라암을 죽인 핀하스가 강도라 묘사된 점은 그를 민수기의 핀하스와 연결 짓기 어렵게 만든다. 사실 구약의 핀하스가 강도라 불렸을 리는 없다. 민수 25,7에서 핀하스는 "아론 사제의 손자"로서, 발라암의 사주에 넘어가 죄지은 이스라엘 사람과 미디안 여자를 죽임으로써 주님의 분노를 잠재운 사람이다. 주님께서 모세에게 이르신 말씀이다. "아론 사제의 손자이며 엘아자르의 아들인 피느하스(=핀하스)가 이스라엘 자손들 가운데에서 나를 위하여 열성을 다해, 나의 분노를 그들에게서 물러가게 하였다"(민수 25,11). 주님을 위해 열성을 다한 핀하스를 라삐들이 '강도'라 묘사할 이유가 없다. 그보다는 예수의 처형에 관여한 로마인 본시오 빌라도Pontius Pilatus를 '강도'라 부른 것 같다. 라삐들이 외국인 지배자들에 의한 세금 수탈을 '강도질'로 여긴 것을 감안할 때[10] 속주 관리 빌

---

9 '다리 저는'으로 옮긴 חגירא는 다른 탈무드 본문에서 요시야 임금을 죽인(2열왕 23,29) 이집트 임금 느코(절름발이라는 뜻)를 가리키는 데 사용되었다. 그를 '다리 저는 파라오'라 부른 것이다(*b. Megillah* 3a). 메길라 본문에 따르면, 느코가 요시야 임금을 죽인 뒤 요시야의 왕좌에 앉으려 하자 사자가 그의 다리를 물었다고 한다. 그 뒤로 다리를 절게 되었다는 것이다(https://ohr.edu/this_week/talmud_tips/7666). 참고로 솔로몬의 왕좌 양쪽 팔걸이 옆에 사자 두 마리, 왕좌에 놓인 여섯 층계 양쪽에 사자 열두 마리가 세워져 있었다고 한다(1열왕 10,18-20). '다리 저는'이라는 표현을 통해, 발라암(=예수)이 유다의 임금을 죽이고 세금을 수탈해간(2열왕 23,29.34-35) 이집트의 파라오에 빗대어지고 있다.

10 로마인들은 속주의 인두세와 토지세는 자기들이 속주에 파견한 관리를 통해 걷고 나머지 기타 세금은 속주민을 통해 걷었다고 한다. 유다 속주의 경우도 마찬가지였다. 세금을 거두는 세리들은 과도하거나 부당한 세금을 걷는 경우도 있어 백성들에게 미움을 샀다. 이들은 법정에서 증언도 할 수 없었다(*b. Sanhe-*

라도를 강도라 부른 것이 이해가 간다. 게다가 탈무드 본문은 '핀하스 리스타아'פנחס ליסטאה라 읽는데, 이 발음은 Pontius Pilatus와 그리 멀지 않다. ליסטאה는 '강도'라는 뜻의 그리스어 ληστής의 차용어다. 핀하스와 폰투스도 비슷하지만 '리스타아'도 필라투스와 세 개의 자음이 겹친다. 민수기의 핀하스를 강도라 부른 이유를 찾는 것보다 '핀하스 레스테스'(또는 리스타아)와 '폰티우스 필라투스'의 발음상 연관성을 찾는 것이 더 쉬울 듯하다.

한편 빌람의 나이를 물은 '이단자'מינא는 그리스도인이었을 것이다. 초대 그리스도인들이 미님(이단자들)으로 여겨졌다는 것은 거의 정설로 자리 잡았다. 라삐 하니나처럼 유명한 유다인 현자가 예수님을 알고 있는지 궁금했던 그리스도인이 있었을 법하다.[11] 라삐가 시편 55,24을 인용한 이유는 '사기 치는 자'라는 표현 때문일 것이다. 라삐들은 예수가 백성을 기만하고 유다교를 변조시켰다고 여겼다.[12] 발라암의 죽음 이야기를 예수의 이야기로 읽을 수 있다는 의미다.[13]

---

*drin* 25b). 세금을 걷는 자들이 강도라 불린 것이 충분히 이해가 된다. https://www.jewishvirtuallibrary.org/tax-gatherers; https://www.jewishencyclopedia.com/articles/14273-tax-gatherers 참조.

11 이 대목을 예수 이야기로 읽는 데 문제가 없지는 않다. 일단 라삐 하니나는 예수님보다 200년가량 뒤에 살았던 사람이다.

12 이에 대해서는 '예수의 행적' 항목에서 자세히 다루겠다.

13 라삐 문학에서 발라암을 예수와 연결하여 읽을 수 있는 대목은 더 있다. 예를 들면, 시편 55,24을 인용하여 발라암의 제자들이 날수의 반밖에 살지 못하리라고 한 본문이다. "사악한 눈, 오만한 영, 오만한 영혼은 사악한 발라암의 제자들에게서 나온다. … 사악한 발라암의 제자들은 게헨나를 물려받고 파멸의 구덩이로 내려갈 것이다. 이렇게 말해진 대로다. '그러나 오 하느님, 당신께서는 그들을 파멸의 구덩이로 데려가실 것입니다. 피에 주리고 사기 치는 자들은 그들 날수의 반밖에 살지 못할 것입니다(시편 55,24)'"(*m. Pirkei Abot* 5.19).

그런데 발라암에게는 다가올 세상에 차지할 자리가 없을 것이라는 표현이나 그가 네 가지 방법으로 처형되었으며 일생의 날수를 반도 채우지 못했다는 표현들은 발라암이 라삐들에게 얼마나 큰 죄인으로 여겨졌는지 잘 보여 준다. 발라암이 부정적 의미에서 예수의 '예형'처럼 다뤄진 셈이다.

사실 이방인 여자들을 이용하여 이스라엘 백성을 불륜과 우상 숭배로 끌어들인 이방인 예언자 발라암만큼 예수를 빗대기에 적합한 인물이 없었을 듯하다. 예언자라는 것도, 이방인 여자들을 이용한 점도, 불륜과 우상 숭배로 이끌었다는 것도 그렇다. 복음서에서 예수님은 예언자로 받아들여졌으며[14] 사마리아 여인(요한 4,1-42), 페니키아 여인(마르 7,24-30)과 가나안 여자(마태 15,21-28)를 비롯한 여러 이방인 여자들과 허물없이 대화를 나눈 것으로 그려진다. 간음하다 붙잡힌 여자를 편들기도 했다(요한 8,3-11). 유다인의 시각에서 이 행위는 불륜을 방조하는 일로 여겨질 수 있었을 것이다. 게다가 예수님이 하느님의 아들이라는 선포(요한 10,36; 20,31)는 보수적 유다인의 시각에서 유일신 신앙을 훼손하는 우상 숭배 행위와 다를 바 없었다. 라삐들의 입장에서, 신앙에 대한 위협으로 보였을 예수를 발라암에 비유하기가 이상한 일이 아니었을 법하다. 적어도 산헤드린 106a-b의 발라암(빌람)을 예수로 바꾸어 읽을 수 있을 것이다.[15] 산헤드린 106a '그 여자' 대목의 앞 뒤 문맥을 고려할 때 이 '그 여자'를 예수의 어머니로 보고 읽어도 무리가 없다는 뜻이다.

산헤드린 106a의 '그 여자' 이야기는 예수의 출생에 대한 유다인들

---

14 마태 16,14; 21,11.46; 마르 8,28; 루카 1,76; 9,19; 요한 4,19; 6,14; 7,40 등.

15 물론 발라암과 예수를 명확하게 구분지은 본문도 있다. 기틴 56b-57a이 그것이다. 여기서는 발라암과 예수를 동급의 죄인으로 취급하면서 둘을 구분하고 있다. 발라암은 죽어서 끓는 정액에, 예수는 끓는 똥물에 빠져 있다는 것이다(*b. Gittin* 56b-57a). '지옥에 간 예수' 항목을 참조하라.

# 발라암

❖ 구약성경의 발라암에 대해서는, Noort, "Balaam the Villain: The History of Reception of the Balaam Narrative in the Pentateuch and the Former Prophets", 3-23; 탈무드의 발라암에 대해서는, Nikolsky, "Interpret Him as Much as You Want: Balaam in the Babylonian Talmud", 213-230을 참조하라.

라삐들이 예수를 발라암이라는 인물에 빗댄 이유는 무엇일까? 왜 하필 발라암일까?

이 질문에 답하려면 발라암이 유다교 전승에서 어떤 존재로 각인되었는지 살펴야 한다. 발라암은 민수 22—24장에 이스라엘 백성을 저주해 달라는 모압 임금 발락의 청을 받은 이방인 예언자로 등장한다. 발라암은 우여곡절 끝에 하느님께서 분부하신 대로 하느님 말씀만을 전하며 이스라엘 백성에게 저주 대신 축복을 내린다. 적어도 민수 22—24장에서는 발라암을 부정적인 인물로 보기 어렵다. 그런데 민수 31,16에서는 그가 명백히 부정적으로 그려진다. 이스라엘 백성이 모압 여인들과(또는) 미디안 여인에게 빠져 불륜과 우상 숭배를 저지르도록(민수 25장) 사주한 사람이 발라암이었다는 것이다. 사실 민수 23,1-4에서 발라암이 발락한테 하느님께 제물을 바치라고 한 뒤 다시 하느님 뜻을 확인하는 행동이 그리 좋아 보이지 않는다. 그래서 민수 31,16에서 발라암에 대한 부정적 평가를 만나도 모순으로 느껴지지 않는다. 그 이후 발라암은, 이방인 여자들을 이용하여 이스라엘 백성을 불륜과 우상 숭배로 이끈 죄인이라는 시각이 자리 잡힌 듯하다.

신명 23,4-7에서도 부정적 평가가 엿보인다. 이는 하느님께서 백성을 사랑하시어 발라암의 말을 들으려 하지 않으시고 저주를 복으로 바꾸셨다고 하는 신명 23,6에서 드러난다. 이 구절은 발라암은 발락의 바람대로 이스라엘을 저주하고 싶어 하였으나 하느님께서 이를 거절하셨다는 뜻으로 읽힌다.

그 이후 유다교 전승에서는 발라암이 대체로 부정적으로 묘사되는 편이다. 이는 다양한 탈무드 본문을 통해 확인할 수 있다. 특히 '그 여자' 대목 바로 앞에서도 발라암은 상당히 부정적으로 묘사된다. 이스라엘을 저주해달라는 발락의 청을 받아들일 수 없음을 안 발라암이 이스라엘 백성을 쓰러뜨릴 계략을 꾸몄다는 것이다. 모압과 미디안의 여인들을 통해 이스라엘 남자들을 유혹하게 만든 것(민수 31,16; 참조: 민수 25장)이 발라암의 계책이었다고 한다. 곧 발라암이 자신은 하느님께서 주시는 말씀밖에 발설할 수 없으니 발락 임금에게 여자들을 이용해서 이스라엘 백성을 타락시키라고 충고했다는 것이다(*b. Sanhedrin* 106a; *y. Sanhedrin* 10,28d).

탈무드에서 발라암은 결국 유다교 신앙을 위협하는 외부의 위협을 표상하기에 이른다. 발라암에게 '사악한 자'(רשע rasha)라는 꼬리표가 달린 구절도 있다(*b. Taanit* 20a; 참조: *m. Pirkei Abot* 5,19). 유다인들의 입장에서 볼 때, 신앙에 대한 위협으로 느껴졌을 예수를 발라암에 빗대기가 그리 어려운 일이 아니었을 법하다.

의 입장이라고 볼 수 있다. 예수가 적법한 관계에서 출생하지 않았을 것임을 암시한다. 그 어머니가 목수들과 간음을 저질렀다는 표현이 그 근거다. 결국 예수가 마리아의 간음으로 태어난 사생아임을 암시하는 셈이다.

## b. Shabbat 104b: 미르얌 머가들라

예수의 출생과 관련하여 산헤드린 106a의 진술과 같은 선상에 있는 본문이 있다. 『바블리』 샤바트 104b다. 이 본문은 안식일에 깜빡하고 부주의하게 글자를 쓰는 사람에게 법적 책임을 부여하는 문맥에 위치해 있다. 미쉬나는 안식일에 먹물이나 물감, 빨간 물감, 나무진, 황산이나 자국을 남기는 어떤 것으로 두 글자를 쓰거나 자신의 살에 글자를 쓰는 사람에게 법적 책임이 있다고 한다. 그런데 라삐 엘리에제르는 "자신의 살을 긁어 자국을 내는 사람"은 속죄제물을 바쳐야 한다고 하였고 현자들은 법적 책임을 면제시켰다고 한다. 이에 이어지는 게마라 대목은 "자신의 살을 긁어 자국을 내는 사람"에 대해 이렇게 가르친다.

> *b. Shabbat* 104b 라삐 엘리에제르가 현자들에게 말하였다. "벤 스타다가 몸에다 상처를 내어 이집트에서 마술을 들여오지 않았나?" 현자들이 답하였다. "그자는 바보שוטה였소. 바보에게서 증거 사례를 찾을 수는 없소." "그자가 스타다의 아들(=벤 스타다)이라고? 판데라의 아들(=벤 판데라)이 아니었나?" 라삐 히스다가 말했다. "(그 어머니의) 남편은 스타다, 정부는 판데라였다." 하지만 (그녀의) 남편은 파포스 벤 예후다가 아니었나? 사실 그의 어머니가 스타다였다. 그의 어머니는 미르얌, 머리를 길러주는מגדלא(*məgadla*) 여자가 아니었나? 품베디타에서는 사람들이 이렇게 말했다. "이자는 자기 남편에게서 벗어났다סטת דא(세타트 다)."

탈무드 본문이 여러 라삐의 의견을 접속사나 뚜렷한 연결고리 없이 늘어놓은 형태여서 이해하기가 쉽지는 않다. 안식일에 글자를 쓰는 문제를 다루는 대목에서 라삐 엘리에제르가 벤 스타다를 사례로 제시한다. 그자가 안식일에 자기 살을 긁어 글자를 써서 이집트 마술을 들여왔다는 것이다. 다른 라삐들은 그자가 바보였다고 하면서 바보를 안식일 규정의 사례로 들 수 없다고 한다. 그 뒤에 벤 스타다의 정체에 대한 이야기가 이어진다. 그가 스타다의 아들(벤 스타다, 히브리어 벤בן은 아들이라는 뜻)이라는 설, 판데라의 아들(벤 판데라)이라는 설 등. 그런데 그의 어머니의 남편이 파포스 벤 예후다라는 반론이 나온다. 그리고 사실은 그의 어머니가 스타다였다는 의견이 제시된다. 그러자 그녀가 미르얌, 머리를 길러주는 여자였다는 의견이 나온다. 마지막으로 바빌론의 품베디타에서는[16] 그녀가 남편에게 불충실한 여자(세타트 다)라는 소문이 있었다고 한다. 결국 벤 스타다라는 이름이 어머니 때문에 붙여진 이름이라는 것이다.[17]

이 본문에서 벤 스타다의 어머니는 미르얌이며 간음한 여자라서 스타다라고도 불렸다고 한다. 그런데 미르얌이 여자들의 머리를 길러주는 사람으로 제시된 점이 눈길을 끈다. 피터 셰퍼는 미르얌에게 '스타다'Stada라는 이름이 붙여진 이유를 이렇게 설명한다. 스타다סטדא는 '정도正道에서 벗어나다, 충실하지 못하다'라는 뜻의 아람어(סטא sata)에서 유래한 단어로서 간음한 여자들에게 붙는 별칭이었다고 한다. 미르얌이 간음한 여

---

16 바빌로니아의 고대 도시. 유프라테스 강변에 위치한 품베디타에는 제2성전기 때부터 유다인 공동체가 형성되어 있었다. 3세기부터 토라 연구의 중심지로서 그 중요도가 커졌다고 한다.

17 이 대목은 논고 *b. Sanhedrin* 67a에서 거의 그대로 되풀이되는데, 검열을 거치지 않은 무삭제 필사본에서만 나타난다. Soncino 본은 각주에 무삭제 필사본 본문을 실었다: Schäfer, *Jesus in the Talmud*, 16. 셰퍼는 필사본 Munich 95를 대본으로 쓰면서 다른 필사본들과의 차이점을 각주에 실었다(148-150).

자였기에 'Stada'라 불렸다는 설명이다.[18] 이는 탈무드 본문에 나오는 내용과도 부합한다. 품베디타에서 '이자דא는 (남편에게서) 벗어났다סטת'는 소문 곧 '세타트 다'סטת דא라는 소문이 있었다고 하는 내용이다.[19]

그렇다면 이 본문에 나오는 미르얌을 예수와 연결 지을 수 있을까? 다시 말해 벤 스타다는 예수이고 미르얌은 예수의 어머니 마리아일까? 먼저 '미르얌'이라는 이름을 살펴보자. 히브리어 또는 아람어 미르얌מרים은 그리스어로 마리암Μαριάμ 또는 마리아Μαρία라 옮겨진다. 곧 미르얌=마리아다. 예수의 어머니 마리아도 실제로는 '미르얌'이라 불렸을 것이다. 벤 스타다의 어머니와 예수의 어머니가 같은 이름으로 불렸다는 의미다. 이로써 첫째 관문은 통과했다.

둘째 관문은 미르얌이 머리를 길러주는 여자였다는 설명이다. 사실 이 내용만으로는 예수의 어머니 마리아와 연결 짓기 어렵다. 그런데 히브리어 본문을 보면 해결의 실마리가 보인다. "미르얌 (머리를) 길러주는 여자"에 해당하는 히브리어 본문은 "מרים מגדלא (שׂער)"인데 '머리'שׂער라는 단어를 빼면 '미르얌 머가들라'다. 이 이름은 '마리아 막달레나'Μαρία ἡ Μαγδαληνή와 소리가 비슷하나. 유다인들이 예수의 어머니 마리아를 마리아 막달레나와 혼동했을 가능성이 있다. 어떻든 '미르얌 머가들라'를 예수와 연결 짓기는 어렵지 않다.[20]

---

18 Schäfer, *Jesus in the Talmud*, 17. Van Voorst, *Jesus Outside the New Testament: An Introduction to the Ancient Evidence*, 117도 참조하라.

19 재스트로(Jastrow)의 사전을 참조하라. 재스트로는 '스타다'가 그리스어 스타디우스(Σταδιεύς)의 차용어였으리라 짐작하면서 벤 스타다를 나자렛 예수의 성씨와 연결시킨다. 벤 스타다가 언급된 다른 라삐 문헌도 소개하고 있다.

20 막달레나는 막달라(Μαγδαλά) 여자라는 뜻이다. 이 단어는 탑을 뜻하는 지명 מִגְדּל(미그돌)에서 유래했다. 동사 가달(גדל)의 히필(키우다) 분사형 מגדיל(마그딜)의 자음이 막달라와 같다는 점을 주목해야 한다. 마리아 막달레나가 마리아 머가들라(헤어드레서)가 될 수 있었던 이유다. Visotzky, "Mary Maudlin

❖ 티베리우스 율리우스 압데스 판테라(Tiberius Julius Abdes Pantera)의 비문이다. 1859년 독일 빙어브뤽(Bingerbrück) 철도 건설 현장에서 아홉 명의 로마 군사의 비석이 발견되었다. 비석에 새겨진 이름 가운데 판데라를 연상시키는 '판테라'가 있어 사람들의 눈길을 끌었다. 비문에는 라틴어로 이렇게 적혀 있다. TIB(ERIVS) IVL(IVS) ABDES PANTERA SIDONIA ANN(ORVM) LXII STIPEN(DIORVM) XXXX MILES EXS(IGNIFER?) COH(ORTE) I SAGITTARIORVM H(IC) S(ITUS) E(ST). 지금 이 비문은 독일 뢰머할 박물관에 소장되어 있다.

게다가 2세기에 유다인들 사이에 예수가 사생아라는 소문이 돌았다는 것은 오리게네스의 저서를 통해서도 알 수 있다. 오리게네스는 2세기 유다인 철학자 켈수스가 예수를 마리아와 판테라라는 군인 사이에서 태어난 사생아라고 주장했다고 한다. 마리아가 판테라와 간음하여 임신하는 바람에 약혼자인 목수의 집에서 쫓겨났다는 것이다(『켈수스 논박』 1.32; 1.28).[21] 켈수스의 말은 샤바트 104b를 예수 어머니의 이야기로 읽을 수 있

---

among the Rabbis", 85-92을 참조하라. 저자는 미르얌 머가들라를, 마리아 막달레나와 예수님의 어머니 마리아를 염두에 둔 언어유희의 결과로 본다.

21 Schäfer, *Jesus in the Talmud*, 19. 켈수스의 이야기와 비슷한 이야기가 중세 시대 작품인 『세페르 톨레돗 예수』(*Sefer Toledoth Yeshu*, 또는 간단히 *Toledoth Yeshu*)에도 나온다. 이에 따르면 예수의 친부인 요셉 판데라는 미르얌 집 근처에

는 또 하나의 근거가 된다.

샤바트 104b는 산헤드린 106a와 마찬가지로, 예수의 탄생을 두고 유다인들이 그리스도인들과 전혀 다른 기억을 가지고 있었음을 보여 준다. 예수가 동정녀에게서 태어난 게 아니라 어머니 미르얌(마리아)과 판데라 사이에서 비합법적으로 태어난 사생아, 혼외출산자라는 의미다. 두 탈무드 본문이 전하는 예수의 출신 이야기는, 단순히 예수를 폄훼하려고 만들어낸 것이 아니다. 그보다 더 깊은 의미를 담고 있다. 예수가 성령으로 인해 동정녀에게서 태어난 하느님의 아들이 아니라 사람과 사람 사이에서 태어난 우리와 똑같은 인간, 그것도 적법한 출생이 아니라 혼외관계에서 나온 사생아라는 것이다. 구약성경에 따르면, 사생아는 자기 자신은 물론 그의 십대손까지도 주님의 회중에 들 수 없다(신명 23,3). 사생아로 태어난 예수는, 하느님의 아들이 아님은 물론 하느님의 말씀을 전달하는 예언자도 아니요 주님의 백성을 가르치는 스승이 될 최소한의 요건도 갖추지 못했다는 의미를 함축하고 있다. 예수님이 누구신가? 라는 물음 앞에 라삐들이 내놓은 답은, 예수는 하느님의 아들이 아니며 평범한 인간이라는 것, 아니 그보다 못한 주님의 회중에도 들지 못할 사생아라는 것이다.

## 예수의 행적

탈무드에는 예수의 활동에 대한 평가도 담겨 있다. 예수라는 이름이 직접

---

사는 군인이었다. 미르얌의 미모에 이끌려 그녀를 유혹했다는 것이다. 미르얌이 임신하여 혼외자를 출산한 뒤 아들에게 예슈라는 이름으로 세례를 주었다고 한다.

언급된 경우도 있다. 탈무드의 평가를 한마디로 표현하자면, "예수는 마술을 행하고 이스라엘을 부추겨 그릇된 길로 이끌었다"(*b. Sanhedrin* 43a; 참조: *b. Shabbat* 104b; *t. Shabbat* 11.15).

## b. Shabbat 104b: 기적 능력의 기원

예수의 기적 행사에 대한 탈무드의 설명은 정경복음서의 것과 다르다. 예수가 하느님의 힘으로 기적을 행사한 것이 아니라 마술을 부렸다는 입장이다. 앞에서 언급한 『바블리』 샤바트에, 안식일에 무언가 기록하는 일의 허용 범위에 관한 대목에서 몸에 상처를 내어 글을 새긴 경우가 사례로 나오는데 벤 스타다가 그 주인공이다. 그런데 그가 예수님을 연상시킨다.[22]

> *b. Shabbat* 104b 라삐 엘리에제르가 현자들에게 말하였다. "벤 스타다가 몸에다 상처שֶׂרֶט를 내어 이집트에서 마술כְּשָׁף을 들여오지 않았나?" 현자들이 답하였다. "그자는 바보שׁוֹטֶה였소. 바보에게서 증거 사례를 찾을 수는 없소."

라삐 엘리에제르는 벤 스타다가 안식일에 자기 몸에 상처를 내어 이집트 마술을 들여왔다고 한다. '상처'로 옮긴 שֶׂרֶט는 상처, 긁힘, 문신 등을 의미한다. 벤 스타다가 상처를 내고 문신을 새겼다는 뜻이다. 그런데 하느님 백성에게는 자기 몸에 상처를 내거나 문신을 새기는 일 자체가

22 앞에서 다룬 벤 스타다의 어머니 '미르얌' 대목이 이번 '마술' 대목 바로 뒤에 이어진다. 벤 스타다가 왜 벤 스타다로 불리는가, 하는 내용이다. 사실 마술 대목과 미르얌 대목은 하나의 단위를 이룬다. 여기서는 편의상, 출생과 행적 부분으로 나누어 다룬다.

금지 사항이었다. "너희는 죽은 이를 위하여 너희 몸에 상처שֶׂרֶט를 내서는 안 된다. 너희 몸에 문신קַעֲקַע을 새겨서도 안 된다. 나는 주님이다"(레위 19,28). 이 일이 안식일에 해서는 안 될 행동임은 물론이다. 고대 이스라엘 주변의 이교인들에게는 자기네가 섬기는 신들을 위해, 혹은 장례 때 죽은 이를 애도하면서 몸에 상처를 내는 관습이 있었다(1열왕 18,28; 예레 47,5; 48,37; 49,3). 레위 19,28은 이를 금지하고 있다. 신명 14,1에도 같은 금지 규정이 나온다.[23] 해당 규정이 속한 레위 19장에는 거룩한 백성으로서 해야 할 일과 해서는 안 되는 일이 열거되어 있다. 19,3에서는 안식일을 지켜야 한다는 규정이 나온다. 19,26에서는 점치는 행위나 요술을 금지하고, 19,28에서는 몸에 상처를 내는 일과 문신을 새기는 일을, 19,31에서는 영매들과 점쟁이들에게 찾아가는 일을 금하고 있다. 레위 19장에는 언급되지 않았지만 마술כֶּשֶׁף도 당연히 금지사항이었다(탈출 22,17; 신명 18,10; 참조: 미카 5,11; 나훔 3,4; 2열왕 21,6; 2역대 33,6). 이 모든 일은 거룩한 백성을 부정하게 만든다고 한다. 그런데 벤 스타다가 한 일이 바로 이런, 사람을 부정하게 만드는 일들이다. 그자가 하느님 백성에게 금지된 '문신'을 자기 몸에, 그것도 안식일에 새겨서,[24] 하느님 백성으로서는 해서는 안 될 마술을 심지어 이집트에서 들여왔다는 것이다. 여기서 벤 스타다의 잘못은 세 가지다. 안식일 규정 위반, 자기 몸에 상처를 내고 문신을 새긴 일, 외국의 마술을 들여온 일이다.

그런데 벤 스타다의 잘못 여부와 별개로 라삐들은 벤 스타다 같은 바보나 미치광이(שוטה는 바보·미치광이를 뜻한다)를 율법 해석의 사례로 삼아서

---

23 레위 21,5에 보면 사제들은 몸에 상처를 내서는 안 된다는 규정이 나온다. 하지만 이스라엘 백성 가운데 몸에 상처를 내는 이교 풍습을 따르는 이들이 있었다는 것은 호세 7,14; 예레 16,6; 41,5에 암시되어 있다.

24 신약성경 복음서에서도 예수님은 안식일 문제로 유다교 지도자들과 부딪히신다(루카 6,1-11).

는 안 된다고 한다.[25] 바보나 미치광이로 인해 안식일 규정의 실행이 영향을 받아서는 안 된다는 것이다.[26]

결국 샤바트 104b에서 벤 스타다는 율법을 어기고 이교인의 관습을 따른 어리석은 미치광이 마술사로 평가되고 있다. 그런데 이 이야기가 예수의 기적 활동을 빗댄 이야기로 읽힌다. 이 본문의 벤 스타다를 예수와 동일시할 수 있는 근거는 『켈수스 논박』에서 찾을 수 있다.[27] 샤바트 104b의 벤 스타다가 『켈수스 논박』의 예수와 매우 비슷하다. 켈수스에 따르면 예수가 이집트에서 노예로 지내는 동안 마술을 배웠다. "마리아는 얼마간 헤매다 처참한 모습으로 적법하지 않은 아들 예수를 낳았다. 예수는 이집트에서 노예로 일하다가 빈곤에서 벗어나려고 이집트인들이 자랑하는 기적 능력을 습득했다. 그리고 그 능력에 한껏 고취되어 고향에 돌아가서는 그 능력을 내세우며 자신을 신이라 선포하였다"(오리게네스, 『켈수스 논박』 1.28; 참조: 『켈수스 논박』 1.32; 요한 10,33). 이를 통해 2세기 말 유다인들 사이에 예수의 기적행사와 그 능력의 근거에 대한 소문이 돌고 있었음을 짐작할 수 있다.

중세 시대 유다인이 만든 『톨레돗 예슈』(*Toledot Yeshu*: 예수의 일대기)에서도 예수가 지닌 마술 능력의 기원을 언급한다. 예수가 능력을 얻으려고 입으로 발설해서는 안 되는 하느님의 이름에 대한 지식을 예루살렘 성전에서 훔쳤다는 것이다. 그 지식을 훔친 경위는 이러하다. 예수가 하느님

---

25 '벤 스타다(בן סטדא)는 바보·미치광이(소테흐 שוטה)였다'에서 스타다와 소테흐의 발음상 유사점을 주목하라. 이 또한 일종의 언어유희로 보인다.

26 Schäfer, *Jesus in the Talmud*, 16; Van Voorst, *Jesus Outside the New Testament: An Introduction to the Ancien Evidence*, 109.

27 벤 스타다와 오리게네스의 『켈수스 논박』에 대해서는 '미르얌 머가들라' 대목을 참조하라. 미르얌 대목과 이번 대목을 함께 읽으면 이번 대목이 더더욱 예수의 이야기로 읽힐 것이다.

의 이름을 양피지 조각에 적어서 자기 다리에 낸 상처에 숨겨두었다. 성소의 출구를 지키는 사자들을[28] 보고 놀라 그 이름을 잊어버리지 않을까 염려하였기 때문이다. 예수가 하느님의 이름을 적은 양피지를 몸에 낸 상처에 숨겨둔 탓에 그분의 이름에 대한 지식을 성전 바깥으로 무사히 훔쳐 나올 수 있었다는 것이다. 세부 사항은 다르지만 예수가 자기 몸에 낸 상처에 마술의 힘을 숨겨두었다고 하는 점은 탈무드 내용과 비슷하다.[29]

『켈수스 논박』이나 『톨레돗 예슈』는 샤바트 104b의 '벤 스타다'가 예수를 빗댄 인물임을 짐작케 한다. 이 이야기들은 예수의 기적 행사를 바라보는 유다인들의 시선을 반영한다. 예수가 일으킨 기적이 하느님의 힘에 의한 것이 아니라 이집트에서 들여온 마술이라는 것, 혹은 마술이 하느님의 힘에서 나온 것이라 하더라도 그 힘은 불법적으로 훔친 것이라는 시각이다.

사실 예수의 기적 능력의 기원에 대한 부정적 시선의 단초는 복음서에서 먼저 발견된다. 예수님께서 안식일 날 고향의 회당에서 가르치시자 사람들이 놀라서 이렇게 말했다고 한다. "저 사람이 어디서 저 모든 것을 얻었을까? 저런 지혜를 어디서 받았을까? 그의 손에서 저런 기적들이 일어나다니! 저 사람은 목수로서 마리아의 아들이며, 야고보, 요세, 유

28 열왕기에 따르면 솔로몬이 만든 주님의 집 오른쪽과 왼쪽에 받침대가 각각 다섯 개씩 놓여 있었는데(1열왕 7,39 참조), 그 받침대의 널빤지에 사자들이 그려져 있었다고 한다(1열왕 7,29). 그리고 버팀대 겉면과 널빤지 위 빈자리마다 커룹들과 사자들과 야자나무들을 새겼다고 한다.

29 예수에 대한 부정적 언급들, 조롱과 폄훼는 중세 때 만들어진 것이 아니다. 2세기부터 유다인들 사이에 예수를 두고 부정적인 소문이 돌고 있었음은, 『트리폰과의 대화』나 『켈수스 논박』을 통해 알 수 있다. 시간이 흐르면서 트리폰이나 켈수스의 증언에 새로운 내용이 추가되어 탈무드가 기록·편집되던 300-600년 사이에 더욱 풍성한 이야기로 확장되었을 것이다. 그리고 중세를 지나면서 『톨레돗 예슈』와 같은 긴 이야기로 만들어졌을 것이다.

다, 시몬과 형제간이 아닌가? …" 그러면서 그들은 그분을 못마땅하게 여겼다고 한다(마르 6,1-3). 자기들이 잘 아는 누구누구네 집 아들 평범한 목수가 드러내는 지혜와 기적이 하느님에게서 나왔다고는 인정할 수 없었던 것이다.

## b. Sanhedrin 107b: 마술·기만·오류

『바블리』 산헤드린 107b에서도 예수의 활동과 행적에 대한 평가를 엿볼 수 있다. 예수의 행적에 대한 라삐들의 평가는 마술·기만·오류로 요약된다. 관련 본문은 다가올 세상에 자리가 없을 자들에 대한 대목(*b. Sanhedrin* 90a-113b) 뒷부분, 게하지와 관련된 문맥 안에 위치해 있다. 게하지와[30] 예수 둘 다 스승으로 인해 회개의 기회가 박탈된 자로 제시된다. 여기서 예수는 라삐 요슈아 벤 페라히야의 제자로 등장한다. 엘리사와 요슈아 벤 페라히야가 각각의 제자인 게하지와 예수를 두 손으로 내쳤기에 제자들이 회개하지 못했다는 것이다.

> *b. Sanhedrin* 107b 얀네우스 임금이 우리네 라삐들을 죽이고 있었을 때 라삐 여호수아 벤 페라히야와 (그의 제자) 예수는 이집트 알렉산드리아로 피신했다. 다시 평화가 회복되었을 때 … 그는 (집을 향해) 길을 떠났고 마침내 어

30 엘리사 예언자의 종 게하지는 아람의 장수 나아만에게서 나병이 나은 대가를 받아내고는 엘리사에게 그런 일이 없다고 하였다(2열왕 5장). 엘리사는 게하지에게 "나아만의 나병이 너에게 옮아 네 후손들에게 영원히 붙어 다닐 것이다" 하고 말한다. 게하지는 스승의 말대로 나병으로 눈처럼 하얘진다(2열왕 5,20-27). 산헤드린 107b에서 게하지는 엘리사에게 내쳐진 뒤 사람들을 우상 숭배로 인도했다고 전한다.

떤 여인숙에 도착했다. 거기서 그는 따뜻한 환대를 받았다. 그(라삐)가 말하였다. "이 여인숙אכסניא은 얼마나 따뜻한가!" 그(예수)가 대답하였다. "라삐, 여주인 눈이 가느다랗습니다." 라삐 요슈아가 말하였다. "악당 같으니, 너는 도대체 무슨 생각을 하고 있는 것이냐!" 라삐는 뿔나팔을 사백 번 불고[31] (예수)를 공동체에서 내쫓았다. 여러 차례 예수가 찾아 와서 "다시 받아주십시오" 하고 청했지만 라삐는 들으려 하지 않았다. 그러던 어느 날, 라삐 요슈아가 셰마를 암송하고 있을 때 예수가 그에게 다가왔다. 라삐는 (예수)를 다시 맞아들이기로 결심하고 그에게 손짓을 했다. 그러나 예수는 (라삐가) 자기더러 물러가라고 명한 것으로 생각하고 자리를 떴다. 그러고는 가서 벽돌לבינתא(=לְבֵנָה)을 세운 뒤 거기에 대고 절했다. (스승이) "회개하라!" 하고 말했다. 그러나 (예수는) "나는 스승님께 이렇게 배웠습니다. 죄를 짓고 또 다른 사람들을 죄짓게 만드는 사람에게는 회개의 기회가 주어지지 않는다는 것입니다." 스승은 말했다. "예수는 마술을 부리고 이스라엘을 (우상 숭배로) 부추기고 그릇된 길로 이끌었다." … 우리네 라삐들은 가르쳤다: 왼손으로는 (물러가라고) 밀쳐라. 그러나 오른손으로는 항상 다시 불러들여야 한다. … 양손으로 게하지를 밀어낸 엘리사나 양손으로 예수를 밀어낸 여호수아 벤 페라히야처럼 해서는 안 된다(참조: *b. Sotah* 47a).

여기서 예수는 스승에 의해 공동체에서 쫓겨난 인물로 그려진다. 여인숙이 아늑해 보인다고 한 스승의 말을 예수는 여인숙 여주인을 두고 한 말로 받아들인다. 여인숙으로 옮긴 **אכסניא**가 여인숙 여주인을 가리키는 말이기도 했으니(Jastrow) 오해할 만도 했다. 제자의 오해에 분노한 스승은 예수를 쫓아낸다. 여인숙 주인이 몸을 파는 경우도 있었음을 감안할 때

31 뿔나팔을 사백 번 분다는 것은 처벌이나 금지를 공표한다는 뜻이다(Jastrow).

스승이 보인 반응이 이해가 간다. 자신을 여주인과 연결 짓는 제자의 무례함, 혹은 여자를 보고 관심을 보이는 제자의 가벼움이 용납되지 않았던 것이다. 쫓겨난 예수는 여러 차례 스승을 찾아가지만 받아들여지지 않는다. 그러다가 예수가 마지막으로 왔을 때 스승은 그를 다시 받아들인다는 의미로 손짓을 한다. 그런데 이를 거절의사로 오인한 예수는 스승을 떠나 우상 숭배로 돌아선다. 이는 그가 벽돌을 세우고 거기에 대고 절했다는 표현에서 알 수 있다. 이 표현은 우상 숭배를 가리킨다. 벽돌을 세우고 우상을 숭배하는 자들에 대해서는 이사 65,3에 언급되어 있다. "정원에서 제사를 지내고 벽돌לְבֵנָה 위에서 분향하며 언제나 내 얼굴을 맞대놓고 나의 마음을 상하게 하는 백성"이라는 대목이다. 이스라엘은 주님을 위한 제단을 흙으로 만들어야 하며 돌로 제단을 만들 경우, 다듬은 돌로 쌓아서는 안 된다(탈출 20,24-25). 정을 대면 제단이 부정하게 된다는 것이다. 그러므로 주님의 제단은 반드시 흙이나 다듬지 않은 돌로 만들어야 하며 제단에 상징이나 이미지를 새겨서도 안 된다. 그러므로 벽돌을 세워 거기에 대고 절하는 것은 우상 숭배 행위를 했음을 뜻한다. 실제로 바빌론의 이교 제단들은 대개 벽돌로 만들어졌으며 여러 상징이나 문자들도 새겨져 있었다. 이교인들이 벽돌 제단을 선호한 것은 벽돌이 조각을 하거나 글자를 새기기에 돌보다 적합하기 때문이었을 법하다.[32]

어떻든 스승에게 내쳐진 뒤 우상 숭배로 돌아선 예수는, 거기에서 멈추지 않고 이스라엘을 부추겨 우상 숭배와 그릇된 길로 이끌었다고 한다. 많은 사람들을 죄짓게 만든 그에게는 결국 회개의 기회가 주어지지 않는다. 이는 곧 예수가 다가올 세상에 자리가 없는 게하지와 같은 운명

---

32 벽돌은 바벨탑(창세 11,3)과 이집트 도시 건축물의 재료이기도 했다(탈출 1,14): Nave, *Nave's Topical Bible Concordance Online*. *b. Sanhedrin* 107b의 '벽돌'은, 하늘의 신들에게 제사를 바치던, 지붕옥상의 평평한 벽돌 바닥을 가리킬 수도 있다(참조: 2열왕 23,12; 예레 19,13).

이라는 의미다.[33] 게하지도 회개를 촉구하는 엘리사에게 '죄를 짓고 또 다른 사람들을 죄짓게 만드는 사람에게는 회개의 기회가 주어지지 않는다'는 말을 했다(*b. Sanhedrin* 107b). 결국 예수의 스승 벤 페라히야와 게하지의 스승 엘리사는 실패한 스승의 사례로 남는다. 엘리사와 벤 페라히야가 제자들에게 다시 돌아올 가능성을 열어 두었더라면 그 둘을 구제할 수 있었으리라는 뜻이다.

그렇다면, 이 본문에 나오는 예수를 신약의 예수님으로 볼 수 있을까? 이 본문의 배경이 기원전 1세기(얀네우스 임금 재임 기원전 104-78년)로 설정되어 있기에 그는 신약의 예수님이 아닐 수도 있다.[34] 여기 나온 예수는 신약성경의 예수님보다 1세기나 앞선 시대 사람이라는 것이다. 그러나 탈무드 편집자가 시대를 오인했거나 일부러 시대 배경을 바꾸었을 가능성이 있다. 탈무드에 담긴 역사적 디테일들은 이야기의 주변장치일 따름 정확한 사실의 기술이 아니라는 점을 유의해야 한다.

벤 페라히야의 제자 예수를 신약의 예수님으로 볼 근거는 여러 가지다. 회개하라는 스승의 당부에 예수가 내놓은, '죄를 짓고 또 다른 사람들을 죄짓게 만드는 사람에게는 회개의 기회가 주어지지 않는다'는 말은 복음서 말씀을 연상시킨다. "나를 믿는 이 작은 이들 가운데 하나라도 죄짓게 하는 자는, 연자매를 목에 달고 바다 깊은 곳에 빠지는 편이 낫다"(마태 18,6). 남을 죄짓게 만드는 사람에 대한 언급이 탈무드의 예수와 복음서의

33 탈무드에서, 다가올 세상에 차지할 자리가 없는 네 평민 가운데 발라암이 포함된다는 것, 그리고 발라암과 예수가 자주 동일시된다는 것을 기억하라.

34 이 문제에 대해서는 Herford, *Christianity in Talmud and Midrash*, 51-52 참조. 참고로 산헤드린 107b에 예수의 스승으로 제시된 여호수아 벤 베라히야(Yehoshua b. Perachya)는 기원전 140-100년 사이에 활동한 두 유다교 지도자(Zugot) 가운데 하나다. 나머지 한 명은 '니타이 하-아르벨리'(Nittai haArbeli)였다. 탈무드 본문에 제시된 라삐들에 대한 정보는 https://www.sefaria.org가 제공하는 영어 본문에서 해당 단어를 클릭하면 얻을 수 있다.

예수님을 잇는 연결고리가 된다.

게다가 여인숙 일화가 복음서 예수님을 연상시키는 측면이 있다. 복음서에서 예수님은 종종 창녀와 세리, 죄인들 편에 서시는 모습으로 그려진다(마태 9,10-11; 21,31-32; 마르 2,16; 루카 5,29-30; 15,1). 예수님은 술꾼에 먹보라는 소문도 있었다. "저자(예수)는 먹보요 술꾼이며 세리와 죄인들의 친구다"(마태 11,19; 루카 7,34). 사마리아 여인과 대화를 나누고(요한 4,1-30) 간음한 여인 편에 서기도 하셨다(요한 8,1-11). 죄인과 세리 들과 어울려 다니고 행실이 좋지 않은 여인들 편에 서는 모습이 유다인들에게 곱게 보였을 리 없다(루카 5,30). 그들이 예수를 윤리적으로 문제 삼을 근거가 영 없지는 않았던 셈이다. 예수에 대한 유다인들의 평가는 요한 복음서에 잘 나타나 있다. 예수님께서 당신께 돌을 던지려는 유다인들에게 이유를 물으시자 그들이 내놓은 답은 이렇다. "좋은 일을 하였기 때문이 아니라 하느님을 모독하였기 때문에 당신에게 돌을 던지려는 것이오.[35] 당신은 사람이면서 하느님으로 자처하고 있소"(요한 10,33).

결국 유다인들에게 예수는 죄인들과 어울려 다니며 하느님을 모독하고 스스로 하느님을 자처한 죄인에 지나지 않는다. 이런 시선과 소문들이 탈무드에 반영된 것 같다. 그래서 예수는 '여자'와 관련된 문제로 공동체에서 쫓겨나 결국 우상 숭배의 길로 들어선 자로 그려진다. 그리고 그의 활동은 이렇게 요약된다. '예수는 마술을 부리고 이스라엘을 (우상 숭배로) 부추기며 그릇된 길로 이끌었다.'

---

35 레위기 율법에 따르면 하느님을 모독한 자는 돌을 던져 죽여야 한다: "저주한 그자를 진영 밖으로 끌고 가서, 그가 저주하는 것을 들은 이들이 모두 그의 머리에 손을 얹게 한 다음, 온 공동체가 그에게 돌을 던지게 하여라. 그리고 너는 이스라엘 자손들에게 일러라. '누구든지 자기 하느님을 저주할 경우, 그 죗값을 져야 한다. 주님의 이름을 모독한 자는 사형을 받아야 한다. 온 공동체가 그에게 돌을 던져야 한다. 이방인이든 본토인이든 주님의 이름을 모독하면 사형을 받아야 한다'"(24,14-16).

## b. Sanhedrin 103a: 우상 숭배자·이단자 예수

『바블리』 산헤드린 103a에서 라삐 히스다(309년 사망)가 시편 91,10의 의미를 설명하면서 예수를 언급한다. 이때 라삐는 예수를 공개적인 장소에서 음식을 태우는 사람이라고 묘사한다.

> *b. Sanhedrin* 103a 라삐 히스다가 말하였다. "라삐 예레미야 바르 압바가 물었다. '"너에게는 불행이 닥치지 않고 재앙도 네 천막에는 다가오지 않으리라'(시편 91,10)고 적힌 것은 무슨 뜻입니까?' 너에게는 불행이 닥치지 않으리라는 것은 악몽과 나쁜 생각으로 공포에 빠지지 않으리라는 뜻이다. 재앙도 네 천막에는 다가오지 않으리라는 것은, 너에게는 예수 하-노츠리ישו הנוצרי처럼 공개된 장소에서 음식을 태우는מקדח תבשיל 아들이나 제자가 없으리라는 뜻이다."

라삐 히스다는 시편 91,10의 '재앙'을 예수와 관련지어 풀이한다. 재앙이 자신의 천막에 다가오지 않는다는 것은 예수 하-노츠리, 곧 나자렛 예수 같은 사람을 제자나 아들로 두지 않는다는 뜻이라고 한다. 여기서 예수 같은 사람이란 공개된 장소에서 음식을 태우는 사람이라고 한다.

비슷한 표현이 『바블리』 버라콧 17b에도 나온다. "뚫리는 일이 없고, 끌려가는 일이 없으며, 우리 광장에서 울부짖는 일도 없으리라"는 시편 144,14(직역)을 풀이하면서 라삐는 '광장에서'라는 구절을 나자렛 예수와 연결 짓는다. 자기들은 "나자렛 예수처럼 공개된 장소에서 음식을 태우는 아들이나 제자를 두어서는 안 된다"는 것이다.

> *b. berakhot* 17b '뚫리는 일이 없다'는 것은 우리 (라삐) 공동체של는 다윗 공동체처럼 되어서는 안 된다는 뜻이다. 그에게서 아히토펠이 나왔다. '끌려가는 일이 없다'는 것은 우리 공동체는 사울 공동체처럼 되어서는 안 된다는 뜻

이다. 그에게서 에돔인 도엑이 나왔다. '울부짖는 일이 없다'는 것은 우리 공동체는 엘리사 공동체처럼 되어서는 안 된다는 뜻이다. 그에게서 게하지가 나왔다. '광장에서'라는 것은 우리는 예수 하-노츠리처럼 공개된 장소에서 음식을 태우는מקדח תבשיל 아들이나 제자를 두어서는 안 된다는 뜻이다.[36]

위에서 '음식을(요리를) 태우다'로 옮긴, מקדח תבשיל라는 표현은 '(소금이나 양념을 많이 쳐서) 요리를 망치다'는 뜻도 된다(Jastrow). 재스트로는 이 표현이 *b. Sanhedrin* 103a와 *b. Berakhot* 17b에서 '자신이 받은 가르침을 욕보이다, 퇴화시키다, 잘못 적용하다'는 비유적 의미로 쓰였다고 한다. 가르침을 욕보이는 제자나 자식을 두는 일이 재앙이라는 것이다. 엡스타인Epstein은 이 표현을 소금을 너무 많이 쳐서 요리를 망치듯, 예수가 그릇된 가르침을 무분별하게 수용한 것을 가리키는 표현이라고도 한다. 스타인살츠Steinsaltz는 이 표현을 공개적으로 죄를 지어 다른 사람도 죄짓게 만드는 경우로 해석한다. 짐승을 태워 바치는 행위를 묘사한 것으로 우상 숭배와 관련된 표현으로 읽기도 한다.[37] 결국 나자렛 예수가 공개적으로 이단 혹은 우상 숭배의 죄를 저질러 남들도 죄짓게 만들었다는 것이다. 두 탈무드 본문은 라삐들이 예수를 우상 숭배자나 이단자로 여겼음을 방증한다.

이 '예수 하-노츠리'ישו הנוצרי는 신약의 예수님을 가리키는 게 분명

36 *b. Berakhot* 17b에 아히토펠, 도엑, 게하지 및 예수 하 노츠리가 사례로 등장한다. 발라암이 언급될 법한 곳에서 예수 하 노츠리가 언급된 점이 눈길을 끈다. 경우에 따라 발라암과 예수 하 노츠리를 동일시할 수 있다는 근거가 된다.

37 셰퍼는 이를 성적인 의미로 받아들인다. 그 근거를, '불행'을 악몽과 나쁜 생각에 시달리는 것으로 해석한 데다, 앞 대목에서 다른 라삐가 '재앙'을 여행을 다녀왔을 때 부인이 달거리 중인지 여부가 불확실한 경우를 가리킨다고 해석한 사실에서 찾는다. 예수가 성적으로 부정한 죄를 공개적으로 저질렀다는 것이다: Schäfer, *Jesus in the Talmud*, 28.

하다. 예수님은 출신지가 갈릴래아의 나자렛인 까닭에 종종 나자렛 사람(Ναζωραῖος: 마태 2,23; 21,11; Ναζαρηνός: 마르 1,24 등)이라 불렸다. 그저 막연히 갈릴래아 사람이라고 불린 경우도 있다(마태 26,69). 예수님의 추종자들도 출신지와 연관지어 '갈릴래아 사람들'(사도 1,11; 2,7) 혹은 스승의 출신지를 따라 '나자렛 분파'ἡ τῶν Ναζωραίων αἵρεσις라고 불렸다(사도 24,5). 예수 하-노츠리를 신약의 나자렛 사람 예수로 읽을 수 있는 이유다.

*b. Sanhedrin* 103a에서 예수를 제자나 아들로 두는 것을 '재앙', '환난'נגע으로 간주한다는 점은 의미심장하다. **נגע**(네가)는 죄에 대한 처벌로서 주어지는 '역병'이나 '나병'을 가리키기도 한다(Jastrow). 따라서 *b. Sanhedrin* 103a의 예수 대목은 예수의 스승이나 부모를 향한 불행 선언과 다를 바 없다. 이는 루카 복음에서 마리아의 방문을 받은 엘리사벳의 말과 뚜렷한 대조를 이룬다. "당신은 여인들 가운데에서 가장 복되시며 당신 태중의 아기도 복되십니다!"(루카 1,42). 예수라는 동일 인물이 어떤 이들에게는 행복의 원천, 어떤 이들에게는 재앙과 환난의 원천으로 여겨진 것이다.

## b. Avodah Zarah 27b: 치유자 예수

탈무드에 나오는, 예수의 이름으로 치료하는 야고보 이야기는 예수가 치유자로 활동했음을 암시한다. 유다인이 이방인에게 치료를 받아도 되는가에 대한 논의에 미님(이단자)이 치료자인 경우가 다뤄진다. 여기서 '이단자'를 뜻하는 **מין**(민, 복수: מינים미님)은 그리스도인들, 특히 그리스도를 믿는 유다인들을 가리킨다(Jastrow).[38] 이방인한테서는 목숨이 위급한 상황일 경

38 이단자라는 뜻의 미님은 본디 다양한 '분파'에 두루 적용되었지만 초세기 라삐들에게 가장 큰 위협으로 간주된 세력은 그리스도인들이었다. 그러니 그 무리의 수장격인 예수가 이단 문제와 관련해서 거론되는 것도 이상할 것이 없다. 예수

우에 한해 치료를 받아도 되지만, 이단자 미님과는 어떠한 관계도 맺어서는 안 된다는 내용이다. 치료를 받지 않으면 곧 죽는 경우에도 미님한테서는 치료를 받으면 안 된다고 한다. 이때 미님 치료자의 예로 예수의 제자 야고보가 언급된다. 해당 본문은 『바블리』 아보다 자라 27b다.

> *b. Avodah Zarah* 27b 라삐 이스마엘의 누이의 아들인 벤 다마가 뱀에 물렸을 때의 일이다. 세칸야 마을의 야고보라는 사람이 그를 치료하러 왔다. 그런데 라삐 이스마엘이 (치료를) 허락하지 않았다. 이에 벤 다마가 말하였다. "라삐 이스마엘! 형제시여,[39] 허락해 주십시오. 그 사람한테 치료를 받을 수 있게 해 주십시오. 이를 허용하는 토라 구절을 대보겠습니다." 그런데 벤 다마는 이 말을 마치기도 전에 영혼이 떠나 죽어 버렸다. 이에 라삐 이스마엘이 소리쳤다. "벤 다마, 너는 행복하다. 네 몸이 정결한 상태로 죽었으며 네 영혼도 정결한 채로 너를 떠났으니!"

『바블리』에서는 세칸야의 야고보가 치료하러 왔다고 간략히 설명하지만[40] 예루살렘 탈무드 병행문에는 야고보가 '판데라의 아들 예수의 이

---

가 우상 숭배 및 이단과 관련된 논고 '아보다 자라'에 언급된 것도 의외가 아니다. 아보다 자라 26b에는 변절자(배교자)와 이단자(min)에 대한 설명이 나온다. 어떤 라삐는, 식욕 때문에 금지된 음식을 먹은 자는 변절자, 규정에 도전하기 위해 일부러 금지된 음식을 먹은 자는 이단자라고 한다. 어떤 라삐는 우상 숭배를 한 사람만 이단자로 판단한다(*b. Horayot* 11a).

39 형제로 옮긴 히브리어 아흐(אח)는 친동기간뿐 아니라 친척, 친지, 동족, 동포 등에 두루 적용되었다. 혈연과 상관없이 형제동포와 비슷한 막역한 사이를 가리켜 두루 사용될 수 있었으며 사해동포와 같은 상징적 의미로도 사용될 수 있었다.

40 *b. Avodah Zarah* 28a에도 이단자 야고보가 언급되어 있다. 야고보가 라삐 아바후의 다리에 연고를 발랐는데 사실은 그게 독이어서 아바후가 다리를 절단

름으로'라는 구절이 덧붙어 있다. 야고보가 예수의 이름으로 치료한다는 것이다. "야고보가 그를 치료하러 와서 그에게 말하였다. '당신에게 판데라의 아들 예수의 이름으로 말하겠소'"(*y. Avodah Zarah* 2.40). 다른 본문에서도 야고보가 예수의 이름으로 치료했다고 한다. "야고보가 … 예수 판데라의 이름으로 그를 치유하러 왔다"(*y. Shabbat* 14.14).[41]

제자 야고보가 스승의 이름으로 치료한 것은 분명해 보인다. 이를 토대로 그의 스승 예수가 먼저 치유 활동을 했으리라 추정할 수 있다. 복음서에서 치유와 가르침이 예수님 활동의 큰 부분을 차지함을 감안할 때 이 대목을, 예수와 그 제자의 활동으로 읽어도 무방해 보인다.

문제는 라삐 이스마엘이 미님의 치료로 생존하는 것보다 죽는 편이 더 행복하다고 말한 사실이다. 벤 다마가 죽고 나서 이스마엘이 한 말, "벤 다마, 너는 행복하다אשריך. 네 몸이 정결한 상태로 죽었으며 네 영혼도 정결한 채로 너를 떠났으니!"는 אשרי(행복하여라)로 시작하는 행복선언이다(시편 2,12; 146,5 참조). 미님의 손에 닿아 부정해지느니 정결하게 죽는 편이 낫다는 것이다.[42] 위급한 상황일 경우 이방인 의사에게는 치료를 받아도 된다고 한 것과 대조된다. 이는 라삐들이 미님을 이방인보다 더 해로운 존재로 파악했음을 보여준다. 유다인들에게 이방인이 외부의 적이라면 미님은 내부의 적으로서 어쩌면 외부의 적보다 더 큰 위험 요소가 될

---

할 뻔했다는 내용이다. 미님에 대한 라삐들의 시각을 엿볼 수 있다.

41 벤 다마와 야고보의 일화는 다른 라삐 문헌에서도 확인할 수 있다. *t. Hullin* 2.22; 2.26에서는 야고보의 스승이 '판테라의 아들 예수'로 제시되어 있다. *Qohelet Rabbah* 1,8(미드라쉬)에는 "세칸야 마을의 야고보가 어떤 자(펄로니)의 이름으로 그를 치료하러 왔다"고 되어 있다. 여기서 '어떤 자'는 예수를 가리킨다. Lubenstein/Cohen, *Rabbinic Stories*, 289 참조.

42 미님과의 접촉이 사람을 부정하게 만드는 일로 취급된 점을 주목하라. 사람이나 장소를 부정하게 만드는 것에 대해서는 레위 18,24-30; 19,31; 20,1-3을 보라.

## 우상 숭배, 미님, 예수

❖ Soncino판 "Avodoh Zoroh 2a-35b: Introduction, 2-4": http://www.halakhah.com/rst/nezikin/35a%20-%20Avodoh%20Zoroh%20-%202a-35b.pdf.

우상 숭배(עבודה זרה, Avodah zarah)는 유다인들의 삶에서 생사를 가를 만큼 중요한 사안이었다. 하느님을 택한 자에게는 생명이, 우상을 택한 자에게는 죽음과 파멸이 있으리라는 것이 굳은 믿음이었다. 우상 숭배 문제, 곧 주변 민족의 종교와 관습은 고대 이스라엘 시대부터 큰 위협으로 간주되었다. 이는 구약성경 곳곳에서 확인할 수 있다.

마카베오 항쟁도 시리아 셀레우코스 왕조와 유다인들의 싸움이라기보다는 유다인들 내부의 싸움으로 보는 시각도 있다. 헬레니즘에 매혹된 예루살렘 엘리트들과 유다교 전통을 고수하려는 지방 농민들 사이의 내전이었다는 것이다. 항쟁을 주도한 마카베오 일가가 후자에 해당한다. 그러나 항쟁에서 승리한 마카베오 일가가 세운 하스모네아 왕조도 헬레니즘에서 자유롭지는 못했다. 알렉산드로스 대왕의 이름을 딴 계승자들을 보아서도 쉽게 알 수 있다. 알렉산드로스(얀네우스)나 알렉산드라(살로메)가 대표적이다.

헬레니즘의 물결은 로마 시대에도 그대로 이어졌다. 헤로데 대왕이 세운 로마식 건축물들이 이를 입증한다. 예루살렘 성전 앞에 세워진 로마를 상징하는 독수리상, 마싸다의 헤로데 궁전, 항구 도시 카이사리아 마리티마, 수도 시설, 김나지움, 극장 등이 모두 로마식 건축물들이다.

135년 바르 코크바 항쟁이 실패하고 유다인들이 로마인들에 의해 이스라엘 본토에서 쫓겨나면서 이민족의 종교와 문화는 유다인들에게 더욱 심각한 위협이 되었다. 라삐들은, 주변 이민족들의 종교와 문화에 빠져들 위험에 처한 백성에게 모든 주변 종교를 우상 숭배로 규정하면서 자기네 고유 신앙을 지키도록 독려한다. 그리고 우상 숭배는 십계명 전체, 토라의 가르침 전체를 거부하는 일과 같으며 죽음의 위협 속에서도 절대로 해서는 안 될 일로 선언한다. 그들에게 우상 숭배는 단순히 '종교'만의 문제가 아니었으며 윤리 문제이기도 했다. 라삐들은 우상 숭배를 금지함으로써 종교적 진리와 윤리적 순수성을 지킨다고 여겼다.

'아보다 자라'에 담긴 본문들은 바로 이런 배경에서 만들어졌다. 이 논고에서 라삐들은 다른 종교와 문화에 대해 그 어느 작품에서보다 비관용적인 태도를 보인다. 이민족과 함께 먹고 마시는 문제에도 유독 까다롭게 군다. 이민족과의 어울림이 혼종혼으로 이끌뿐더러 마침내 자기네 신앙을 저버리는 결과로 이어질 수 있다고 여겨서다. 유다인들에게는 우상 숭배가 자기네 민족과 영적 유산의 생존을 좌우하는 문제였음을 고려한다면 그런 무관용의 태도, 협소한 시각을 충분히 이해할 수 있다. 예수와 그 추종자들이 이런 맥락에서 미님으로 선포된 것이다.

*t.Hullin* 2.19-24에는 유다인들이 미님들을 어떻게 대해야 하는지 자세히 전해진다. 이에 따르면 유다인들은 미님들의 희생제물, 그들의 식재료, 그들의 책에 접근해서는 안 된다. 미님들에게 물건을 사서도 팔아서도 안 되며 그들의 자녀에게 기술을 가르쳐서도 안 된다. 그들과 사업상 관계(또는 혼인관계)를 맺어서도 안 된다. 미님에게서 의료상의 도움을 받아서도 안 된다. 앞에서 언급한 라삐 이스마엘과 벤 다마의 일화는(*t. Hullin* 2.22) 바로 이런 문맥 안에 위치한다. 결국 예수와 그 추종자들이 미님이라는 것은, 이들이 유다인들에게는 어떠한 관계도 맺어서는 안 될 위험한 집단으로 여겨졌음을 방증한다.[1]

1 이에 대해서는 Schwartz/Tomson, "When Rabbi Eliezer Was Arrested for Heresy", 151-152 참조.

수 있었다. 예수와 그 제자들이 라삐들에게 어떤 존재로 여겨졌을지 짐작이 가는 상황이다. 어떻든 탈무드가 예수님의 활동을 극히 부정적으로 평가하지만, 그분의 존재와 활동 자체는 부정하지 않는다는 점은 눈여겨볼 만하다. 적어도 일부 라삐들에게 부정적인 관점에서지만 예수님의 존재감만큼은 무시할 수 없었던 모양이다.

## b. Avodah Zarah 16b-17a: 토라 교사 예수

탈무드에 예수가 토라 교사였음을 암시하는 본문도 있다. 예수가 제자들에게 토라를 해석하고 가르쳤으리라는 것이다. 해당 내용은 아보다 자라 16b-17a에 나온다. '낯선 숭배' 또는 '이상한 경배'라는 뜻의 '아보다 자라'는 라삐 문헌에서 우상 숭배를 가리키는 말로 사용된다. 민법과 형법상의 문제를 다루는 탈무드 제4부 '세데르 네지킨'('손해'라는 뜻)에 속하는 이 논고는 다섯 장에 걸쳐 유다인들과 이방인들·우상 숭배자들 사이의 문제를 다루고 있다. 예수가 우상 숭배와 관련된 논고에 언급되었다는 사실 자체가 중요한 의미를 지닌다. 예수를 따르는 행위가 우상 숭배가 될 수 있다는 뜻을 함축하고 있어서다.

예수가 언급된 것은, 라삐 엘리에제르가 이단이라는 의심을 받고 체포되었다가 풀려난 뒤 제자들과 나눈 대화에서다. 여기서 '이단'(מִינוּת 미누트, 복수: מִינִים 미님) 또는 '이단자'(מִין 민, 복수: מִינִים 미님)는 그리스도인들, 특히 유다계 그리스도인들을 가리킨다(Jastrow). 109년 로마 황제 트라야누스가 팔레스티나의 그리스도인들을 박해한 사건이 그 배경이다.[43] 이에 따르면, 법정에 선 엘리에제르에게 로마 관리가 당신 같은 원로가 어떻게 그런 일

43 Herford, *Christianity in Talmud and Midrash*, 141-142.

에 가담할 수 있느냐고 물었다고 한다. 엘리에제르가 하느님을 염두에 두고 "저는 재판관을 신뢰합니다!" 하고 대답했는데 로마 관리는 그것이 자기를 두고 한 말인 줄 알고 엘리에제르를 풀어주었다는 것이다. 사면을 받고 귀가한 엘리에제르에게 제자들이 찾아와 위로를 건네지만 스승은 어떤 위로도 받아들이지 않는다. 이때 제자인 라삐 아키바가 나서서 스승이 그리스도인으로 오인된 연유를 추측한다. 스승이 이에 응대하는 대목에 '예수'가 언급된다.

> *b. Avodah Zarah* 16b-17a 라삐 아키바가 말하였다. "스승님, 혹시 이단מינות 가르침들 가운데 스승님께 전달된 것이 있었고 그것을 스승님께서 좋게 여기신 것이 아닐까요? 그것 때문에 (주님께) 유죄로 여겨진 것이 아닐까요?" 엘리에제르가 소리쳤다. "아키바야, 네가 그렇게 말하니 생각나는 게 있구나. 어느 날 세포리스의 시장에서 걷고 있다가 예수 하-노츠리ישו הנוצרי(나자렛 사람 예수)의[44] 제자들 가운데 한 명과 마주친 적이 있다. 그자의 이름은 세칸야 마을의 야고보יעקב였다. 그자가 내게 말했다. '토라에는 '너희는 창녀의 해웃값을 … 주 너희 하느님의 집에 가져와서는 안 된다'(신명 23,19)라고 되어 있습니다. 대사제의 뒷간을 (성전에) 만드는 데 그 돈을 쓸 수 있겠습니까?' 나는 아무 대답도 하지 못했다. 그자가 내게 말했다. '저는 나자렛 사람 예수님한테서 '창녀의 해웃값으로 그것들을 모았으니 창녀의 해웃값으로 돌아가리라(미카 1,7). 그것들이 불결한 곳에서 왔으니 불결한 곳으로 돌아가게 하라!' 하고 배웠습니다.' 그 말이 내게 좋게 들렸다. 내가 이단מינות으로 체포되었던 건 그 일 때문인 것 같다. 이로써 내가 '그 여자에게서 멀리 떨어져 걷고 그 집 문에 가까이 가지 마라'(잠언 5,8)라는 말씀을 어긴 셈이 되기 때문이다. 그 여자는 이단מינות을, 그 집은 지배 권력을 가리킨다."

44 '나자렛 사람 예수'는 필사본 MS.M 95에 나온다.

먼저 이 대목에 언급된 '예수 하-노츠리', 곧 나자렛 사람 예수가 신약의 예수님일까? 이에 답하기 위해서는 먼저 연대상의 문제를 검토해야 한다. 여기 등장하는 엘리에제르와 아키바의 활동기가 1세기 말부터 2세기 초까지였기 때문이다. 라삐 엘리에제르는 1세기 말-2세기 초(80-110년) 라삐 유다교 사회를 이끈 대표적 라삐들 가운데 하나다. 그는 70년 유다교 항쟁 후 스승인 요하난 벤 자카이를 도와 해안 도시 야브네에다 유다인들의 새 거점을 세우는 일에 앞장섰다. 라삐들 중에 으뜸이라는 별칭도 갖고 있었다. 그의 제자 라삐 아키바는 2세기 초(110-135년) 유다교 사회를 이끈 대표 인물이다.[45] 그런데 두 라삐가 활약하던 시기에 예수님의 제자 야고보(제베대오의 아들)는 이미 이 세상 사람이 아니었다(44년 순교: 사도 12,1-17 참조). 알패오의 아들 야고보의 죽음은 성경에 전해지지 않지만 당시 인간의 평균 수명을 감안하면 세기를 넘기지 않았을 것이다. 주님의 형제 야고보도 70년 이전에 세상을 떠났다(62년 순교 추정: 요세푸스, 『유다 고대사』 20.9.1). 그러니 시기적으로 엘리에제르가 예수님의 제자를 직접 만났을 가능성이 적다. 라삐가 만난 야고보의 스승이 신약의 예수님이 아니라는 뜻이다. 그러나 활동 연대의 불일치만으로 아보다 자라의 예수가 신약의 예수님이 아니라고 단정할 수 없다. 앞에서 언급했듯 탈무드 본문의 시간적 배경은 정확한 사실이 아니다. 탈무드의 저자나 편집자의 주안점은 자신들이 의도한 바를 잘 전달하는 데 있었으며 그들에게 시간적 배경의 정확성은 중요하지 않았다. 본문 배경을 임의로 설정했을 수 있다는 뜻이다.

해당 본문을 신약의 예수님과 그 제자에 관한 이야기로 읽을 수 있는 근거는 이렇다. 첫째, 라삐 엘리에제르가 소개한 일화의 공간적 배경과

---

45 두 라삐에 대한 정보는, https://www.sefaria.org가 제공하는 탈무드 본문에서 라삐 이름 곧 엘리에제르와 아키바를 클릭하면 얻을 수 있다. 참고로 이 본문에서 라삐들은 약어로, 곧 라삐 엘리에제르는 ר״א, 라삐 아키바는 ר״ע로 표시되어 있다.

인물 묘사다. 엘리에제르는 세포리스의 시장에서 나자렛 예수의 제자인, 세칸야의 야고보를 만났다고 한다. 여기서 눈여겨 볼 단어는 '세포리스', '세칸야', '나자렛 사람', '야고보'다.

세포리스는 갈릴래아 중심부에 위치한 도시로, 예수님의 출신지로 알려진 나자렛에서 북서쪽으로 6킬로미터 정도 떨어진 곳에 있다.[46] 야고보의 출신지로 소개된 세칸야는 갈릴래아 북쪽 평원의 수크닌을 가리킨다.[47] 예수와 야고보가 모두 갈릴래아 출신으로 소개된 셈이다. 이는 신약성경의 정보와 잘 부합한다. 복음서에 따르면 예수님의 출신지는 갈릴래아 지방 나자렛이며 주 활동 무대도 갈릴래아였다(마태 4,23; 루카 4,31). 예수님의 제자들도 갈릴래아 사람들이 많았다(마태 4,18; 26,69; 마르 3,7; 14,70 등). 앞에서 언급한 대로, 예수님은 나자렛 사람 또는 갈릴래아 사람이라고 불렸으며 예수님의 추종자들도 '갈릴래아 사람들' 또는 '나자렛 분파'

---

46 세포리스는 132-135년 바르 코크바 항쟁 이후 라삐들의 본거지 가운데 하나가 되었다. 코크바 항쟁 이후 라삐들이 유다 지역을 떠나 갈릴레이 지역으로 본거지를 옮기면서 세포리스는 유다인들의 종교적·영적 중심지로 성장하였다. 미쉬나를 집대성한 유다 하-나시도 산헤드린과 함께 야브네에서 세포리스로 옮겨왔다. 세포리스는 갈릴래아를 경유하는 무역 루트 덕분에 상업중심지로도 각광을 받았다. 세포리스, 티베리아스 등 갈릴래아 지방의 몇몇 도시가 유다교 중심지로 성장하였다. 예수님의 주 무대이기도 했던 갈릴래아는 그리스도교에서도 중요한 부분을 차지했다. 무슬림이 이곳을 점령하기 전까지 갈릴래아는 유다교와 그리스도교가 비교적 평화롭게 공존하고 있었다고 한다: Shanks, *Christianity and Rabbinic Judaism: A Parallel History of Their Origins and Early Development*, 69-71; 140-141; 165-166 참조.

47 Klausner, *Jesus of Nazareth: His Life, Times, and Teaching*, 40-41. 수크닌의 정확한 위치는 특정할 수 없지만 세포리스 인근이었을 법하다고 한다: R.A. Pritz, *Nazarene Jewish Christianity from the End of the New Testament Period Until its Disappearance in the Fourth Century* (Leiden 1988), 120: Schwartz/Tomson, "When Rabbi Eliezer Was Arrested for Heresy", 150에서 재인용.

라 불렸다.

제자의 이름이 야고보라는 것도 복음서 정보를 연상시킨다. 예수님의 열두 제자 가운데 야고보가 둘 있었다. 제베대오의 아들 야고보(마르 3,17; 마태 10,2)와 알패오의 아들 야고보(마르 3,18; 마태 10,3; 루카 6,15; 사도 1,13)가 그들이다. 그리고 '작은 야고보'(마르 15,40)도 있었다.[48] 알패오의 아들 야고보는 열두 사도의 목록에만 나와서 그가 구체적으로 어떤 인물인지는 알 수 없지만 '작은 야고보'와 같은 인물일 가능성이 있다.[49] 어떻든 예수님의 제자 가운데 적어도 두 사람이 야고보였다. 그 밖에 주님의 형제라 불린 야고보도 있었다(갈라 1,19; 참조: 마르 6,3).[50] 이 디테일만 보더라도 위 본

---

48 마르 15,40: "작은 야고보와 요세의 어머니 마리아"; 병행: 마태 27,56: "야고보와 요셉의 어머니 마리아"; 참조: 마르 16,1 "야고보의 어머니 마리아." 이 마리아는 주님의 어머니와 다른 마리아임이 분명하다. 한편 마르 6,3에서 유다인들은 예수님을 두고 "저 사람은 목수로서 마리아의 아들이며, 야고보, 요세, 유다, 시몬과 형제간이 아닌가?" 하고 말한다(마태 13,55 참조). 여기 언급된 야고보와 요세(또는 요셉)는 주님의 어머니가 아닌 '다른 마리아'의 두 아들일 가능성이 있다(마르 15,40). 참고로 요한 복음에는 야고보라는 이름이 언급되지 않는다. 예수님의 형제들도 이름 없이 그저 형제들이라고만 되어 있다(요한 2,12; 7,5; 참조: 1코린 9,5).

49 알패오의 아들 야고보를 제베대오의 아들 야고보와 구분하려고 전자는 작은 야고보, 후자는 큰 야고보라 불렀을 수 있다: Bock, *Luke*, commentary on Luke 6:15 참조. 마이어는 알패오의 아들 야고보와 작은 야고보를 동일시할 근거가 없다고 본다: Meier, *A Marginal Jew: Rethinking the Historical Jesus vol. 3*, 201.

50 히에로니무스는 '주님의 형제 야고보'(갈라 1,19)가 '작은 야고보'(마르 15,40)라고도 불린 알패오의 아들 야고보라고 한다(『위인들』 2). 곧 알패오의 아들=작은 야고보=주님의 형제. 작은 야고보의 아버지는 알패오, 형제는 요세이며 그 어머니는 예수님의 어머니와 동기간인 다른 마리아라는 것이다. 주님의 형제 야고보가 실상은 주님의 사촌 형제라는 입장이다. 주님의 형제 야고보에 대해서는, Chilton/Neusner, *The Brother of Jesus: James the Just and His Mission*을 보라.

문이 신약의 예수님을 염두에 두고 있었을 가능성이 있다.

라삐 엘리에제르는 예수 하-노츠리가 토라를 해석하고 가르쳤음을 암시하고 있는데, 이 또한 신약 복음서의 묘사와 크게 다르지 않다. 복음서에서 예수님은 줄곧 토라와 관련하여 바리사이들과 논쟁하고 제자들을 가르치신다(마태 9,11-13; 12,1-8; 15,1-20 등). 아보다 자라 17a에 나오는, 창녀의 해웃값으로 대사제가 쓸 뒷간(혹은 쉼터)을[51] 성전에 만들어도 되는가, 하는 논의는 로마 황제에게 세금을 내는 문제로 일어난 복음서 논쟁을 연상시킨다(마태 22,15-22; 마르 12,13-17). 야고보의 스승이 했다는 '그것들이 불결한 곳에서 왔으니 불결한 곳으로 돌아가게 하라'는 말은 '황제의 것은 황제에게 돌려주라'고 하신 예수님 말씀(마태 22,21)과 비슷하게 읽힌다. 아보다 자라 16b-17a에 언급된 예수 하-노츠리가 신약의 나자렛 예수님이라는 근거는 충분해 보인다.[52]

그렇다면 이 본문에서 전달하려는 내용은 무엇일까? 이 본문은 예수의 말을 하나라도 좋게 받아들인다면 그것이 토라를 어기는 일과 마찬가지라는 뜻을 전달한다. 예수의 가르침 하나를 수긍한 단 한 번의 일로도 하느님께 이단자로 취급되고 로마 당국에 체포되어 마땅하다는 것이다. 이는 엘리에제르가 자신의 체포를 두고 한 말, "저는 재판관을 신뢰합니다!" 라는 말에 함축되어 있다. 재판관이신 하느님의 판단이 옳았음을 인정하는 엘리에제르의 말은, 나자렛 예수는 올바른 토라 교사가 아니라 이단자라는 것, 그리고 그런 예수의 말은 단 하나라도 좋게 여겨서는 안 된다는 의미다.

토라 교사로서의 예수와 관련하여, 다섯 제자를 언급한 *b. Sanhe-*

---

51 Mishcon (tr.), "'Abodah Zarah", 58 참조.

52 아보다 자라 16b-17a에 담긴 라삐 엘리에제르의 체포담과 같은 이야기가 토세프타 훌린 2.24에도 전해진다. 여기서는 예수가 판테라의 아들, 곧 '예수 벤 판티리(=판테라)'(ישוע בן פנטירי)로 소개된다.

*drin* 43a도 중요하다. 이 본문이 속한 논고 산헤드린도 아보다 자라처럼 세데르 네지킨에 속하며, 최고 의회에서 진행되는 재판의 절차, 사형, 범죄 등을 다룬다. 산헤드린 43a는 예수의 재판과 처형에 관해 이야기한 다음, 예수의 제자들의 처형이 정당한지 논하고 있다. 예수에게는 다섯 명의 제자가 있었는데 그들 모두 스승처럼 죽어 마땅한 사람들이라는 결론이다. 이 본문 역시 예수가 제자를 거느린 토라 교사였음을 암시한다. 그런데 다섯 제자의 이름이 마타이, 나카이, 네체르, 부니, 토다로 제시되어 있어서 이 본문은 예수님과 관련 없다는 주장이 가능하다. 사실 마타이를 제외한 나머지 넷은 생경한 이름들로서 복음서에 나오는 제자들의 이름과 거리가 멀다. 마타이라는 이름만 마태오와 비슷하다. 그러나 여기 제시된 이름들은 언어유희에 따른 것으로 제자의 실명이라고 볼 수 없다. 이 대목 전체가 언어유희를 통해 각 제자의 처형이 합당한지 묻고 답하는 형태로 되어 있다. 각 제자가 나서서 자기 이름과 비슷한 단어가 담긴 성경 구절을 들어 자신을 변호하면 판관은 그 단어가 담긴 다른 구절을 내세워 처형을 합리화하는 식이다. 예를 들면 이렇다.

> *b. Sanhedrin* 43a 우리 라삐들은 가르쳤다: 예수에게는 다섯 제자가 있었다. 마타이מתי, 나카이, 네제르, 부니와 토다다. 그들은 마타이를 (법정에) 데려왔다. 그(마타이)가 말하였다. "마타이מתי가 처형당해야 합니까? '그 하느님의 얼굴을 언제나מתי[53] 가서 뵈올 수 있겠습니까?'(시편 42,3) 하고 적혀 있지 않습니까?" 그들이 그에게 대답하였다. "그렇다. 마타이는 처형당해야 한다. '저자가 언제מתי 죽어 그 이름이 사라질까?'(시편 41,6)라고 적혀 있기 때문이다."

53 '언제'를 뜻하는 히브리어 מתי의 발음이 예수님의 제자 '마타이'의 발음과 비슷하다.

제자들의 명수로 제시된 숫자 5는 상징수로서 예수의 모든 제자를 가리킨다. 예수의 제자들이 하나도 빠짐없이 죽음에 처해져야 마땅하다는 뜻을 담고 있다. 제자들의 죽음이 구약성경에 이미 예고되어 있다는 뜻으로 읽히기도 한다. 예수의 제자들도 그들의 스승과 다름없이 처형을 피할 수 없는 이단자라는 것이다.

## 재판과 죽음

탈무드에는 예수의 재판과 죽음을 전하는 내용도 담겨 있다. 예수를 투석형에 처하고 매달았다는 것이다. 예수를 죽음에 이르게 한 결정타가 십자가형이 아니라 투석형이었다는 의미다. 이 이야기는 『바블리』 산헤드린 43a에 전해진다.[54] 대개 탄나임 시대(0-200년) 것으로 추정되는 이 본문은 저술 연대도 빠르거니와 예수라는 이름을 명시한 점에서 특별한 의미가 있다. 여기 언급된 예수가 신약성경의 예수님이라는 근거도 충분하다. 사실 이 본문은 초창기 라삐가 예수님의 죽음을 언급한 거의 유일한 사례로 꼽힌다. 비교적 이른 시기에 만들어진 교회 바깥의 본문이라 역사의 예수 연구에 사용되기도 한다.[55]

54 같은 논고에 발라암(=예수)이 서른둘의 나이에 강도 피느하스(=본시오 빌라도)에 의해 죽임을 당했다고 하는 대목도 전해진다(*b. Sanhedrin* 106b).

55 Herford, *Christianity in Talmud and Midrash*, 35-96; Van Voorst, *Jesus Outside the New Testament: An Introduction to the Ancient Evidence*, 111-120 참조. 반면에 셰퍼는 이 본문이 아모라임 시대 것이며 복음서가 전하는 예수님 처형 사건에 대한 반동으로 생겨났다고 본다. *b. Sanhedrin* 43a가 역사의 예수 연

## b. Sanhedrin 43a

예수에 대한 언급은 유죄 선고를 받은 사람을 처형시키는 과정에 대한 논쟁에 나온다.[56] 사형수의 처형이 어떤 식으로 치러져야 하는지 설명하는 대목에 예수가 예외적 사례로 언급된다. 미쉬나는, 중죄를 지어 고발당한 어떤 사람이 재판을 통해 유죄로 판명나면 투석형에 처해야 한다고 규정한다. 단 형을 집행하기 전에 전령을 그자 앞에 내세워 '아무개(펄로니)의 아들 아무개가 이러저러한 죄를 지었기에 나가서 투석형을 당할 것이오. 그자의 증인은 아무개와 아무개요. 그자를 방면할 이유를 아는 이라면 누구든 나와서 증언하시오'라고 공포해야 한다고 한다. 이 문제와 관련하여 예수가 언급되는데 여기서 예수에게는 예외적으로 40일 동안이나 유리한 증언을 해 줄 사람을 찾았다고 한다. 사십 일은, 예수의 체포에서 재판 및 처형까지 걸린 시간을 가리키는 듯하다. 그런데 예수에게 유리한 증언을 할 증인이 한 명도 나서지 않아 사형을 그대로 집행했다고 한다.

> *b. Sanhedrin* 43a 파스카 전날 저녁ערב פסצ에[57] 그들은 예수를 매달았다. (사형을 집행하기 전) 사십 일 동안 전령이 그자 앞에 나가서 소리쳤다. "그자

---

구에 사용될 수 없다는 결론이다: Schäfer, *Jesus in the Talmud*, 9.17.141.

56 예수가 언급된 *b. Sanhedrin* 43a는 중범죄를 저지른 사람의 재판과 사형 절차에 관한 관습을 주요 주제로 삼고 있다. 유다인들은 관습적으로 재판을 이행하기 전에 범죄자에게 고발 사실을 알리는 한편 피고를 옹호할 목격자를 찾기 위해 전령을 피고 앞에 내세웠다고 한다.

57 산헤드린 43a에 따르면 예수님은 에레브 페사(첫째 달 14일 저녁)에 돌아가셨다. 레위 23,5에 따르면 첫째 달 열나흗날 저녁 어스름에 주님의 파스카를 지켜야 한다. 이날 저녁이 ערב פסצ(에레브 페사, 파스카 전날 저녁)다. 예수님 처형일이 파스카 축제 준비일, 곧 첫째 달(=니산 달) 14일로 제시된 요한 19,14.31을 참조하라. 이날은 안식일 전날 곧 금요일이었다고 한다.

(예수)는 투석형에 처해질 것이오. 그자가 마술을 부리고 (우상 숭배를) 부추기며סות 이스라엘을 그릇된 길로 이끌었기נדח 때문이오. 그자에게 유리한 사항을 하나라도 아는 사람은 누구든 앞에 나서서 그자를 위해 변호하시오." 그러나 그를 방면할 이유를 하나도 찾을 수 없었다. 그리하여 그들은 파스카 전날 저녁에 예수를 매달았다תלא.[58]

울라가 말했다. "그자가, 방면 방도를 찾아줄 가치가 있다고 여기는가? 그자는 (우상 숭배를) 부추긴 메시트מסית였다(신명 13,7). 자비로우신 분께서 그를 두고 '그를 봐주지도 말고 덮어주지도 마라'(신명 13,9)[59] 하고 말씀하셨다. 예수의 경우가 달랐던 것은 그자가 권력자와 연결되어 있었기 때문이다."

이 일화는, 예수님을 부당하게 처형했다는 복음서의 주장(마태 26,57-27,56)에 대한 라삐들의 반론으로 읽힌다. 예수를 적법한 절차에 따라 재판하고 적법한 방법으로 형을 집행했다는 것이다. 심지어 그에게는 예외적으로 40일 동안이나 유리한 증인을 찾아주려 했다고 한다. 예수가 권력자와 친분이 있었기 때문이라는 설명이다. 이는 본시오 빌라도와의 연관성을 암시하는 듯하다. 빌라도가 예수의 처형을 주저하는 모습으로 그려진 복음서의 기술을 연상시킨다(마태 27,19-24).[60]

사실 예수의 재판과 처형을 둘러싼 탈무드의 진술은 복음서의 것과 상당한 차이가 있다. 예수님이 산헤드린에서 공식 재판을 받았다고 하는 대명제는 탈무드와 복음서(마태 26,57-66)가 같지만 세부 사항들에서는 크고 작은 차이를 보인다. 탈무드에서는 예수의 재판과 처형이 사십 일이라

58 돌을 던져 죽음에 이르게 한 다음 시체를 매달았다는 뜻이다.

59 직역하였다. 『성경』에는 "그를 불쌍히 여기지도 말며 그를 감싸 주지도 말아야 한다"라 옮겨져 있다.

60 니코데모 복음에서는 이를 더 극대화하여 빌라도가 예수님을 방면하기 위해 얼마나 고심했는지 상세히 묘사한다.

는 긴 시간을 두고 진행된 반면, 복음서에는 예수님의 체포부터 처형까지 일련의 과정이 신속하게 진행된다. 예수님의 구금 기간도 서로 다르게 제시된다. 복음서에서는 예수님이 하룻밤 갇혀 계셨으나[61] 탈무드에서는 그 기간이 사십 일이었다. 완전수 40은 예수의 구금 기간이 충분히 길었음을 암시한다.

증인과 관련해서도 탈무드와 복음서가 뚜렷한 대조를 보인다. 복음서에서는 최고 의회가 예수님 재판에 이용할 '거짓' 증인을 구했으나 대개 실패로 끝났다고 한다.

> 마르 14장 [55] 수석 사제들과 온 최고 의회는 예수님을 사형에 처하려고 그분에 대한 증언을 찾았으나 찾아내지 못하였다. [56] 사실 많은 사람이 그분께 불리한 거짓 증언을 하였지만, 그 증언들이 서로 들어맞지 않았던 것이다. [57] 더러는 나서서 이렇게 거짓 증언을 하기도 하였다. [58] "우리는 저자가, '나는 사람 손으로 지은 이 성전을 허물고, 손으로 짓지 않는 다른 성전을 사흘 안에 세우겠다'고 말하는 것을 들은 적이 있습니다." [59] 그러나 그들의 증언도 서로 들어맞지 않았다(참조: 마태 26,59-61; 루카 22,71).

증인들의 진술이 서로 엇갈려 그 증언을 유죄의 증거로 채택할 수 없었다는 것이다. 산헤드린 43a는 이와 전혀 다른 입장이다. 최고 의회가 사십 일 동안이나 예수에게 유리한 증언을 할 사람을 찾았으나 그러지 못했다는 것이다. 복음서에서는 예수님께 불리한 증인을, 탈무드에서는 유리한 증인을 찾으려 했다는 점에 주목해야 한다. 예수님의 재판이 불공정한 재판이었다는 그리스도인들의 주장을 탈무드가 반격한 셈이다.

---

61 복음서에 따르면 예수님께서는 잡히시던 날 밤에 최고의회에서 신문을 받으시고 다음날 아침에 빌라도에게 넘겨져 다시 신문을 받고 그날 처형되셨다(마태 26—27장).

예수님의 죄목도 둘이 차이를 보인다. 복음서에서 예수님의 죄목은 '유다인들의 임금'이다(마르 15,26; 마태 27,37 등). 이는 로마 제국에 대한 반란죄에 해당한다. 예수님이 반란을 선동한 정치범으로서 십자가형에 처해졌다는 것이다.[62] 곧 예수님은 로마법을 어긴 정치범으로서 로마식 처형 방식에 의해 처형되었다는 것이 복음서의 기술이다.[63] 탈무드에서는 예수의 죄목이 정치적 성격과는 거리가 멀다. '마술'과 '우상 숭배 조장'이라는 종교적 이유가 죄목으로 제시된다.[64] 한마디로 예수가 메시트מסית이자 메디아מדיח라는 것이다.[65] 미쉬나는 메시트와 메디아를 사형에 처할 것을 규정하고 있다(*m. Sanhedrin* 7). 메시트는 '부추기다', '꾀다'를 뜻하는 동사 '**סות**'에서 파생한 단어(히필 분사형)로서 대중을 우상 숭배로 현혹하는 자를 가리킨다(Klein). 신명 13,7-12에서 언급한 우상 숭배를 부추긴 자가 바로 메

---

62 십자가형은 로마인들의 처형 방식 가운데 하나다. 사람들에게 경각심을 일으키고자 공개처형 방식으로 진행되었다. 십자가형이 '구경거리'이자 '본때'였던 셈이다. 공화정 시절 도입되어 4세기까지 시행된 십자가형은 인간이 상상할 수 있는 가장 끔찍하고도 고통스런 처형법으로 알려져 있다. 극한의 고통과 함께 강렬한 수치심을 주어(보통 사형수를 나체로 매달았다) '고통스럽고도 수치스러운 죽음'을 안겼다. 살인, 강도, 반역이나 반란 등 중범죄를 저지른 자들만 십자가형에 처했는데 노예, 해적, 적국포로가 주 대상이었다. 기원전 1세기 노예들의 반란을 주도한 스파르타쿠스가 추종자들과 함께 대규모로 십자가형을 당했다. 그리스도교를 공인한 콘스탄티누스 황제가 337년에 십자가형을 금지했다(https://en.wikisource.org/wiki/1911_Encyclop%C3%A6dia_Britannica/Cross_and_Crucifixion). 예수님의 죽음을 현대 의학의 관점에서 재조명한 Edwards/Wesley et al., "On the Physical Death of Jesus Christ", 1455-1463은 십자가형의 잔인성을 보여 준다.

63 유다인들에게 사람을 사형할 권한이 없다고 하는 요한 18,31과 비교.

64 예수를 마술 및 우상 숭배와 연결 짓는 내용은 *b. Sanhedrin* 107b; *b. Sotah* 47a; *b. Sanhedrin* 103a에도 있다.

65 메시트와 메디아에 대해서는, Neale, "Was Jesus a Mesith?: Public Response to Jesus and His Ministry", 90-94을 보라.

시트에 해당한다. “너희의 동복형제나 너희의 아들이나 딸이나 너희 품의 아내나 너희 목숨과도 같은 친구가 은근히 너희를 꾀면서סוּת, 너희도 너희 조상들도 알지 못하던 ‘다른 신들을 섬기러 가자’ 하는 경우가 있을 것이다. … 그런 경우에 너희는 그의 말을 받아들이지도 듣지도 말아야 한다. 그를 동정하지도 불쌍히 여기지도 말며 그를 감싸 주지도 말아야 한다. 너희는 오히려 그를 반드시 죽여야 한다. … 너희는 돌을 던져 그를 죽여야 한다. …” 이 규정에 따르면 사람을 이교 숭배 곧 우상 숭배로 이끈 메시트는 절대로 봐주어서는 안 되며 반드시 투석형에 처해야 한다.[66] 그렇다면 유다인들이 메시트인 예수를 투석형에 처하는 것은 당연한 의무라는 뜻이 된다.

예수는 메디아מדיח이기도 했다. 메디아는 ‘몰아넣다’는 뜻의 히브리어 동사 נדח의 히필 분사형이다(Klein). 메디아는 신명 13,14 “성읍 주민들을 유혹하며נדח, 너희가 알지 못하던 ‘다른 신들을 섬기러 가자’”고 하는 자, 곧 성읍 전체를 우상 숭배로 몰아넣은 자를 가리킨다. 신명기는 그 성읍의 주민들을 모두 칼로 쳐 죽이고 성읍과 그 안에 있는 모든 것을 칼로 전멸시켜야 한다고 규정한다. 그 성읍을 영원히 폐허 더미로 만들고 다시는 세우지 말아야 한다는 것이다(신명 13,16-17). 성읍을 우상 숭배로 내몬 메디아에 대해서는 특별히 언급하지 않으나 그가 메시트와 같은 형벌을 받을 것임이 함축되어 있다. 탈무드는 메디아를 투석형에 처해야 한다고 명시하고 있다(*b. Sanhedrin* 50a-b).[67]

---

66 신명기에서 이교 숭배를 부추긴 자들을 가리킨 메시트가 예수님에게 적용되었음을 알 수 있다. 탈무드는 우상 숭배를 유다교 신앙의 근간을 뒤흔드는 일로 설명한다(*b. Sanhedrin* 49b).

67 메디아가 우상 숭배로 유인된 성읍 주민보다 더 심각한 죄인으로 취급된다. 그래서 성읍 사람들은 칼로, 메디아는 돌로 쳐 죽인다는 것이다. 돌로 죽이는 것이 칼로 죽이는 것보다 더 가혹한 형벌이라고 한다(*b. Sanhedrin* 50a-b).

어떻든 산헤드린에 따르면 예수는 그 추종자들의 말과 달리 메시아מָשִׁיחַ가 아니라 메시트מסית이자 메디아מדיח였다. 발음이 비슷한 세 단어의 언어유희가 눈에 띈다. 결국 예수를 메시트이자 메디아로 제시한 산헤드린 43a는 예수의 처형이 신명 13장과 미쉬나 규정에 따른 일임을 밝히고 있다. 예수의 처형 사유가 합당했다는 것이다.

*b. Sanhedrin* 43a에서 예수의 죄는 유다인들의 율법과 관련된 사항이며 로마 법률과는 아무 상관이 없다. 그래서 예수의 재판 및 처형 전 과정을 유다교 당국(곧 최고 의회)이 관장하며 로마는 이 일에 전혀 개입하지 않는다.[68] 처형 방법도 유다인들의 방식을 따른다. 구약성경에 제시된 메시트의 처형법인 투석형을 예수에게 적용한 것이다.

공교롭게도 유다인들이 그분께 돌을 던지려 시도한 사건이 복음서에 전해진다. 그분이 하느님을 모독하며 신으로 자처했다는 이유에서다(요한 10,31-33; 11,8). 구약성경에 따르면, 신성모독은 사형에 처해야 하는 중죄다.

"누구든지 자기 하느님을 저주할 경우, 그 죗값을 져야 한다. 주님의 이름을 모독한 자는 사형을 받아야 한다. 온 공동체가 그에게 돌을 던져야 한다. 이방인이든 본토인이든 주님의 이름을 모독하면 사형을 받아야 한다"(레위 24,15-16). 탈무드에서도 신성모독은 우상 숭배와 더불어 투석형에 처해야 할 중범죄로 다뤄진다(*b. Sanhedrin* 49b-50a).

실행되지는 않았지만(요한 10,39) 예수님께 돌을 던지려 한 사건이 복음서에 담겼다는 것은 의미심장하다. 예수를 투석형에 처했다고 하는 탈무드 본문이 전혀 근거 없지 않다는 뜻이다.

그러나 실제로는 예수님이 십자가형으로 죽음에 이르렀을 것이다. 라삐들은 예수가 투석형이 아니라 십자가형을 당했다는 사실을 (소문으

---

68 요한 18,31과 비교하라. 빌라도가 유다인들에게 예수님을 데리고 가서 그들의 법대로 재판하라고 하자 유다인들이 "우리는 누구를 죽일 권한이 없소" 하고 말한다. 미쉬나에 따르면 예수님 시대 산헤드린에 사형 권한이 있었던 것 같다.

로) 알고 있었기에 매달았다는 표현을 덧붙인 것 같다. 십자가형을 가장 근접하게 표현하는 단어가 'תלא/תלה (나무에) 매달다'(Jastrow)는 동사일 것이다. 아울러 예수의 처형이 유다교 율법에 따라 이루어졌음을 보여주기 위해 돌로 처형한 다음 시체를 매달아 두었다고 했을 법하다. 사형수를 처형한 뒤 나무에 매다는 관습은 신명 21,22-23에 나온다. 여호수아는 가나안 정복 당시 아이 임금과 아모리족의 다섯 임금을 처형한 뒤 나무에 매달아 두었다고 한다(여호 8,29; 10,26). 십자가형과 마찬가지로 사형수의 시체를 매달아 두는 것은 사람들에게 본보기를 보이려는 목적이었을 것이다.

*b. Sanhedrin* 43a는, 유다인들이 로마 당국의 절차를 거치지 않고 독단적으로 예수의 재판과 처형을 진행했다고 하는 점, 그리고 유다교 율법을 어겼다는 종교적 이유를 예수의 죄목으로 내세운다는 점에서 복음서와 차이가 난다. 예수가 로마 법률을 어긴 게 문제가 아니라 자기네 율법을 어긴 게 문제라는 얘기다. 라삐들은 예수의 죽음에 대한 책임이 자기들에게 있다는 주장에 전혀 불편함을 느끼지 않았던 것 같다. 로마인들이 아니라 자기들이 나자렛 예수를 처형했음을 당당히 고백하는 모양새다. 우상 숭배를 조장한 예수를 처형한 사실에 거리낄 것이 없다는 떳떳함의 표출이다. 탈무드의 이 대목은 당대의 범죄자 나자렛 예수의 처형을 두고 유다인 공동체가 내놓은 설명이라고 볼 수 있다. 그들이 예수를 처형한 것은 정당하고 합법적인 일이었다는 주장이며 아울러 그가 백성을 현혹하는 인물이니 멀리해야 한다는 경고이기도 하다. 예수의 처형 대목 바로 뒤에 그의 다섯 제자도 죽어 마땅하다는 내용이 이어진다. 그 제자들이나 그 스승이나 처형이 불가피한 범법자들에 불과하다는 것이다.

## 논고 산헤드린(*b. Sanhedrin*)

❖ Soncino판 Shachter/Freedman, *b. Sanhedrin* 'Introduction' 참조.

제2성전기 유다인들의 최고 의회, 산헤드린에 관한 정보는 요세푸스의 저작(『유다 고대사』), 신약성경 그리고 탈무드에서 얻을 수 있다. 특히 세데르 네지킨의 논고 '산헤드린'은 산헤드린의 구성, 권한과 기능, 재판 절차 등을 자세히 다루고 있다. 유다교 형법을 담았다고 보면 된다. 미쉬나가 편찬되던 2세기 말은 예루살렘의 대 산헤드린(최고 의회)이 이미 과거사가 된 후였기에 탈무드에 담긴 산헤드린에 관한 정보가 정확하지는 않다. 요세푸스나 신약성경의 정보와도 다소 차이가 난다. 그러나 이 논고는 산헤드린에 관한 정보의 최고最高 원천으로 꼽히기에 손색이 없다.

## 산헤드린(최고 의회)

❖ Bacher/Lauterbach, "Sanhedrin": https://www.jewishencyclopedia.com/articles/13178-sanhedrin를 참조하라.

'산헤드린'은 이스라엘의 최고 의회이자 최고 법정을 가리킨다. 제2성전기 시대 팔레스티나 땅에서 일어난 각종 주요 범죄 행위들을 모세의 율법에 따라 심판·감독하는 기관이었다. 예루살렘에 위치한 최고 의회, 곧 대大 산헤드린 외에 하급 산헤드린들이 이스라엘 각지에 산재해 있었다고 한다. 요세푸스의 저서나 복음서에서 말하는 '산헤드린'은 예루살렘의 대 산헤드린을 가리킨다. 산헤드린은 두 지도자(=주곳 Zugot), 곧 최고 의장 '나시'(영도자)와 부의장 '아브 베트 딘'(법정의 아버지)을 비롯하여 총 71명의 판관으로 구성되었다. 최고 의회는 예루살렘 성전의 한 내실(Chamber of Hewn Stone: 다듬은 돌의 방)에서 열렸다고 한다. 민형사상의 세속적 범죄뿐 아니라 성전과 제사, 사제 등 율법과 관련된 문제도 다루었다. 로마 시대 초기 유다인들의 삶을 이끈 실질적 통치 기관은 산헤드린이었다고 해도 지나치지 않다. 로마 제국이 가능한 한 속주 내정에는 관여하지 않는 것을 원칙으로 삼았기 때문에 가능했던 일이다. 제국의 입장에서는, 세금이 잘 걷히고 치안과 안정만 확보된다면 속주 내정에 개입할 이유가 없었다. 따라서 사형을 제외한 중범죄도 대개 유다인들이 자치적으로 해결하게 했던 것 같다.

산헤드린은, 70년 예루살렘의 붕괴와 함께 통치 기관으로서의 기능은 상실했지만 종교생활의 중추로서의 역할은 그대로 유지했다. 70년 요하난 벤자카이를 필두로 한 라삐들은[1] 로마인들의 허락을 얻어 야브네에 거점을 정하고서(*b. Gittin* 56b) 그곳에 학원을 세우고 산헤드린을 열며 유다인들의 일상과 종교를 이끌었다. 135년 바르 코크바 항쟁 후에는 라삐들이 더 북쪽으로 이동하여 갈릴래아(세포리스, 티베리아스 등지)에 자리를 잡고

---

1 산헤드린의 구성원들은 원로들이라 불렸다. 본디 산헤드린은 사제와 귀족 계급으로 구성된 사두가이파가 주도했지만 하스모네아 왕조의 히르카누스 때부터 바리사이가 산헤드린에 입성하기 시작하여 살로메 알렉산드리아 치세 때에는 바리사이들이 산헤드린에서 큰 비중을 차지했다. 특히 70년 예루살렘 몰락 이후 바리사이 라삐의 역할은 그 어느 때보다 커졌다. 사제 계급 또는 사두가이들이 완전히 사라지지는 않았지만(역사가 요세푸스도 사제였다), 산헤드린을 비롯한 백성의 지도 역할은 대부분 바리사이 라삐들에게 돌아갔다. 바리사이가 산헤드린을 장악한 뒤로는 대사제가 맡던 '나시'도, 바리사이가 맡게 되었다. 제1차 유다 항쟁 당시 요하난 벤 자카이가 예루살렘을 몰래 빠져 나와 베스파시아누스 장군에게 투항하여 야브네를 얻게 되는 과정은 *b. Gittin* 56a-b에 나온다.

학원을 열었다. 이 학원들이 유다교 구전 율법을 가르치고 전수하는 일뿐 아니라 율법과 관련된 문제를 재판하고 처리하는 일도 수행했다. 70년경부터는 야브네에 세운 학원이, 135년경부터는 갈릴래아 지방의 여러 학원들이 산헤드린의 기능을 이어나갔던 것이다. 그래서 70년 이후 '예루살렘의 산헤드린'은 없어졌지만 4세기까지 산헤드린이 유다인들의 종교적·영적 지도부로서 기능했다고 하는 말이 틀린 것은 아니다.[2]

2 Bacher/Lauterbach, "Sanhedrin", 41-44 참조.

# 지옥에 간 예수

탈무드에는 예수의 사후 운명에 대해 언급한 대목도 있다. *b. Gittin* 56b-57a가 그것이다. 여기서 예수는, 로마인 티투스와 이방인 발라암에 비견된다. 티투스는 제1차 유다 항쟁 때 예루살렘 성전을 유린한 로마 장군으로 나중에 황제가 된 인물이며 발라암은 모세 시대에 모압 임금이 이스라엘 백성을 저주하려고 고용한 예언자다. 여기서 예수는 라삐들의 말을 비웃은 자로 소개된다. 셋 다 지옥에서 각자에게 맞갖은 형벌을 받고 있다고 한다.

## b. Gittin 56b-57a

해당 본문은 칼로니코스의 아들 옹켈로스가 죽은 자들의 혼령을 불러내어 유다교 개종에 대해 의견을 구하는 장면이다. 로마 티투스 황제의 조카로 나오는 옹켈로스는 모세오경의 아람어 번역본『타르굼 옹켈로스』의 저자로 알려진 인물이다.[69] 기틴 56b에 따르면, 유다교 개종גיור에 관심이

69 *b. Megillah* 3a에서 유다교 개종자 옹켈로스는 라삐 엘리에제르(80-110년)와 라삐 여호수아(80-110년)의 지도하에 모세오경의 타르굼(아람어 번역 성경)을 만들었다고 한다. 하지만 옹켈로스가 처음 타르굼을 만든 것은 아니며, 그는 한동안 잊혔던 아람어 성경을 '다시 세운' 인물이라고 한다. 실제로 뒤에 이어지는 대목에서 옹켈로스 이전에 아람어 번역본이 있었음을 전하고 있다. 느헤 8장에서 레위인들이 에즈라와 느헤미야와 함께 백성 앞에서 읽어준 책이 바로 아람어 성경이라는 것이다(*b. Megillah* 3a): "그들은 그 책, 곧 하느님의 율법을 번역하고 설명하면서 읽어 주었다. 그래서 백성은 읽어 준 것을 알아들을 수 있었다"(느헤 8,8). 기틴 본문에서 예루살렘을 파괴한 티투스 장군의 조카가 유다교로 개종했

있던 옹켈로스는 죽은 티투스의 혼령을 불러내어 '저 세상'에서는[70] 누가 높이 평가받는지 묻는다. 티투스가 '이스라엘 (백성)'이라고 대답하자, 옹켈로스는 이 세상에서 그들에게 합류하는 일(곧 개종)에 대해서 어떻게 생각하는지 묻는다. 티투스는, 유다인들의 규정은 너무 많아서 다 지킬 수 없다고 하면서 차라리 그들과 싸우라고 말한다. "그(이스라엘)의 적들은 우두머리가 된다"(애가 1,5)는 근거에서다(*b. Gittin* 56b). 그러자 옹켈로스는 티투스에게, 저 세상에서 무슨 벌을 받고 있는지 묻는다. 티투스는, 자기 시신을 태우고 남은 재가 매일 다시 모아져 불태워지고 그 재가 다시 일곱 바다에 뿌려지고 있다고 답한다.

다음으로 옹켈로스는 차례로 발라암의 혼령과 예수의 혼령을 불러낸다. 이 본문에서는 예수와 발라암이 서로 다른 인물로 소개된다.

> *b. Gittin* 57a (옹켈로스)가 주술로 발라암의 혼령을 불러내었다.[71] 그리고 그에게 말하였다. "저 세상에서는 누가 높이 평가되오?" 발라암이 대답하였다. "이스라엘 (백성)이오!" "내가 그들에게 합류하는 건 어떻겠소?" (발라암이) 대답하였다. "너희는 평생 그들의[72] 평화와 행복을 위하여 힘써서는 안 된

---

을 뿐 아니라 아람어 번역 성경까지 만들었다고 한 점은 의미심장하다. 로마의 티투스는 유다인 사회를 파괴했지만 결국 그의 조카가 유다인 사회를 재건하는 데 기여했다는 뜻이 함축되어 있어서다. 눈에 보이는 것이 다가 아니다!

70 '저 세상'으로 옮긴 עלמא ההוא는 עולמ ההוא(olam ha-hu)와 같은 표현이다. 후자가 더 자주 쓰인다. '저 세상'은 '이 세상'(העולמ הזה, olam ha-zeh)과 대비되는 세상으로서, '다가올 세상'(עולמ הבא, olam ha-ba) 또는 '오기로 된 것'(עתיד לבא, atid lavo, 미래)과 유의어로 쓰이기도 한다. '다가올 세상'에 대해서는 뒤에 나오는 '예수, 메시아, 다가올 세상' 항목을 참조하라.

71 직역: "혼령을 불러내는 주술로 발라암을 소환했다."

72 기틴 57a에서 '그들'은 이스라엘 백성을 가리킨다. 발라암이 옹켈로스에게 유다인들 편에 서서는 안 된다는 말로 개종을 반대한 셈이다. 사실 신명 23,7에

다"(신명 23,7). (옹켈로스)가 그에게 말하였다. "당신의 벌은 무엇이오?" 그가 답하였다. "끓는 정액 안에 있는 것이오."

(옹켈로스)는 주술로 예수의[73] 혼령을 불러내었다. 그리고 그에게 말하였다. "저 세상에서는 누가 높이 평가되오?" (예수가) 답하였다. "이스라엘이오!" "내가 그들에게 합류하는 건 어떻겠소?" 그가 대답하였다. "그들의 선익을 추구하시오. 그들의 해악을 추구해서는 안 되오. 그들을 건드리는 것은 그분 눈동자를 건드리는 것과 같소(즈카 2,12)."[74] 옹켈로스가 말하였다. "당신의 벌은 무엇이오?" 그가 답하였다. "끓는 배설물 안에 들어가 있는 것이오. 스승께서 '현자들의 말을 비웃은 자는 누구나 끓는 배설물을 선고받을 것이다' 하고 말씀하신 대로요."

*b. Gittin* 56b-57a에서 예수 앞에 나오는 두 인물 티투스와 발라암을 살펴보면 예수에 대한 라삐들의 시선을 짐작할 수 있다. 티투스는 제1차 유다 항쟁 때 로마 진압군에 투입되어 70년에는 예루살렘을 함락시키고 마싸다 요새를 제외한 거의 대부분 지역의 반란군을 진압했다. 티투스가 예루살렘 성전을 유린하고 성전 기물을 로마로 탈취해간 사건은 기틴 본문에 자세히 전해진다. 이 본문에서 '사악한 티투스'טיטוס הרשע라 불리는 그는 하느님을 모욕하고 모독한 자로 묘사된다(*b. Gittin* 56b). 한편, 모

---

서는 '그들'이 모압족과 암몬족을 가리킨다. 이 구절은 주님의 회중에 들 수 없는 사람들을 열거한 신명 23,2-9에 속한다. 이에 따르면 암몬족과 모압족은 주님의 회중에 들 수 없고, 그들의 자손들은 십 대손까지도 주님의 회중에 들 수 없다(신명 23,4).

73 교회 검열을 거치지 않은 M.95에는 '예수', 다른 필사본에는 '이스라엘의 죄인들'이라고 고쳐져 있다(Soncino).

74 "만군의 주님께서 나에게 권위를 주어 파견하신 그분께서 너희를 약탈한 민족들을 두고 말씀하신다. 너희를 건드리는 자는 정녕 내 눈동자를 건드리는 자다"(즈카 2,12).

압 임금이 이스라엘을 저주하려고 고용한 이방인 발라암은(민수 22장; 신명 23,4-7), 앞에서 살펴본 대로 라삐 문헌에서 이스라엘을 우상 숭배로 이끈(민수 31,16 참조) 사악한רשע 인물로 평가된다(*m. Pirkei Abot* 5,19; *b. Taanit* 20a). 이 두 사악한 인물 곧 티투스와 발라암은 옹켈로스의 개종을 반대한다. 티투스는 옹켈로스에게 이스라엘 백성과 싸우라 하고, 발라암은 이스라엘의 평화와 행복을 위해 힘써서는 안 된다고 말한 것이다. 이들은 자신들의 죄에 걸맞게, 티투스는 매일 불태워져 그 재가 바다에 뿌려지는 벌을, 발라암은 끓는 정액 안에 들어가 있는 벌을 받고 있다고 한다.

*b. Gittin* 57a에서 예수는 티투스나 발라암보다는 조금 나은 사람으로 묘사된다. 개종에 대해 묻는 옹켈로스에게 예수는, 유다인들을 건드려서는 안 된다고 답한다. 그들을 건드리는 일은 하느님의 눈동자를 건드리는 일과 마찬가지라는 것이다. 예수가 앞의 둘보다 나은 사람이라고 해서 지옥 벌을 면한 것은 아니다. 죽은 예수는 끓는 배설물(똥물, 오물) 속에서 벌을 받고 있다고 한다. 그가 현자들 곧 라삐들의 말을 비웃었기 때문이라는 것이다. 이 죄가 티투스나 발라암의 죄와 비슷한 무게로 다뤄진다는 점이 눈길을 끈다. 현자들의 말을 비웃은 죄가 지옥 벌에 해당하는 죄임을 드러낸 이 대목은 당시 유다인들에게 라삐들과 그들의 말 곧 구전 율법의 권위가 어느 정도였는지 짐작케 한다.[75]

지옥의 예수를 언급한 *b. Gittin* 56b-57a에는 예수에 대한 라삐들의 평가 외에 다른 중요한 의미가 숨겨져 있다. 예수님은 부활하시어 하늘로 올라가셨다는 신약성경의 진술(마르 16장; 루카 24장)을 뒤엎고 있어서다. 지옥의 끓는 똥물은, 우상 숭배를 부추긴 '메시트'이자 '메디아'로서 처형당한(*b. Sanhedrin* 43a) 예수에게 참으로 걸맞은 운명이라 하겠다. 죽을죄를 지어 사형된 사람이 지옥 벌을 받는 것은 당연한 귀결일 것이다. *b. Gittin*

75 Sibley, "Jewish Groups in the First Century", 125 참조.

56b-57a가 예수의 부활과 승천을 정면으로 부정하는 한편 예수의 처형을 정당화하고 있는 셈이다.[76]

## 예수, 메시아, 다가올 세상

탈무드의 예수와 관련하여 짚고 넘어갈 문제가 있다. 첫째는 예수와 메시아의 관계, 곧 예수님이 메시아라는 그리스도교 선포에 대한 라삐들의 입장이다. 둘째는 예수와 '다가올 세상'의 관계다. 이는 '다가올 세상'에 예수가 차지할 자리가 없다고 하는 본문들의 숨은 의미를 되짚어보는 일이기도 하다.

### 예수와 메시아

탈무드에 메시아나 메시아 시대를 언급한 본문들이 있다. 이들 본문에서 예수를 메시아로 인정한 예는 없다.[77] 특히 메시아(=다윗의 후손)에 대

76 라삐들은 부활 자체를 믿지 않은 것이 아니라 예수의 부활을 믿지 않은 것이다. 라삐들은 부활을 믿는다(사도 23,8; 요세푸스, 『유다 고대사』 18.1; *b. Sanhedrin* 91b; *b. Ketubbot* 111a). 부활이 없다고 말하는 자는 다가올 세상에 차지할 자리가 없으리라고 하는 본문도 있다(*b. Sanhedrin* 90a).

77 라삐 아키바가 제2차 유다 항쟁(132-135년)을 일으킨 바르 코크바를 메시아로 여긴 일(*y. Taanit* 24a)은 잘 알려져 있다: Johnson, *A History of the Jews*, 141.

한 다양한 희망이 담긴 *b. Sanhedrin* 96b–99a에서 유다인들이 예수를 메시아로 여기지 않은 사실이 분명히 드러난다.[78] 2–4세기에 활약한 라삐들이 메시아가 언제 올 것인지를 두고 이야기하고 있기 때문이다. 그 의미를 살피기 위해 탈무드에 담긴 메시아와 메시아 시대에 대해 간단히 짚어보자.

먼저 메시아는 누구인가? 탈무드에서 메시아는 대개 다윗의 후손이라 일컬어지며 멸망한 이스라엘 왕국을 다시 일으킬 임금으로 그려진다.[79] 그의 이름은 세상이 창조되기 전에 지어졌다고도 한다(*b. Pesachim* 54a; *b. Nedarim* 39b). 메시아의 이름이, 세상 창조 이전에 창조된 일곱 가지(토라, 회개, 에덴 동산, 게힌놈, 영광의 옥좌, 성전, 메시아의 이름) 가운데 하나라는 것이다. 그 근거는 시편 72,17 "그의 이름이 영원하며 해가 비치는 한 그의 이름도

78 탈무드의 메시아 개념에 대해서는 Jacobi, "'In Its Time I Will Hasten It': Messianic Speculation in the Babylonian Talmud, Sanhedrin 96b–99a", 115–119을 보라. '메시아'라는 용어는 타르굼에도 나온다. 『타르굼 차명 요나탄』 창세 49,1; 탈출 40,8–11; 민수 24,17–24 등에서다. 타르굼에 나타난 '메시아' 용어의 용례와 의미는 Shepherd, "Targums, The New Testament, and Biblical Theology of the Messiah", 45–58, 특히 51–57에 상세히 소개되어 있다.

79 다윗의 후손 메시아와 요셉의 아들 메시아, 이렇게 두 메시아를 기대하는 경우도 있다. *b. Sukkah* 52a–52b에 따르면, 먼저 요셉의 아들 메시아가 와서 마곡의 곡과 전쟁을 치르다가 죽임을 당할 것이다. 그러고 나서 다윗의 후손 메시아가 올 것이다. 이 두 번째 메시아는 죽임을 당한 요셉의 아들 메시아를 보고 하느님께 '생명'을 내려주십사 요청할 것이다. 이에 하느님께서는 이미 '생명'을 주셨다고 선포하실 것이다. 그리고 "내가 오늘 너를 낳았노라. 나에게 청하여라. 내가 민족들을 너의 재산으로 주리라"(시편 2,7–8)는 말씀이 바로 다윗의 후손 메시아를 두고 하신 말씀이라고 한다. 하느님께서 다윗의 후손 메시아에게 모든 민족들을 넘겨주실 그때가 진정한 의미의 메시아 시대, 이스라엘 백성을 위한 구원의 때가 될 것이다. 전쟁은 구원 과정의 시작이 될 것이라고 한다(*b. Megillah* 17b 참조).

솟아오르게 하소서"에 있다고 한다. 또한 이사 11,2-3에[80] 근거하여 메시아에게 주님의 영이 내려와 머물 것이라고 한다. 그리하여 메시아는 여섯 가지 덕을 갖추리라고 한다. 지혜와 슬기의 영, 경륜과 용맹의 영, 지식의 영, 주님에 대한 경외심이 그것이다. 그리고 메시아의 기쁨은 주님을 경외함에 있으리라고 한다(*b. Sanhedrin* 93b).[81]

다음으로, 메시아는 언제 올 것인가? 대부분의 라삐들은 유다 백성이 가장 절망적인 상태로 떨어졌을 때, 그리고 아무런 구원의 희망이나 도움의 손길을 기대할 수 없을 때 메시아가 올 것이라고 말한다(*b. Sanhedrin* 97a; 98a; 99a).[82]

3세기 라삐 요하난은 메시아가 올 즈음 토라 교사들의 수가 줄고 백성들의 눈은 슬픔과 비탄으로 젖을 것이며 고난이 늘어날 것이라고 한다. 2세기 초반의 라삐 네호라이에 따르면, 젊은이들이 노인들을 모욕하고 노인들이 젊은이들 앞에 서며, 며느리가 시어머니에게, 딸이 어머니에게 맞설 때, 그리고 사람들의 얼굴이 개의 얼굴처럼 될 때, 그리고 아들이 아버지 앞에서 부끄러움을 모를 때 다윗의 후손이 올 것이다.[83] 2세기 중반의 라삐 이사악은 온 나라가 이단(=그리스도교)으로 넘어가기 전까지는 다윗의 후손이 오지 않으리라고 한다(*b. Sanhedrin* 97a).

라삐들은, 메시아가 오는 시기에 대한 의견은 달라도, 예수를 메시아로 여기지 않는다는 점, 그리고 예수가 아닌 다른 다윗의 후손을 기다리

---

80 "그 위에 주님의 영이 머무르리니 지혜와 슬기의 영 경륜과 용맹의 영 지식의 영과 주님을 경외함이다. 그는 주님을 경외함으로 흐뭇해하리라. …"

81 (구약 외경) 솔로몬의 시편 17; 18 참조.

82 메시아가 오기 전에 백성이 겪어야 할 고통과 괴로움이 얼마나 큰지, 자기가 죽은 뒤에 메시아가 오기를 바란다고 하는 라삐들도 있다(*b. Sanhedrin* 98b).

83 마태 10,35-36; 루카 12,52-53 참조.

고 있다는 점에서는 같았다.[84]

다음으로 메시아 시대(ימות המשיח, 메시아의 날들)는 어떠할 것인가? 이와 관련해서는 *b. Sanhedrin* 99a에서 길게 다뤄진다. 먼저 메시아 시대의 존속 기간과 관련하여 구약성경에 근거한 다양한 의견들이 소개된다. 창조 또는 노아 때부터 현재까지의 기간과 같다는 의견에서부터, 40년, 3세대, 365년, 400년, 7,000년이 되리라는 의견까지 매우 다양하다. 저마다 제시하는 기간은 다르지만 메시아 시대가 한정된 기간이라는 점에는 모두 동의하는 분위기다.

한편, 탈무드에서 메시아 시대는 대개 '이 세상'העולם הזה과 '다가올 세상'עולם הבא 사이에 있는 시대로 여겨진다(*b. Zevachim* 118b 참조). 이 세상 → 메시아 시대 → 다가올 세상 순이다. 메시아 시대는, 다가올 세상에는 비할 바가 못 되지만 이 시대와는 확실히 다른 세상이 될 것이다(*b. Sanhedrin* 91b; *b. Shabbat* 113b; *b. Pesachim* 68a). 라삐 쉬무엘(3세기)은 이 시대와 메시아 시대의 차이는 이스라엘이 이방인들 왕국에 종속되느냐 아니냐의 차이라고 한다(*b. Sanhedrin* 63a; 99a; *b. Berakhot* 34b). 그때에는 이방인들이 이스라엘 땅을 떠나리라는 것이다(*b. Sanhedrin* 98a; 99a). 이 말은, 메시아가 이스라엘 땅에서 이방인들을 몰아내면서 메시아 시대가 열린다는 뜻을 함축한다.[85] 그리고 메시아 시대는 아직 완벽한 이상 시대 또는 이 세

84 메시아가 구약 시대에 이미 왔다고 하는 라삐도 있었다. 가령 힐렐은 히즈키야 임금 시대가 메시아 시대였다고 한다. 이런 의견은 다른 라삐들에 의해 비판받는다. 히즈키야 이후에도 메시아에 대한 약속이 성경에 계속 나온다는 이유에서다. 예를 들어 예레 30,9과 에제 37,25 및 즈카 9,9 등이 앞으로 올, 미래의 메시아를 이야기한다는 것이다(*b. Sanhedrin* 98b; 99a).

85 (구약 외경) 솔로몬의 시편 17-18 참조. 악인들의 심판이 끝나고 죄인들과 이단자들이 사라지면 의인들이 현양되고 예루살렘이 다시 세워질 터인데 그때 다윗의 후손이 올 것이라고 하는 경우도 있다. 그때에는 기도와 성전 제사와 감사 제물이 하느님께 바쳐지리라고 한다(*b. Megillah* 17b-18a).

상과 완전히 다른, 새로운 차원의 시대는 아님을 암시한다. 메시아 시대에 이스라엘은 외세에서 벗어나 독립을 누리겠지만 세상의 질서는 예전처럼 유지된다는 것이다.[86]

이러한 메시아 개념에는, 로마 지배하에 있는 이스라엘에게는 아직 메시아 시대가 열리지 않았다는 뜻이 내포되어 있다. 로마인들을 몰아내지 않은 예수는 메시아가 아니었다는 의미다. 한마디로 예수는 메시아도 아니고 메시아 시대를 열지도 않았다!

## 예수와 다가올 세상

탈무드에서 '다가올 세상'(עולם הבא 올람 하-바)은 각 사람이 죽은 뒤에 가게 되는 '저 세상'(내세)을 가리키기도 하고(*m. Pirkei Avot* 4.16-17), 온 인류가 맞게 될 새로운 세상, 새로운 시대, 새로운 질서를 가리키기도 한다(*b. Zevachim* 118b). '다가올 세상'이 내세를 가리키든 새로운 시대를 가리키든, 그것은 '이 세상'(העולם הזה 올람 하-제흐)과 완전히 구분된 세상이며, 축복과 보상의 장소 또는 시대라는 점은 분명하다. 이는 '다가올 세상'은 '이 세상'과 같지 않다고 하는 *b. Berakhot* 17a에서 잘 드러난다. 그곳에서는 먹는 일도 마시는 일도 없으며, 출산도 없고 흥정도 없으며, 질투도 미움도 없고 경쟁도 없다. 오히려 모든 의인들이 머리에 화관을 쓰고 앉아서 하느님의 현존을 누릴 것이라고 한다(*b. Berakhot* 17a).[87] 다가올 세상의 축복과 보상의 크기가 얼마 만한지, 또는 그 세상이 어떠한지는 우리 머리로 상상

---

86 https://www.jewishvirtuallibrary.org/olam-ha-ba 참조.

87 마르 12,25; 마태 22,30; 루카 20,35 참조. 로마 14,17도 참조하라: "하느님의 나라는 먹고 마시는 일이 아니라, 성령 안에서 누리는 의로움과 평화와 기쁨입니다."

할 수 없다고 한다(*b. Sanhedrin* 97a).[88]

'다가올 세상'은 '메시아 시대'와도 구분된다. 메시아 시대가 현시대의 연장선이라면 '다가올 세상'은 앞의 두 시대와 전혀 다른 차원의 세상이다(*b. Zevachim* 118b; *b. Berakhot* 17a; *b. Pesachim* 68a). '다가올 세상'은 인간의 상상을 넘어서는 것이라, 예언자들도 메시아 시대에 대해서는 다양하게 예언했지만 '다가올 세상'에 대해서는 "(하느님 말고는) 어떠한 눈도 보지 못하였습니다"(이사 64,3)라는 말밖에 하지 못했다고 한다(*b. Berakhot* 34b; *b. Sanhedrin* 63a). '다가올 세상'은 인간의 언어로 묘사될 수 없는, 완전히 새로운 세상, 완전히 새로운 시대라는 것이다. 라삐 쉬무엘은 어떠한 눈도 보지 못한 그 세상을 '에덴'이라 부른다(*b. Berakhot* 34b).[89]

이처럼 '다가올 세상'은 그리스도교 '하느님 나라' 개념과 비슷하다. 그렇다면 '다가올 세상'에 예수가 차지할 자리가 없다는 말(*b. Sanhedrin* 106a)이 더욱 의미심장해진다. 예수가 선포했다는 하느님 나라에 그를 위한 자리는 없다는 뜻이기 때문이다. 결국 탈무드가 말하는 것은, 예수가 죽은 이들 가운데서 부활한 것이 아니라 지옥에서 벌을 받고 있으며 그가 선포했다는 '다가올 세상'에서도 그가 차지할 몫은 없다는 것이다.

---

88 *b. Berakhot* 57b에서는 안식일의 체험이 다가올 세상을 미리 맛보는 것이라고 소개한다. 여기서는 이 세상과 다가올 세상이 연결되어 있다는 시각을 보여준다. 두 세상이 일종의 유비(Analogia) 관계로 설명되고 있다. 따라서 다가올 세상에서 누리게 될 보상이 이 세상에서의 행업과 연결되기도 한다. 이를테면, 이 세상에서 하느님께 찬미가를 부르던 사람은 '다가올 세상'에서도 찬미가를 부르는 특권을 누릴 것이고, 이 세상에서 토라를 공부하던 사람은 다가올 세상에서도 토라를 공부하는 특권을 누릴 것이며, 이 세상에서 온유한 마음으로 공동체를 이끌던 사람은 다가올 세상에서도 같은 특권을 누릴 것이라고 한다(*b. Sanhedrin* 91b–92a).

89 첫 인간 아담은 에덴의 '동산'만 보았지 에덴 전체를 보지는 못했다고 한다. 에덴과 동산은 엄연히 다르다는 것이다(*b. Berakhot* 34b).

## '다가올 세상' עולם הבא

❖ 라삐 문헌의 '다가올 세상'에 대해서는, Raphael, *Jewish Views of the Afterlife*, 93-128을 참조하라. Greenspoon (ed.), *olam ha-zeh v'olam ha-ba: This World and the World to Come in Jewish Belief and Practice*도 유용하다. 특히 같은 책에 담긴 Hayes, "Heaven on Earth: The World to Come and Its (Dis) locations", 69-90; Weiss, "Olam ha-Ba in Rabbinic Literature: a Functional Reading", 91-104을 보라. 라삐 문헌의 사후 개념 및 다가올 세상 전반에 대해서는, Avery-Peck/Neusner, *Judaism in Late Antiquity, 4: Death, Life-After-Death, Resurrection and the World-To-Come in the Judaisms*, 243-292을 참조하라. https://www.jewishvirtuallibrary.org/olam-ha-ba에서도 '다가올 세상' 개념의 골자를 얻을 수 있다.

유다교는 '지금 여기'에서 어떻게 하느님 계명을 잘 지키면서 살 것인지를 강조하는 종교이지만 그 안에도 마지막 때와 관련된 종말론적 전망이 들어 있다(*b. Sanhedrin* 97b). 이들의 종말론적 전망은 메시아,[1] 특히 '다가올 세

1 메시아가 종말론적 전망 안에서 언급된 경우는 *b. Megillah* 3a에서 확인할 수 있다. 요나탄 벤 우찌엘이 예언서를 아람어로 번역한 다음 성문서(참고로 히브리어 성경에서는 다니엘서가 성문서로 분류된다)를 번역하려고 하자 하느님의 음성(בת קול)이 들려와 이를 막았다고 한다. 성문서에는 '마지막'(קץ)과 '메시아'(משיח)에 대한 비밀이 들어 있다는 것이다. '마지막', '끝'이라는 뜻을 가진 קץ는 라삐 문헌에서 종말론적 마지막 시대라는 의미로 사용되기도 한다(Jastrow). 성문서에 담긴, 메시아와 마지막 시대에 대한 비밀이 사람들에게 공표되지 않도록, 그 책들을 많은 사람들이 알아듣는 아람어로 번역해서는 안 된다는 뜻이다. 이는 성문서 타르굼에 대한 바빌로니아 라삐들의 의견을 반영한다. 실제로는 에즈라-느헤미야와 다니엘서를 제외한 성문서들이 타르굼으로 만들어졌으며 바빌로니아의 라삐들조차 성문서(에스테르기와 시편) 타르굼을 인정한 예들이 발견된다(*b. Megillah* 21b 참조): Flesher/Chilton, *The Targums: A Critical Introduction*, 229-264.285-324 참조.

상'에 대한 기대에서 잘 드러난다(*b. Sanhedrin* 96b–99a).

라삐 문헌에서 '다가올 세상'은 내세 또는 종말론적 '새로운 세상·새로운 시대'를 가리키는 용어다. '다가올 세상'을 개인의 관점에서 보았을 때는 그것이 개인의 사후 운명에 해당하고, 인류 전체의 관점에서 보았을 때는 세상과 우주, 전 인류의 최종적 운명에 해당한다. 탈무드 본문에서 '다가올 세상'이 어떤 의미로 사용되었는지 구분하기란 쉽지 않다. 두 의미를 모두 함축한 경우가 많기 때문이다. 그래도 어느 정도 구분이 가능한 경우는 다음과 같다.

'다가올 세상'이 '내세'로 읽히는 대표적 본문은 『미쉬나』 피르케 아봇 4.16–17이다.

> *m. Pirkei Avot* 4.16 라삐 야곱이 말했다. "'이 세상' העולם הזה은 '다가올 세상' 앞에 놓인 현관과 비슷하다. 현관에서 자신을 준비시켜라! 그래야 연회장으로 들어갈 수 있을 것이다."[2]
>
> *m. Pirkei Avot* 4.17 "회개와 선행 안에 있는 '이 세상'에서의 한 시간이 '다가올 세상'에서의 평생보다 더 귀중하다. '다가올 세상'에서의 평정의 한 시간이 '이 세상'에서의 평생보다 더 귀중하다."

*m. Perkei Avot* 4.16–17이 '다가올 세상'을 개인의 관점에서 해석했다면 *b. Zevachim* 118b는 이를 전체적 관점에서 해석한 경우다. 후자는 '다가올 세상'을 집단적 종말론의 관점에서 그리고 있다. 유다 하-나시가, 신명 33,12 후반부를 이 세상, 메시아 시대, 다가올 세상과 관련지어 해설하는 대목이다. 해당 성경 구절은, 모세가 벤야민을 두고 "주님께서 사랑하시는 그는 주님 곁에서 평안히 산다"고 하면서 덧붙인, "그분께서는

2 마태 22,11–14; 25,1–13 참조.

그를 보호하시네, 모든 날들에! 그는 그분의 어깨 사이에 산다네!"다.[3] 라삐 유다는 "그분께서 그를 보호하시네"는 모세가 '이 세상'을 가리켜서 한 말이고, '모든 날들에'는 '메시아 시대'를 가리켜 한 말이며, "그는 그분의 어깨 사이에 산다네!"는 '다가올 세상'을 가리켜 한 말이라고 풀이한다. 곧 주님께서 사랑하시는 이는, 이 세상에서 (그리고) 메시아 시대에[4] 주님의 보호를 받고, 다가올 세상에서는 그분 어깨 사이에 산다는 것이다 (*b. Zevachim* 118b).[5]

'다가올 세상'을 각 인간이 겪게 될 사후 운명, 또는 전 인류에게 놓인 최종 운명이라는 관점에서 '지옥'과 대비시켜 소개하는 본문도 있다. 의인에게는 '다가올 세상'이, 악인에게는 '지옥'이 주어진다는 것이다. 가령 버라콧 28b에서는 '다가올 세상'과 '파멸의 구덩이'가 대비된다. 토라를 열심히 공부하는 이에게는 '다가올 세상'이, 속세의 잡다한 일들에 시간을 보내는 자에게는 '파멸의 구덩이'가 주어진다고 한다. 제자들이, '다가올 세상'의 생명에 맞갖은 사람이 되도록 스승에게 생명의 길들을 가르쳐 달라고 청하는 말도 나온다(*b. Berakhot* 28b).

같은 본문에서 요하난 벤 자카이의 입을 통해서도 비슷한 대비가 이루어진다. '에덴 동산'과 '게힌놈'(=게헨나)으로 표현되는 서로 다른 두 운명의 대비다. 병상에 누운 자신을 찾아온 제자들에게 요하난 벤 자카이는, 자기가 곧 맞이하게 될 심판이 두렵다고 말하면서 눈물을 흘린다. 그리고 지금 자기 앞에는 '에덴 동산'으로 가는 길과 '게힌놈'으로 가는 길이 놓여 있는데, 자기가 어느 길로 인도될지 모르니 울 수밖에 없다고 한다 (*b. Berakhot* 28b).

---

3 『성경』은 "주님께서 언제나 그를 보호하시니 그는 그분의 어깨 사이에서 산다"라 읽는다.

4 메시아 시대에 대해서는 버라콧 34b와 샤바트 63a도 참조하라.

5 Raphael, *Jewish Views of the Afterlife*, 93-128.

탈무드에는 다가올 세상·에덴·게힌놈 등 공간을 연상시키는 단어들을 언급하지 않은 채 개인의 사후 운명에 대해 이야기하는 본문도 있다. 샤바트 152b는 의인과 악인의 사후 운명을 '몸'과 '영혼'으로 나누어 설명한다. 의인의 '몸'에 대해서는 "그는 평화 속으로 들어가고 … 자기 잠자리에서 편히 쉬리라"(이사 57,2), 의인의 '영혼'에 대해서는 "나리 영혼은[6] 생명의 보자기에 감싸일 것입니다"(1사무 25,29)라고 한다. 반면 악인의 '몸'에 대해서는, "악인들에게는 평화가 없다. 나의 하느님께서 말씀하신다"(이사 57,21), 악인의 '영혼'에 대해서는 "그분께서는 나리 원수들의 영혼을 팔맷돌처럼 팽개치실 것입니다"(1사무 25,29)라고 한다. 의인과 악인은, 죽은 뒤에 그 몸과 영혼이 각각 서로 다른 운명을 겪게 되리라는 것이다.

6 『성경』은 נֶפֶשׁ를 '목숨'이라고 옮겼다.

탈무드에서 예수님을 언급한 (것으로 추정되는) 사례들을 살펴보았다. 인스톤-브루어Instone-Brewer에 따르면, 예수라는 이름이 직접 언급된 본문과 벤 판데라라는 암호명이 쓰인 본문들은 비교적 이른 시기인 탄나임 시대(0-200년)에 속한다. 이 시대 본문에 담긴 정보는 신약성경의 정보와 대략 일치하는 편이다. 지배 계급 출신의 마리아에게서 태어난 나자렛 예수는 제자들을 두었으며 범죄자로 지목되어 처형당했다는 것이 그 골자다.[90]

그러나 탈무드에 제시된 예수에 대한 세세한 정보들은 신약성경의 정보와 차이가 난다. 게다가 탈무드에서는 예수가 신약성경에서처럼 기원후 1세기 인물로 그려지는 법이 없으며 기원전 1세기 또는 기원후 2세기 인물로 그려진다. 이를 이유로 어떤 학자들은 탈무드에 나오는 예수는 동명이인일 뿐 신약의 예수님이 아니라고 주장하기도 한다. 발라암이 예수의 암호명이라거나 벤 스타다나 벤 판데라가 예수를 가리킨다는 주장에도 동의하지 않는다. 탈무드에서 발라암은 악인을 대변하는 이름이지 나자렛 예수의 가명이 아니라는 것이다. 물론 탈무드에 언급된 모든 발라암이 예수를 가리키지는 않는다. 하지만 드물게 구약의 발라암보다는 신약의 예수님을 연상시키는 본문들이 있음은 부정하기 어렵다. 벤 스타다나 벤 판데라 역시 마찬가지다. 해당 본문을 다른 그리스도교 전승과 비교하면서 읽으면 문제 해결의 실마리가 보인다. 이를테면 예수를 판테라와 마리아 사이에서 태어난 사생아로 말하는 경우가 탈무드 바깥에서도 발견된다(가령 오리게네스, 『켈수스 논박』 1.32 참조). 마리아를 왕족이나 귀족 가문

90 그리고 시간이 흐르면서 예수에 대한 새로운 정보들이 추가되기 시작했다고 한다: Instone-Brewer, "Jesus of Nazareth's Trial In the Uncensored Talmud", 269-294.

으로 보는 것도 탈무드 바깥 본문에서 찾아 볼 수 있다(야고보 원복음). 발라암, 벤 스타다, 벤 판데라를 나자렛 예수와 동일시할 근거가 전혀 없다고 말할 수 없는 이유다.

다른 한편 탈무드의 방대한 규모를 고려할 때 예수를 언급한 것으로 추정되는 본문은 미미한 정도에 지나지 않는다. 사실 탈무드에서 예수는 아주 드물게, 그나마 매우 짧은 분량으로 등장한다.[91] 그마저 부정적 시선에서만 다루어져 탈무드는 예수에 대한 부정적 이야기만 담고 있다고 해도 지나치지 않다. 이 이야기들의 역사적 가치에 대해서는 긍정적 답변을 내놓기 어렵다. 그 이야기들이 역사적 사실을 기술하려는 목적이 아니라 예수를 둘러싼 논쟁에 답할 목적으로 만들어졌기 때문이다. 탈무드에 담긴 예수 이야기들은 예수 사건에 대한 라삐들의 입장 표명이라고 볼 수 있다. 역사에 기초한 내용이 아니기에 객관성이나 역사성 면에서는 가치가 떨어질 수밖에 없다. 하지만 이 이야기들이 사실이 아니라 허구에 가깝다고 해서 무의미하다는 뜻은 아니다. 사실 정경이나 외경 복음서들에 담긴 내용도 정확한 역사적 사실의 기록이라 볼 수 없으며 사실과 허구 둘 다를 담고 있다. 저자가 진하고 싶은 진실을 표현하기 위해 허구라는 장치를 이용했을 수 있다. 실제로 복음서들과 탈무드 둘 다 역사 기록물이라기보다 교리교수용 서적에 가깝다. 그러므로 탈무드에 담긴 역사적 디테일의 사실여부를 따지는 일보다 그 기록들에 담긴 의미를 파악하는 일이 더 중요하다. 라삐들이 초대 그리스도교의 성장을 바라보면서 자기네 백성을

---

91 이러한 '침묵' 현상을 두고 어떤 학자들은 예수님이 역사상의 실존 인물이 아니기 때문으로 설명한다. 실존하지 않은 사람이라 그에 대해 침묵했다는 것이다. 그보다는 미쉬나의 주역인 라삐들에게 예수가 중요한 인물이 아니었기 때문이라는 설명이 더 설득력 있다. 유다교 율법과 전통을 보전하는 데 예수는 방해가 될 뿐이었을 것이다. 복음서에 예수님이 유다교 율법을 폐지하러 오신 게 아니라 완성하러 오셨다고 하는 언명(마태 5,17)이 있다는 사실은, 그분께서 유다인들에게 율법을 위협하는 인물로 여겨졌음을 반증한다.

지켜내기 위해 할 수 있는 일은 다 하지 않았을까? 그 일련의 노력들이 탈무드에 담겨 있는 게 아닐까?

사실 유다인들만 유독 나빠서 그리스도인들을 폄하하고 조롱한 것은 아니다. 신약성경에도 유다인들에 대한 부정적 평가가 담겨 있다. 1테살 2,15에는 유다인들이 예수님과 예언자들을 죽였으며 바오로와 그 공동체까지 박해한 것으로 그려진다(50년경). 이들은 예수님을 박해하고 죽이려 하였으며(요한 5,16-18; 7,1; 10,31: 90-100년경), 결국 시기심 때문에 그분을 죽음에 이르게 했다고 한다(마르 15,10: 70년경). 그리고 그분을 믿는 이들을 회당에서 쫓아내려 했으며(요한 9,18-22; 12,42; 16,1-2), 사도들의 선교 활동을 방해했다고도 한다(사도 5,17-18; 13,45; 17,5: 80-90년경). 요한 묵시록(100년경)에서는 유다인들이 사탄의 무리로 그려지기도 한다(2,9; 3,9). 『바르나바의 편지』(130년경)는, 하드리아누스 황제가 예루살렘을 로마 식민도시(Aelia Capitolina)로 만들고 유다인들을 도시에 들어오지 못하게 막은 일과[92] 옛 성전이 있던 자리에 유피테르 신전을 세운 일을 두고 유다인들에게 내린 징벌로 풀이한다. 앞에서 언급한 순교자 유스티누스의 『트리폰과의 대화』도 비슷한 입장이다.[93] 사르디스 주교 멜리토(190년 사망)의 『파스카』와 오리

92 이때 하드리아누스는 로마 제10군단을 예루살렘에 주둔시켰다. 예루살렘이 완벽한 이교 도시로 탈바꿈한 135년 이후에는 예루살렘 교회의 수장도 이방인 출신이 맡게 되었다. 유다인은 더 이상 예루살렘에 거주할 수 없었기 때문이다. 그전까지는 베드로와 야고보를 비롯하여 줄곧 유다인 출신들이 수장을 맡았었다.

93 특히 『트리폰과의 대화』 16.2-4(2세기 후반)는 유다인들이 '의로우신 분'과 그분 앞에 온 예언자들을 죽였기 때문에 예루살렘에서 쫓겨나는 벌(135년 바르 코크바 항쟁 종결 뒤)을 받게 되었다고 한다. 그리고 유다인들이, 그리스도와 그분을 보내신 분께 희망을 두는 이들을 회당에서 내쫓고 저주하고 있다면서 비난한다. Tomson, "Jewish-Christian Relations in Roman Judaea Before and After the Revolts, 66-136 CE", 18-23 참조.

게네스의 『켈수스 논박』도 반-유다교 정서를 드러낸다. 4세기 시리아 교부 아프라하트도 『논증』의 상당부분을 반-유다교 논증에 할애하고 있다.

탈무드와 그리스도교 문헌에서 드러나는 상호반목은 한 종교가 두 종교로 나뉘면서 얼마든지 일어날 수 있는 일이다. 학자들은 이 분열을 70년부터 135년에 걸쳐 이루어진 점진적 과정으로 여긴다.[94] 여기에 결정적 역할을 한 사건은 두 차례의 유다 항쟁이라고 한다. 70년 제1차 유다인들의 항쟁이 실패로 돌아가고 성전이 파괴된 뒤 유다인들은 항쟁에 참여하지 않은 그리스도인들을 적대시하기 시작했다. 그 뒤 유다인 사회에서 라삐들의 입지가 점점 강화되고, 라삐 중심의 유다교(곧 라삐 유다교)가 표준으로 자리매김하는 과정(70-132년)에서 라삐들은, 그리스도인들을 이단으로 배척하고 회당공동체에서 축출했다. 그 반대급부로 그리스도인들 사이에서도 반-유다교 분위기가 더욱 고조되었을 법하다. 결국 제2차 유다 항쟁(=바르 코크바 항쟁, 133-135년)이 끝난 135년 이후 유다인들과 그리스도인들은 결정적으로 갈라지게 된다. 그리고 이런 갈등과 갈라짐의 역사가 신약성경과 탈무드에 흔적으로 남아 있다. 이 모든 흔적은, 유다교와 그리스도교가 각자의 성체성을 형성하는 과정에서 일어난 자연스런 현상으로 받아들여야 할 것이다.[95]

---

94 Tomson, "Jewish-Christian Relations in Roman Judaea Before and After the Revolts, 66-136 CE", 7-36을 보라. 저자는 유다인들과 그리스도인들의 결별 과정을 두 유다 항쟁을 기점으로 나누어, 유다인의 시각, 그리스도인의 시각, 로마 제국의 시각에서 균형 있게 살피고 있다. Watters, "Romans, Jews, and Christians: The Impact of the Romans on Jewish / Christian Relations in First-Century Rome", 175-195도 참조하라.

95 Sanders/Baumgarten/Mendelson (eds.), *Jewish and Christian Self-Deftnition. Vol. 2: Aspects of Judaism in the Graeco-Roman Period*. 특히 같은 책 Schiffman, "At the Crossroads: Tannaitic Perspectives on the Jewis-Christian Schism", 115-156 참조.

어떻든 결과적으로 탈무드는 예수에 대해 부정적인 평가만 담고 있다. 그래서 예수는 바른 길, 올바른 신앙에서 벗어난 사람의 전형으로 소개된다. 예수에 대한 탈무드의 평가를 한마디로 말하자면 예수는 발라암처럼 하느님 백성을 우상 숭배로 이끈 사람, 신앙을 훼손한 사람이다. 결국 탈무드는 예수와 그 추종자들을 향한 유다인들의 부정적 시선과 기억을 담고 있는 셈이다.

이러한 기억들 가운데 어떤 것이 사실을 반영하는지 밝혀내는 일은 역사가의 몫이다. 그러한 연구에는 본문의 수집과 편집 과정에서 일어난 일을 알아내는 작업도 포함된다. 특히 편집 과정에서 수정된 내용은 없는지, 있다면 어떤 것인지, 그리고 더 후대에 새롭게 바뀐 내용은 없는지 면밀히 조사해야 한다. 조사 대상이 신빙성 높은 본문으로 드러나더라도 그 안에서 다시 사실과 허구를 가릴 필요가 있다. 이러한 작업은 무엇이 옳고 그른가가 아니라 어느 쪽이 사실에 가까운가의 문제다. 사실이든 허구든 반쪽 사실이든 나름의 명분과 이유는 있다. 허구도 만들어진 이유가 있고, 변경이나 삭제도 그렇게 한 이유가 있을 것이다. 그 이유를 찾아낸다면 역사적 진실에 더 가까이 다가설 수 있지 않을까? 실제로 탈무드의 부정적 기억 안에서도 예수님에 대한 중요한 정보를 얻을 수 있다.

첫째, 예수는 실존 인물이다. 예수의 어머니는 간음한 여인이었으며 예수는 부적절한 관계에서 태어난 사생아였다고 하지만 그의 실존 자체는 부정하지 않는다. 둘째, 예수에게는 스승도 있었고 제자도 있었다. 비록 스승에게서 쫓겨나기는 했지만 페라히야라는 라삐 밑에서 제자로 있었다. 그리고 죽어 마땅한 자들이기는 하지만 적어도 다섯 명의 제자가 예수 수하에 있었다. 셋째, 예수의 활동 가운데 치유도 포함되었다. 예수의 이름으로 병에서 낫느니 차라리 죽는 편이 낫다고는 했지만 예수가 치유 활동을 한 것, 또는 그의 제자 야고보가 예수의 이름으로 치유를 행한 사실은 인정한다. 또한 예수를 마술사라 부르고 그 마술 능력을 이집트에서 들여왔다고 비난하지만 적어도 그에게 특별한 능력이 있었음은 인정한다. 넷째, 예수의 가르침을 하나라도 받아들여서는 안 된다고 하지만 그가 가르치는 활동을 한 점은 인정한다. 예수가 토라를 가르치고 해석했다는 것이다. 다섯째, 예수가 사형되었다고 한다. 사형이 적법한 절차를 거쳐 이루어졌으며 처형 방식은 투석 후 나무에 매다는 것이었다고 한다. 처형 과정과 방식이 복음서의 것과 다르기는 하지만 예수가 처형된 사실 자체는 인정한다.

이로써 탈무드에서 예수의 탄생과 활동, 그리고 죽음이 복음서의 것과 유사한 틀 안에서 그려지고 있음을 확인할 수 있다. 다만 복음서가 예수의 긍정적 초상을 담았다면 탈무드는 부정적 초상을 담았다. 같은 인물을 두고 어떤 관점에서 바라보느냐에 따라 이토록 다른 초상화가 나올 수 있음을 새삼 확인하게 된다. 라삐들에게 예수는 결코 하느님의 아들이 될 수 없었다. 인간의 아들, 그것도 이스라엘 백성을 그릇된 우상 숭배로 이끈 이단자일 따름이었다. 따라서 예수는 유다교 율법에 따라 정당하게 처형되었으며, 지금은 지옥에서 벌을 받고 있다고 한다. 예수는, 신약성경이 선포하는 '죽은 뒤 부활한 예수 그리스도'가 아니라 '다가올 세상'에서도 자지할 사리가 없는 죄인이라는 것이다.

# V. 예수, 쿠란의 기억

쿠란 3장

쿠란 19장

쿠란 5,46

쿠란 5,110

쿠란 5,112-115

쿠란 4,157-158

예수님은 그리스도인들뿐 아니라 무슬림들에게도 특별한 자리를 차지한다. 이는 쿠란에서 예수가 총 93개의 절에 등장한 데서 잘 드러난다. 마리아의 아들 예수*ʿĪsā ibn Maryam*는 하느님(알라 *Allah*)의 예언자, 메시아(알-마시흐 *al-Masih*), 새로운 복음(알-인질 *al-Injīl*)을 가지고 파견된 말씀의 사도로서 마지막 예언자 무함마드 다음으로 중요한 인물이다. 그런데 이 사실이 (적어도 비-무슬림들에게) 잘 알려져 있지 않은 편이며 이슬람교와 그리스도교는 그저 적대관계로만 여겨진다. 이런 상황에서 두 종교가 공유하는 예언자 예수가 이슬람과 그리스도교를 잇는 다리가 되리라는 기대가 가능하다. '쿠란의 예수'를 살펴보는 작업이 필요한 이유다.

쿠란에서 예수가 어떻게 그려지고 있는가라는 본격적 주제에 들어가기 전에 이슬람과 쿠란에 대해 간략히 살펴보도록 하겠다. 쿠란의 예수를 살피기 위한 준비 작업이 될 것이다. 먼저 이슬람에 대해, 그 다음에 쿠란의 정의와 쿠란의 형성과정에 대해 알아보겠다. 이어서 쿠란과 성경의 관계, 달리 말해 유다교와 그리스도교 및 이슬람교의 관계를 짚어볼 것이다. 유다교와 그리스도교가 연결되어 있듯 이 둘과 이슬람교도 연결되어 있음을 확인할 수 있을 것이다. 이 관계를 알 때 쿠란의 예수도 보다 쉽게 이해할 수 있으리라 기대한다.

# 이슬람과 쿠란

❖ 이슬람과 쿠란 전반에 관해서는 고야마 시게키, 『지도로 보는 중동 이야기』가 유용하다. 이슬람 역사와 쿠란과 관련한 핵심 사항을 잘 개관해 놓았다. 무함마드의 생애도 간략히 소개하고 있다. Peters, *Islam: A Guide for Jews and Christians*는 처음 이슬람을 접하는 이들에게 좋은 길잡이가 된다. 세 유일신 종교의 유사점과 차이점을 상세히 분석하고 있는 Peters, *The Monotheists: Jews, Christians, and Muslims in Conflict and Competition*은 이 분야의 역작으로 손꼽힌다. 무함마드에 대해서는 Ali, *The Lives of Muhammad*가 유용하다. 여기서는 고야마 시게키의 책을 토대로 다른 세계사 관련 저서들에서 보편적으로 받아들여지는 내용을 요약해서 실었다.

## 1. 이슬람교의 시작

❖ 이슬람의 시작에 대해서는, Neuwirth/Sinai/Marx (eds.), *The Qur'ān in Context: Historical and Literary Investigations into the Qur'ānic Milieu*를 보라.

이슬람교는 610년 무함마드가 아라비아 반도 서안에 위치한 메카에서 창시한 종교다. 메카는, 고대 지중해 세계의 유럽과 아프리카 및 아시아를 잇는 교역로에 자리한 오아시스 도시로서 로마 제국 시대부터 종교 도시, 이어서 상업 도시로 발전하였다. 지름 30센티미터 가량의 흑운석이 메카에 떨어진 뒤로 운석이 가진 신비함 때문에 메카는 일찍부터 아랍 유목민들의 집결지가 되었으며 운석이 모셔진 카바 신전을 중심으로 종교 도시로 성장하였다. 아라비아 반도에 흩어져 살던 유목민들이 카바 신전에 각 부족의 신들을 모셔두고 주기적으로 모여 제례를 거행했는데 그때마다 화려한 시장이 서곤 했다. 메카는 이후 오랫동안 아라비아 반도의 종교 도시로 자리매김했다.

본디 시리아의 다마스쿠스를 중심으로 지중해 세계와 아프리카 및 아시아를 잇는 광역 교역로가 로마 제국 시대부터 형성되어 있었다. 메소포타미아를 경유하는 페르시아 만의 교역로가 그것이다. 그런데 로마와 페르시아 두 제국 간의 장기전으로 이 교역 루트가 안전을 담보할 수 없는 지경이 되었다. 그리하여 기존 교역로 대신 서아라비아 루트가 반도 서안의 하자즈 지방까지 뻗어나가면서 메카가 다마스쿠스와 아라비아 남부 예멘을 잇는 해상무역루트의 중심지가 되었다.

이런 메카가 6세기 말 상업도시로 비약하는 계기를 맞았다. 페르시아 사산 왕조와 비잔틴 제국의 전쟁이 장기화되고 6세기말에는 양국 군대가 서로의 수도를 공격하는 상황에 이르면서부터다. 메소포타미아를 경유하는 기존의 페르시아만 교역로 대신 전쟁을 피해 메카를 경유하는 서아라비아 루트가 부상한 것이다. 사실 메카는 교역 루트의 거점으로 매우 유리한 위치에 있었다. 북쪽은 시리아로, 북동쪽은 산 사이의 도로를 통해 이라크로, 남쪽은 예멘으로, 서쪽은 홍해 연안의 제다에서 아프리카의 에티오피아로, 육로와 뱃길이 사방으로 열려 있었다. 메카가 종교 도시이자 교역의 중심지로서 이슬람 세계의 구심점이 되기에 손색없는 조건을 갖춘 셈이다. 실제로 6세기말 무함마드가 출현하기 전에 이미 메카는 성지를 가진 중요한 상업 중심지로서의 지위를 확립한 상태였다.[1] 그런데 이것이 꼭 좋은 일만은 아니었다. 6세기말 메카가 지중해 세계를 연결하는 중계무역의 거점이 되면서 막대한 부가 도시로 흘러들어왔고 여기에는 엄청난 부작용이 수반되었다. 사실상 메카가 시리아-지중해 교역과 남아라비아-인도양 교역을 독점하고 있었는데 그 중심에 부유한 상인계층이 있었다. 교역 상품 대부분이 메카의 상인이 조직한 대상에 의해 운반되었

1 Bukharin, "Mecca on the Caravan Routes in Pre-Islamic Antiquity", 115-134 참조.

기 때문이다. 자연히 상인계층이 부를 독점하는 형세를 띠었으며 부유한 상인귀족을 제외한 많은 사람들은 빈곤에 시달렸다. 메카는 번영과 동시에 빈부격차의 심화를 피할 수 없었던 것이다. 결국 빈부격차가 확대되면서 사회는 점점 더 심각한 혼란에 빠져들었다.

게다가 당시의 메카는 경제·사회적 모순 말고도 다른 복잡한 문제를 안고 있었다. 다신교와 일신교의 대립양상이 그것이다. 아라비아 유목민들 대다수는 자기가 속한 부족이나 민족의 신들을 숭배하는 다신교 전통을 따랐으며 유일신 신앙에는 별 관심이 없었다. 그러나 도시의 지식인들은 유다교나 그리스도교와의 접촉으로 신구약성경을 알고 있었으며 유일신 사상에도 우호적인 편이었다. 천지창조, 마지막 심판, 천국과 지옥 같은 신학적 주제들이 자연스럽게 받아들여지고 있었으며 유일신교 자체에 대해서도 거부감이 없었다. 그렇다고 이 지식인들이 다신교 전통을 버린 것은 아니었다. 그런 가운데 진정한 유일신 사상을 확립해야 한다는 사람도 등장했는데 그 전형적 인물로 와라카 이븐 나우팔이 거론된다. 무함마드 아내의 사촌이기도 한 그는 그리스도인으로서 성경에 친숙했으며 무함마드와 개인적으로 진밀한 관계였다고 한다. 니우팔을 통해 무한마드가 유일신교와 접했을 가능성이 있다.[2] 사실 나우팔이 없었더라도, 메카의 명문 상인이었던 무함마드는 대상 여행을 하면서 시리아 등지에서 유다교나 그리스도교를 어렵지 않게 접할 수 있었을 것이다. 그리고 이를 통해 새로운 유일신적 종교관을 갖게 되었을 법하다.[3] 어떻든 6세기에서 7세기로 넘어가던 시기의 메카는 경제·사회·종교적 모순과 갈등이 폭발하기 직전이었다. 이런 혼란의 땅, 혼란의 시대에 무함마드가 등장했다.

무함마드는 610년 메카 북쪽 히라 산 동굴에서 명상을 하던 중에

---

2 고야마 시게키, 『지도로 보는 중동 이야기』, 301-303.

3 Finster, "Arabia In Late Antiquity: An Outline of the Cultural Situation in the Peninsula at the Time of Muhammad", 70-74 참조.

가브리엘 천사의 방문을 받고 유일신 알라의 계시를 받았다고 한다. 이후 무함마드는 다신교 신앙의 중심지 메카에서 마지막 때를 선포하면서 (쿠란 3,114) 절대 유일신 알라에게 귀의할 것을 설파했다.[4] 이것이 새로운 유일신교, 이슬람의 시작이다. 메카에서 벌인 무함마드의 포교활동이 처음에는 큰 성공을 거두지 못했다. 특히 당시 부유층이나 귀족 계층의 거센 반발에 부딪혔다. 그가 빈부격차 문제를 지적하고 유일신 알라 앞에서는 누구나 평등하다고 주장했기 때문이다. 무함마드는 빈곤층을 중심으로 유일신 신앙을 전파해나갔다. 자선과 평등사상을 몸소 실천하는 모습이 그들의 마음을 사로잡았던 것 같다. 그러나 메카의 지배층과 부호 상인은 그를 질서를 어지럽히는 자로 취급하면서 이들의 성장을 경계하고 탄압했다.

결국 622년 무함마드와 그 추종자들은 박해를 피해 메디나로 이동한다. 당시 메디나에는 유일신교도인 유다인들과 다신교도인 아랍 부족들 사이에 분쟁과 대립이 끊이지 않고 있었는데 무함마드의 중재 능력을 알아본 메디나 사람들이 그를 불러들였다고 한다. 메디나 사람들의 초대를 신의 계시로 받아들인 무함마드는 추종자들을 앞세워 메디나로 향한다. 그곳에 도착한 무함마드는 정치적 지도력을 발휘해 부족 사이의 분쟁을 해결하고 이슬람을 안착시키면서 정치와 종교 지도자로서 인정받는다. 이슬람 역사에서는 무함마드가 메카를 떠나 메디나로 이주한 해를 이슬람 공동체, 곧 움마 및 이슬람 국가가 태동하는 시점으로 간주하면서 '헤지라'라 부른다.[5]

---

4 무슬림은 '하느님 알라에게 절대적으로 복종·귀의하는 자'를 뜻한다.

5 헤지라는 이슬람 제국의 기틀을 마련한 사건이자, 이슬람 역사에서 새로운 장을 연 시작점이라고 할 수 있다. 무함마드는 처음에는 유다인들도 움마공동체의 일원으로 받아들였다. 하루 세 번 기도, 금요 예배 등 유다인들의 관습을 받아들이기도 했다. 그러나 유다인들이 무함마드를 예언자로 인정하지 않으면서 무

메디나에 부족을 초월한 이슬람 공동체의 토대를 구축한 무함마드는 진영을 가다듬고 세력을 확대하여 630년에는 유목민으로 구성된 무슬림군 1만여 명을 이끌고 메카로 진군한다. 그리고 메카의 지배층을 몰아내고(무혈점령에 가깝다) 카바 신전에 모셔져 있던 약 360개 부족의 우상을 파괴한 뒤 그곳을 이슬람 성지로 선포한다.[6] 곧이어 무함마드는 유일신 알라의 이름 아래 베두인들을 포함한 아라비아 각지의 주민과 부족들을 통합한다. 아라비아 반도 대부분을 이슬람 세력 하에 통일한 것이다. 무함마드가 결성한 이슬람 공동체에서는 출신 부족과 상관없이 모든 신자가 하느님 앞에서 평등하다고 선포하였으며 부족 간에도 차별을 두지 않았다. 그리하여 무함마드는 채 20여년이 되지 않는 짧은 기간에 아라비아 반도 대부분 지역에 이슬람을 보급하고 통합을 이루어냈다.

무함마드 사후 잠시 혼란과 분열을 겪은 이슬람 교단은 칼리프를 선출하여 교단 통솔을 위임하고 안정을 도모했다. 그 일환으로 무함마드가 전해준 신의 말씀을 모아 쿠란을 편찬하고 신앙 및 일상생활의 규범을 마련하였다. 쿠란이 아랍어로 쓰인 까닭에 아랍어는 자연스럽게 이슬람 제국의 공통어가 된다.

이슬람 세력은 계속 대외 진출에 나서 아라비아 반도 전역을 정복하고 북동의 페르시아로 영역을 확대했다. 이것이 이른바 '지하드'Jihad 성

---

함마드도 이들과 결별하게 된다. 기도 드리는 방향도 예루살렘에서 메카로 바꾸었다.

6 이슬람 전통에 따르면 메카의 카바 신전을 아브라함과 그의 아들 이스마엘이 하느님의 성전으로 지었다고 한다(쿠란 2,125-127). 카바 신전은 7세기 이슬람이 출현하기 전부터 아라비아 유목민들에게 가장 중요한 성지이자 순례 장소였다. 메카를 점령한 무함마드가 카바 신전의 우상들(부족신을 대표하는 신상들)을 파괴하고 알라의 성전으로 탈바꿈시킨 뒤로 메카는 무슬림들에게 가장 중요한 종교 중심지가 되었다. 모든 무슬림은 매일 다섯 번씩 메카를 향해 기도를 하고 일생에 한 번은 이곳을 순례해야 한다.

전聖戰, 대정복운동의 시작이다.[7] 2대 칼리프 우마르는 시리아의 상업도시 다마스쿠스 공격을 필두로 비잔틴 제국으로부터 시리아와 이집트를 빼앗았다. 642년에는 페르시아 사산 왕조를 무너뜨리고 현재 이란과 이라크 지역까지 세력을 넓히면서 이슬람은 중동지역에 확고히 자리를 잡게 되었다. 이슬람 세력은 페르시아를 정복함으로써 유럽과 아시아를 잇는 동서교역로를 확보했고 그 교역에서 발생한 이익으로 더욱 번성할 수 있었다. 이슬람이 점령지 사람들에게 개종을 강요하지는 않았지만 결과적으로 점령국은 이슬람 국가로 모습을 바꾸게 된다.

## 2. 쿠란 — 정의와 형성과정

❖ 쿠란에 대해서는, Nasr et al. (eds.), *The Study Quran: A New Translation and Commentary, xxiii-l*을 참조하라.

쿠란은 무함마드가 610년 메카 근교의 히라 산 동굴에서 천사 가브리엘을 통해 알라의 계시를 받은 뒤부터 632년 죽을 때까지 23년 동안 받았

7 이슬람 원리주의자들의 무력행사로 인해 지하드가 이교도에 대한 비인간적 폭력행위로 곡해되는 경향이 있다. 그러나 무함마드가 표방한 지하드는 그렇지 않았다. "너희에게 도전하는 하느님의 적들에게 도전하되 먼저 공격하지는 말라. 하느님은 공격하는 자들을 사랑하지 않으신다. 그들을 발견한 곳에서 그들에게 투쟁하고, 그들이 너희들을 추방한 곳으로부터 그들을 추방하라. 박해는 살해보다 더 가혹하다. 그들이 하람 사원에서 너희들을 살해하지 않는 한 그들을 살해하지 말라. 그러나 그들이 살해할 때는 살해하라. 이것은 불신자들에 대한 보상이다. 만약 그들이 싸움을 단념한다면 하느님은 그들을 관용과 은총으로 채우신다. 박해가 사라질 때까지 그들에게 대항하라. 이는 하느님을 위한 신앙이다. 그들이 박해를 단념한다면 우매한 자들을 제외하고는 적대시 하지 말라"(쿠란 2,190-192).

❖ 버밍엄 쿠란 필사본(Birmingham Quran manuscript)이다. 양피지에 잉크로 기록되었다. 현존 최고最古 쿠란 사본으로서, 2015년 탄소연대측정 결과 1500년 전(568-645년) 것으로 추정된다.

다는 계시를 집대성한 책이다. 쿠란은 아랍어 동사 '읽다'*qara'a*에서 파생된 단어로 독경 또는 암송을 뜻한다. 무함마드 추종자들이 나무 조각 등에 기록해 둔 계시 말씀을 무함마드 사후에 집대성하여 현재의 쿠란으로 엮었다고 한다.

| | |
|---|---|
| 무함마드(610-632년): | 계시 → 구두전승 → 문자화 |
| 1-2대 칼리프(632-644): | 기록물 수집 |
| 3대 칼리프(650): | 편집과 집대성 |

구두전승부터 편집까지 쿠란의 형성 과정은 세 단계로 진행되었다. 무함마드 생존 당시 처음에는 구두로만 제자들에게 계시 내용이 전해지다가 점차 문자화되기 시작하여 양피지, 가죽, 야자나무 껍질, 나무 조각,

낙타 뼈 등 여러 재료에 기록되었다. 무함마드 사후 1대 칼리프 아부 바크르가 이런 단편적 기록물들을 수집하기 시작하였다. 2대 칼리프가 된 우마르가 이를 제언했다고 한다. 650년경 제3대 칼리프 우스만은 기존에 수집된 기록물들을 편집하여 비단과 파피루스에 기록하고 기본 경전으로 삼았다. 무함마드가 사망한(632년) 지 채 20년이 지나지 않은 시점이었다. 이처럼 쿠란은 구두 전승·문자화 → 기록물 수집 → 편집과 집대성의 과정을 거쳐 편찬되었는데 첫 계시부터 집대성까지 대략 40년밖에 걸리지 않았다. 이 경전은 7세기말부터 이슬람 세계 전체에서 그 권위를 인정받게 되었다.

이슬람 경전 쿠란은 총 114수라(Sura, 장章) 6,236아야(Aya, 절節)로 이루어져 있다. 분량은 신약성경의 80% 정도다. 1장을 제외한 나머지 수라는 대체로 가장 긴 것에서 짧은 순으로 배열되어 있으며, 무함마드가 받은 계시 순서 또는 사건 발생 순서와는 아무 상관이 없다. 수라는 무함마드가 메카에서 활동할 때 계시 받은 것과 헤지라 이후 메디나에서 받은 것으로 나뉜다. 초기의 메카 시대 수라는 주로 신학적 주제와 관련 있으며 절대신 알라와의 관계, 최후의 심판 등을 다룬다. 메디나 시대 수라는 종교 의례, 사회 규범 및 정치와 관련된 것으로 이슬람 교단이나 공동체의 형성 및 행정, 일상 규범 등을 다룬다.

쿠란을 기록한 언어는 쿠란 아랍어라 불리는데 무함마드가 속한 쿠라이시 부족이 썼던 방언과 가깝다. 아랍어를 천국의 언어로 여기는 무슬림은 원칙적으로 쿠란을 다른 언어로 번역하는 것을 금지한다. 번역은 곧 변질을 동반한다는 이유에서다. 그러나 이슬람이 아랍 종족을 벗어나 시리아-팔레스티나, 메소포타미아, 이집트, 페르시아, 스페인, 인도는 물론 동남아시아와 터키와 발칸 반도까지 전파되면서 쿠란의 번역은 불가피한 일이 되었다. 실제로 1143년 라틴어 번역을 시작으로 수많은 번역서가 나왔다. 그러나 외국어로 번역된 것은 쿠란이라 하지 않고 쿠란의 해설, 즉 타프시르Tafsir라고 한다. 대개 아랍어 원문과 번역문을 한쪽씩 병기한다.

# 쿠란 해석학 타프시르

쿠란 본문을 초심자가 이해하기는 쉽지 않다. 무함마드 사후에 수집된 기록물들을 그대로 엮으려 했기에 문장이 매끄럽지 않은 경우가 많다. 게다가 장들이 짜임새 없이 배열되어 있고 연대순으로 정리되지도 않았으며 각 장에 붙은 제목과 본문 내용의 연관성도 찾기 어렵다. 그래서인지 일찍부터 쿠란을 해석하는 학문 '타프시르'가 발달하였다.[1]

무슬림에게는 쿠란의 어휘 하나하나가 신성하며 절대 진리로 간주되었기에 쿠란을 올바로 이해하는 일이 매우 중요했다. 사실 무함마드의 해설을 직접 들을 수 있던 사람들은 신의 계시에 대해 인간이 해설하는 것을 삼가는 편이었다. 이 현상은 무함마드가 죽은 뒤에도 여전했지만 점차 주석 작업이 절실해졌다. 쿠란의 장 배열에 역사적 연속성이 없고 불완전한 아랍어 필체 때문에 원문 내용이 애매하거나 독법이 서로 상충되기도 했기 때문이다. 그런데 무슬림에게 쿠란의 올바른 해석이 더욱 필요해진 계기가 있었다. 무함마드 생존 때부터 국가 권력을 장악한 무슬림은 통치 수단으로서 이슬람법Sharia을 마련해야 했는데 그것이 쿠란의 가르침과 부합해야 했다. 이슬람법의 필요에 따라 쿠란의 올바른 해석이 더욱 중요해졌던 것이다. 이슬람법 덕분에 일찍부터 쿠란 해석학이 발달할 수 있었던 셈이다.

초기에 나온 주석은 그 판단이 독단적이어서 주관적 해설이라는 비난을 면하기 어렵다. 8-9세기부터는 쿠란을 체계적으로, 구절별, 단어별로 주석하는 쿠란 주석학(*ʿilm at-tafsir*)이 나오게 되었다. 역사학, 언어학,

---

1 https://en.wikipedia.org/wiki/Tafsir; Shah/Abdel Haleem (eds.), *The Oxford Handbook of Qur'anic Studies*, 607-706 참조.

고전 아랍어, 법학, 신학에 모두 통달한 대학자만 타프시르를 저술할 수 있었다. 이슬람 1400년 역사상 수많은 타프시르가 나왔지만 9세기 이슬람 학자인 앗 타바리와 14세기 중세 이슬람 역사학자인 이븐 카씨르의 타프시르를 최고로 친다.

타프시르는 여러 단계를 거쳐 발전했다. '초기 타프시르'에서는 정확한 아랍어 글자체를 고안하여 쿠란 본문을 영구 고정하고 무함마드 방언의 발성법을 철자화하였다. 그 후 '고전 타프시르'는 쿠란을 무함마드 언행록인 『하디스』*Hadith*에 비추어 설명하는 것으로 발전했다.[2] '교리 단계 타프시르'는 여전히 『하디스』에 기초를 두기는 했으나 특정 종파가 자신들의 신학적 입장을 뒷받침하는 데 타프시르가 이용되기도 했다. 이슬람의 합리주의자들인 무타질라는 쿠란의 각 구절에 외형적 분석 결과를 주석으로 달았다. 수피와 시아파도 주석을 달았는데 무타질라의 주석과 정반대였다. 역사학자 앗 타바리(838-923년)가 편찬한 기념비적 주석은 그때까지 만들어졌던 전통적 주석 결과를 모아 집대성한 것이다. 그 뒤에 나온 중요한 주석으로는 앗 자마흐샤리(1075-1143년), 알 라지(1149-1209년), 알 바이다위(1280년 사망), 이븐 카씨르(14세기), 앗 수유티(1445-1505년)가 쓴 것들이다. 19-20세기부터는 이슬람의 현대화를 도모하는 사람들이 타프시르를 통해 이슬람을 재정비, 부흥시키려 애쓰고 있다.

---

2 무함마드의 언행록에 해당하는 『하디스』는 https://sunnah.com에서 찾아 읽을 수 있다. 아랍어 본문과 영어 번역문이 함께 실려 있다.

## 3. 쿠란과 성경의 관계

❖ 쿠란과 성경의 대조 분석은, Reynolds, *The Qur'an and the Bible: Text and Commentary*를 보라. 쿠란과 성경의 관계를 밝힌 역작으로 평가받는 이 책은, 쿠란이 구약성경과 신약성경 외에 구약 외경과 신약 외경 등 다양한 유다교·그리스도교 작품을 활용하고 있음을 보여 준다. 천사가 아담에게 절하는 내용이라든가(아담과 하와의 생애) 갓 태어난 아기 예수가 말을 하는 일화 등이 그 예다. 세 아브라함 종교로 꼽히는 유다교와 그리스도교 그리고 이슬람교가 어떤 관계로 엮여 있는지 일목요연하게 보여 준다. 같은 저자의 다른 두 책 *The Emergence of Islam*; *The Qur'ān and Its Biblical Subtext*도 유용하다. 쿠란·성경·외경 병행구는 Bradford, *The Qur'anic Jesus: A Study of Parallels with Non-Biblical Texts*도 참고할 수 있다.

쿠란은 유일신 알라가 유다인들과 그리스도인들의 하느님과 같은 분이시라고 선포한다. 쿠란이 성경과 밀접한 관계가 있으리라 예측할 수 있다. 실제로 쿠란은, 유다교 토라와 그리스도교 복음서 그리고 쿠란이 모두 같은 하느님께서 내려주신 책이라 가르친다. 알라께서 무함마드에게 책을 내려주시기 전에 토라와 복음서를 먼저 계시해주셨다는 것이다. 처음 모세를 통해 토라를, 다음으로 예수를 통해 모세의 토라를 확증하는 새 복음을, 마지막으로 무함마드를 통해 토라와 복음서를 확증하는 쿠란을 주셨다고 한다. 뿐만 아니라 쿠란은 이스라엘 백성과 그리스도교 공동체를 '책의 백성'이라 부르면서 이슬람 신앙과 앞의 두 종교가 같은 뿌리에서 나왔음을 인정하고 있다. "만약 우리가 그대에게 계시한 것을 의심한다면, 그대에 앞서 먼저 책을 읽은 이들에게 물어보아라. 진실로 주님으로부터 그대에게 진리가 이르렀으니 의심하지 마라!"(쿠란 10,94). 여기서 '그대에 앞서 먼저 책을 읽은 이들'은 유다교와 그리스도교 신자를 가리킨다.

무함마드의 선포와는 별개로 종교학적 관점에서도 성경과 쿠란의 관계는 분명한 사실로 파악된다. 유일신 신앙, 아브라함을 위시한 예언자들에 대한 존경, 종말과 최후의 심판을 향해 나아가는 직선적 세계관, 상선 벌악의 내세관(쿠란 35,10) 등을 쿠란이 성경과 공유한다.[8] 게다가 쿠란은 성경뿐 아니라 조화복음, 야고보 원복음, 토마 유년기 복음, 차명-마태오 복음, 아랍어 유년기 복음 등 신약 외경과 미드라쉬에 나오는 인물 및 사건들까지 언급하고 있다. 쿠란이 성경·외경·라삐 문학과 관계 있음이 분명하다. 쿠란이 유다교와 그리스도교의 영향을 받았다는 의미다.[9]

---

8 쿠란에서 하느님의 예언자로 일컬어지는 예언자들의 계보는, 아담, 에녹, 노아, 에베르, 셸라, 아브라함, 롯, 이스마엘, 이사악, 야고보, 요셉, 욥, 예트로, 다윗, 솔로몬, 엘리야, 엘리사, 요나, 아론, 모세, 즈카르야, 세례자 요한, 예수, 그리고 무함마드다. 이들 가운데 모세가 가장 자주 언급된다. 예수가 무함마드보다 자주 언급된다는 점도 눈길을 끈다. 예언자는 아니지만 예수의 어머니 마리아도 자주 언급되는 편이다. 사실 마리아는 신약성경에서보다 쿠란에서 더 자주 언급된다. 등장 횟수만으로 중요성을 판단하기는 곤란하지만 모세나 예수와 마리아가 쿠란에서 (적어도 무함마드 다음으로) 중요한 인물임은 부인하기 어렵다. '무함마드'라는 이름 자체는 쿠란에 자주 언급되지 않는다. 그러나 무함마드는 쿠란 본문에 직접 언급되지 않은 경우라도 전체 본문에서 계시 수혜자임이 함축되어 있으므로 그가 쿠란에서 가장 중요한 예언자임은 틀림없다.

9 메카의 상인이었던 무함마드는 대상과 함께 여행하면서 시리아 등지에서 유다교나 그리스도교 신자들, 그리고 관련 문헌들을 접했을 것이다: Griffith, "Christian Lore and the Arabic Qur'an", 109-114. 그리피스는, 안드래(Tor Andrae)가 *Origins of Islam and Christianity*에서 무함마드가 시리아 교회의 영향을 받았을 것임을 강변했다고 한다(재인용). 특히 무함마드의 종말론을 형성한 것이 바로 네스토리우스파 신학이었다고 한다. 심지어 안드래는 무함마드가 네스토리우스파 신학을 접한 것은 예멘에서였다고 특정한다. 사실 그곳에는 6세기 후반 무렵 이미 네스토리우스파 교회가 세워져 있었다. 무함마드 시대에 시리아와 아라비아 전체에 네스토리우스파 교회가 매우 우세한 편이었다. 대상을 이끌며 무역에 종사한 무함마드가 네스토리우스파와 접촉을 가지는 일이 그리 어려운 일이 아니었을 것이다. 본디 콘스탄티노플 대주교였던 네스토리우스는 육화한 그리스도 안에 신적 위격과 인간적 위격의 두 위격이 존재한다고 주장하였다. 그리스도의 신성을 인정하되 그 신성이 그리스도의 인성과 구별된다는 입장이다. 그래서 마리아를 하느님의 어머니라는 뜻의 테오토코스(θεοτόκος) 대신 그리스도의 어머니라는 뜻의 크리스토토코스(χριστοτόκος)라 불렀다. 네스토리우스의 그리

쿠란은, 토라와 복음서 및 쿠란을 같은 하느님에게서 나온 계시서로서 인정하지만 셋의 차이도 분명히 밝히고 있다. 뒤에 온 것은 앞에 온 것을 확증하며, 마지막에 온 쿠란이야말로 무슬림을 위한 진정한 '기준'이 된다. 앞의 둘이 지침이자 안내서라면 마지막 것은 결정적 기준이요 잣대다. "(무함마드여) 그분께서 너에게 진리의 '책'(쿠란)을 계시해 주시며 그것보다 앞서 있던 것을 확증해주셨다. 그분께서 토라와 복음서도 계시해 주셨다. (쿠란)에 앞서 인류를 위한 지침이 되게 하려는 것이었다. 그리고 마침내 그분께서 기준을 내려 주셨다"(쿠란 3,3-4).

그리스도인들이 신약성경을 구약성경의 완성으로 보듯, 무슬림은 쿠란을 신구약성경의 확증이자 완성이라고 여긴다. 쿠란에 따르면, 성경에 하느님 말씀을 잘못 이해했거나 왜곡한 내용이 포함되어 있는데 쿠란이 이런 잘못을 모두 시정하여 하느님의 말씀을 정확히 전달하고 있다고 한다(쿠란 2,59; 2,75.78.79; 3,77-79; 5,13-15; 5,41 참조). 성경에 인위적으로 첨삭되거

---

스도론은, 그리스도 안에 신성과 인성이 하나의 위격으로 결합되어 있다고 보는 '위격적 결합'(hypostatic union) 교리(431년 에페소 공의회)와 맞지 않아 결국 451년 칼케돈 공의회에서 파문당한다. 그러나 (동부) 시리아 교회를 비롯한 동방 교회는 네스토리우스의 파문을 받아들이지 않았다. 네스토리우스는 파문 이후 동방에 본거지를 두고 활동을 계속 이어나갔다. 무함마드가 네스토리우스의 신학을 접했을 가능성이 있는 셈이다. 서구 학자들 가운데는 무함마드가 시리아권의 단성론자(Monophysite, 예수 그리스도의 신성만 인정)인 야코비트들에게 영향을 받았으리라고 보는 이도 있다. 무함마드가 야코비트들과 접촉하면서 단성론(Monophysitism)과 성경에 대한 지식을 얻었다는 것이다. 야코비트들은 시리아어 조화복음인 디아테싸론을 경전으로 사용하고 있었다. 쿠란에 나오는 복음서 인용구들이 조화복음을 따르고 있다는 점에서 이 주장은 어느 정도 설득력이 있다. 그러나 무함마드의 그리스도론은 그리스도의 신성 자체를 인정하지 않는다는 점에서 네스토리우스와도 야코비트들과도 다르다. 어떻든 그리스도의 신성을 두고 벌어진 오랜 논쟁을 무함마드도 듣고 알고 있었던 듯하다. 삼위일체를 거부한다든가 테오토코스 호칭을 연상시키는 대목들이 그러하다. '쿠란 예수의 신원: 예수는 어떤 분인가' 항목에서 자세히 다루겠다.

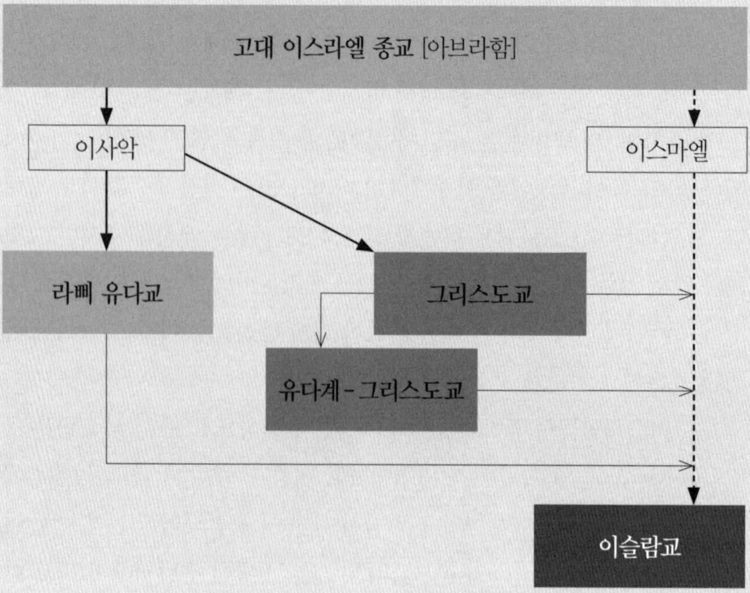


나 왜곡된 사항을 바로잡아 완벽하게 만든 것이 쿠란이라는 뜻이다. 이렇게 무슬림은 쿠란을 구약과 신약성경의 종합 완성판이라 여긴다.

같은 맥락에서 이들은 이슬람교를, 새로운 계시·새로운 경전을 가진 새로운 종교가 아니라 태초부터 존재해온 유일신 종교의 마지막 완성 체계라고 믿는다. 그러므로 아담의 하느님, 노아의 하느님, 아브라함과 모세의 하느님, 예수의 하느님, 무함마드의 하느님 사이에 전혀 구별이 없으며 같은 하느님이라고 가르친다. 그러므로 무슬림에게 유다교와 그리스도교는 '책의 백성' 또는 '성경의 백성'으로서 하느님으로부터 계시를 받은 형제나 다름없는 존재들이다. 적어도 원칙적으로는 그들을 자신들과 하나의 신앙공동체로 보고 있는 셈이다. 유다인, 그리스도인과 관련하여 무슬림이 누구인가? 하는 물음에는 다음 구절이 명확한 답을 제시한다.

**쿠란 2장** 136 너희는 말하라! "우리는 하느님을 믿으며, 우리에게 계시된 것, 아브라함과 이스마엘과 이사악과 야곱과 그 자손들에게 계시된 것, 그리고 모세와 예수에게 주어진 것과 그들의 주님으로부터 예언자들에게 주어진 것을 믿습니다. 우리는 그들 중 누구도 차별하지 않으며, 오직 그분에게만 복종합니다."

이 시점에서 쿠란에서 예수가 차지하는 위상과 역할이 궁금해질 법하다. 쿠란의 예수에 대해 알아볼 차례에 이른 것이다.

## 4. 쿠란의 예수

❖ 무슬림과 비무슬림 학자들 사이에서 쿠란(*Qur'an*)의 예수에 대한 연구가 진행되고 있다. Khalidi, *The Muslim Jesus: Sayings and Stories in Islamic Literature*는, 예수를 바라보는 이슬람의 일반적 시각을 잘 개괄해 놓았다. 이 책에는 '쿠란 예수'(Quranic Jesus)의 기원을 탐색하는 과정, 곧 7세기 아라비아 상인 무함마드가 자기보다 600년 이상 먼저 살았던 예수를 어떻게 알게 되었을지 탐색하는 과정이 소개되어 있다. 칼리디는, 전(前)-이슬람 시대 아라비아에 예수님을 추종하는 다양한 공동체들이 공존하고 있었음을 시인하면서도 '쿠란 예수' 탐구의 출발점을 쿠란 자체로 잡는다. '쿠란 예수'의 기원을 유다교 또는 유다계 그리스도교에서 찾는 서구학자들에 반기를 든 모양새다.

❖ Bradford, *The Qur'anic Jesus: A Study of Parallels with Non Biblical Texts*는 쿠란에 영향을 미쳤을 법한 전(前)-이슬람 시대 자료들을 통해 '쿠란 예수'의 기원을 찾고자 한다. 쿠란과 유다교, 그리스도교, 이단 성향의 다른 자료들을 폭넓게 비교·대조하고 있다. 이 자료들을 근거로, 그리스도인들이 추종하는 하느님의 아들 예수가 어떻게 해서 6세기 뒤에 알라의 종, 알라의 예언자·전령이 되었는가 하는 문제를 탐색하고 있다. 이슬람의 기원과 관련하여 브래포드가 특히 주목하는 공동체는 유다계 그리스도교의 일종인 엘카사이파다. 4세기 교부 에피파니우스에 따르면 이들은 사해 동쪽 아라비아에 본거지를 두었으며 유다인도 아니고 그리스도인도 아닌 그 중간쯤에 해당했다. 이들은 한 분이신 하느님과 세례에 대

한 신앙을 강조했으며 유대교 관습을 실천했다고 한다(『구급상자』 53.1.2-3).[10] 실제로 쿠란의 계시 내용과 유다계 그리스도인들의 주장이 매우 흡사하다. 브래포드는 유다계 그리스도인이라는 용어를 주로, 예수님을 예언자이자 메시아로 받아들이면서 모세의 율법을 고수한 유다인 출신들을 이르는 말로 사용한다. 예수님을 메시아로 받아들이되 그분의 신성은 인정하지 않는 사람들을 가리키는 포괄적 용어로 받아들이면 된다. 이들은 엄격한 유일신 신앙(monotheism)을 고수한다는 특징을 공유한다. Jackson-McCabe, "What's in a Name? The Problem of Jewish Christianity", 7-39도 참조하라.

❖ Robinson의 *Christ in Islam and Christianity*는 쿠란 및 쿠란 주석서들에서 메시아가 어떻게 묘사되는지 잘 분석해 놓았다. Parrinder, *Jesus in the Qur'an*은 쿠란에 나오는 예수의 칭호들에 대한 분석을 담고 있다. 하느님의 말씀, 하느님의 영, 메시아, 하느님의 징표 등이 그 예다.

❖ 다양한 웹사이트에서 쿠란 본문을 제공한다. 읽는 목적에 따라 용도에 맞는 사이트를 선택하여 읽을 수 있다. 여기서 인용한 우리말 본문은 http://corpus.quran.com이 제공하는 영어 번역문을 옮긴 것이다. 중역의 실수를 줄이고 원문의 뜻에서 멀어지지 않도록 이 사이트가 제공하는 어형 및 문장 분석 결과를 참고하면서 아랍어 원문과 꼼꼼히 대조하였다. 같은 사이트에서 여섯 종류의 영어 번역본은 물론 '쿠란 아랍어' 사전과 개념어 사전 및 문법을 모두 검색할 수 있다. https://quran.com이 제공하는 *The Noble Qur'an*과 https://www.quranwow.com이 제공하는 *Qur'an with translations*의 영어 본문도 참고하였다. 쿠란의 아랍어 본문을 영어 알파벳으로 전사한 본문과 한국어를 비롯한 각종 현대어 번역문은 http://transliteration.org/quran을 보면 된다.

쿠란에서 예수는 모세 다음으로 가장 많이 언급된 인물로서 총 93개의

---

10 살라미스의 에피파니우스는 『구급상자』에 카리스마 예언자가 이끄는 아라비아 인근의 종교 공동체들을 열거하고 있다. 이들은 성경 이외의 본문을 경전으로 사용했다고 한다. 에피파니우스는 이 공동체들 각각의 창설자와 그들이 경전처럼 사용한 본문에 대한 정보를 소개하고 있다. 아라비아 인근 종교 공동체들의 예수님에 대한 시각을 알려 준다.

절에 등장한다. 횟수로는 180회 가량 나오는데 25번은 이사(예수)라는 이름으로, 48번은 3인칭 단수 대명사로, 35회는 일인칭 대명사로 언급된다. 나머지는 메시아나 마리아의 아들과 같은 호칭이나 수식어로 불린다. 그렇다면 쿠란에서 예수는 정확히 어떤 존재로, 어떤 역할과 위상으로 그려지고 있을까?

그런데 쿠란의 예수를 살피면서 한 가지 유의해야 할 사항이 있다. 쿠란이 무슬림들에게는 거룩한 경전이라는 사실이다. 쿠란을 무함마드가 받은 계시들의 모음집으로 여기는 무슬림은 무함마드가 하느님에게서만 계시를 받았으며 다른 인간을 통해 지식을 얻은 게 아니라고 한다(쿠란 48,27). 그러나 본문만 두고 냉정하게 평가하자면 무함마드가 아라비아나 시리아의 그리스도인들과 접촉을 가지면서 자연스럽게 예수님을 알게 되었으리라는 추측이 가능하다.[11] 따라서 무함마드 시대에 그의 주변에 어떤 종교 공동체가 있었으며, 어떤 본문이 그의 손에 닿았을지 묻는 일, 곧 무함마드의 예수 이해에 영향을 주었을 법한 요인들을 묻는 작업이 반드시 필요하다. 그런데 이 작업이 자칫 무슬림에게 결례가 될 수 있다. 여기서는 쿠란을 무슬림 경전으로서가 아니라 연구 자료로서 다룰 것임을 밝혀 둔다. 무함마드의 계시 사실을 부정하려는 것이 아니라 연구자의 입장에서 쿠란을 바라보겠다는 것이다. 이를 염두에 두면서 쿠란에서 예수를 어떻게 그리고 있는지를, 그분의 탄생과 활동 그리고 십자가 죽음, 이렇게 세 주제로 나누어 살펴보도록 하겠다.

11 앞의 각주 9를 참조하라.

# 예수의 탄생

예수의 탄생 설화는 쿠란 3,45-53과 19,16-34(36)에 나온다. 3장은 알-임란(마리아의 아버지), 19장은 마리암이라는 제목이 붙었다. 예수의 어머니 마리아는 쿠란에 언급된 유일한 여성으로서 '여인들 가운데 가장 위대한 이'라 일컬어진다. 쿠란에 마리아가 70회나 언급되어 있다. 사실 마리아의 언급 횟수는 신약성경보다 쿠란이 더 많다.[1]

## 쿠란 3장: 마리아의 탄생 및 예수 탄생 예고

쿠란에서 예수의 이야기는 어머니 마리아의 탄생 이야기로 시작한다(3,33-37). 쿠란 3장에 따르면 마리아는 어린 시절 즈카르야 예언자에게 맡겨져 예루살렘 성전에서 자랐다. 즈카르야는 세례자 요한의 아버지이기도 하다. 즈카르야가 지성소에서 마리아를 만날 때마다 그녀에게는 먹을 양식이 있었다고 전한다. 알라께서 양식을 마련해주셨다는 것이다(3,36-37). 쿠란에 담긴 마리아의 탄생 및 유년시절 이야기는 외경 복음서인 야고보 원복음을 연상시킨다. 원복음에서 마리아는 성전에 맡겨져 천사의 양식을 먹고 자랐다고 한다(8). 마리아의 부모가 언급된 것도 야고보 원복음에서다(1-7). 쿠란이 외경 복음서의 영향을 받았을 것임을 짐작할 수 있다.[2]

1 쿠란의 마리아에 대해서는, Marx, "Glimpses of a Mariology in the Qur'an: From Hagiography to Theology via Religious-Political Debate", 533-564를 참조하라.

2 Ben-Chanan, *Qur'an-Bible Comparison: A Topical Study of the Two Most Influential and Respectful Books in Western and Middle Eastern Civilizations,*

쿠란 3,42-48은 쿠란 판 예수 탄생 예고다. 먼저 3,42-43은 알라께서 마리아를 선택하셨음을 선포한다. 이 세상 모든 여인들 위에 마리아를 선택하셨다는 것이다. 천사가 마리아에게 한 말이다.

> 3장 "[42] 오 마리아! 알라께서 너를 선택하시고 깨끗이 씻어주셨다. 그분께서 이 세상 모든 여인들 위에 너를 선택하셨다. [43] 마리아! 네 주님께 헌신하라! 그리고 엎드려 경배하고 무릎 꿇는 이들과 함께 너도 무릎을 꿇어라."

이어지는 3,45-46은 마리아가 낳을 아들이 어떤 위상의 인물인지 드러낸다. 그는 하느님에게서 나오는 말씀, 메시아, 예수, 마리아의 아들로서 '말 하는 사람'이며 의인들 가운데 하나로 헤아려질 것이다.

> 3장 "[45] 오 마리아. 알라께서 '그분에게서 나오는 말씀'이라는 기쁜 소식을 너에게 내리신다. 그는 메시아, 예수, 마리아의 아들이다. 그는 이 세상과 다음 세상에서 찬양받을 것이며 (그분께) 가까운 이들 중에 한 명이 될 것이다. [46] 그는 요람에서도, 어른이 되어서도 사람들 앞에서 말할 것이며 의인들 가운데 하나가 될 것이다."

쿠란의 예수 탄생 예고는 그 바탕이 되었을 루카 1,26-38과 약간의 차이를 드러낸다. 루카 복음에서는 예수님이 '지극히 높으신 분의 아들', '하느님의 아들'이라 불릴 것이라고 한다(루카 1,32.35). 쿠란에서는 예수가 '하느님에게서 나오는 말씀'이며 의인들 가운데 하나가 될 것이라고는 하지만, 하느님의 아들이라고 하지는 않는다. "그는 메시아, 예수, 마리아의 아들"일 따름이다. 그리고 쿠란도 루카 복음처럼 동정 잉태를 인정하지만,

---

197-198; Griffith, "Christian Lore and the Arabic Qur'an", 112.

이는 예수가 하느님의 아들이어서가 아니라 말씀으로 무에서 유를 창조하시는 하느님의 능력 덕분이라고 한다. 이는 남자를 모르는데 어떻게 아이를 낳느냐고 묻는 마리아에게 준 천사의 답에서 드러난다. 알라께서는 마음먹으신 것을 창조하시는 분, '있어라!' 하시면 있게 만드시는 분이기에 가능하다는 것이다(쿠란 3,47). 결국 쿠란의 예수는 하느님의 뜻에 따라 동정녀에게서 태어난 마리아의 아들이지 하느님의 아들은 아니다.

## 쿠란 19장: 예수의 탄생

19장에는 예수의 탄생 이야기가 전해진다. 이 이야기는 16절 천사가 마리아에게 나타나 '정결한 아이'의 탄생을 예고하는 것으로 시작한다.[3] 마리아는 정결한 자신이 어떻게 아이를 낳을 수 있겠느냐며 의아해 한다. 이에 천사는 주님께는 쉬운 일이라면서 태어날 아이가 인류를 위한 표징이 될 것이라 선포한다.

> 19장 "[21] 너의 주님께서 말씀하셨다. '내게는 그것이 쉬운 일이다. 우리는 그 아이를 인류를 위한 표징, 우리에게서 나오는 자비(의 표징)으로 삼겠다.'"

아이를 잉태한 마리아는 때가 되어 한적한 곳에서 산통을 겪는다. 마리아가 진통 때문에 종려나무 기둥을 붙잡고 괴로워하고 있을 때 천사가 나타나 나무를 흔들면 시내가 흘러나올 터이니 그 물을 마시고 나무 열매를 먹으라고 한다. 천사의 말대로 열매를 먹고 물을 마시자 마리아는

---

3 쿠란 19,1-15은 세례자 요한의 출생 이야기로, 루카 1,5-80에 바탕을 두었을 것이다.

힘을 얻어 아들을 낳는다. 그리고 아기를 데리고 사람들 앞에 나타난다. 아기와 함께 나타난 마리아를 보고 사람들이 끔찍한 일을 저질렀다며 힐난하자 아이가 어머니를 대신하여 말한다.

> 19장 "[30] 나는 하느님의 종입니다. 그분께서 나에게 '책'을 주시고 나를 예언자로 삼으셨습니다. [31] 그리고 내가 어디에 있든, 나를 축복받은 사람으로 만드셨습니다. 내가 살아 있는 한 기도와 자선*zakah*을 (실천하라고) 내게 명하셨습니다. [32] 또한 내 어머니에게 의무를 다하고 불손한 반항아가 되지 않게 하셨습니다. [33] 내가 태어난 날과 내가 죽는 날, 그리고 내가 산 채로 일으켜질 날, 내게 평화가 있기를!!" [34] 이것은 마리아의 아들 예수(의 이야기)다.

쿠란 19,30-34 예수의 탄생 이야기는 예수가 누구인지, 쿠란이 부여한 예수의 역할은 무엇인지 밝히는 구실을 한다. 여기서 예수는 하느님의 종, 예언자, 축복받은 이로 제시된다. 그런 예수에게는 다른 무슬림과 마찬가지로 기도와 자선을 실천할 의무가 있다. 예수는 죽었다가 다시 일으켜질 존재임이 암시되기도 한다. 그러나 19,33의 '산 채로 일으켜질 날'은 예수에게만 해당되는 날이 아니다. 예수 단독의 부활의 날이 아니라 모든 이들이 부활하는 종말의 시간을 가리킨다. 같은 표현이 세례자 요한에 대해서도 일컬어진다. "그가 태어난 날과 그가 죽는 날, 그리고 그가 산 채로 일으켜질 날, 그에게 평화가 있기를!"(19,15).

*

쿠란의 예수 탄생 이야기는 7세기 초 저작물인 차명-마태오 복음,[4]

---

4 차명-마태오 복음은 마리아의 부모인 요아킴과 안나 이야기로 시작하여 예

더 거슬러 올라가면 2세기 중반의 야고보 원복음을 연상시킨다. 차명-마태오 복음은 야고보 원복음과 토마 유년기 복음을 토대로 만들어졌다.[5] 쿠란 3장 및 19장에서 예수는 동정 마리아에게서 태어난 것으로 그려진다. 약혼자 요셉은 아예 등장도 하지 않는다. 천사의 예고에 따르면, 마리아는 동정인 상태로 아들을 낳을 터인데 그는 예수 메시아이며 마리아의 아들이라 불릴 것이다. 예수는 예언자로서 알라로부터 복음(알-인질 *al-Injīl*)을 받게 될 것이다. 또한 예수는 구유에서부터(곧 아기 때부터) 사람들 앞에서 말하기 시작하여 어른이 되어서도 말할 것이며 의인 가운데 하나가 될 것이다(3장). 예수가 의인이자 말씀을 선포하는 사람이라는 것이다. 예수가 동정녀에게서 태어날 수 있었던 것은 순전히 하느님의 뜻과 능력 덕분이다(3장; 19장). 예수가 하느님의 아들이어서가 아니라는 것이다. 탄생 예고가 선언하는 쿠란의 예수는 한마디로, 복음을 가지고 백성에게 파견된 말씀의 사도이자 예언자다.

## 예수의 행적

쿠란은 예수의 활동에 대해서도 언급하고 있다. 활동상에 대해 자세

---

수님 탄생 이야기에 이르기까지 야고보 원복음의 줄거리를 거의 그대로 따르고 있다. 이어서 성가정의 이집트 피난 대목과 토마 유년기 복음에서 발췌한 내용이 덧붙여져 있다. 야고보 원복음과 차명-마태오 유년기 덕분에 젊은 마리아와 노인 요셉의 이미지가 견고해졌다.

5 쿠란과 그리스도교 성경·외경 병행구에 대해서는 Bradford, *The Qur'anic Jesus: A Study of Parallels with Non-Biblical Texts*을 참조하라.

히 전하지는 않으며 예수에게 부여된 사명과 역할을 제시하는 정도다. 예수의 행적과 관련한 내용은 앞에서 다룬 탄생 예고 장면인 3장과 19장에도 언급되어 있지만 5장에서 가장 자세히 다뤄진다. 천사가 예수의 탄생을 예고하며 한 말인 쿠란 3,48-51부터 보자.

3장 "48 그분께서는 그(예수)에게 책과 지혜와 토라와 복음을 가르쳐 주실 것이다.[6] 그리고 그를 이스라엘의 후손들에게 보내는 사도로 삼으실 것이다"
49 (예수는 이렇게 말할 것이다.) "나는 너희 주님께서 주시는 표징을 가지고 너희에게 왔다. 나는 너희를 위해 진흙으로 새의 형상을 만들 것이다. 거기에 숨을 불어넣으면 그것은 알라의 허락 하에 새가 될 것이다.[7] 나는 눈먼 이와 나병 환자를 낫게 할 것이다. 나는 알라의 허락 하에 죽은 이들을 되살릴 것이다.

그리고 나는 너희에게 너희가 무엇을 먹어야 할지, 너희 집에 무엇을 쌓아 두어야 할지 알려 줄 것이다. 거기에 너희를 위한 표징이 있다, 너희가 믿는 이들이라면!

50 그리고 나는 나보다 앞서 있던 토라를 확증해 줄 것이다. 그리하여 너희에게 금지된 것들 가운데 일부를 적법한 것으로 만들 것이다. 나는 너희 주님께서 주시는 표징을 가지고 너희에게 왔다. 그러니 알라를 두려워하고 내 말을 들어라!

51 알라께서는 나의 주님이시며 너희의 주님이시다. 그러니 그분을 경배하여라. 이것이 바른 길이다."

쿠란 3,48-51은 예수가 말씀의 사도이자 예언자로서 복음을 선포하

---

6 하느님께서 몸소 예수에게 지혜와 토라와 복음을 가르쳐 주시리라고 한다. 이는 토마 유년기 복음의 예수를 연상시킨다. 여기서 소년 예수는 배우기도 전에 모든 지혜와 율법을 알고 있다.

7 토마 유년기 복음 2 참조.

고 기적과 치유를 일으키리라 예고하고 있다. 기적은 예수가 예언자라는 징표이자 동시에 그의 권위를 입증하는 것으로 제시된다(쿠란 3,49).

사실 이 모든 사항은 정경과 외경 복음서를 통해 그리스도인들에게 익숙한 내용들이다. 먼저 신약성경은 예수님의 활동을 가르침과 기적으로 요약한다. 진흙으로 살아 있는 참새를 빚는 이야기는 토마 유년기 복음서에 나온다. 나병 환자를 살리신 기적은 마르 1,40-45; 마태 8,1-4; 루카 5,12-16, 눈먼 이를 보게 만든 기적은 마르 8,22-26; 10,46-52, 죽은 사람을 되살린 기적은 마르 5,21-43; 루카 7,14-17 등에 언급된다.[8] 쿠란 3,49 '너희가 무엇을 먹어야 할지' 알려 주신다는 말씀은 '무엇을 먹을까?', '무엇을 마실까?' 하며 걱정하지 말라고 하신 말씀(마태 6,31)을, '집에 무엇을 쌓아두어야 할지' 알려 주신다는 말씀은 하늘에 보물을 쌓아두라는 말씀(마태 6,19-21)을 연상시킨다. 50절의 토라를 확증하리라는 말씀은 "내가 율법이나 예언서들을 폐지하러 온 줄로 생각하지 마라. 폐지하러 온 것이 아니라 오히려 완성하러 왔다"는 마태 5,17을 떠올리게 한다. 같은 절에 나오는, 백성에게 금지된 것들 가운데 일부를 적법한 것으로 만들리라는 말씀은 율법 논쟁들을 연상시킨다. 안식일이나 음식 및 정결 규정들을 두고 유다교 지도자들과 의견을 달리하시며 새롭게 해석하시는 예수님 모습과(마태 9,14-17; 12,1-8; 15,1-20 등) 매우 가까운 모양새다.

이제 쿠란 5장을 중심으로 쿠란이 부여한 예수의 사명을 셋으로 나누어 살펴보겠다.

---

8 쿠란에는 열거한 성경 구절과 같은 내용이 있고 이에 '알라의 허락 하에'라는 표현이 더해져 있다. 그리고 그 모든 기적이 하느님께서 주신 표징이라고 한다.

## 쿠란 5,46: 예언자, 말씀의 사도

쿠란이 제시하는 예수 상은 무엇보다 '예언자'이자 '사도'다. 하느님께 선택되어 당신 백성에게 파견된 예언자, 말씀의 사도라는 것이다. 예수는 아담으로부터 시작하여, 노아, 아브라함, 이스마엘, 이사악, 야곱, 모세, 세례자 요한으로 이어지는 여러 예언자들 가운데 하나다. 요한의 뒤를 이은 예언자가 예수, 그 다음이 마지막 예언자 무함마드다. 무함마드와 예수 사이에 다른 예언자는 없다. 예언자로서 예수는 토라를 확증하고 복음을 전하는 임무를 맡았다.

> 5장 46 우리는[9] (예언자들)의 발자취를 따라 마리아의 아들 예수를 보내어 그에 앞서 있던 토라를 확증하게 하였다. 우리는 그(예수)에게 복음을 주었는데, 그 안에 인도와 빛이 들어있다. (복음은) (예수)에 앞서 있었던 토라를 확증하는 것으로 의로운 이들을 위한 안내이자 조언이다.

이 대목에 담긴, 토라의 확증과 새로운 복음의 선포라는[10] 예언자로서의 사명은 '말씀의 사자使者', '사도', '전령'으로서의 사명과 겹친다. 물론 예수 이전에도 다른 사도들이 파견되었으며 사도를 파견한 목적은 사람들에게 하느님의 뜻을 알리기 위함이라고 한다(쿠란 5,99). 예수도 그런 말씀의 사자들 가운데 하나다. 하느님의 뜻을 전달하는 일이 예수의 첫 번째 임무이자 가장 중요한 임무다.

---

9 1인칭 복수 형태로 '알라'를 가리킨다. 신적 복수라고 부르기도 한다. 창세 1,26; 3,22 참조.

10 복음이나 가르침 내용이 무엇이었는지는 상술하고 있지 않다.

## ▌ 쿠란 5,110: 기적과 치유

쿠란에서 예수는 하느님 말씀을 '전달'하는 말씀의 사도이지만 그밖에 다른 활동도 한 것으로 그려진다. 곧 기적과 치유다. 기적은 예수가 예언자라는 징표이자 동시에 예수의 권위를 입증하는 것이다(3,49). 예수의 기적은 5,110에 열거되어 있는데 기적 행사 장면이 상술되어 있지는 않다. 다음은 알라께서 예수에게 하신 말씀이다.

> 5장 110 오 예수, 마리아의 아들아, 내가 너와 너의 어머니에게 보인 호의를 떠올려 보아라. 내가 거룩한 영으로 너를 어떻게 지원해 주었는지 (떠올려라). 너는 구유에서부터 사람들에게 말하였으며 어른이 되어서도 그리하였다. 내가 너에게 어떻게 책과 지혜와, 토라와 복음을 가르쳤는지! 네가 내 허락을 받고, 진흙으로 참새 모양을 빚고 거기에 숨을 불어넣었던 일을, 그러자 그것이 내 허락으로 새가 되었던 일을 떠올려 보아라. 너는 내 허락을 얻어, 눈먼 이들과 나병 환자들을 낫게 했으며, 내 허락을 얻어, 죽은 이를 되살렸다. 그리고 네가 이스라엘 자손들에게 확실한 증거를 가지고 갔을 때 (그들이 네게 해를 끼치지 못하도록) 내가 그들을 제지했던 일을 떠올려 보아라. 그들 가운데 믿지 않는 자들이 말하였다. '이것은 분명 마술일 뿐이다!'

5,110에 열거된 예수의 기적은 다음과 같다.

### 요람에서 말하다

요람(구유)에서 신생아 예수가 말을 하는 일화는 쿠란 3,46; 19,30-33에도 나온다. 특히 19,30-33은[11] 몰래 아이를 낳은 마리아를 비난하는 사

11 쿠란 19,30-33 본문은 291쪽 인용문을 참조하라.

람들 앞에서 신생아인 예수가 어머니 대신 말하는 내용이다. 마리아가 동정인 채로 자신을 낳았다는 것이다. 신생아 예수가 말을 하는 것은 정경 복음서에 나오지 않으며 비슷한 이야기가 7세기 작품인 아랍어 유년기 복음서에[12] 전해진다. 여기서 아기 예수가 자신은 하느님의 아들이자 말씀이라고 선포하면서 가브리엘 천사의 말(루카 1,26-38 참조)을 재확인한다(36장).

### 진흙으로 참새를 만들다

아이 예수가 진흙으로 생명 있는 참새를 만든 이야기는 쿠란 3,49에서도 언급된다. 이 이야기는 토마 유년기 복음(2)을 비롯하여 아랍어 유년기 복음(36), 차명-마태오 복음(27)에도[13] 언급되며 중세 유다교 문학인 '톨레돗 예슈'*Toledot Yeshu*에도 나온다. 각각의 이야기는 세세한 점에서 조금씩 차이가 난다. 쿠란은 참새에 생명을 불어넣는 기적이 하느님의 허락하에 이루어졌음을 강조한다.

### 눈먼 이와 나병 환자 치유

예수가 눈먼 이들과 나병 환자를 치료한 일은 쿠란 3,49에도 전해진다. 복음서에도 비슷한 치유 사화가 여럿 전해진다(마태 15,30; 21,14; 루카 5,12-13 등). 쿠란 3,49에 따르면 치유 기적은 예수가 예언자라는 사실 그리고 그의 예언에는 틀림이 없다는 사실을 보증하는 징표 역할을 한다.

---

12 본디 6-7세기경 시리아어로 기록되었을 터이나 아랍어 본문을 통해서 유럽인들에게 알려진 까닭에 대개 아랍어 유년기 복음서라 불린다. 이 복음서에서는 요람에서 예수가 다른 사람들이 아닌 어머니 마리아를 향해 말한다. 자기는 예수, 하느님의 아들, 말씀(로고스)이며 세상을 구원하러 파견되었다는 것이다: Burke, "Arabic Infancy Gospel" 참조.

13 각각 Roberts/Donaldson/Schaff (eds.), *The Arabic Gospel of the Infancy of the Savior 36, ANF 8*, 412-414; *The Gospel of Pseudo-Matthew 27, ANF 8*, 378을 보라.

### 죽음에 대한 권위

예수가 죽은 이들을 다시 살려낸 이야기는 쿠란 3,49에도 전해진다. 상세한 내막은 기술되지 않아 예수가 누구를 살렸는지 어떤 상황이었는지는 알 수 없다. 복음서에서는 예수님이 야이로의 딸, 나인의 과부의 아들, 라자로 등을 살리신 것으로 그려진다(각각, 마르 5,21-43; 루카 7,11-17; 요한 11,38-44). 쿠란은 예수가 죽은 사람을 살린 일을 언급하면서 그분에게 어느 정도는 죽음에 대한 권위가 있었음을 암시하고 있다. 그러나 쿠란에서는 예수가 죽은 이를 되살린 기적이 '하느님의 허락을 얻어' 이루어진 일임을 명시한다.

5,110에서 한 가지 짚고 넘어갈 사항이 있다. 예수의 표징과 기적을 목격한 자들의 평가가 그것이다. 불신자들은 "이것은 분명 마술일 뿐이다" 하고 말한다. 61,6에도 예수의 표징을 보고 사람들이 마술이라고 말하는 장면이 나온다.

> 61장 [6] 마리아의 아들 예수가, "이스라엘의 아들들이여, 진실로 나는 너희에게 보내어진 알라의 사도다. 나는 먼저 내려온 율법을 확증하고, 또 내 뒤에 아흐마드*Ahmad*란 이름의 사도가 온다는 기쁜 소식을 전한다."라고 말하면서 그들에게 명백한 표징을 보여주었다. 그러나 그들은 "이것은 틀림없이 마술이다"라고 말하였다.

예수님의 기적을 마술로 폄훼하는 것은 그리스도인들에게 그리 낯선 장면이 아니다. 무엇보다 이 장면은 복음서의 베엘제불 논쟁을 연상시킨다. 예수님께서 악령을 몰아내시자 유다교 지도자들은 이를 두고 마귀들의 우두머리인 베엘제불의 힘을 빌려 이루어진 일이라 평가했다(마태 12,22-32). 이보다 앞서 예수님께서 고향 회당에서 사람들을 가르치시는 모습을 보고 의아해 하는 유다인들의 반응이 복음서에 전해진다. "저 사람이 어디서 저런 지혜와 기적의 힘을 얻었을까?" 하면서 못마땅하게 여겼다는 것이다(마태 13,54-58; 마르 6,1-6). 무엇보다 탈무드에서 예수를 마술사라 비난한 사실을 기억해야 한다. 예수의 처형 이유에도 마술이 연관되어 있었다(*b. Sanhedrin* 43a). 예수의 기적을 마술의 결과로 보는 것은 유다인들의 일반적인 시각을 대변하는 듯하다.[14]

## 쿠란 5,112-115: 하늘에서 내려온 식탁

쿠란 5,112-115에는 제자들이 예수에게 '하늘의 식탁'을 요청하는 일화가 소개된다. 하늘의 식탁이 내려오는 날이 그들을 위한 축제가 되리라는 것이다. 이 일화는 복음서에 나오는 최후의 만찬[15] 또는 오천 명을 먹이신 기적을[16] 상기시킨다.

> 5장 [112] 어느 날 제자들이 말하였다. "예수, 마리아의 아들이시여! 당신의 주님께서 저희에게 하늘의 식탁을 내려주실 수 있을까요?" 그분께서 말씀하셨다. '하느님을 두려워하여라. 너희가 믿는 이들이라면!' [113] 그들이 말하였다. "저희는 그 (식탁의 음식)을 먹고 싶습니다. 그러면 저희의 마음이 평화로워지고 당신께서 진실하게 말씀하셨다는 것을 알고 그에 대한 증인들 무리에 끼게 될 것입니다." [114] 예수, 마리아의 아들이 말씀하셨다. "오 하느님, 내 주님! 저희에게 하늘의 식탁을 내려주소서. 그리하여 그것이 저희를 위한 축제, 저희들 가운데 첫째와 저희들 가운데 마지막을 위한 축제가 되고 당신에게서 나

---

14 'IV. 예수, 탈무드의 기억'의 '재판과 죽음' 항목을 참조하라.

15 마태 26,26-30; 루카 22,14-20.

16 마르 6,30-44; 마태 14,13-21; 루카 9,10-17; 요한 6,1-15.

오는 징표가 되게 하소서. 저희에게 양식을 주소서. 양식을 주시는 분들 가운데 당신이 최고이시기 때문입니다." 115 하느님께서 말씀하셨다. "너희를 위해 그것을 보내주겠다."

하늘의 식탁 또는 양식 개념은 성경의 것과 매우 가깝다. 하늘에서 내려온 만나라든지, 천사의 양식 개념은 구약시대부터 발달해 있었다.[17] 그러나 쿠란 5,112-115은 무엇보다 최후의 만찬과 관련 있는 것 같다. 하늘에서 내려온 식탁이 '축제'가 되게 해달라는 기도에서, 최후 만찬 때 예수님 말씀이 연상된다. 축제와 성찬례에 '기억'이라는 접점이 있어서다. 잡히시기 전날 밤 예수님께서 빵을 들고 감사를 드리신 다음 그것을 떼어 제자들에게 주시며 말씀하셨다. "이는 너희를 위하여 내어 주는 내 몸이다. 너희는 나를 기억하여 이를 행하여라"(루카 22,19).

'하늘의 식탁'과 '양식'이라는 단어는 요한 복음의 '하늘에서 내려온 생명의 빵'도 떠올리게 한다. "하늘에서 너희에게 참된 빵을 내려 주시는 분은 내 아버지시다. 하느님의 빵은 하늘에서 내려와 세상에 생명을 주는 빵이다"(요한 6,32-33). 이 말씀을 들은 사람들이 그 빵을 달라고 청하자 예수님께서는 "내가 (하늘에서 내려온) 생명의 빵이다" 하고 말씀하신다 (요한 6,34-35).

'양식' 개념은 오천 명 혹은 사천 명을 먹이신 기적과도 연결된다. 쿠란 5,112-115은 복음서의 성찬례나 생명의 빵, 오천 명을 먹이신 기적 대목과 관련 있음이 틀림없다. 이 모든 것이 쿠란의 예수가 복음서 예수님과 그리 멀지 않음을 느끼게 한다.

---

17 탈출 16,15; 지혜 16,20. 특히 시편 78,24-25 참조: "그들 위에 만나를 비처럼 내려 먹게 하시고 하늘의 곡식을 그들에게 주셨다. 천사들의 빵을 사람이 먹었다. 그들에게 음식을 배부르도록 보내셨다."

# 예수의 십자가 죽음

쿠란은 예수의 십자가 사건에 대해서도 언급한다. 십자가 사건을 언급한 경우는 4,157-158 단 한 곳뿐이다. 157절은 십자가 사건에 대한 명시적 언급, 158절은 암묵적 언급에 해당한다. "그들은 그를 죽이지 않았으며 그를 십자가에 못 박지도 않았다. … 하느님께서 그를 당신께로 일으켜 세우셨다"는 것이 이 대목의 골자다.

## 쿠란 4,157-158

예수와 관련하여 쿠란 주석가들 사이에 가장 논란이 많은 대목이 바로 이 대목이다. 이에 대한 해석이 분분하여 주석가마다 각양각색의 설명을 내놓는다.[18] 실제로 이슬람 전통 안에서도 4,157-158(이하 '십자가 구절')은 다양하게 해석되었다. 이 구절을 어느 시대 어떤 사람이 주석했느냐에 따라 십자가 사건의 역사성이 부인되기도, 인정되기도, 그 중간이 택해지기도 한다. 그 가운데 가장 보편적인 해석은 하느님께서 기적적인 방식으로 십자가형에서 예수를 구해내셨다는 해석이다. 그러나 십자가 구절과 관련하여, 적어도 현재로서는, 표준적 해석이라고 할 만한 것이 없다. 예수

18 Lawson, *The Crucifixion and the Qur'an: A Study in the History of Muslim Thought*은 예수의 십자가형에 대한 쿠란의 시각을 깊이 있게 통찰하고 있다. 예수의 십자가를 언급한 쿠란 4,157-158에 대한 분석이 이 책의 중심 내용이다. 로슨은 십자가형을 부정하는 듯한 쿠란 4,157이 십자가형 자체를 부인한 것이 아니라고 한다. 4,157은 하느님의 예언자를 못 박았다고 자랑하는 유다인들을 향해, 그들의 자랑이 사실이 아님을 강변하는 본문이라는 것이다. 이에 대해서는 이어지는 위 본문에서 상세히 다루어 두었다.

의 죽음에 대한 획일적·표준적 이슬람 교의는 없다고 보아도 무방하다.

쿠란 전문가들은 이 대목의 아랍어 본문 자체가 애매해서 다양한 해석이 가능하다고 입을 모은다. 아랍어 문장을 어떻게 분석하느냐에 따라 그에 담긴 의미 이해도 달라질 수 있다.[19] 따라서 이 본문을 올바로 주석하기 위해서는 해당 본문의 정확한 문법적 분석(어형론, 문장론, 의미론)이 선행되어야 한다. 그리고 이 구절만 따로 떼어 해석할 것이 아니라 이 구절이 속한 문맥을 살핀 다음, 보다 큰 문맥 안에서, 나아가 쿠란 전체 본문 안에서 읽고 해석해야 한다.[20] 이를 염두에 두고 차근차근 살펴보도록 하겠다.

## 문맥

십자가 구절은 유다인들의 범법 행위를 비난하는 대목에 위치한다. 곧 유다인들은 단죄받을 것이라면서 그들의 여러 범법 행위들을 열거해 놓은 곳이다. 그들이 저지른 죄에는 우상 숭배(4,153), 계약 파기, 계시에 대한 불신, 예언자 살해 등이 있다. 이런 일을 저지른 것은 그들의 마음이 완고해져서라고 한다(4,155). 또한 전반적 불신*kufr*, 마리아에 대한 모욕(4,156), 자기네가 메시아 예수를 죽였다고 말하는 오만(4,157), 일반적 잘못

---

19 Lawson, *The Crucifixion and the Qur'an: A Study in the History of Muslim Thought*, 19 참조. 로슨은 쿠란 4,157-158의 아랍어 문장 자체가 어려워 현대어로 옮기는 일이 쉽지 않다고 한다. 그래서 번역도 여러 가지, 해석도 여러 가지가 되었다고 한다.

20 Parrinder, *Jesus in the Qur'an*, 108-109 참조. 사실 특정 구절의 문맥을 살피는 일은 매우 중요하다. 한 구절만 따로 떼놓고서 그 구절이 쿠란 전체의 시각이라 단정하는 것은 위험한 일이다.

*ẓulum*, 하느님의 길*Sabil Allāh*을 따르지 못하도록 다른 사람들을 방해한 일(4,160), 거짓말로 타인의 부를 탐하거나 착취한 일(4,161) 등도 언급된다. 그리고 이런 범법 행위를 피하는 이들에게는 엄청난 보상이 있으리라 약속한다(4,162). '십자가 구절'이 그리스도교 신앙이나 교의와는 전혀 관련이 없는 문맥에 들어 있음을 알 수 있다. 이 구절이 그리스도교 십자가 교리를 부정하려는 의도에서 만들어진 내용이 아니라는 뜻이다. 이를 기억하면서 해당 본문을 살펴보자.

## 본문 및 그 해석

4장 157 그리고 그들은 자랑삼아 "자, 우리가 메시아 예수*masīḥa ʿĪsā*, 마리아
의 아들, (자칭) 하느님의 사자도 죽였다" (하고 말한다). 하지만 그들은 그를
죽이지 않았으며 그를 십자가에 못 박지도 않았다. 단지 그들에게 그렇게 보
였을 따름이다*Shubbiha lahum*.[21] 진실로, 이에 대해 다른 의견을 지닌 자들은
혼란(의심)에 빠져 있다. 그들은 이에 대해 (제대로 된) 지식을 갖고 있지 않으
며 억측을 따르고 있을 뿐이다. 분명, 그들이 그를 죽이지 않았기 때문이다.
158 오히려 하느님께서 그를 당신께로 일으켜 세우셨다*rafaʿahu*. 하느님은 힘
이 있으시고 지혜로우시다!

"그들은 그를 죽이지 않았으며 그를 십자가에 못 박지도 않았다. … 하느님께서 그를 당신께로 일으켜 세우셨다"는 구절은, 언뜻 예수는 십자

21 *Shubbiha lahum*: '그들에게 그렇게 보이게 되었다.' 또는 '(다른 이가) 그들에게 (그렇게) 보이게 되었다.' 이를 능동형으로 바꾸면 이해하기가 쉽다. '(하느님께서) 그들에게 (그렇게) 보이도록 만드셨다.' 또는 '(하느님께서 다른 이를) 그들에게 (그렇게=예수처럼) 보이게 하셨다.'

가형을 당하지 않았으며 하느님께로 들어 올려졌다는 뜻으로 읽힌다. 실제로 많은 학자들이 이를 예수의 죽음을 부정하는 내용으로 이해했으며 이 해석이 십자가 사건에 대한 무슬림의 표준적 관점이라 여겼다. 그러나 모두가 그런 것은 아니다. 로슨Lawson은 쿠란 4,157-158에 대한 이슬람 주석의 역사를 개관하면서, 이슬람 역사 안에 예수의 십자가를 두고 매우 다양한 시각과 해석이 공존했음을 보여 준다.[22] 쿠란의 '십자가 구절'에 대한 해석은 무슬림 학자와 비-무슬림 종교 학자를 망라하여 크게 두 범주로 나뉜다. 첫째, 예수는 십자가에 못 박히지 않았다. 둘째, 예수가 못 박힌 것은 사실이나, 이것은 유다인들의 음모에 따른 수동적 결과물이 아니라 하느님의 능동적 결정에 따른 일이다. 전자는 예수의 십자가 죽음을 부정하는 입장이고 후자는 십자가 사건 자체는 인정하되 그 죽음에 다른 의미를 부여하는 입장이다. 두 입장을 조금 자세히 들여다보자.[23]

### 예수는 십자가에 못 박히지 않았다는 입장

쿠란 주석가들은 전통적으로 4,157-158을 예수의 죽음을 부인하는 내용으로 풀이했다. 예수가 죽지 않고 에녹처럼 산 채로 하늘로 들어 올려졌다는 것이다.[24] 사실 지금까지 많은 무슬림들이 예수는 십자가형을 당하지 않았으며 하늘(영적인 영역)에 올라가 하느님과 함께 살고 있다고 믿는다.[25] 이 관점은 예수의 십자가 사건을 겉보기일 뿐이라 여기는 가현주

---

22 Lawson, *The Crucifixion and the Qur'an: A Study in the History of Muslim Thought* 참조.

23 쿠란에서 말하는 예수의 죽음에 대해서는, Parrinder, *Jesus in the Qur'an*, 105-121도 참조하라. 쿠란의 예수의 십자가 사건 또는 예수의 죽음에 대한 다양한 해석을 개관하고 있다.

24 Reynolds, "The Muslim Jesus: Dead or Alive?", 251.

25 Parrinder, *Jesus in the Qur'an*, 106 참조.

의 그리스도론과[26] 비슷하다. 쿠란 4,157-158에 대한 가현주의 해석은 두 종류로 나뉜다.

첫째, 십자가 사건이 실제로 일어났지만 예수처럼 보인 다른 사람이 그 주인공이었다는 입장이다. 1-2세기부터 예수님 대신 다른 사람이 죽었다는 소문이 있었는데 그것이 쿠란에 반영되었다는 설명이다.[27] 다수의 영지주의 외경과 교부들의 진술이 그런 소문의 실체를 입증하고 있다.[28] 이를테면 키레네 사람 시몬이 예수님 모습으로 바뀌어 그분 대신 십자가형을 당했으며 예수님은 하느님께 올라가셨다고 한다. 초창기 쿠란 주석가들도 대개 이런 식으로 해석했다. 십자가에 못 박힌 사람은 예수가 아닌 전혀 다른 사람, 곧 예수의 형상을 한 다른 사람 또는 예수로 오인된

26 사도 시대부터 교부 시대까지 교회 안팎에서 다양한 형태의 가현주의가 등장하였다. 예수님은 겉보기로만 혹은 다른 대리자가 십자가형을 당했다는 것이다. 신약성경에 가현주의 경향을 비판하는 대목들이 나온다(요한 1,14; 1요한 4,2-3; 2요한 7). 가현주의와 대척점에 있었던 관점은 성부수난설(patripassianism)이다. 성부수난설은 성부께서 십자가수난을 겪으셨다는 시각이다. 성부와 성자는 하나의 존재이므로 성자의 수난이 성부에게도 적용된다는 것이다. 가현주의나 성부수난설은 예수님의 본성에 대한 질문에서 나온 이론들이다. 예수님은 온전히 인간이셨는가? 온전히 하느님이셨는가? 반은 인간, 반은 하느님이셨는가? 인간이시면서 동시에 하느님이셨는가? 하는 물음이다. 여러 세기 동안 이어진 이런 물음들이 정통 그리스도론이 정착하는 계기가 되었다. 325년 니케아 공의회에서 예수님 본성에 관한 도그마가 선포된다. 예수님은 온전한 하느님이시면서 온전한 인간이시라는 것이다. 가현주의와 성부수난설이 용인될 수 없다는 의미다. 이 문제에 관해서는, Gavrilyuk, *The Suffering of the Impassible God: The Dialectics of Patristic Thought*, 16-20을 보라. '가현주의'에 대해서는 'III. 예수님, 신약 외경의 기억', '베드로 복음' 항목을 참조하라.

27 Bradford, *The Qur'anic Jesus: A Study of Paralles with Non Biblical Texts*, 129-130.

28 이레네우스 『이단 논박』 1.24.4; 에피파니우스 『구급상자』 24.3.3-6; 위대한 셋(Seth)의 둘째 논고 55-56 참조.

다른 사람이었다는 것이다.

사실 4,157이 가현주의냐 아니냐는 핵심구절 *Shubbiha lahum*을 어떻게 해석하느냐에 달렸다. "그들에게*lahum* 그렇게 보였다*Shubbiha*"고 번역하면, 가현주의식으로 받아들일 필요가 없다. 반면 *Shubbiha*의 숨은 주어를 '그'(3인칭 남성)로 분석하여 '(다른 이가) 그들에게 (그렇게) 보이게끔 만들어졌다' 또는 '그들에게 그와 닮은 모습(의 사람)이 보였다'와 같이 번역하면 가현주의로 해석될 여지가 있다.

쿠란 4,157-158을 가현주의식으로 해석한 첫 주자는 시리아 교부 다마스쿠스의 요한(676-749년)이다. 다마스쿠스의 요한은 신자들을 향해, 당시 부상하고 있던 이슬람이 예수님의 십자가 죽음을 부인한다면서 이들에게 현혹되지 말라고 경고한다. 후대의 무슬림 주석가들도 요한처럼 쿠란이 십자가 죽음을 부인한다는 주석을 내놓았다. 무슬림 입장에서도 요한의 해석이 유용했던 것 같다.[29] 십자가 사건을 부인함으로써, 십자가 죽음에 내포된 대속적 구원 개념도 부인하는 효과를 얻을 수 있었을 법하다. 그런데 다마스쿠스의 요한이나 그 뒤를 이은 이슬람 주석가들이 '학문적' 관점에서 그리 객관적이었다고 평가하기는 어렵다. 주석에 '다른 동기'가 개입되었기 때문이다. 주석가가 쿠란의 십자가 대목을 (이슬람에서 그리스도교로 또는 그 반대로) 개종을 독려하거나 (이슬람이든 그리스도교든) 자기 종교를 변호하는 근거로 이용한다면 그 연구는 객관성을 담보

---

29 Lawson, *The Crucifixion and the Qur'an: A Study in the History of Muslim Thought*, 20 참조. 다마스쿠스의 요한이 쿠란 4,157-158을 십자가 죽음의 부정으로 해석한 것이 그리 이상하지는 않다. 이슬람의 위력적 확산에 직면한 그로서는 신자들에게 경각심을 불러일으키는 게 당연했다. 그 일환으로 대표적 이단으로 꼽히는 가현주의와 이슬람 교의의 유사점을 부각시키려 했던 것 같다. 무슬림 학자들은 대체로 종교나 학문 분야와 무관하게 학문과 학자를 공경하는 경향을 보였으며 반드시 이슬람이라는 테두리를 지키지 않았다고 한다. 그래서 다마스쿠스 요한의 해석을 거부감 없이 받아들일 수 있었던 듯하다.

하기 어렵다. 본문을 있는 그대로 읽기보다는 주석가 개인의 주장을 정당화하는 방향으로 본문을 이용할 수 있기 때문이다. 중요한 것은 쿠란에 기록된 내용, 쿠란이 실제로 말하는 것이 무엇이며 그 의미는 무엇인가다.

둘째 부류의 가현주의 해석은, 예수의 몸과 영을 구분하여, 그의 몸은 십자가형을 당했지만 그분의 영적 실재는 고통이나 죽음을 겪지 않았다고 하는 입장이다. '표상적 가현주의'figurative docetism라고도 불리는 이 관점은, 몸은 죽었지만 영은 죽지 않았다는 것, 인간적 요소는 죽었지만 신적 요소는 그렇지 않았다는 해석 방향이다. 현대 주석가 헨리 코빈Henry Corbin의 해석이 이 부류에 해당한다. 코빈은 쿠란 4,157-148이 (표상적) 가현주의임에 틀림없다면서 이 구절을 그리스도는 십자가상에 죽지 않았으며 하느님께서 그분을 당신께로 들어 올리셨다는 뜻으로 해석한다. 사람에게는 하느님의 말씀*Kolâm Allāh*, 하느님의 영*Rūh Allāh*을 죽일 능력이 없기 때문이라는 이유에서다.[30] 사람들이 그분을 죽였다고 착각했을 뿐이라는 것이다.[31]

### 십자가 사건 자체는 부정하지 않는 입장

사실 쿠란은 예수가 실제로 십자가형을 당했는지 분명히 밝히고 있지 않다. 곧 십자가 사건을 부정하지도 확증하지도 않는다. 쿠란은 예수의 십자가형에 대해 중립적 입장을 취하고 있다는 표현이 더 정확하다. 따라서 쿠란이 예수의 십자가 죽음을 부정한다고 말한다면 이는 명백한 오류다. 이것은 사실의 진술이 아니라 해석의 표명이다. 예수의 십자가 죽음을 부정하는 것은 쿠란이 아니라 쿠란 주석서들이다. '쿠란'과 '쿠란 주

---

30 쿠란 4,171에서 예수는 '하느님의 영', '하느님의 말씀'으로 불린다.

31 Lawson, *The Crucifixion and the Qur'an: A Study in the History of Muslim Thought*, 13에서 재인용. 육적 인간 예수는 죽었지만 영적 존재 그리스도는 십자가형과 죽음을 겪지 않았다고 보는 관점도 표상적 가현주의라 할 수 있다.

석서'는 엄연히 구별된다. 게다가 '그들(유다인들)이 예수를 십자가에 못 박지 않았다'*wa ma ṣalabūhu*와 '예수는 십자가에 못 박히지 않았다'*wa ma ṣuliba*는 서로 다르다.[32] 전자는 쿠란에 나오지만 후자는 아니다. 쿠란은 예수가 못 박히지 않았다고 말한 적이 없다. '유다인들이' 그분을 못 박은 것은 아니라고 진술할 따름이다. 그렇다고 4,157-158이 예수가 아예 죽음을 겪지 않았음을 의미한다고 볼 수는 없다. 예수를 죽여 없앴다고 여기는 유다인들의 생각이 틀렸다는 뜻이다. 사실 4,157-158에 편견 없이 다가가면 유다인들이 예수를 죽였다고 자랑하지만 그들에게 그렇게 보였을 뿐 실상은 그렇지 않았다는 뜻으로 읽힌다. 쿠란 전문가 알리Ali에 따르면 쿠란이 명시한 바는, 예수가 유다인들에 의해 십자가형을 당하지도 살해되지도 않았다는 것이다. 정황적으로 유다인들에게 예수를 죽였다는 착각을 불러일으켰지만 이는 사실이 아니라는 것이다.[33]

쿠란 4,157-158을 다른 대목에 비추어 읽으면 이 구절이 예수의 죽음 자체를 부정하지 않는다는 사실이 더욱 명확해진다.[34] 실제로 쿠란에 예수의 죽음을 암시 또는 명시한 경우가 있다. 실제로 예수의 죽음이 직접(19,33; 3,55; 5,117), 또는 간접으로(5,17) 언급되어 있다. 이 구절들을 조금 자세히 들여다보자.[35]

---

32 Lawson, *The Crucifixion and the Qur'an: A Study in the History of Muslim Thought*, 19-20 참조. 본문을 살짝 바꿈으로써 완전히 다른 결론에 이를 수 있다. 본문에 충실한 태도가 필요하다.

33 Ali, *The Holy Qur'an: Text, Translation and Commentary*, 230 참조. Ayoub, "Towards an Islamic Christology, II: The Death of Jesus, Reality or Delusion", 91-121도 참조하라.

34 Robinson, "Jesus", 7-21. 쿠란 4,157 주석 현황에 대해서는 Busse, "Jesu Errettung vom Kreuz in der islamischen Koranexegese von Sure 4,157", 160-195을 참조하라.

35 19,33과 앞 뒤 문맥은 '쿠란 19장: 예수의 탄생' 항목에 인용되어 있다.

쿠란에서 죽음을 가리키는 단어들 가운데 가장 중요한 단어는 생물학적 죽음을 가리키는 단어 *m-w-t*다. 쿠란 19,33에도 이 단어가 쓰였다.

> **쿠란 19** "33 내가(예수) 태어난 날과 내가 죽는*amūtu* 날, 그리고 내가 산 채로 일으켜질 날,[36] 내게 평화가 있기를!"

여기서 '죽다'로 옮긴 *amūtu*는 *m-w-t*의 '제1형 동사 미완료'에 해당하며 예수가 실제로 죽으리라는 것을 암시한다.[37]

예수의 죽음을 암시한 다른 본문 쿠란 3,55와 5,117에서는 동사 *w-f-y*를 써서 죽음을 표현한다. 이 동사의 첫 뜻은 '채우다', '완수하다'이지만 제5형으로 쓰여 물리적·생물학적 죽음을 가리키기도 한다. 이 동사의 제5형은 '죽음에 처하다', '(영혼을) 데려가다', '데리고 올라가다', 그리고 '사라지다', '죽다' 등의 뜻으로 옮길 수 있다.[38]

먼저 쿠란 3,55은 예수를 향한 하느님의 말씀이다.

> **3장** "55 오 예수여! 진실로 나는 너를 데려다가*mutawaffika'* 내게로 일으킬 것이다. 그리고 믿지 않는 자들에게서 너를 깨끗이 씻어줄 것이다. 부활의 날(까지) 너를 믿는 자들을 믿지 않는 자들보다 높게 만들 것이다. 그러고 나면 너희 모두 내게 올 것이다. 그러면 나는 너희가 의견 차를 보인 문제에 대해 너희 사이를 심판할 것이다."

쿠란 3,55의 '너를 데려다가'에 해당하는 *mutawaffika'*(*w-f-y* 제5형 능

---

36 19,33의 '산 채로 일으켜질 날'은 모든 이들이 부활할 종말의 시간을 가리킨다. '쿠란 19장: 예수의 탄생' 항목을 참조하라.

37 https://corpus.quran.com/qurandictionary.

38 https://corpus.quran.com/qurandictionary.jsp?q=wfy#(3:55:6).

동 분사)를 '너를 죽게 하여'로 옮겨 예수의 '죽음'을 더 직접적으로 표현한 번역본도 있다.[39]

쿠란 5,117은 예수의 말에 해당한다. 알라께서 예수에게 사람들더러 알라 외에 예수와 마리아를 신으로 경배하라고 시켰느냐고 물으셨을 때, 예수가 아니라고 하면서 덧붙인 말에 같은 동사 *w-f-y*가 쓰였다.

> 5장 "117 저는 당신께서 제게 명하신 것만을 그들에게 말해주었습니다. '하느님을 경배하라, 나의 주님이며 너희의 주님이신 분!' 제가 그들 가운데 지내던 동안에는 제가 그들의 증인이었습니다. 그리고 당신께서 저를 데려가셨을 때는*tawaffaytanī*, 당신께서 그들을 (위에서) 지켜보고 계셨습니다. 당신께서는 모든 것을 (위에서) 보고 계십니다."

알라께서 예수를 데려가셨다고 하는 표현에 쓰인 *tawaffaytanī*(*w-f-y* 제5형 동사)는 예수의 물리적 죽음을 가리키는 것이지 에녹처럼 산 채로 들어 올려졌다는 뜻이 아니다.

쿠란 19,33; 3,55; 5,117, 이 세 구절을 통해 쿠란에 예수의 죽음이 기정사실화되어 있음을 알 수 있다. 예수도 인간이기에 다른 인간들처럼 죽는다는 것이다. 그러므로 쿠란이 예수의 죽음을 부정한다고 말해서는 안 된다.

그렇다면 4,157-158을 다른 각도에서 읽어야 함이 분명해진다. 앞서 말한 대로, 이 구절은 유다인들의 잘못을 비난하는 대목에 속해 있음을 고려해야 한다. 그리고 그 비난의 초점이 하느님의 사도를 죽였다고 자랑하는 유다인들의 태도에 있음을 주목해야 한다. '십자가 사건'의 사실 여부를 가리는 문제가 아니라는 의미다. 다시 말해 예수가 십자가 죽음을

39 https://corpus.quran.com.

당했다면 그것은 유다인들에 의해서가 아니라 하느님에 의해서다. 그러니 한낱 인간에 불과한 자들이 하느님의 사도를 죽였다고 자랑하지 말라는 것이다.[40]

무슬림 학자이자 쿠란 전문가인 아윱M.M. Ayoub도 4,157-158이 십자가 사건 자체를 부정한다고 여기지 않는다. 아윱은 유다인들이 자기네가 메시아 예수, 마리아의 아들, 하느님의 사도를 죽였다고 말하는 구절을, 인간의 어리석음과 교만의 대표 사례로 간주한다. 그리고 쿠란 4,157-158은 예수의 죽음을 부정하는 것이 아니라 그분을 죽였다고 주장하는 사람들의 착각과 교만을 책망하는 의미라고 한다. 유다인들은 자기네가 하느님의 말씀이자 영을[41] 죽였다고 믿지만 이는 그들의 환상일 뿐이라는 것이다.[42]

결국 십자가 구절은, 예수 안에 체화된 하느님의 말씀과 영을 죽여 없애는 것이 사람으로서 절대 불가능한 일임을 강변한다. 인간의 힘으로 사람의 몸을 죽일 수는 있지만 그 안에 깃든 하느님의 말씀과 영은 파괴해 없앨 수 없다. 그리고 예수가 죽었다면 그것은 유다인들에 의해서가 아니라 하느님에 의해서다.[43] 인간이 하느님과 그 사도에게 도전할 수 있다고 여기는 믿음은 환상이요 착각일 뿐이다. 십자가 구절은 그러한 망상

40 Parrinder, *Jesus in the Qur'an*, 120.

41 쿠란은, 예수가 하느님의 '말씀', 그분에게서 나온 '영'이라고 한다(4,171).

42 Ayoub, "Towards an Islamic Christology II: The Death of Jesus, Reality or Delusion (A Study of the Death of Jesus in Tafsir Literature)", 91-121. 특히 106과 117을 보라.

43 쿠란 5,17 참조: "알라께서 마리아의 아들 메시아를 파괴하려 드신다면, 혹은 그의 어머니나 땅위의 모든 이를 (파괴하려 드신다면) 누구라서 그분을 막을 수 있겠느냐? 하늘과 땅, 그리고 그 사이에 있는 모든 것에 대한 주권이 알라께 있도다! 그분께서는 원하시는 것을 창조하시며 알라께서는 모든 것 위에 능하신 분이시다."

을 비웃는 의미지 예수가 십자가에 못 박혀 돌아가신 사건 자체를 부인하는 것이 아니다.[44]

이처럼 십자가 구절이 예수의 죽음 자체를 부정하는 것이 아니라면, 따라서 예수가 돌아가신 것을 전제에 깔고 있다면, "그들이 그를 죽이지 않았기 때문이다. 오히려 하느님께서 그를 당신께로 일으켜 세우셨다 *rafaʿahu*"고[45] 하는 4,157-158은 어떻게 이해해야 할까?

*rafaʿahu*의 해석에는 쿠란 3,169이 중요한 실마리를 제공한다. 의인은 죽어도 죽은 것이 아니며 지금도 하느님 곁에 살아 있다고 말하는 대목이다.

> 3장 169 하느님의 길에서 죽임을 당한 사람들을 죽은 것으로 여기지 마라. 그들은 하느님 곁에서 양식을 제공받으며 살아 있다.

의인의 죽음을 묘사한 이 구절은 '하느님께서 그(예수)를 당신께로 일으켜 세우셨다*rafaʿahu*'(4,158)라는 진술의 의미를 이해하는 단초가 된다. 예수가 물리적 죽음을 당했지만, 의인으로서의 그 죽음은 하느님 곁에서 누리는 영원한 삶의 시작이라는 것이다. 쿠란 곳곳에서 예수를 의인으로 묘사하고 있음을 감안하면(3,46; 6,85) 그분의 죽음을 의인의 죽음으로 해석해도 틀리지 않을 듯하다. 곧 예수의 죽음은 '의인의 죽음 그리하여 하느님 곁에 살아 있는 삶'이라는 시각이다. 결국 쿠란의 예수가 (십자가상에서) 죽은 것은 사실이지만, 의인의 죽음인 그 죽음은 완전한 끝이 아니라 하느님과 함께하는 새로운 삶의 시작이다. 예수는 지금도 여전히 하느님 곁에서 살아 있다는 것이다.

---

44 Parrinder, *Jesus in the Qur'an*, 119-120 참조.

45 '들어 올리다' '높이 올리다'로 옮겨도 된다.

이처럼 의인 예수의 죽음은 죽음이 아니라 살아 있음이라면,[46] 그의 죽음에 특별한 다른 의미는 없을까? 그 답은 '없다'이다. 쿠란에서는 그분의 죽음에 다른 의미가 부가되지 않는다. 하느님의 길을 걷다가 죽음을 당한 여느 의인의 죽음과 예수의 죽음 사이에 근본적 차이는 없다. 그리스도교에서 말하는 대속적 죽음은 아니라는 의미다. 사실 쿠란은 원죄를 인정하지 않으므로(쿠란 3,18)[47] 인류의 죗값을 대신 치를 대속자 개념이 없다. 쿠란은 구원에 대해 말할 때도 거의 항상 믿음과 실천 또는 행위로 구원이 온다고 말하며(29,9; 33,31; 34,37; 64,9; 65,11),[48] 다른 누군가의 대속적 죽음이나 대속에 의한 구원을 이야기하지 않는다.[49] 따라서 쿠란은 십자가 죽음에 대속적 구원 개념을 부여하지 않는다. 예수는 하느님의 예언자이자 사도, 메시아일 따름 대속적 죽음으로 인류에게 구원을 가져다준 인물은 아니라는 것이다.

### 종합: 예수의 죽음 = 의인의 죽음

4,157-158은 유다인들은 예수를 십자가에 못 박아 죽였다고 자랑하지만 단지 그들에게 그렇게 보였을 뿐 그들은 예수를 죽이지 않았으며 하

46 Lawson, *The Crucifixion and the Qur'an: A Study in the History of Muslim Thought*, 14.

47 하느님께서 아담과 하와의 불순종을 용서하셨다고 한다(쿠란 20,120-122).

48 쿠란이 제시하는 구원 공식은 이렇다. "믿고 의로운 일을 행하는 사람들, 우리는 틀림없이 그들을 의인들 가운데 받아들일 것이다"(29,9). 또는 "너희 가운데 누구든지 알라와 그분의 사도에게 경건하게 순종하고 의를 행한다면, 우리는 그에게 상을 두 배로 줄 것이다. 우리는 그를 위해 고귀한 양식을 준비해 두었다"(33,31).

49 쿠란의 구원관은 그리스도교의 것과 조금 다르다. 쿠란에서 '구원'은 항상 '행동'과 '행위' 혹은 '실천'과 연결된다. 예수님의 십자가 죽음이 지닌 대속적 가치는 전혀 의미 있게 다뤄지지 않는다.

느님께서 일으켜 세우셨다고 한다. 로슨은, 예수의 죽음에 대한 쿠란의 가르침이 그리 명쾌하지 않음을 인정하면서도 다음 세 가지는 분명하다고 말한다. 첫째, 유다인들은 자기네가 예수를 죽였다고 자랑했지만 하느님의 관점에서 볼 때는 그들이 예수를 죽이지도 십자가에 못 박지도 않았다. 둘째, 쿠란에는 예수가 사흘 만에 부활하셨다는 명시적 언급이 없다. 셋째, 쿠란은 예수의 죽음을 구원 효과와 연결시키지 않는다. 곧 예수의 십자가를 구원론적 관점에서 바라보지 않는다. 이 세 가지만 팩트이며 그 외에 다른 것은 모두 주석가의 추론 영역에 해당한다.[50]

*

4,157-158은 첫 눈에 예수가 물리적 죽음을 겪지 않았으며 산 채로 하늘에 들어 올려졌다는 뜻으로 읽히기 쉽다. 그러나 쿠란의 다른 곳에 예수의 죽음이 전제되어 있음을 고려하면 이 구절을 예수의 죽음을 부정하는 내용으로 읽어서는 안 된다. 의인은 죽어도 죽은 것이 아니라는 3,169이 4,157-158의 해석에 새로운 가능성을 제공한다. 4,157-158을, 하느님의 길을 걷다가 죽은 의인 예수가 하느님 곁에서 현양된 삶을 누리고 있음을 암시하는 내용으로 읽을 수 있다. 다시 말해 이 구절은 예수를 십자가에 못 박아 죽여 없앴다고 믿는 유다인들의 오만을 꾸짖는 의미, 그리고 예수는 살해당한 다른 의인들처럼 죽었어도 하느님 곁에 살아 있다는 의미로 읽어야 한다.

---

50 결국 예수님의 죽음은 유다인들이 한 일이 아니라 하느님께서 뜻하신 일이다. Lawson, *The Crucifixion and the Qur'an: A Study in the History of Muslim Thought*, 19.

## 쿠란 예수의 신원: 예수는 누구인가?

쿠란에서 예수는 동정녀 마리아에게서 태어나 하느님의 사도로서 말씀을 전달하는 일을 맡았다. 요람에서부터 사람들에게 말을 하고 진흙으로 생명 있는 참새를 만드는 등 치유와 기적을 행사했다. 예수가 세상에 파견된 목적은 토라를 확증하고 새 복음을 통해 하느님의 뜻을 전달하기 위해서였다. 이런 의미에서 예수는 예언자이기도 하였다. 예수도 다른 예언자들과 마찬가지로 하느님께 복종한 자(곧 무슬림)로서 사람들에게 '곧은 길'을 택하도록 가르쳤다.[51] 예언자들의 계보로 따지면 예수는 무함마드의 선구자에 해당한다.[52] 나아가 예수는 하느님의 말씀, 하느님의 '영'이라고도 불린다. 십자가 사건에 대해서는 쿠란이 긍정 혹은 부정이라고 단언할 수 없는 애매한 입장을 보이지만 예수의 죽음 자체는 부정하지 않는다. 예수는 의인으로 죽어서 하느님 곁에 영원히 살아 있는 분이시라는 것이다. 예수의 죽음에 대속과 구원의 의미가 부여되지는 않지만 쿠란이 제시한 예수가 그리스도인들에게 그리 낯설지 않게 느껴질 법하다.

그러나 쿠란은 예수와 관련하여 간과하면 안 될 중요한 차이를 담

---

51 무함마드의 언행록인 『하디스』에는 예수가 마지막 때 다시 와서 '거짓 메시아'(*Al-Masih ad-Dajjal*)와 싸워 이겨 이 땅에 평화를 이룩하시리라는 내용이 전해진다.

52 이슬람에서 알라의 사도 무함마드 역시 인간일 따름이다. 하지만 그는 아담으로부터 시작하여 예수로 이어진 예언자 계보를 완성하는 최후의 예언자로 탁월한 위상을 자랑한다. 쿠란은 예수가 자신 다음에 아흐마드가 올 것이라고 말했다고 전한다(61,6). 아흐마드(*Ahmad*)는 무함마드(*Muhammad*)와 같은 어근 *HMD*에서 나온 명사로 이슬람 전통에서는 둘을 동일시한다(https://corpus.quran.com/qurandictionary). 예수가 자기 뒤를 이을 무함마드의 도래를 예언하였고, 그 말이 성취되었다는 것이다.

고 있다. 쿠란은 예수의 신성을 인정하지 않는다. 예수는 그저 예언자이자 사도일 따름, 하느님의 아들도 아니고 육화한 하느님은 더더욱 아니라고 한다. 하느님 알라께는 아들이 없다고 한다. 알라께서 아들을 낳으셨다고 하는 것은 신성모독으로 간주한다. 예수가 아무리 위대한 예언자라 해도 예언자는 예언자일 따름 신이 될 수 없다는 것이다. 예수가 행사한 기적이나 예수에게 부여된 칭호들, 가령 '하느님의 말씀'이나 '하느님의 영'과 같은 칭호도 예수의 신성을 가리키는 것이 아니라 예수에게 내린 하느님의 능력을 드러내는 것으로 해석한다. 이는 다음 구절에서 명확해진다.

> 4장 171 오, 책의 백성이여,[53] 너희 종교에서 선을 넘지 마라. 알라에 대해 진리 외에는 아무 말도 하지 마라. 메시아, 마리아의 아들 예수는 알라의 사도, 그분께서 마리아에게 전해 주신 그분의 말씀, 그분한테서 나온 영일뿐이다. 그러니 알라와 그분의 사도들을 믿어라. 그리고 '(알라는) 셋이다' 하고 말하지 마라. 멈추어라. 그러는 편이 너희에게 더 낫다. 알라께서는 한 분이신 하느님이시다. 그분께서는 아들을 낳는 일보다 더 위에 계신 분이시다. 하늘에 있는 것과 땅에 있는 것이 모두 그분 것이다. 알라께는 당신이 주관자시라는 사실만으로 충분하다.

예수의 신원 문제는 쿠란에서 다음과 같은 논거로 전개된다. 첫째, 하느님은 '마리아의 아들 메시아'가 아니다. 혹은 거꾸로 마리아는 하느님의 어머니가 아니다(테오토코스 부정). 이는 육화 신학의 부정이기도 하다. 둘째, 삼위일체의 부정이다. 하느님은 한 분뿐이시며 세 분이 아니다. 하느님께는 아들이 없다. 셋째, 메시아는 하느님의 아들이 아니다. 넷째, 메시아는 인간일 따름, 신이 아니다.

---

53 유다인과 그리스도인을 가리키는 말.

## 하느님은 '마리아의 아들 메시아'가 아니다.

쿠란 5장에서 그리스도의 정체성 문제가 심도 있게 다뤄진다. 알라를 마리아의 아들이라고 하는 자들에 대한 비판 대목이다. 이 대목은, 책의 백성에게 그 전에 계시된 모든 것을 확증해 주러 알라의 사자가 파견되었음을 알리는 문맥 안에 있다. 책의 백성이 숨겨두었거나 설명 없이 그냥 지나쳐버린 것을 명확히 해주기 위해서 마지막 사도가 파견되었다고 한다. 알라한테서 빛과 명료한 책이 왔으며 알라께서는 이 책을 통해 당신 뜻을 따르는 모든 이를 바른 길로 인도하신다는 것이다(5,15-16). 이에 이어지는 말씀에서 그리스도의 정체성 문제가 다뤄진다. 5,17은 그리스도가 육화하신 하느님이시라는 그리스도인들의 믿음을 반박한다.

> 5장 [17] 알라께서 마리아의 아들 메시아라고 말하는 자들은 불신자들이다. (무함마드여) 말하라. "알라께서 마리아의 아들 메시아를 파괴하려 드신다면, 또는 그의 어머니나 땅위의 모든 이를 (파괴하려 드신다면) 누구라서 그분을 막을 수 있겠느냐?" 하늘과 땅, 그리고 그 사이에 있는 모든 것에 대한 주권이 알라께 있도다! 그분께서는 원하시는 것을 창조하시며 알라께서는 모든 것 위에 능하신 분이시다.

이에 따르면, 알라는 마리아의 아들 메시아가 아니며, 거꾸로 메시아는 하느님의 아들이 아니다. 그리고 메시아는 하느님의 주권 아래에 있으며 하느님과 대등해질 수 없다.

이와 비슷한 개념이 쿠란 5,72에 나온다. 이 구절이 속한 5,68-72은 '책의 백성'이 잘못된 신앙으로 알라의 뜻을 어겼다고 고발하는 대목이다. 이스라엘 백성이 자신들에게 파견된 사도들의 말이 거슬릴 때마다 그를 배척하거나 죽였다면, 그리스도인들은 유일신 신앙을 거스르는 잘못을 저질렀다고 한다(5,68-71).[54] 이어지는 그리스도인들에 대한 고발에서 육화 교의가 부정된다.[55]

> 5장 [72] '하느님께서 마리아의 아들 메시아다' 하고 말하는 자들은 분명 불신자들이다. 사실 메시아는 '이스라엘의 자손들이여, 알라 하느님, 나의 주님이며 너희의 주님을 경배하라' 하고 말했다. 진실로 하느님을 다른 짝과 연결 짓는*yush'rik* 자는 알라께서 낙원에 들지 못하게 하신다. 그의 피신처는 불이다. 악인들에게는 어떤 조력자도 없다.

쿠란 5,72에 따르면, 하느님은 마리아의 아들이 아니다. 또는, 마리아는 하느님의 어머니가 아니다. 이는 그리스도교의 테오토코스θεοτόκος 논쟁을 연상시킨다.[56] 사실 테오토코스, '하느님의 어머니'라는 호칭은 예수님의 본성 문제와 관련 있다. 예수님은 참하느님이며 참인간이시기에 마리아는 하느님의 어머니라는 관점이다. 쿠란은 이를 정면으로 반박한다. 하느님과 메시아는 절대적으로 별개의 존재이며 하느님께는 다른 짝이나 상대가 없다고 한다. '다른 짝과 연결 짓다'로 옮긴 아랍어 단어 *yush'rik*(*sh-r-k*의 제4형)는 '짝을 지우다', '어떤 이와 어떤 이를 짝으로 연결 짓다'라는 뜻이다. 쿠란에서 이 동사는 여러 신을 숭배하는 다신교 신앙을 가리키는 데 주로 쓰이는데 여기서도 비슷한 의미로 사용되었다. 하느

---

54 유다인들이나 그리스도인들이라도 무함마드의 말을 믿는 이들, 곧 알라와 마지막 때를 믿고 그분 말씀을 따르는 이들은 두려워할 필요가 없다고 한다. 알라께서는 그들에게도 자비로우시기 때문이다.

55 요한 1장과 비교하라.

56 야고보 원복음 필사본에 붙은 '하느님의 어머니 마리아'라는 제목을 기억하라. 니코데모 복음에서 마리아는 하느님의 어머니로 불린다.

님을 다른 존재와 짝을 이루는 분으로 여겨서는 안 된다는 뜻이다.[57] 하느님은 메시아와도 다른 어떤 존재와도 짝을 이루는 분이 아니시다. 사실 메시아는 하느님을 경배하라고 말했지 자신을 경배하라고 한 적이 없다(5,116). 하느님이 아닌 메시아가 경배의 대상이 되어서는 안 되기 때문이다. 그리고 마리아는 메시아의 어머니일 따름 하느님의 어머니가 될 수 없다.[58]

## 하느님은 한 분뿐이시다. 셋이 아니시다.

쿠란 5,72에서 암시되듯 쿠란은 삼위일체 교리에 대해서 매우 단호한 태도를 보인다. 쿠란은 삼위일체 교리를 다신교 신앙과 다를 바 없다고 여긴다. 5,73은 그리스도교 삼위일체 신앙을 겨냥한 것이 분명하다.

> 5장 73 '알라께서는 셋 가운데 세 번째시다' 하고 말하는 자들은 분명 불신자들이다. 한 분이신 하느님 외에 다른 신은 없다. 불신자들이 자기들이 하는 말을 그만두지 않는다면, 그자들은 반드시 고통스런 벌을 받을 것이다.

그러나 삼위일체 신앙을 다신교로 해석한 것은 잘못임을 유의해야 한다. 삼위일체 교리는 신이 셋이라는 의미가 아니기 때문이다.

---

57 하느님과 메시아를 동등한 존재로 보아서는 안 된다는 의미다. https://corpus.quran.com/qurandictionary에서 해당 단어를 클릭하면 어형 분석과 의미, 용례 등에 대한 정보를 제공받을 수 있다.

58 이 점에서 네스토리우스의 입장과 비슷하다. 네스토리우스는 마리아를 그리스도의 어머니라는 뜻에서 '크리스토토코스'(Χριστοτόκος)라 부를 것을 제안했다.

## ▎메시아는 하느님의 아들이 아니다.

쿠란은 예수가 하느님의 힘으로 태어난 예언자이지 하느님의 아들이 아님을 여러 차례 강변하고 있다. 메시아를 하느님의 아들이라고 주장하는 사람들은 착각에 빠졌을 뿐 그들의 주장은 사실이 아니라고 한다.

> 9장 [30] 유다인들은 말한다. "에즈라는 알라의 아들이다." 그리스도인들은 말한다. "메시아는 알라의 아들이다." 이 말은 (그리스도인)들의 입에서 나온 말이다. 그들은 (앞선) 불신자들의 말을 흉내 내고 있다. 알라께서 그들을 파멸시키시기를! 그들은 얼마나 큰 착각에 빠졌는가!

예수가 하느님의 아들이 아니라는 믿음은 하느님께는 아들이 없다는 말로도 표현된다. 하느님은 아들을 낳으셔야 하는 분이 아니다. 그저 '있어라' 하고 말씀하시면 있게 만드시는 분이시다. 알라는 예수의 탄생을 명령하신 분일 따름 예수의 아버지가 아니라는 뜻이다.

> 19장 [35] 알라께서는 아들을 취하셔야 하는 그런 분이 아니시다. 그분께 영광을! 그분께서는 어떤 것을 명하시는 분이시다. 그분께서 "있어라" 하고 말씀하시면 그렇게 된다.

## ▎메시아는 인간일 따름이다.

쿠란은 마리아의 아들 메시아는 신이 보내신 사도였을 따름이라고 한다. 메시아도, 그 어머니 마리아도 음식을 먹는 인간이었을 뿐이라는 것이다.

5장 [75] 메시아, 마리아의 아들은 사도였을 따름이다. 그보다 앞서 다른 사도들도 지나갔다. 그의 어머니는 진리를 믿는 사람이었다. 그들(메시아와 마리아) 둘 다 음식을 먹었다. 보라. 우리가 저들에게 얼마나 명확히 밝혀주는지! 그리고 보라, 저들이 얼마나 착각에 빠졌는지!

예수는 음식을 먹는 인간이었을 뿐이라는 말은 그리스도의 인성을 부정하는 가현주의와 정반대 입장이다. 사실 가현주의는 이단자들뿐 아니라 초대 교부들에게서도 흔적을 찾을 수 있다.[59] 알렉산드리아의 클레멘스는, 그리스도는 음식을 들 필요가 전혀 없는 분이었고, 음식을 먹었다면 그것은 필요해서가 아니라 제자들을 먹이기 위해서였다고 한다. 그리고 그분은 외관상 육체를 지닌 것으로 보였지만 순수한 혼령이었다고 한다(『잡록』 6.9.71). 이와 대조적으로 쿠란은 예수가 음식을 먹는 인간일 따름이라면서 책의 백성에게 잘못된 길에서 벗어나라고 경고한다(쿠란 5,77). 예수의 신성을 명시적으로 부정하는 대목도 있다(쿠란 5,116). 예수가 사람들에게 자기나 자기 어머니 마리아를 신으로 모시라고 말한 적이 없다는 것이다. 하느님은 오직 한 분이신 알라밖에 없기 때문이라고 한다.

5장 [116] (그 날) 알라께서 말씀하실 것이다. "오 예수, 마리아의 아들이여, 네가 사람들에게 '알라 외에 나와 내 어머니도 신으로 여겨 주시오!' 하고 말했느냐?" (예수)가 말할 것이다. "당신께서는 영광을 받으소서! 그런 말을 한 것은 제가 아닙니다. 제게는 그런 권한이 없습니다. 제가 만약 그런 말을 했다면, 당신이 아셨을 것입니다. 당신께서는 제 안에 있는 모든 것을 아십니다. 그러나 저는 당신 안에 있는 것을 알지 못합니다.[60] 진실로 보이지 않는 것을 아

59 '가현주의'에 대해서는 'III. 예수님, 신약 외경의 기억', '베드로 복음' 항목을 참조하라.

60 요한 8,55과 비교하라.

시는 분은 당신이십니다!"

이어지는 5,117은, 예수는 하느님을 경배하게 만드는 자이며 경배 대상이 될 수 없음을 강변한다.

> 5장 "[117] 저는 그들에게 당신께서 제게 명하신 것, 곧 '알라, 나의 주님이시며 너희의 주님이신 분을 경배하라'는 것 말고는 아무 것도 말하지 않았습니다. 제가 그들 가운데 있는 동안에는 제가 그들 위에 증인으로 있었습니다. 그러나 당신께서 저를 들어 올리셨을 때는 당신께서 그들을 내려다보고 계셨습니다. 당신께서는 참으로 모든 것 위에 계신 증인이십니다."

예수가 누구인가? 하는 질문에 쿠란은, 예수는 하느님의 사도이자 예언자일 따름, 하느님도 아니고 하느님의 아들도 아니라고 답한다. 하느님 알라께는 아들이 없으며, 알라께서 아들을 낳으셨다고 하는 것은 신성모독이라고 여긴다. 예수는 예언자일 따름이지 신이 될 수 없다는 것이다. 이 모든 것은 다음의 절대명제에서 나왔다.

> 112장 [1] 그분께서는 한 분이신 하느님(=알라)이시고, [2] 영원하신 절대자이시다. [3] 그분께서는 (아들을) 낳지도 않으시며 태어나지도 않으신다. [4] 그분과 대등한 것은 아무 것도 없다.

쿠란의 예수는 여러 면에서 신약성경의 예수님과 닮았다. 마리아의 아들, 메시아 예수는 하느님 말씀을 전하러 파견된 하느님의 사도이자 예언자, 하느님의 허락 하에 기적을 일으키고 죽은 이들을 일으켜 세운 분, 나아가 하느님의 영이자 말씀이시라는 것이다. 그러나 아주 중요한 지점에서 차이를 보인다. 예수는 결코 하느님의 아들이 될 수 없다는 관점이다. 한마디로 쿠란은 예수를 하느님의 예언자나 메시아로서만 인정하고 그분의 신성은 절대적으로 부정한다. 이 점은 보수적 유다계 그리스도교 입장과 거의 똑같다.

5세기 저자 테오도레투스에 따르면 당시 아라비아와 팔레스티나 및 시리아에서는 바실리데스의 추종자들, 유다계 그리스도교로 분류되는 에비온파,[61] 나자렛파,[62] 그리고 엘카사이파[63] 및 케린투스파[64] 사람들이 세

---

61 2-4세기 요르단 강 동편에서 번성한 에비온파는 유다교식 사고와 생활양식을 예수 그리스도께 대한 믿음과 조화시키려 했다. 모세의 율법을 강조하면서도 희생 제사와 성전은 더 이상 무의미하다고 보았다. 이레네우스에 따르면, 에비온파는 바오로를 율법에서 멀어진 배교자로 보았고 마태오 복음만 받아들였으며, 예루살렘을 공경하고, 할례와 율법 및 유다교식 생활양식을 준수하고, 예수의 동정 탄생을 부정하였다(『이단 논박』 1.26.2; 3.21.1; 5.1.3). Vielhauer/Strecker, "Jewish-Christian Gospels", 166-171 참조.

62 사도 24,5에 따르면 처음에는 모든 그리스도인들이 나자렛 분파라 불렸다. 그러다가 4세기 무렵부터 시리아의 유다계 그리스도교 공동체가 나자렛파라 불리게 되었다. 그들 역시 다른 유다계 그리스도인들처럼 그리스도인이면서도 유다교 율법을 거의 그대로 준수하였다.

63 엘카사이파는 2-3세기 메소포타미아 지역의 유다교/유다계 그리스도교 세례 운동 집단 가운데 하나다. 이들 세례 집단은 공통적으로, 정결례와 안식일 준수, 세례, 누룩 없는 빵과 물의 성찬례, 바오로 서간 배척, 채식주의를 동반한 금욕주의, 참된 예언자 교의, 육체의 부활 관념 등을 공유했다고 한다: Scholer, "Elkesaites", 369.

64 케린투스는 그리스도교 영지주의자로 100년경에 최고 융성기를 맞았다. 그도 다른 영지주의자들처럼 최상신과 창조주를 구분하여, 데미우르고스나 다른 천사들이 세상을 만들었다고 주장했다. 또한 그리스도께서 인간 예수에게 세례 때 내려오셨다가 십자가 처형 전에 그를 떠나셨다고 가르쳤다: Klijn/Reinik, *Patristic Evidence for Jewish-Christian Sects*, 3-19 참조.

력권을 형성하고 있었다. 6세기 아라비아 상인인 무함마드가 이들(의 견해)과 접촉할 가능성이 충분했다는 뜻이다.[65] 네스토리우스파 사람들도 아라비아 및 그 인근 지역에서 활발한 활동을 벌였다고 한다. 그들은 그곳에 학교와 수도원도 세웠다. 특히 5세기에는 네스토리우스파 수도원이 히라 산에 세워졌다고 한다. 히라 산은 무함마드가 명상을 하다가 가브리엘 대천사의 방문을 받고 하느님의 계시를 받은 곳으로 알려져 있다. 무함마드가 예언자로서 소명을 받기 전 시리아 팔레스티나 및 아라비아 반도에 예수님과 관련하여 성경과 다른 전승을 간직한 분파들이 활약하고 있었음이 분명하다.[66] 이들은 유일신 신앙을 고수한다는 점에서는 같았지만 예수님에 대해서는 서로 다른 시각을 견지했다. 이들 가운데 유다계 그리스도인들의 관점이 무함마드의 것과 특히 비슷하다. 엄격한 유일신 신앙을 고수하면서 예수님을 인간, 곧 예언자나 메시아로서는 받아들이지만 하느님의 아들로는 인정하지 않는다는 점이 꼭 닮았다. 예수님의 신성을 인정하지 않았던 아리우스의 주장(4세기 초)과도 대동소이하다.[67]

---

65 테오도레투스, 『이단 개요』: Bradford, *The Qur'anic Jesus: A Study of Paralles with Non Biblical Texts*, 131-132 참조.

66 Finster, "Arabia In Late Antiquity: An Outline of the Cultural Situation in the Peninsula at the Time of Muhammad", 70-74; Bradford, *The Qur'anic Jesus: A Study of Paralles with Non Biblical Texts*, 131-132 참조. 282쪽의 각주 9도 참조하라.

67 유다계 그리스도인들의 관점을 이은 아리우스의 주장은 이러했다. 그리스도는 창조된 피조물로서 영원하지 않다. 다시 말해 그리스도는 존재하지 않았던 적이 있다. 따라서 그리스도는, 유일하시고 영원하신 성부 하느님보다 열등한 존재다. 예수는 다른 피조물과 똑같은 인간이었으며 그저 다른 인간들보다 뛰어난 사람(가령 예언자)이었을 따름이다. 아리우스가 예수의 신성을 부정한 배경에는 '하느님은 태어나실 수 없는 존재'라는 전제가 깔려 있다(https://www.britannica.com/biography/Arius). 쿠란에도 같은 언명이 나온다(112,3). 쿠란의 그리스도론이 아리우스의 것과 상당히 근접함을 알 수 있다.

| 이름<br>시기, 지역 | 그리스도론 | 특이사항 |
|---|---|---|
| **에비온파**<br>60년-4세기,<br>팔레스티나 | 예수님은 약속된 메시아. 인성에 무게. | 모세 율법 준수,<br>예수님의 신성 부인. |
| **엘카사이파**<br>110-400년,<br>시리아/요르단 | 예수님은 예언자. | 모세 율법 준수,<br>예수님 신성 부인. |
| **가현주의**<br>2-3세기, 아프리카 | 인간 예수와 영적 그리스도 구분. 그리스도는 십자가에서 죽지 않았다. | 세례 때 예수의 몸에 들어 온 영적 그리스도가 십자가형 직전에 예수를 떠남, 다른 대체자가 십자가형. |
| **사모사타의 바오로**<br>260년, 안티오키아 | 예수님의 영혼과 육신으로 된 인간. 인성 강조. 성자의 선재 부정. | 안티오키아 유다인들에게 영향 받음. |
| **아리우스**<br>312-336년,<br>알렉산드리아 | 그리스도는 창조된 피조물. 영원하지 않음. 성부보다 하위. 성자는 다른 사람과 같은 하느님의 피조물. 단, 더 위대한 인간-예언자. | 그리스도교의 뿌리가 유다교 유일신 신앙에 있음을 강조한 안티오키아의 루키아누스에 영향을 받음. |
| **네스토리우스**<br>386-450년,<br>콘스탄티노플 | 그리스도 안에 신성과 인성이 결합, 신성과 인성은 구별됨. | 크리스토토코스:<br>마리아는 그리스도의 어머니. |
| **니케아/칼케돈 공의회**<br>4-5세기 | 그리스도는 참인간이자 참하느님. 삼위일체-위격적 결합. | 그리스도의 인성과 신성 모두 인정.<br>Trinity: Hypostatic union. |
| **쿠란(무함마드)**<br>610-632년,<br>메카/메디나 | 예수님은 사도이자 예언자. 신성 부정. | 예수는 인간. 마리아는 하느님의 어머니가 아님. 하느님께는 아들이 없다: 유다계 그리스도교/아리우스와 유사. |

*

무함마드가 유다교와 그리스도교 또는 유다계-그리스도교 후예들의 영향권 안에서 살았다는 점만은 분명하다.[68] 그 덕분에 유다교, 그리스도교 그리고 이슬람교 이 세 종교가 한 선으로 연결될 수 있었던 셈이다. 실제로 쿠란은 유다교와 그리스도교 그리고 이슬람교가 하나의 기원에서 유래했음을 분명히 밝히고 있다. 세 종교가 근본적으로 같은 하느님 알라를 믿는다는 것이다.[69]

기브Gibb는 이슬람이 히브리 예언자들의 종교처럼 절대적·무조건적 유일신 신앙을 표방하는 데 주목하면서 이슬람을 일신교 진화과정의 마지막 산물로 파악한다. 히브리 유일신관의 논리적 귀결이 이슬람이라는 것이다. 그는 히브리 일신교에 그리스도교 보편주의가 더해진 결과물이 이슬람교라고 간주한다. 유다교의 민족주의적 색채를 제거하고, 그리스도교의 삼위일체론과 대속적 구원관을 없앤 뒤 절대적 유일신 신앙으로 회귀한 것이 이슬람이라는 것이다.[70] 실제로 무함마드는 기존의 두 종

---

68 쿠란의 역사·문화·종교적 배경에 대해서는, Neuwirth/Sinai/Marx (eds.), *The Qur'ān in Context: Historical and Literary Investigations into the Qur'ānic Milieu*를 보라. 아랍인들이 생각하는 아랍의 기원 또는 정체성에 대해서는 Webb, *Imagining the Arabs: Arab Identity and the Rise of Islam*; "The origin of Arabs: Middle Eastern ethnicity and myth-making"을 보라.

69 그렇다고 쿠란이 유다인들과 그리스도인들을 무조건 수용하지는 않는다. "하느님과 마지막 날을 믿지 않는 자, 하느님과 그분의 사도가 금기한 것을 금기시하지 않는 자, 그리고 책을 받은 백성이라도 진리의 종교를 따르지 않는 자들과는 싸워라, 그들이 스스로를 낮추어 자발적으로 세금(지즈야)을 바칠 때까지!"(쿠란 9,29). 무슬림이 유다인들과 그리스도인들과 싸워야 하는 이유는, 알라께서 그들에게 모세 및 예수와 같은 예언자를 보냈지만 그들은 하느님의 진정한 가르침을 배척하고 잘못된 길을 선택했기 때문이라고 한다(쿠란 5,68-71.77).

70 H.A.R. Gibb, *Islam: A Historical Survey* (Oxford ²1989), 59: Lawson, *The*

**유다교·그리스도교·이슬람교, 같은 점과 다른 점**

| | 유다교 | 그리스도교 | 이슬람교 |
|---|---|---|---|
| 경전 | 히브리어 구약성경 | 구약신약성경 | 쿠란 |
| 하느님 | 하느님 야훼/엘로힘 | 하느님 | 하느님 알라 |
| 유일신 신앙 | ○ | ○ | ○ |
| 삼위일체? | × | ○ | × |
| 주요 예언자 | 모세(BC 1250) | 예수(AD 30) | 무함마드(610) |
| 예수? | 거짓 예언자 | 하느님의 아들 | 예언자/사도 |
| 예수님의 본성 | 인성 | 신성과 인성 | 인성 |
| 대속적 죽음 | × | ○ | × |

교의 잘못을 고치고 아브라함의 유일신 신앙을 복구·전파하는 것을 사명으로 여겼다. 그에 따르면 "아브라함은 유다인*yahūdiyyan*도 그리스도교인*naṣrāniyyan*도 아닌 진정한 무슬림*mus'liman*이었으며, 또한 우상 숭배자(다신 숭배자)도 아니었다"(3,67; 16,123). 따라서 무함마드는 진정한 유일신 신앙을 가진 아브라함을 표준으로 삼아 절대 유일신 신앙을 선포했다. 신의 절대성을 강조한 무함마드는 그리스도를 하느님의 아들로 여기는 그리스도교 교리를 잘못된 것으로 간주한다. 신과 인간 사이에는 엄연히 건널 수 없는 간극이 있고 그 둘이 하나가 되는 일은 없다는 것이다(112,1-4).

무함마드의 눈에는 삼위일체 교리가 유일신 신앙을 훼손한 것으로

---

*Crucifixion and the Qur'an: A Study in the History of Muslim Thought*, 21에서 재인용.

보였겠지만, 실제로 그리스도교는 유일신 신앙을 포기한 적이 없다. 그리스도교가 세 분의 신을 믿는 것이 아니기 때문이다.

어떻든 이슬람과 그리스도교의 결정적 차이는 분명하다. 예수 그리스도를 하느님의 아들, 나아가 하느님으로서 믿느냐 믿지 않느냐의 문제다. 이 결정적 차이로 인해 이슬람과 그리스도교는 서로를 다른 타자로 여긴다. 그러나 둘 사이에는 차이뿐만 아니라 '같음'도 있다는 사실을 잊어서는 안 된다. 그리고 그 같음에 '예수 그리스도'가 있음을 기억해야 한다. 이슬람과 그리스도교, 차이나는 이 둘을 이을 존재는 다름 아닌, 둘의 차이를 야기하신 분, 예수 그리스도이신 듯하다. 이슬람과 그리스도교를 이을 방법을 지금 우리로서는 알 수 없다. 그러나 방법을 모른다고 해서 방법이 없다는 뜻은 아닐 것이다. 우리가 의식하지 못하는 사이에 그 분은 이미 둘을 이어주고 계신지도 모른다.

▌ 나가며

## 예수 — 유다교·그리스도교·이슬람교의 접점

성경 바깥의 예수님에 대해 1부와 2부로 나누어 살펴보았다. 1·2부로 나누기는 했지만 1·2부 모두 성경 바깥에서 기억하는 예수님을 다룬다는 점에서는 같다. 단 1부에서 다룬 자료들이 2부 자료들보다 저술 시기도 빠르고 자료 유형도 역사서나 공문서에 속하기에 역사적 신뢰도가 더 높다. 1부 자료들은 역사의 예수 연구자들이 거의 예외 없이 다루는 것들이기도 하다. 제1부는 예수님의 실존 문제를 다룬다는 점에서 '역사의 예수 연구'의 시작이라고 보아도 무방하다.

제2부는 정경과 '다른' 관점에서 바라본 예수라고 볼 수 있다. 신약외경, 탈무드, 쿠란에 기억된 예수다. 이 본문들은 대부분 신약성경보다 늦은 시기에 만들어졌다. 셋 가운데 가장 빨리 만들어진 신약 외경 본문들도 대개 신약성경보다 저술 시기가 늦다. 그러나 외경 본문들 안에 역사의 예수에 대한 초세기 전승이 담겨 있을 가능성은 배제할 수 없다. 적어도 이 본문들이 초세기인들의 예수님에 대한 시각과 견해를 담았을 수는 있다. 셋 가운데 가장 늦게 만들어진 쿠란의 예수 본문도 '역사의 예수'와 전혀 무관하다고 말할 수 없다. 해당 본문이 7세기에 느닷없이 무에서부터 만들어진 것이 아니라 초세기부터 이어져오던 다양한 예수님 전승을 계승한 것이기 때문이다. 탈무드는 인간으로서의 예수만 다루며 그분이 메시아·그리스도임을 인정하지 않는다. 이 또한 역사의 예수에 대한 특정 시선을 반영한다.

예수님에 대한 성경 바깥의 기억을 찾는 작업은 예수님을 향한 다양한 시각들을 확인시켜 준다는 점에서 의미가 있다. 이 시각들은 모두 예수님은 누구신가? 하는 물음에 대한 다양한 사람, 다양한 공동체의 답변들이라 볼 수 있다.

사실 예수님에 대한 서로 다른 시선들은 정경 복음서에서도 찾아 볼 수 있다. 예수님께서 제자들에게 "사람의 아들을 누구라고들 하느냐?" 하고 물으시자(마태 16,13). 제자들이 대답하였다. "세례자 요한이라고 합니다. 그러나 어떤 이들은 엘리야라 하고, 또 어떤 이들은 예레미야나 예언자 가운데 한 분이라고 합니다"(마태 16,14).

이어서 예수님께서는 제자들을 향해 "그러면 너희는 나를 누구라고 하느냐?" 하고 물으신다(마태 16,15). 이에 시몬 베드로는 "스승님은 살아 계신 하느님의 아드님 그리스도이십니다" 하고 답한다(마태 16,16). 그러자 예수님께서는 그를 행복한 사람이라 일컬으시면서 그 대답은 사람이 아니라 '하늘에 계신 내 아버지'께서 알려 주셨다고 하신다(마태 16,17).

비슷한 물음이 토마 복음에도 전해진다(말씀 13). 여기서 제자들은 그분을 '의로운 천사' 또는 '현명한 철학자'에 견줄 수 있다고 답하지만, 정답은 결국 '스승님, 당신이 누구와 비슷한지 제 입으로는 도무지 말할 수 없습니다' 하고 말한 토마의 차지로 돌아간다. 예수님이 누구이신지는 하늘에 계신 아버지께서 알려 주지 않으시면 우리의 지력만으로 알 수 없는 신비의 영역일지 모른다. 예수님을 탐구하면서 이 한계를 잊어서는 안 될 것이다.

실제로 예수님이 누구신가에 대한 기억들을 살피면서 인정할 수밖에 없었던 것은 무엇보다 우리 지력과 노력의 한계였다. 예수님에 대한 온갖 자료를 다 모아서 한데 붙여놓는다 해도 그것이 예수님이 되지는 않는다. 그저 여러 기억의 편린들을 모아서 정리했음에 만족해야 할 것이다.

그러나 이 작업을 하면서, 그리스도교와 유다교, 이슬람교의 접점이자 차이가 바로 예수 그리스도임을 직접 텍스트를 통해 확인한 것은 의미가 클 것 같다. 같은 하느님을 믿는 사람들이 예수 그리스도를 어떻게 바라보느냐에 따라 서로 다른 세 종교로 나뉠 수밖에 없었음을 텍스트들이 확인시켜준 셈이다.

세 종교의 차이를 가져온 예수 그리스도이지만 그렇기 때문에 세 종교의 만남을 가능케 하실 분 또한 예수 그리스도이실 것이다. 이론적으로 가까우나 현실적으로 너무도 멀게 느껴지는 세 종교가 예수 그리스도를 통하여 만나게 될 날을 그려본다.

# 부록

## 참고 문헌

### 성경


『성경』 (한국천주교중앙협의회 2005).

*BIBLIA HEBRAICA STUTTGARTENSIA*, W. Rudolph et H.P. Rüger (ed.) (Stuttgart 1984).

*SEPTUAGINTA: Id est Vetus Testamentum graece iuxta LXX interpretes*, A Rahlfs (ed.) (Stuttgart 1979).

*NOVUM TESTAMENTUM GRAECE*, Nestle-Aland 27th Edition (Stuttgart 1993).


### 역사·고전 문헌


**수에토니우스,**

『열두 황제들의 생애』 *De Vita Caesarum*, M. Ihm (ed.), *C. Suetonius Tranquillus, De Vita Caesarum* (Latin) (Lipsiae 1907). http://www.perseus.tufts.edu/hopper/searchresults?q=suetonius.

**요세푸스,**

Flavius Josephus, *Flavii Iosephi opera*, B. Niese (ed.) (Berlin 1892). http://www.perseus.tufts.edu/hopper/searchresults?q=josephus.

『유다 고대사』 *Antiquitates Iudaicae*, B. Niese (ed.), *Flavius Josephus, Antiquitates Judaicae* (Greek); A.M. William Whiston (ed.), *Flavius Josephus, Antiquities of the Jews* (English). http://www.perseus.tufts.edu/hopper/text?doc=Perseus:text:1999.01.0145.

『유다 전쟁사』 *De bello Judaico libri vii*, B. Niese (ed.), *Flavius Josephus, De bello Judaico libri vii* (Greek); A.M. William Whiston (ed.), *Flavius Josephus, The Wars of the Jews* (English). https://www.perseus.tufts.edu/hopper/text?doc=J.+BJ+1.1.

**카시우스 디오,**

『로마사』 *Historiae Romanae*, E. Cary, H.B. Foster (eds.), *Cassius Dio Cocceianus, Dio's Roman History* (New York. 1914-). http://www.perseus.tufts.edu/

hopper/
searchresults?q=cassius+dio.
**타키투스,**
『역사』 *Historiae*,
C.D. Fisher (ed.), *Cornelius Tacitus, Historiae* (Latin).
http://www.perseus.tufts.edu/hopper/searchresults?q=Tacitus.
『연대기』 *Annales*,
C.D. Fisher (ed.), *Cornelius Tacitus, Annales* (Latin), (Oxford 1906).
http://www.perseus.tufts.edu/hopper/searchresults?q=Tacitus.
**플리니우스(소),**
『트라야누스 황제에게 보낸 편지』 *Epistularum libri novem*,
W.M.L. Hutchinson (ed.), *Pliny the Younger, Letters* (New York 1915).
http://www.perseus.tufts.edu/hopper/searchresults?q=pliny+the+younger.
**필론,**
『가이우스』 *De Legatione ad Gaium*,
F.H. Colson (ed.) (Philo 10; Cambridge 1962).

**『황제사』** *Scriptores Historiae Augustae*,
D. Magie (ed.) (London 1932).
http://www.perseus.tufts.edu/hopper/searchresults?q=Scriptores+Historiae+Augustae.

## 교부 문헌

**멜리토(사르디스),**
『파스카』 *Homilia in passionem Christi*,
O. Perler (ed.) (SC 123).
**에우세비우스,**
『교회사』 *Historia ecclesiastica*,
E. Schwartz (ed.) (GCS 2).
**에피파니우스,**
『구급상자』 *Panarion*,
K. Holl (ed.) (GCS 31).
**오리게네스,**
『마태오 복음 주해』 *Comment. in Matthaeum*,
J. Patrick (tr.), *Ante-Nicene Fathers Vol. 9*, "Origen's Commentary on Matthew."
『켈수스 논박』 *Contra Celsum*,
F. Crombie (tr.), *Ante-Nicene Fathers Vol. 4*, "Origen Against Celsus."
**유스티누스,**
『트리폰과의 대화』 *Dialogue cum Tryphone Judaeo*,
J.-P. Migne (ed.) (Cursus Completus Patrologiae Graecae Vol. 6; Paris 1887).
**이레네우스,**
『이단 논박』 *Adversus haereses*,
A. Rousseau (ed.) (SC 263, 264, 293, 294, 210, 211, 100, 152).
**클레멘스(알렉산드리아),**
『잡록』 *Stromateis 1-6*,

O. Stählin (ed.) (GCS 2).
**클레멘스(차명),**
「강론」 *Homiliae*,
R.T. Smith (ed.), *Ante-Nicene Library VIII* (Edinburgh 1871).
「인지」 *Recognitionum*,
R.T. Smith (ed.), *Ante-Nicene Library VIII* (Edinburgh 1871).
**테오도레투스,**
「서간집」 *Ad eos qui in Euphratesia et Osrhoena regione, Syria, Phoeni*,
C. Hugh (ed.), *Nicene and Post-Nicene Fathers* (Series II, vol. 3). https://www.ccel.org.
「이단 개요」 *Compendium Haereticarum Fabularum*,
J.P. Migne (ed.) (PG 83; Paris 1864).
**히에로니무스,**
「위인들」 *De viris illustribus*,
O. von Gebhardt (ed.) (TU 14; Leipzig 1896).
**히폴리투스,**
「이단 논박」 *Refutatio omnium haeresium*,
P. Wendland (ed.) (GCS 3).
**히폴리투스(차명),**
「거룩한 파스카」 *In sanctum Pascha*,
G. Visona (ed.), *Pseudo Ippolito, In sanctum Pascha* (Milano 1988).

「디다케」 *Didache*,
H.W. Attridge (ed.), *The Didache: A Commentary by Kurt Niederwimmer*, L.M. Maloney (tr.) (Minneapolis 1998).

## 외경

**송혜경,**
「신약 외경 1」 (한님성서연구소 2021).
「영지주의자들의 성서」 (한님성서연구소 개정판 2021 근간).

**위대한 셋의 둘째 논고** *Second Treatise of the Great Seth*,
G. Riley (ed.), "Second Treatise of the Great Seth", J.M. Robinson (ed.), *The Coptic Gnostic Library Vol. 4* (Leiden 2000), 129-199.

## 탈무드

I. **Epstein** (ed.), *Soncino Babylonian Talmud: Translated into English with Notes, Glossary and Indices*: http://ancientworldonline.blogspot.com/2012/01/online-soncino-babylonian-talmud.html.
https://www.torah-box.net.
https://www.sefaria.org (The William Davidson digital edition of

the Koren Noé Talmud, with commentary by Rabbi Adin Even-Israel Steinsaltz).

## 쿠란

http://corpus.quran.com.
https://www. quranwow.com.
http://transliteration.org/quran.

## 일반 문헌

**Ali**, A.Y., *The Holy Qur'an: Text, Translation and Commentary* (New York 1987).

**Ali**, K., *The Lives of Muhammad* (Cambridge 2014).

**Allison**, D.C., "The Historical Jesus", *IBS 18* (1996), 183-184.

**Anderson**, P.N.,

*The Fourth Gospel and the Quest for Jesus: Modern Foundations Reconsidered* (The Library of New Testament Studies; New York 2008).

*A Fourth Quest for Jesus: So What, and How So?*, 업로드 2010년 7월: https://digitalcommons.georgefox.edu/cgi/viewcontent.cgi?article=1050&context=ccs.

**Avery-Peck**, A., **Neusner**, J., *Judaism in Late Antiquity, 4: Death, Life-After-Death, Resurrection and the World-To-Come in the Judaisms* (Leiden 2000).

**Ayoub**, M.M., "Towards an Islamic Christology II: The Death of Jesus, Reality or Delusion (A Study of the Death of Jesus in Tafsir Literature)", *The Muslim World 70.2* (1980), 91-121.

**Bacher**, W., **Lauterbach**, J.Z., "Sanhedrin", I. Singer (ed.), *The Jewish Encyclopedia vol. 11* (New York 1906): https://www.jewishencyclopedia.com/articles/13178-sanhedrin.

**Barnett**, P., *Jesus and the Rise of Early Christianity* (Downers Grove 2002).

**Beckwith**, R.T., *Calendar and Chronology, Jewish and Christian: Biblical, Intertestamental and Patristic Studies* (Leiden 2001).

**Ben-Chanan**, A., *Qur'an-Bible Comparison: A Topical Study of the Two Most Influential and Respectful Books in Western and Middle Eastern Civilizations* (Bloomington 2011).

**Blackman**, P., *Mishnayoth 7 Vols.* (New York 1964).

**Blomberg**, C.L.,

*The Historical Reliability of the Gospels* (Downers Grove 2007).

*Historical Reliability of John's Gospel* (Downers Grove 2011).

**Bock**, D.L.,
*Studying the Historical Jesus: A Guide to Sources and Methods* (Grand Rapids 2002).
*Luke* (Baker 1994).
*Who Is Jesus?: Linking the Historical Jesus with the Christ of Faith* (Brentwood 2012).

**Boman**, J., "Inpulsore Cherestro? Suetonius' Divus Claudius 25.4 in Sources and Manuscripts", *Liber Annuus 61 (2011)* (Jerusalem 2012), 355-376.

**Bradford**, B.C., *The Qur'anic Jesus: A Study of Parallels with Non Biblical Texts* (Michgan 2013): https://scholarworks.wmich.edu/dissertations/190.

**Bukharin**, M.D., "Mecca on the Caravan Routes in Pre-Islamic Antiquity", A. Neuwirth, N. Sinai, M. Marx (eds.), *The Qur'ān in Context: Historical and Literary Investigations into the Qur'ānic Milieu* (Leiden 2010), 115-134.

**Bullard**, R., **Gibbons**, J. (tr.), "The Second Treatise of the Great Seth", J.M. Robinson (ed.), *The Nag Hammadi Library in English* (Leiden 1977).

**Bultmann**, R., "Jesus and the Eschatological Kingdom", R.A. Johnson, *Rudolf Bultmann: Interpreting Faith for the Modern Era* (Minneapolis 1991).

**Burke**, T., "Arabic Infancy Gospel", *e-Clavis: Christian Apocrypha*: http://www.nasscal.com/e-clavis-christian-apocrypha/arabic-infancy-gospel: 2020.12.1. 검색.

**Burkett**, D. (ed.), *The Blackwell Companion to Jesus* (Malden 2010).

**Busse**, H., "Jesu Errettung vom Kreuz in der islamischen Koranexegese von Sure 4,157", *Oriens 36* (2001), 160-195.

**Carlston**, C.E., "A Positive Criterion of Authenticity", *BR 7* (1962), 33-44.

**Carrier**, R., "The Prospect of a Christian Interpolation in Tacitus, Annals 15.44", *Vigiliae Christianae, 68.3* (2014), 264-283.

**Carter**, W., *Pontius Pilate: Portraits of a Roman Governor* (Collegeville 2003).

**Caulley**, T.S., "The 'Chrestos/Christos' Pun (1 Pet 2:3) in 𝔓72 and 𝔓125", *Novum Testamentum Vol. 53.4* (2011), 376-387.

**Chilton**, B.D., **Evans**, C.A., *James the Just and Christian Origins* (Novum Testamentum Supplements 98; Leiden 1999).

**Chilton**, B., **Neusner**, J., *The Brother of Jesus: James the Just and His*

*Mission* (Westminster 2001).

**Churchward**, A., *The Origin and Evolution of Religion* (Bensenville 2003).

**Cohen**, A. (tr.), "Sotah 2a-49b", I. Epstein (ed.), *The Soncino Babylonian Talmud*: http://ancientworldonline.blogspot.com/2012/01/online-soncino-babylonian-talmud.html.

**Cohn**, H.H., "Capital Punishment. In the Bible & Talmudic Law", *Encyclopedia Judaica* (The Gale Group 2008): https://www.jewishvirtuallibrary.org/capital-punishment.

**Cook**, M.J., "Jewish Perspectives on Jesus", D. Burkett (ed.), *The Blackwell Companion to Jesus* (Malden 2011), 215-231.

**Crossan**, J.D., *The Historical Jesus: The Life of a Mediterranean Jewish Peasant* (San Francisco 1991).

**Dalman**, G., *Jesus Christ in the Talmud, Midrash, Zohar, and the Liturgy of the Synagogue* (London 2016).

**Danby**, H. (ed.), *The Mishnah* (Oxford 1933).

**Dunn**, J.D.G., *Christianity in the Making, Volume 1: Jesus Remembered* (Grand Rapids 2003).

**Eddy**, P., **Boyd**, G., *The Jesus Legend: A Case for the Historical Reliability of the Synoptic Jesus Tradition* (Grand Rapids 2007).

**Edwards**, W.D., **Wesley**, M. et al., "On the Physical Death of Jesus Christ", *Journal of the American Medical Association 255.11* (1986), 1455-1463.

**Ehrman** B.D, **Pleše**, Z., *The Apocryphal Gospels: Texts and Translations* (Oxford 2011).

**Ensoli**, S., **La Rocca**, E. (eds.), *Aurea Roma: dalla città pagana alla città cristiana* (Rome 2000).

**Epstein**, I. (ed.),

*Hebrew-English Edition of the Babylonian Talmud. 9 vols.* (London 1960-1972).

*The Talmud Babli. 35 vols.* (London 1935-1952).

**Falk**, H., *Jesus the Pharisee: A New Look at the Jewishness of Jesus* (Eugene 2003).

**Feldman**, L.H., "Flavius Josephus Revisited: The Man, His Writings and His Significance", W. Haase (ed.), *Aufstieg und Niedergang der römischen Welt 21/2* (New York 1984), 763-862.

**Finster**, B., "Arabia In Late Antiquity: An Outline of the Cultural Situation in the Peninsula at the Time of Muhammad", A. Neuwirth,

N. Sinai, M. Marx (eds.), *The Qur'ān in Context: Historical and Literary Investigations into the Qur'ānic Milieu* (Leiden 2010), 70–74.

**Flesher**, P.V.M., **Chilton**, B.D., *The Targums: A Critical Introduction* (Leiden 2011).

**France**, R.T., "The Gospels As Historical Sources For Jesus, The Founder Of Christianity": www.leaderu.com/truth/1truth21.html.

**Funk**, R., **Hoover**, R., **Jesus Seminar**, *The Five Gospels: The Search for the Authentic Words of Jesus* (New York 1993).

**Gavrilyuk**, P.L., *The Suffering of the Impassible God: The Dialectics of Patristic Thought* (Oxford 2006).

**Geiger**, A., "Bileam and Jesus", *Wissenschaftliche Zeitschrift für Jüdische Theologie, Vol. 6* (1847), 31–37.

**Gill**, D.W.J., **Gempf**, C., *The Book of Acts in Its Graeco-Roman Setting vol. 2* (Grand Rapids 1994).

**Giulea**, D., *Pre-Nicene Christology in Paschal Contexts: The Case of the Divine Noetic Anthropos* (Leiden 2014).

**Grabbe**, L.L., "Jesus Who Is Called Christ", T.L. Thompson, T.S. Verenna (eds.), *Is This Not the Carpenter?* (London 2014), 57–69.

**Grant**, M., *Jesus: An Historian's Review of the Gospels* (New York 1977).

**Greenspoon**, L.J. (ed.), *olam ha-zeh v'olam ha-ba: This World and the World to Come in Jewish Belief and Practice* (Indiana 2017).

**Gregg**, B.H., *The Historical Jesus and the Final Judgment Sayings in Q* (Wissenschaftliche Untersuchungen Zum Neuen Testament; Tübingen 2006).

**Griffith**, S., "Christian Lore and the Arabic Qur'an", G.S. Reynolds (ed.), *The Qur'ān in its historical context* (London 2008), 109–114.

**Grigsby**, B.H., "A Proposed Guide for Citing Rabbinic Texts", *Journal of the Evangelical Theological Society 24.1* (1981), 83–90.

**Hayes**, C., "Heaven on Earth: The World to Come and Its (Dis) locations", L.J. Greenspoon (ed.), *olam ha-zeh v'olam ha-ba: This World and the World to Come in Jewish Belief and Practice* (Indiana 2017), 69–90.

**Herford**, R.T., *Christianity in Talmud and Midrash* (London 1903; reprint, Clifton 1966).

**Hoffmann**, R.J., "Controversy, Mythicism, and the Historical

Jesus", *The New Oxonian*, May 22, 2012: https://rjosephhoffmann.wordpress.com/2012/05/22/the-jesus-process-a-consultation-on-the-historical-jesus.

**Hogeterp**, A., "Messianism In Qumran And The New Testament", *Expectations of the End: A Comparative Traditio-Historical Study of Eschatological, Apocalyptic and Messianic Ideas in the Dead Sea Scrolls and the New Testament* (Leiden 2009), 423-471.

**Holmen**, T., **Porter**, S.E. (eds.), *Handbook for the Study of the Historical Jesus Vol.1-2* (Leiden 2011).

**Hopkins**, K., "Christian Number and Its Implications", *Journal of Early Christian Studies 6* (1998), 185-226.

**Horsely**, G.H.R., *New Documents Illustrating Early Christianity* (North Ryde 1983).

**Hurtado**, L.W., *Lord Jesus Christ: Devotion to Jesus in Earliest Christianity* (Grand Rapids 2005).

**Instone-Brewer**, D.,

*Traditions of the Rabbis from the Era of the New Testament, vol. I: Prayer and Agriculture* (Grand Rapids 2004).

*Traditions of the Rabbis from the Era of the New Testament, vol. 2A: Feasts and Sabbaths: Passover and Atonement* (Grand Rapids 2011).

"Jesus of Nazareth's Trial In the Uncensored Talmud", *Tyndale Bulletin 62.2* (2011), 269-294.

**Jackson-McCabe**, M., "What's in a Name? The Problem of Jewish Christianity," M. Jackson-McCabe (ed.), *Jewish Christianity Reconsidered* (Minneapolis 2007), 7-39.

**Jacobi**, M., "'In Its Time I Will Hasten It': Messianic Speculation in the Babylonian Talmud, Sanhedrin 96b-99a", *European Judaism 40.1* (2007), 115-119.

**Jacobs**, L., *The Jewish Religion: A Companion* (Oxford 1995).

**Jastrow**, M. (ed.), *Dictionary of Targumim, Talmud and Midrashic Literature* (1926).

**Johnson**, P., *A History of the Jews* (New York 1988).

**Judge**, E.A., **Thomas**, G.S.R., "The Origin of the Church at Rome: A New Solution", *Reformed Theological Review 25* (1966), 81-93.

**Kähler**, M., *The So-Called Historical Jesus and the Historic Biblical Christ* (Augsburg 1896).

**Käsemann**, E., "The Problem of the Historical Jesus", *Essays on New Testament Themes*, W.J. Montague (tr.), (Studies in Biblical Theology 41; London 1964), 15-47.

**Keith**, C., "Memory and authenticity: Jesus tradition and what really happened", *Zeitschrift für die Neutestamentliche Wissenschaft 102.2* (2011), 155-177: http://dx.doi.org/10.1515/zntw.2011.011에서 검색 가능.

**Kereszte**, P., "Nero, the Christians and the Jews in Tacitus and Clement of Rome", *Latomus 43.2* (1984), 404-413.

**Khalidi**, T., *The Muslim Jesus: Sayings and Stories in Islamic Literature* (Cambridge 2003).

**Klausner**, J., *Jesus of Nazareth: His Life, Times, and Teaching* (Eugene 1997).

**Klein**, E., *A Scholarly Etymological Dictionary of Rabbinic Hebrew* (Jerusalem 1987).

**Klein**, R.C., "The Pharaoh and the King" (2018): https://ohr.edu/this_week/talmud_tips/7666.

**Klijn**, A.F.J., **Reinik**, G.J., *Patristic Evidence for Jewish-Christian Sects* (NTS 36; Leiden 1973).

**Knox**, K.T., **Easton**, R.L., "Recovery of Lost Writings on Historical Manuscripts with Ultraviolet Illumination", *IS&T's 2003 PICS Conference* (2003), 301-306.

**Köstenberger**, A.J., **Kellum**, L.S., *The Cradle, the Cross, and the Crown: An Introduction to the New Testament* (Tennessee 2009).

**Lampe**, P., *Christians at Rome in the First Two Centuries* (London 2006).

**Lane**, W.L., "Social Perspectives on Roman Christianity during the Formative Years from Nero to Nerva: Romans, Hebrews, 1Clement", K.P. Donfried, P. Richardson (eds.), *Judaism and Christianity in First-Century Rome* (Grand Rapids 1998), 196-244.

**Lawson**, T., *The Crucifixion and the Qur'an: A Study in the History of Muslim Thought* (Oxford 2009).

**Lessing**, G.E., **Reimarus**, H.S., *Fragments from Reimarus: Brief Critical Remarks on the Object of Jesus and His Disciples as Seen in the New Testament* (London 1879).

**Levick**, B., *Claudius* (London 1990).

**Lichtenberger**, H., "Jews and Christians in Rome in the Time of Nero: Josephus and Paul in Rome", *Aufstieg und Niedergang der römischen Welt 26.3* (1996),

2142-2176.
**Lieberman**, S. (ed.), *The Tosefta 13 vols* (New York 2012).
**Lubenstein**, J.L., **Cohen**, J.D., *Rabbinic Stories* (New York 2002).
**Maccoby**, H., *Judaism on Trial: Jewish-Christian Disputations in the Middle Ages* (Oxford 1993).
**Mack**, B.L.,
*Lost Gospel: The Book of Q & Christian Origins* (San Francisco 1993).
"On Redescribing Christian Origins", *Method & Theory in the Study of the Religion 8.3* (1996), 247-269.
**Maier**, J., *Jesus von Nazareth in der talmudischen Überlieferung* (Erträge der Forschung 82; Darmstadt 1978).
**Marx**, M., "Glimpses of a Mariology in the Qur'an: From Hagiography to Theology via Religious-Political Debate", A. Neuwirth, N. Sinai, M. Marx (eds.), *The Qur'ān in Context: Historical and Literary Investigations into the Qur'ānic Milieu* (Leiden 2010), 533-564.
**Massey**, G., *Ancient Egypt: The Light of the World* (New York 2007).
**Meier**, J.P.,
*A Marginal Jew: Rethinking the Historical Jesus Volume I* (New York 1991).
*A Marginal Jew: Rethinking the Historical Jesus Volume 3* (New York 2001).
**Meinardus**, O.F.A., *Two Thousand Years of Coptic Christianity* (Cairo 2002).
**Mishcon**, A. (tr.), "'Abodah Zarah", I. Epstein (ed.), *The Soncino Babylonian Talmud Book I.*
**Montonen**, S., *The English Version of Jesus Chrestus* (Helsinki 2010).
**Myllykoski**, M.,
"James the Just in History and Tradition: Perspectives of Past and Present Scholarship (Part I)", *Currents in Biblical Research 5.1* (2006), 73-122.
"James the Just in History and Tradition: Perspectives of Past and Present Scholarship (Part II)", *Currents in Biblical Research 6.1* (2007), 11-98.
**Nasr**, S.H. et al. (eds.), *The Study Quran: A New Translation and Commentary* (New York 2015).
**Nave**, A.M., *Nave's Topical Bible Concordance Online*: https://www.naves-topical-bible.com/BRICK.html.
**Neale**, D., "Was Jesus a Mesith?: Public Response to Jesus and His Ministry", *Tyndale Bulletin 44.1* (1993), 89-102.
**Neusner**, J., *The Tosefta 6 vols.*

(Peabody 2002).

**Neuwirth**, A., **Sinai**, N., **Marx**, M. (eds.), *The Qur'ān in Context: Historical and Literary Investigations into the Qur'ānic Milieu* (Leiden 2010).

**Nicoll**, W.R., **Bruce**, A.B. (eds.), *Expositor's Greek Testament Vol. 2* (New York 1960): https://biblehub.com/commentaries/acts/18-2.htm.

**Nikolsky**, R., "Interpret Him as Much as You Want: Balaam in the Babylonian Talmud", G.H. van Kooten, J. van Ruiten (eds.), *The Prestige of the Pagan Prophet Balaam in Judaism, Early Christianity and Islam* (Leiden 2008), 213-230.

**Noort**, E., "Balaam the Villain: The History of Reception of the Balaam Narrative in the Pentateuch and the Former Prophets", G.H. van Kooten, J. van Ruiten (eds.), *The Prestige of the Pagan Prophet Balaam in Judaism, Early Christianity and Islam* (Leiden 2008), 3-23.

**Owen**, M., **Gildenhard**, I., *Tacitus, Annals, 15.20-23, 33-45: Latin Text, Study Aids with Vocabulary, and Commentary* (Rome 2009).

**Paget**, J.C., "Some Observations on Josephus and Christianity", *The Journal of Theological Studies 52* (2001), 539-624.

**Parrinder**, G., *Jesus in the Qur'an* (Oxford 2013).

**Peel**, M., "The Treatise on the Resurrection", J.M. Robinson (ed.), *The Coptic Gnostic Library Vol. 1* (Leiden 2000), 123-157.

**Penner**, K.M., "Dead Sea Scrolls", M.D. Coogan (ed.), *The Oxford Encyclopedia of the Books of the Bible* (Oxford 2011), 173-192.

**Perrin**, N., *The New Testament: An Introduction: Proclamation and Parenesis, Myth and History* (New York 1974).

**Peters**, F.E.,

*Islam: A Guide for Jews and Christians* (Princeton 2003).

*The Monotheists: Jews, Christians, and Muslims in Conflict and Competition* (Princeton 2003).

**Pfeiffer**, S., "The God Serapis, His Cult and The Beginnings of the Ruler Cult in Ptolemaic Egypt", P. McKechnie, P. Guillame (eds.), *Ptolemy II Philadelphus and His World* (Leiden 2008), 387-408.

**Porter**, S.E., *Criteria for Authenticity in Historical-Jesus Research* (Bloomsbury 2004).

**Price**, R.M., *The Christ Myth And Its Problems* (Cranford 2011).

**Raphael**, S.P., *Jewish Views of the Afterlife* (Lanham [3]2019), 93-

128.

**Renehan**, R., "Christus or Chrestus in Tacitus?", *La Parola del Passato 122* (1968), 368-370.

**Reynolds**, G.S.,

"The Muslim Jesus: Dead or Alive?", *Bulletin of the School of Oriental and African Studies 72.2* (2009), 237-258.

*The Qur'ān and Its Biblical Subtext* (London 2010).

*The Emergence of Islam* (Minneapolis 2012).

*The Qur'an and the Bible: Text and Commentary*, Ali Quli Qarai (tr.) (London 2018).

**Roberts**, A., **Donaldson**, J., **Schaff**, P. (eds.),

*The Arabic Gospel of the Infancy of the Savior 36, Ante Nicene Fathers, Vol.8*, 412-414: https://holybooks-lichtenbergpress.netdna-ssl.com/wp-content/uploads/Ante-Nicene-Fathers-VOL-8.pdf.

*The Gospel of Pseudo-Matthew 27, Ante Nicene Fathers, Vol.8*, 378: https://holybooks-lichtenbergpress.netdna-ssl.com/wp-content/uploads/Ante-Nicene-Fathers-VOL-8.pdf.

**Robertson**, J.M., *Christianity and Mythology* (London 2018).

**Robinson**, N.,

*Christ in Islam and Christianity* (Albany 1991).

"Jesus", J.D. McAuliffe (ed.), *Encyclopaedia of the Qur'an Vol. 3* (Leiden 2005), 7-21.

**Robinson**, J.M., **Köster**, H., *Trajectories through Early Christianity* (Eugene 1971).

**Rodriguez**, R., *Structuring Early Christian Memory: Jesus in Tradition, Performance and Text* (New York 2010).

**Rolfe**, J.C., *Suetonius, vol. 2* (London 1914).

**Sanders**, E.P., *Jesus and Judaism* (Philadelphia 1985).

**Sanders**, E.P., **Baumgarten**, I., **Mendelson**, A. (eds.), *Jewish and Christian Self-Deftnition. Vol. 2. Aspects of Judaism in the Graeco-Roman Period* (Philadelphia 1981).

**Sanders**, E.P., **Davies**, M., *Studying the Synoptic Gospels* (London 1989).

**Saward**, J., *Cradle of Redeeming Love: the Theology of the Christmas Mystery* (San Francisco 2002).

**Schäfer**, P.,

*Jesus in the Talmud* (Princeton 2007).

*The Jewish Jesus: How Judaism and Christianity Shaped Each Other* (Princeton 2012).

**Schiffman**, L.H.,
"Messianic Figures and Ideas in the Qumran Scrolls", J.H. Charlesworth (ed.), *The Messiah: Developments in Earliest Judaism and Christianity* (Minneapolis 1992), 116–129.
"At the Crossroads: Tannaitic Perspectives on the Jewis-Christian Schism", E.P.A. Sanders, I. Baumgarten, A. Mendelson (eds.), *Jewish and Christian Self-Deftnition. Vol. 2: Aspects of Judaism in the Graeco-Roman Period* (Philadelphia 1981), 115–156.

**Scholer**, D.M., "Elkesaites", E. Ferguson (ed.), *Encyclopedia of Early Christianity* (New York [2]1998), 369.

**Schwab**, M. (ed. and tr.), *Le Talmud de Jeruslaem 11 vols.* (Paris 1871–1890).

**Schwartz**, J., **Tomson**, P.J., "When Rabbi Eliezer Was Arrested for Heresy", *Jewish Studies, an Internet Journal 10* (2012), 145–181.

**Schweitzer**, A., *Von Reimarus Zu Wrede. Eine Geschichte Der Leben-Jesu-Forschung* (Tübingen 1906).

**Shachter**, J. **Freedman**, H., *b. Sanhedrin* 'Introduction' (Soncino).

**Shah**, M., **Abdel Haleem**, M.A.S. (eds.), *The Oxford Handbook of Qur'anic Studies* (Oxford 2020).

**Shanks**, H. (ed.), *Christianity and Rabbinic Judaism: A Parallel History of Their Origins and Early Development* (Washington 2011).

**Shepherd**, M.B., "Targums, The New Testament, and Biblical Theology of the Messiah", *Journal of the Evangelical Theological Society 51/1* (2008), 45–58.

**Sibley**, J.R., "Jewish Groups in the First Century", C.A. Evans, D. Mishkin (eds.), *A Handbook on the Jewish Roots of the Christian Faith* (Peabody 2019), 123–129.

**Singer**, I. et al. (eds.), *The Jewish Encyclopedia* (New York 1906): https://www.jewishencyclopedia.com.

**Song**, Hyekyoung, "The Historicity of Jesus and the Potential Resource of the Apocryphal Gospels", *Theology and Thought in Asia 82* (2019), 107–150.

**Stark**, R., *Rise of Christianity: A Sociologist Reconsiders History* (Princeton 1996).

**Steinsaltz**, Adin Even-Israel, *Reference Guide to the Talmud* (New Milford [2]2014).

**Stevenson**, S.W., **Smith**, C.R., *A Dictionary of Roman Coins: Republican and Imperial* (London 1964).

**Stewart**, J., "Tacitus: Christianity as odium humani generis", *Kierkegaard and the Roman World* (Burlington 2009), 147-159.

**Takács**, S.A., *Isis and Sarapis in the Roman World* (Leiden 1995).

**Theissen**, G., **Merz**, A., *The Historical Jesus: A Comprehensive Guide*, J. Bowden (tr.) (London 1998).

**Thompson**, T.L., **Verenna**, T.S., *Is This Not The Carpenter?: The Question of the Historicity of the Figure of Jesus* (London 2013).

**Tomson**, P.J., "Jewish-Christian Relations in Roman Judaea Before and After the Revolts, 66-136 CE", P. Lanfranchi, J. Verheyden (eds.), *Jews and Christians in Antiquity* (Leuven 2018), 18-23.

**Twelftree**, G.H., "Jesus in Jewish Traditions", D. Wenham (ed.), *Gospel Perspectives. V. The Jesus Tradition outside the Gospels* (Sheffield 1985), 289-341.

**Vardaman**, J., "A New Inscription Which Mentions Pilate as 'Prefect'" , *JBL 81* (1962), 70-71.

**Vermes**, G., *Jesus the Jew: A Historian's Reading of the Gospels* (Philadelphia 1981).

**Vielhauer**, P., **Strecker**, G., "Jewish-Christian Gospels", W. Schneemelcher (ed.), *New Testament Apocrypha vol.1* (Phildadelphia 1992), 166-171.

**Visotzky**, B.L., "Mary Maudlin among the Rabbis", *Fathers of the World: Essays in Rabbinic and Patristic Literatures* (Tübingen 1995).

**Van Voorst**, R.E.,

*Jesus Outside the New Testament: An Introduction to the Ancient Evidence* (Grand Rapids 2000).

"Jesus Tradition in Classical and Jewish Writings", *Handbook for the Study of the Historical Jesus Vol.3* (Leiden 2011), 2149-2180.

**Vuong**, L.C., *The Protoevangelium of James* (Eugene 2019).

**Watters**, J.C., "Romans, Jews, and Christians: The Impact of the Romans on Jewish / Christian Relations in First-Century Rome", K.P. Donfried, P. Richardson (eds.), *Judaism and Christianity in First-Century Rome* (Grand Rapids 1998), 175-195.

**Webb**, P.,

*Imagining the Arabs: Arab Identity*

*and the Rise of Islam* (Edinburgh 2016).
"The origin of Arabs: Middle Eastern ethnicity and myth-making": https://www.thebritishacademy.ac.uk/sites/default/files/BAR27-10-Webb-reduced_0.pdf.

**Weiss**, D., "Olam ha-Ba in Rabbinic Literature: a Functional Reading", L.J. Greenspoon (ed.), *olam ha-zeh v'olam ha-ba: This World and the World to Come in Jewish Belief and Practice* (Indiana 2017), 91-104.

**Whittaker**, M., *Jews and Christians: Greco-Roman Views* (Cambridge 1984).

**Wright**, N.T., "Towards a Third 'Quest'? Jesus Then and Now," *ARC 10, No. 1* (1982), 20-27.

**Young**, B.H., *Jesus: The Jewish Theologian* (Peabody 1995).

**Zara**, E., "The Chrestianos Issue in Tacitus Reinvestigated" (2009): http://www.textexcavation.com/documents/zaratacituschrestianos.pdf.

**고야마 시게키**, 『지도로 보는 중동 이야기』, 박소영 옮김 (이다미디어 2008).

**김창성 편저**, 『사료로 읽는 서양사 1: 고대편』 (책과 함께 2016).

**마이클 스콧**, 『기원 전후 천년사, 인간 문명의 방향을 설계하다』, 홍지영 옮김 (사계절 2018).

**마이클 카츠, 거숀 슈워츠**, 『원전에 가장 가까운 탈무드』, 주원규 옮김 (바다출판사 2018).

**송혜경**, 「신약 외경의 시선 1-29」, 『말씀터』 94-122호 (한님성서연구소 2014-2019).

**케네스 셍크**, 『필론 입문』, 송혜경 옮김 (바오로딸 2008).

**크리스토퍼 켈리**, 『로마 제국』, 이지은 옮김 (교육서가 2015).

**프리츠 하이켈하임**, 『하이켈하임 로마사』, 김덕수 옮김 (현대지성 2017).

## 웹사이트

https://abdn.pure.elsevier.com/en/datasets/project-on-ancient-cultural-engagement-pace (= Project on Ancient Cultural Engagement at York University hosted by Steve Mason).

http://ancientworldonline.blogspot.com/2011/03/talmudic-manuscripts-online.html.

https://www.britannica.com/biography/Arius.

https://en.wikipedia.org/wiki/Tafsir

https://en.wikisource.org/wiki/1911_Encyclop%C3%A6dia_Britannica/Cross_and_Crucifixion.

http://data.perseus.org.

http://www.halakhah.com/rst/nezikin/35a%20-%20Avodoh%20Zoroh%20-%202a-35b.pdf.
https://www.jewishencyclopedia.com.
https://www.jewishvirtuallibrary.org.
https://www.jewishvirtuallibrary.org/olam-ha-ba.
http://www.josephus.org/ (= G.J. Goldberg's "Flavius Josephus Home Page").
https://ohr.edu/this_week/talmud_tips/7666.
https://sunnah.com.
https://www.tyndalearchive.com/TABS/Jastrow.

## 유튜브

H. Abramson,
"What is the Talmud?: History of the Talmud, Part 1"
"The Emergence of the Mishnah: History of the Talmud, Part 2" (Jewish History Lab).

## 그림 출처

66쪽 Zara
70쪽 wikimedia commons
106쪽 wikimedia commons
113쪽 wikimedia commons
115쪽 wikimedia commons
194쪽 Instone-Brewer
212쪽 wikimedia commons
277쪽 wikimedia commons

## 찾아 보기

### 구약성경

## 신약성경

마르코 복음



루카 복음

요한 복음



사도행전



로마서

## 역사문헌



## 교부 및 고전

## 쿰란 문헌



## 구약 외경



## 신약 외경



## 라삐 문헌

## 쿠란